I0779086

Ryszard Kapuściński. Biographie d'un écrivain

POLISH STUDIES

TRANSDISCIPLINARY PERSPECTIVES

Edited by Krzysztof Zajas / Jarosław Fazan

VOLUME 24

PETER LANG

Beata Nowacka/ Zygmunt Ziątek (eds.)

Ryszard Kapuściński. Biographie d'un écrivain

Traduit du polonais par Véronique Patte.

PETER LANG

Bibliographic Information published by the Deutsche Nationalbibliothek
The Deutsche Nationalbibliothek lists this publication in
the Deutsche Nationalbibliografie; detailed bibliographic
data is available in the internet at http://dnb.d-nb.de.

Library of Congress Cataloging-in-Publication Data A CIP catalog
record for this book has been applied for at the Library of Congress

The Publication is funded by Ministry of Science and Higher Education of the
Republic of Poland as a part of the National Programme for the Development of
the Humanities. This publication reflects the views only of the authors, and the
Ministry cannot be held responsible for any use which may be made of the
information contained therein.

ISSN 2191-3293 •ISBN 978-3-631-78380-1 (Print)
E-ISBN 978-3-631-78651-2 (E-PDF) •E-ISBN 978-3-631-78652-9 (EPUB)
E-ISBN 978-3-631-78653-6 (MOBI) •DOI 10.3726/b15475

The translator thanks Françoise Bienfait for her careful review

Inhalt

Liste des abréviations utilisées dans l'ouvrage

(A)	– *Autoportrait d'un reporter*, Plon 2008
(B)(B1)	– *Busz po polsku*, Warszawa 2008
(B2)	– *Le bush à la polonaise*, Œuvres, Flammarion 2014
(CA)	– *Cet Autre*, Plon 2009
(Cz)	– *Czarne gwiazdy*, Warszawa 2013
(Ch)	– *Le Christ à la carabine*, Plon 2007
(É)	– *Ébène*, Œuvres, Flammarion 2014
(G)	– *Gdyby cała Afryka…*, Warszawa 1969
(GA)	– *D'une guerre l'autre*, Flammarion 2011
(GF)	– *La guerre du foot*, Plon 2000
(H)	– *Mes voyages avec Hérodote*, Œuvres, Flammarion, 2014
(I)	– *Imperium*, Œuvres, Flammarion 2014
(K)	– *Kirgiz schodzi z konia*, Warszawa 2007
(L)	– *Lapidaria*, Warszawa 1997.
(M)	– *La mer dans une goutte d'eau*, Les Éditions Noir sur Blanc, 2016
(N)	– *Le Négus*, Œuvres, Flammarion 2014
(No)	– *Notes*, Warszawa 1990
(PN)	– *Prawa natury*, Kraków 2004
(Sh)	– *Le Shah*, Œuvres, Flammarion 2014
(ZA)	– *Z Afryki*, Bielsko-Biała 2000
(BS)	– Bulletin spécial
(BSH)	– Bulletin spécial hebdomadaire

« Le reporter change comme change le monde »

Ryszard Kapuściński est mort un peu moins de trois ans après la publication de *Mes voyagesavec Hérodote*, livre dans lequel il raconte comment il est devenu reporter, en renouant avec les plus anciennes traditions d'un genre qu'il pratiquait en même temps qu'il le renouvelait. Le fait d'avoir choisi le Maître d'Halicarnasse comme patron de ses premiers voyages pourrait paraître présomptueux si les réactions suscitées par la mort de l'écrivain n'avaient pas montré à quel point ce choix était approprié. En Pologne et dans le monde entier (particulièrement en Italie et dans l'espace hispanophone), les lecteurs ne peuvent toujours pas se résigner à cette perte. Kapuściński était en effet non seulement célèbre, il était aussi aimé, admiré, parfois vénéré et adoré, surtout pour avoir accumulé, de sa propre initiative, comme les voyageurs d'antan, un savoir exceptionnel sur notre temps, tout en s'exposant à des dangers mortels, et pour avoir su le faire partager tant avec des spécialistes qu'avec les lecteurs les plus fortuits ou avec les auditeurs venus assister aux innombrables rencontres organisées autour de son œuvre. Dans le flot de nécrologies, souvenirs posthumes ou anniversaires, dans les milliers de messages de condoléances postés sur divers portails web, se croisent des gens relevant de cultures, de convictions, de classes sociales et d'expériences diverses, des gens qui ont naguère partagé la même admiration pour l'écrivain et partagent aujourd'hui une immense tristesse.

On peut s'étonner de la diversité des souvenirs laissés par Ryszard Kapuściński! Pour les uns, c'est presque exclusivement un journaliste, quelqu'un qui créa d'inégalables modèles d'écriture journalistique. Pour d'autres, c'est avant tout un écrivain, un poète, qui, un peu par nécessité, endossa l'habit de journaliste, et qui, par la force de son propre talent, transforma le reportage en littérature. Pour ses contemporains, il restera sans doute à jamais le témoin et le porte-parole du rapide processus d'émancipation politique et sociale des pays du Tiers-monde, témoin de plus de trente guerres et révolutions sur trois continents. Pour les lecteurs de Kapuściński des années 1975–1990, il restera à jamais l'auteur du *Négus*, du *Shah* et d'*Imperium*, récits paraboliques sur les mécanismes du pouvoir autoritaire et de sa désintégration, qui prennent des formes diverses et imprévisibles pour l'auteur. La jeunesse actuelle voit surtout en Kapuściński un passeur de cultures exotiques (africaine essentiellement), un écrivain du dialogue entre ces cultures et du dialogue avec l'Autre, un écrivain pour lequel le franchissement des distances, des barrières et des frontières entre des mondes divers a été sa vocation première…

On peut dire que toutes les générations de lecteurs qui se sont succédées ont créé une image de « leur » Kapuściński, dont elles n'ont pas l'intention de se séparer et qu'elles chérissent avec tendresse. Manifestement chacune de ces images se justifie à la lumière de l'héritage de l'auteur d'*Ébène*. Cela prouve l'extraordinaire capacité de changement de Kapuściński. Les commentateurs de son œuvre, polonais et étrangers, n'ont peut-être pas suffisamment fait remarquer jusque-là que chaque livre ou presque se distinguait radicalement du précédent. Grâce à sa sensibilité de journaliste, son intuition d'historien qu'il était par formation, et aussi sa passion, Kapuściński suivait le cours de l'histoire, les changements qui transformaient le monde, et il relevait constamment de nouveaux défis en modifiant son écriture en conséquence. En même temps, il gardait une constance dans sa pensée, une logique naturelle dans l'évolution de son esprit qui ne cessait de questionner le monde et de réinterpréter l'image précédemment créée en réponse à d'anciennes interrogations.

C'est justement du désir de saisir et de comprendre le rythme de cette évolution permanente qu'est née l'idée de ce livre. Actuellement, dans la riche bibliographie sur l'héritage de Kapuściński, qui propose surtout d'innombrables et excellentes analyses de certains aspects de son œuvre et de morceaux choisis, il n'existe pas vraiment d'ouvrage que l'on pourrait qualifier de biographie de créateur, un ouvrage qui suivrait le processus de formation de l'écrivain et de son évolution. Pendant les dernières années de sa vie, l'image de Kapuściński a eu dangereusement tendance à se figer, et il a pu être perçu comme un écrivain « formaté » et uniforme. Cela s'explique probablement par la masse de textes circonstanciels publiés à l'occasion des innombrables prix et doctorats *honoris causa* qui lui ont été décernés.

En prenant le parti d'écrire une biographie de créateur, nous n'avons pas l'intention de l'isoler de la biographie *stricto senso*. Dans le cas de Kapuściński, c'est totalement impossible, car sa vie – surtout la période professionnelle de sa vie, celle où il était journaliste et voyageur – est une accumulation de matériaux destinés à la création. Il est, du reste, difficile de résister à la curiosité de connaître la vie de l'écrivain, car la biographie de Ryszard Kapuściński est suffisamment riche et variée pour devenir la matière autonome d'un livre énorme. Assouvir cette curiosité, cheminer dans le parcours factuel des multiples aventures biographiques du reporter est néanmoins une entreprise très délicate. Non seulement parce que cela exigerait des études particulièrement approfondies et détaillées, des études de terrain pour ainsi dire, mais surtout parce que la biographie professionnelle et non-professionnelle de l'écrivain – celle qui remonte à l'enfance par exemple – est devenue, pour lui aussi, le matériau de son œuvre, et que Kapuściński lui-même est devenu, de manière de plus en plus nette et à ses propres yeux aussi, le personnage central, parfois le héros principal de ses textes.

Kapuściński éprouve très tôt le besoin d'exprimer non seulement son propre point de vue en tant que tel, mais les circonstances et les épreuves qui accompagnaient la formation de sa vision du monde. Il a compris que s'il intégrait dans son écriture ces circonstances et ces épreuves, ses propres états d'esprit et ses pensées, ses associations d'idées et ses souvenirs, il en dirait davantage au lecteur sur l'observation de la réalité, et surtout son écriture serait plus crédible qu'un commentaire direct. Cette prise de conscience est assurément présente dans *La guerre du foot* (1978), un livre composé de reportages publiés antérieurement et reliés entre eux par des fragments « d'un livre jamais écrit », appelé aussi « petits soucis dont je n'ai jamais parlé », qui mettent ces reportages au niveau de l'expérience biographique et leur donnent la forme d'un journal dans lequel l'auteur note ses remarques sur l'étrangeté du monde. Dès lors, l'écriture de Kapuściński va prendre un caractère de plus en plus biographique, chose que l'écrivain a lui-même résumé en 1994 en affirmant : « Ce que j'écris est un journal[1] ». Plus l'écrivain élargit et enrichit sa propre découverte du monde, plus l'examen des composantes de son monde intérieur devient pertinent et précis – le voyage à travers le monde se fait de plus en plus voyage dans les tréfonds de son être.

Ainsi Kapuściński réussit-il à nous parler beaucoup sur lui, directement ou indirectement. C'est une aide énorme dans le contexte de notre projet, à condition de ne pas perdre de vue la spécificité du savoir auquel nous avons à faire. Les informations issues d'ouvrages où Kapuściński est présent ou même d'interviews et de propos tirés de films biographiques, sans parler d'œuvres clairement autobiographiques, relèvent du domaine de l'autoréflexion de l'écrivain, il s'agit de documents de connaissance de soi, et non pas d'un matériau neutre à partir duquel on pourrait construire une monographie du type « vie et œuvre ». Il suffit de remarquer à quel point le regard de l'auteur lui-même sur certains épisodes de sa propre biographie a changé – et ces changements ont également apporté des informations totalement nouvelles, parfois en contradiction avec celles qui étaient jusque-là accessibles (nous y reviendrons) – voire sur des pans entiers de sa vie. Il fut un temps où ce qui semblait le plus important à l'écrivain, c'était l'expérience de jeunesse de sa génération. À un autre moment, la guerre a occupé la première place dans la hiérarchie de son vécu, les épreuves de la guerre constituaient le livre le plus important, le livre « jamais écrit », celui

---

1 Ryszard Kapuściński, Ilustrowany Kurier Polski 1994, n 102.

que l'on porte en soi et qui ne se laisse pas exprimer. Puis, ce fut peut-être le monde de Pińsk d'avant-guerre, unique et disparu, qui devint le livre majeur, le livre non-écrit, celui qui expliquait tous les choix et les préférences ultérieures de l'écrivain… Le savoir issu de l'expérience de l'écrivain (et dans le cas de Kapuściński, il s'agit à présent d'un savoir fondamental), même partiellement vérifié à la lumière d'autres sources et opinions, garde son empreinte littéraire et ne perd pas son caractère d'autoréflexion ou d'autocréation.

Le traitement de ce savoir exige donc de la prudence : il convient de distinguer ce qui relève de l'information biographique « pure », de ce qui relève de l'interprétation, surtout dans la description de faits vers lesquels l'auteur revient souvent, et qui sont par conséquent essentiels et donc réinterprétés. Que le lecteur soit prévenu : nous attirons son attention non seulement sur ce que l'auteur raconte, mais aussi sur la manière dont il le fait. Nous pouvons parfois donner l'impression de couper les cheveux en quatre, mais notre approche permet néanmoins de mettre à nu le nerf de l'œuvre de Kapuściński, qui consiste à suivre les changements de l'histoire et à les confronter à la compréhension de la condition humaine, à la compréhension de soi notamment.

Dans notre tentative de réflexion sur l'œuvre de Ryszard Kapuściński, nous ne nous laissons pas exclusivement guider par la rigueur de l'interprétation. Nous nous intéressons avant tout à la dynamique du développement spirituel de l'auteur du *Négus*, à ses tentatives de reconstruction de sa propre biographie au rythme des changements de l'histoire, à sa recherche de l'harmonie entre le nouveau visage du monde et sa propre identité. Dans l'enregistrement de l'une de nos derniers entretiens avec l'écrivain, nous tombons sur la phrase suivante : « Le reporter change comme change le monde. La trajectoire de l'histoire et celle de la vie du reporter se recouvrent ».

*

Quand on décide d'écrire une biographie (même si on a l'intention de n'en étudier qu'un aspect, l'œuvre notamment), on est conscient de contracter une dette impossible à honorer. Ainsi sommes-nous devenus les débiteurs de nombreuses personnes. C'est évidemment au héros de notre livre – qui nous a gratifiés de sa confiance sans jamais cesser de croire que deux personnes que tout différenciait étaient capables de se mesurer à la vie de son œuvre – que nous sommes le plus redevables. Tout au long de notre travail, nous avons bénéficié de la même confiance et de la même bienveillance de la part d'Alicja Kapuścińska à qui nous tenons, ici même, à adresser nos remerciements personnels.

Mais la liste de nos créditeurs est bien plus longue encore : au cours des quatre dernières années, nous avons eu l'occasion de parler de Ryszard Kapuściński avec divers interlocuteurs. Nous ne les connaissions pas tous personnellement, nous en avons rencontré certains de manière passagère, nous nous sommes liés d'amitié avec d'autres. Étonnamment, il suffisait parfois d'une conversation téléphonique ou d'un contact électronique pour que des personnes que nous ne connaissions pas partagent généreusement avec nous leur savoir unique sur le reporter. Nous sommes particulièrement reconnaissants à Czesław Apiecionek, Anders Bodegård, Alina Brodzka-Wald, Tomasz Jan Chlebowski, Francesco Comina, Bożena Dudko, Silvano De Fanti, Homa Firouzbakhch, Piotr Halbersztat, Magdalena Horodecka, Tapani Kärkkäinen, Elżbieta Lisowska, Jarosław Mikołajewski, Marek Miller, Katarzyna Mroczkowska-Brand, Chris Niedenthal, Justyna Nowacka, Robert Nowacki, Agata Orzeszek,Valerio Pellizzari, Ole Michael Selberg, Maciej Skórczewski, Magdalena Szymków, Vera Verdiani et Edward Żłobin. Leur aide totalement désintéressée a été pour nous la preuve que l'œuvre de Kapuściński a suscité de l'enthousiasme et que parmi les lecteurs de ses livres se trouvent de véritables experts. En partageant sans hésitation avec nous leur précieux savoir, il n'avait à l'esprit qu'un objectif : nous aider à créer une image aussi fidèle que possible de cette riche personnalité. En fait, ils ont réussi à relever le défi le plus difficile pour l'homme contemporain : en évoquant l'Autre, ils se sont totalement oubliés !

Pour terminer, nous souhaiterions remercier particulièrement nos proches : Krystyna Ziątek et Krzysztof Nowacki. Sans l'assistance vigilante de la première, l'aide inappréciable du second et la sainte patience des deux, ce livre n'aurait pas pu voir le jour !

Beata Nowacka et Zygmunt Ziątek

I « Nous étions des enfants de la guerre » …

« Tout souvenir est actualité », clame, à la suite de Novalis, l'une des trois épigraphes de *Mes voyages avec Hérodote*. La seule évocation de certains éléments biographiques de l'enfance de Ryszard Kapuściński confirme le bien-fondé de cette sentence. Il est, en effet, facile de se rendre compte que tout ce que nous savons sur les sept premières années de sa vie – passées à Pińsk en Polesie, actuellement Bélarus, et fondamentales pour la formation du créateur – est un souvenir de l'écrivain déjà mûr et une réponse à des questions qu'il s'est posé assez récemment. « Je suis un Polésien », dit de lui-même Kapuściński en faisant allusion à ses débuts, avec le recul d'une œuvre de plusieurs décennies, alors qu'il est un écrivain consacré, désigné comme « prince du reportage », « roi des reporters », « journaliste du siècle ». Qu'il soit un « homme des marais », le public le sait déjà grâce à une célèbre interview parue dans la revue Przekrój en 2003[2], et un peu avant encore, grâce à des films biographiques et des informations sur ses projets de création où Kapuściński évoque son désir d'écrire un livre sur son enfance à Pińsk.

Kapuściński traite sa prime enfance non pas comme un reporter mais comme un écrivain qui en fait un matériau d'écriture. Les auteurs de différents essais et notes biographiques, qui aujourd'hui répètent à l'envi que sa curiosité du monde provient de ses origines polésiennes, ne semblent pas tenir compte du moment où Kapuściński s'est intéressé à cette question. L'histoire de cette généalogie est passionnante, surtout si on l'envisage comme une étape – relativement tardive – de l'évolution de son écriture et de la connaissance de soi, comme une prise de conscience d'une hypothèse sur les sources de sa propre vision du monde, de sa propre création, de sa propre identité enfin.

En effet, Kapuściński n'est pas un homme des « Confins » à la manière et au sens des grands reporters polonais qui l'ont précédé : Ksawery Pruszyński, Melchior Wańkowicz, Józef Mackiewicz, originaires de familles installées depuis des générations dans ces territoires lointains. Son père Józef Kapuściński arrive dans ces contrées depuis la région de Kielce, dans le cadre de l'opération de « repolonisation » de la Polésie, terre recouvrée par la Pologne au lendemain de la Première Guerre mondiale. Pińsk, ville pauvre s'il en est, compte à l'époque trente-deux mille habitants de différentes nationalités. Le groupe dominant est constitué de Juifs qui, selon les estimations de Kapuściński, représentent près

---

2   Cf. B.N. Łopieńska, *Człowiek z bagien* (L'homme des marais), Przekrój 2003, n 28.

de soixante-treize pour cent de la population de la ville, ce qui veut dire que la ville de Pińsk, compte tenu de la majorité de cette communauté, est à l'époque l'une des villes les plus juives du monde. La société polonaise (prêtres, militaires, enseignants) est largement minoritaire, et le jeune État tient beaucoup à y envoyer des colons originaires de la Pologne centrale, essentiellement des personnes instruites. Aller en Polésie relève de l'œuvre du missionnaire. Pour beaucoup, il s'agit même d'une sorte de déportation. Mais c'est aussi une chance réelle de trouver un travail. Cela concerne Józef Kapuściński qui, après avoir terminé le Séminaire Pédagogique de Prużany, commence à travailler à Łuniniec, puis à Pińsk. C'est probablement à ce moment-là qu'il fait la connaissance de sa future femme, Maria, qui, elle, vient de Bochnia[3].

Les jeunes mariés ne réussissent pas toutefois à se stabiliser et à s'enraciner durablement à Pińsk[4] ; les nombreux changements de domicile sont là pour le prouver. Ils commencent par louer une modeste petite chambre avec une cuisine sombre au 58 de la rue Bernardyńska (aujourd'hui rue Sovietskaïa) dans la maison de Włodzimierz Wierbanowicz. En mars 1932 (à l'hôpital de district de la rue Bernardyńska), Ryszard vient au monde, et la fille de la propriétaire, Anna Wierbanowicz, est sa première nourrice. Peu après, la famille Kapuściński déménage chez les Obiedziński, rue Teodorowska (aujourd'hui rue Gogol). En 1933, après la naissance de leur fille, les Kapuściński s'installent chez les Kołodny au premier étage d'une maison en dur au 43 de la rue Błotna (aujourd'hui rue Souvorov). Malheureusement en 1939 il leur faudra changer d'adresse encore deux fois ; d'abord rue Kolejowa dans la maison des Palczewski, puis rue Wesoła dans une modeste maison en bois où habite la sœur de Maria, Anna, avec son mari Sylwester, militaire de son état. La maison se trouve à la périphérie de la ville, dans un quartier pauvre, habité essentiellement par des familles de cheminots. Ils n'ont pas le temps de s'accoutumer vraiment aux lieux, car la guerre éclate. Dès le printemps 1939, Józef Kapuściński est mobilisé comme officier de réserve et envoyé au fin fond de la Pologne. Sa femme, âgée de vingt et quelques années, avec ses deux enfants, parvient à rejoindre son frère à Pawłów, village situé près de Rejowiec dans la région de Lublin.

---

3 Cf. http://www.kapuscinski.info/page/zyciorys/8 ; accès 12.07.2008
4 Les informations suivantes proviennent en grande partie d'un article de Robert Nowacki publié sur une page Internet non officielle consacrée à Ryszard Kapuściński. Robert Nowacki a visité Pińsk en mai 2003. R. Nowacki, *Relacja z pobytu w Pińsku* (Récit d'un séjour à Pińsk), http://www.kapuscinski.info/page/zyciorys/11 ; accès 12.07.2008).

Enfant de colons à la recherche d'un nid et sans doute plus attachés à leur lieu d'origine qu'à leur lieu de séjour temporaire, Ryszard Kapuściński formulera quelques décennies plus tard sa conception de sa filiation avec Pińsk. Il est prématuré de parler des origines, du genre et de la forme de cette conception. Ce qui importe, c'est qu'elle apparaît comme le résultat d'un travail soutenu de la mémoire et de l'imagination, à une période où l'écrivain réfléchit moins à son propre passé qu'aux mécanismes et aux difficultés pour le faire revivre. « La mémoire de son propre passé est un gouffre immense. Quelque chose se dessine vaguement au fond. Des bribes. Des points. Des palpitations. Çà et là. Sans forme. Sans contours. Illisibles », lisons-nous dans *Lapidarium III* de 1997 (L, 419)[5].

Nous disposons de beaucoup plus d'éléments sur le deuxième volet de l'enfance de Ryszard Kapuściński, séparé de ces premières sept années par l'irruption de la guerre qui vient brusquement sceller le déracinement du futur auteur d'*Imperium* de sa première patrie. Nous disposons de beaucoup plus d'éléments parce que l'écrivain a bien voulu nous en parler plus tôt et plus abondamment, et s'il a pu le faire, c'est parce qu'il s'en souvient très différemment des années sur lesquelles il tente de revenir à la fin de sa vie en plongeant avec émotion dans le puits de son propre passé. Dans le texte *Exercices de mémoire* – écrit dans la seconde moitié des années 1980 –, qui expose de manière plus complète le deuxième volet de son enfance pendant la guerre, le souvenir est comparé à la transcription d'un texte tout prêt, comme s'il avait été imprimé à jamais dans la conscience de l'auteur. « Maintenant, alors que je retranscris ici ces quelques pages du livre sur mes années de guerre (d'un livre jamais écrit) ... » (B1, 12).

La métaphore d'un livre jamais écrit, qu'il porte, semble-t-il, en lui, rend avec une justesse incroyable la manière dont l'auteur se souvient de la guerre. Dans les différents textes de R. Kapuściński, nous rencontrons de multiples fragments, bribes, citations de ce « livre », toujours le même « livre » à n'en pas douter. Qu'il s'agisse des *Exercices de mémoire* (écrits à la demande de Heinrich Böll, prix Nobel de littérature, pour un ouvrage collectif international sur la mémoire de la fin de la guerre[6]), des premières pages d'*Imperium* (racontant les

---

5   La liste des abbréviations des ouvrages d'où sont tirées les citations de Ryszard Kapuściński est donnée à la fin du livre page X. Les traductions sont toutes de Véronique Patte.

6   À l'occasion du quarantième anniversaire de la fin de la Deuxième Guerre mondiale, l'éditeur allemand de Kapuściński, Kiepenheuer & Witsch, prépare une édition spéciale à laquelle contribuent dix écrivains de neuf pays, entre autres Lev Kopalev (URSS), Sadako Kurihara (Japon), Heinrich Böll (RFA). *Ćwiczenia pamięci* (Exercices de mémoire) sont d'abord parus en allemand, dans une traduction de Martin Pollack, en 1985, dans l'anthologie *Das Ende*, et seulement après en polonais, en 1988, dans

premiers mois du pouvoir soviétique à Pińsk), de certains passages des *Lapidarium* ou de nombreuses interviews, nous tombons toujours sur un fragment d'un même ensemble plus grand.

La globalité et l'homogénéité de cette transcription de la mémoire sont tout autant déterminées par les souvenirs de Kapuściński que par la manière dont il se remémore. Conformément à l'expérience factuelle de l'écrivain, ce que Kapuściński se rappelle s'intègre dans la narration d'une errance sans fin, accompagnée de tous les attributs de la guerre : humiliation, terreur, misère, faim, froid, menace omniprésente de la mort, incertitude du lendemain… Cette vie errante commence avec la guerre, qui surprend le petit Ryszard âgé de sept ans, sa mère et sa sœur cadette à Pawłów, à environ trois cents kilomètres de Pińsk à vol d'oiseau. Ils se rendent là-bas avec le père paralysé de Maria Kapuścińska (transporté dans une charrette) et d'emblée ils plongent dans une foule de réfugiés. « (…) la fuite est devenue soudain une nécessité impérieuse – note Kapuściński dans son 'livre de la mémoire' –, une nouvelle forme de vie, car tout le monde fuit ; les routes, les chemins, les sentiers même, sont encombrés de chariots, de charrettes et de vélos, encombrés de baluchons, de valises, de sacs, de seaux, encombrés d'hommes terrifiés et hagards. Les uns fuient à l'est, les autres à l'ouest, au nord, au sud, (…) ils tombent d'épuisement, s'assoupissent n'importe où, mais après un bref répit, ils réunissent le peu de forces qui leur restent et reprennent leur vagabondage chaotique et interminable » (B1, 6). Les bouleversements infligés au paysage par ces quelques journées d'opérations militaires viennent encore aggraver la panique de cette fuite désordonnée. Kapuściński gardera à jamais en mémoire le spectacle de villages abandonnés, de maisons brûlées, de stations ferroviaires bombardées ainsi que l'odeur de la fumée, du brûlé et de la chair en putréfaction des chevaux. Leurs charognes resteront pour lui le symbole le plus expressif du paysage de la mort, l'une des icônes les plus parfaites de la guerre[7]. « Le cheval est un animal grand et vulnérable ; il ne sait pas se cacher, pendant les bombardements il reste immobile, il attend la mort. À chaque pas, des chevaux crevés, tantôt en plein milieu de la route, tantôt sur le côté dans le fossé, tantôt plus loin dans un champ. Ils gisent les quatre fers en l'air, de leurs sabots ils menacent le monde. Nulle part je ne vois de cadavres humains car ceux-ci sont aussitôt enterrés, seuls des cadavres de chevaux, moreaux, alezans, pie, bais, comme si c'était une guerre non pas

---

le cycle *Wrzenie świata* (L'effervescence du monde). Nous tenons cette information de Bożena Dudko.

7   John Updike affirma que cette description l'a aidé à comprendre *Guernica* de Picasso.

entre des hommes, mais entre des chevaux, comme si c'étaient les chevaux qui menaient entre eux une lutte pour la vie et pour la mort, comme si c'étaient eux les seules victimes de ces combats » (B1,7).

À la différence de la plupart des exodes de septembre, le chemin de croix des Kapuściński ne se termine pas par un heureux retour à la maison, mais par l'entrée dans un monde nouveau et hostile. En effet, lorsque, épuisés par une errance de plusieurs jours, ils aperçoivent enfin les clochers des églises, les maisons et les rues familières, surgissent alors devant eux – sur le pont « reliant la petite ville de Pińsk au sud du monde » – des marins coiffés de bérets ronds avec une étoile rouge. « Il y a quelques jours, ils ont accosté de la mer Noire, coulé nos canonnières, tué nos marins, et maintenant ils nous barrent la route » (I, 591 ; en réalité les canonnières ont été coulées par les marins de Pińsk eux-mêmes qui, par la suite, furent exécutés à Mokrany près de Brest-Litovsk). Les soldats pointent leurs fusils sur un groupe de mères avec leur enfants, amaigries et exténuées par leur vagabondage, qui tentent de regagner leur maison. « (…) paralysées de peur » – c'est ainsi que le futur auteur du *Négus* se remémore ces mères de famille –, elles implorent la pitié des soldats. Devant leur indifférence, elles supplient leurs enfants de convaincre les soldats soviétiques. « (…) mais que pouvons-nous faire, pauvres enfants ? Nous restons à genoux sur la route, à sangloter, les bras tendus » (I, 592). Continuer à vivre dans ce monde – en restant dans sa propre maison, en allant à l'école, en retrouvant son cercle d'amis – ne pouvait être qu'une étape avant l'exil au fin fond de l'URSS ou avant la fuite.

La famille Kapuściński est inéluctablement condamnée à la déportation. Maria et Józef sont en effet enseignants, ils sont fonctionnaires d'un État bourgeois, la Pologne, le père de Kapuściński en outre est officier de l'Armée polonaise. Plus grave encore, il a déjà eu le temps de devenir un butin de guerre des vainqueurs : en se battant au front, Józef Kapuściński a été fait prisonnier par les Soviétiques et il s'est retrouvé dans un immense convoi expédié à l'est en direction de Starobielsk, Kozielsk, Ostaszków … En traversant une forêt, il a toutefois réussi à prendre la fuite avec quelques camarades, et déguisé en paysan polésien, à revenir pour quelques heures dans la ville de Pińsk occupée par les Russes afin de revoir sa femme et ses enfants. Cette image inoubliable réapparaîtra dans *Imperium* : « On frappe à la fenêtre (nous habitons une petite maison enfoncée dans le sol). Collé à la vitre, tout aplati, le visage de mon père se fond dans l'obscurité. Papa entre dans la chambre, je le reconnais à grand-peine. Nous nous sommes quittés l'été dernier. Il portait un uniforme d'officier, des bottes hautes, neuves, un ceinturon jaune et des gants de cuir. Marchant à ses côtés dans la rue, j'écoutais avec fierté ses semelles grincer. Maintenant il se tient devant nous en habit de paysan de Polésie, maigre, hirsute. Il porte une chemise de lin lui arrivant aux genoux et retenue par une ceinture de toile, il est chaussé de sabots en tille » (I, 595). Le lendemain matin, le père n'est plus là, il a poursuivi sa route vers le centre de la Pologne, tandis que le modeste logement de la rue Wesoła, dans la nuit même qui suit la visite inopinée, est envahie par quelques soldats de l'Armée rouge et des civils, qui ne posent à la jeune femme qu'une seule question, en russe : « Où est ton mari ? » Mettant nerveusement l'appartement sens dessus dessous pour trouver des armes, ils sont sur le point d'emmener la mère : « Ils veulent prendre maman. Par représailles ? Ils la menacent du poing, jurent comme des charretiers. 'Allez !' lui crie un soldat en russe, qui commence à la pousser avec la crosse de son fusil dans la nuit noire. À ce moment, ma petite sœur, en proie à une crise de fureur, se jette sur lui et se met à le frapper, le mordre, lui donner des coups de pied. Il y a dans sa réaction une détermination si inattendue, si stupéfiante, une intransigeance si implacable que l'un des militaires – sans doute le plus âgé, le commandant – hésite, puis finalement remet son képi, boutonne le fourreau de son pistolet et dit à ses hommes, en russe : 'On y va !' » (I, 597)

À partir de cette perquisition nocturne, la famille se couche tout habillée, manteau toujours à portée de main, chaussures aux pieds. Personne ne doit s'endormir. Tous trois essaient de rester éveillés. Seule la mère y parvient. C'est à ce moment-là que commence la période la plus difficile pour Maria Kapuścińska et ses enfants. Outre la déportation, leur vie est menacée par deux autres spectres : la faim et le froid. Tous deux débarquent avec l'hiver glacial qui agresse la ville entre la fin de novembre et le début de décembre 1939. La recherche de tout ce qui est bon à manger devient, dès lors, l'occupation principale des habitants de Pińsk. Les enfants pillent les potagers des habitants expulsés, les adultes exhument des objets ayant un tant soit peu de valeur et vont dans les villages alentour les échanger contre des denrées alimentaires. Mais comme le NKVD profite de l'absence des mères pour venir dans les maisons et expédier les enfants vers les convois, la maman de Ryszard ne quitte plus leur logement. « Elle peut rester des heures et des heures sans bouger. À la maison, il reste encore un peu de gruau et de farine. (…) Je remarque qu'elle-même ne mange rien, mais elle se retourne pour ne pas nous regarder, ou alors elle va dans une autre pièce. Elle nous demande d'aller chercher du petit bois. Nous sortons et ramassons des herbes et des brindilles enfouies sous la neige » (I, 602). Cela se passe de la même façon dans les autres familles. Une bande d'enfants amaigris, parmi lesquels le petit Ryszard, âgé de sept ans, traîne dans la région à la recherche de bois mort pour chauffer la maison, de nourriture, sinon d'une odeur de nourriture. Le nez entre les planches d'une palissade, les enfants épient une maison d'où provient le parfum d'un poulet rôti ou d'un chou à la viande ; il faut s'arracher de force, l'un après l'autre, à cette palissade. Parfois les enfants s'approchent des soldats soviétiques et quémandent de la nourriture. Ceux-ci haussent des épaules. Pris de pitié, un jour, l'un d'eux leur donne un peu de tabac et un morceau de journal, puis il leur montre comment rouler une cigarette avec ce mélange puant – un moyen de tromper la faim.

La famille Kapuściński ne sera toutefois pas déportée au fin fond de la Russie. À vrai dire, il est difficile de trouver une explication rationnelle, susceptible d'expliquer de manière crédible cet heureux concours de circonstances. Probablement le chaos ambiant et la désorganisation générale font-ils que Maria, son fils et sa fille resteront dans la maison de la rue Wesoła. À moins que la misère, qui a chassé la famille dans le quartier le plus pauvre de la ville, un quartier difficile d'accès en charrette après le dégel printanier, soit soudain devenue leur alliée ?

En 1940, trois trains partent de Pińsk : juste avant le départ du dernier – en mai – Maria Kapuścińska profite de l'occasion et décide de quitter la ville. Elle vend ses modestes biens et, avec ses deux enfants, prend l'une des dernières rames à destination de Lvov (son père Franciszek meurt pendant le voyage, dans la région de Brest-Litovsk), d'où elle compte gagner Przemyśl, puis Cracovie pour rejoindre enfin Varsovie, dans l'espoir de retrouver son mari qui – comme elle a réussi à l'apprendre – est instituteur dans une école de la région de la capitale.

Il est difficile aujourd'hui de s'imaginer l'effort que dut représenter pour une mère, seule avec deux enfants, le seul trajet jusqu'à Przemyśl. Ils firent un bout de chemin à pied, un autre en louant une charrette, et un dernier en train. Le voyage d'est en ouest semble durer une éternité : les cheminots arrêtent régulièrement les trains en pleine campagne pour extorquer une taxe aux passagers. Voulant à tout prix poursuivre leur route, désespérés, les gens donnent sans hésiter tout ce qu'ils ont : bagues, bijoux, fourrures.

Arrivés à bon port, ils s'arrêtent dans la famille de Józef à Przemyśl. Une autorisation spéciale est requise pour entrer dans le Gouvernement général, ce qui dans la pratique nécessite une attente de plusieurs jours et, en conséquence, un copieux pot de vin. C'est à cela que sert l'argent tiré de la vente du patrimoine familial de Pińsk. La famille parvient enfin à franchir le pont qui relie la zone d'occupation soviétique à la zone d'occupation allemande. Il est sillonné par une circulation incessante dans les deux sens. De l'ouest, ce sont essentiellement des Juifs qui fuient les Allemands vers la Russie soviétique. De l'est, ce sont des gens qui fuient l'Union soviétique. Tous espèrent que le salut et un destin plus supportable les attendent de l'autre côté du pont. Pour les Kapuściński, leur nouvelle vie est inaugurée par un passage dans des bains publics où les Allemands conduisirent la colonne de réfugiés pour une séance de lavage et d'épouillage… (voir L, 121).

De Przemyśl, ils gagnent Cracovie en train. La seule information qu'ils réussissent à obtenir en quittant la ville, c'est que le père est instituteur dans un village de la région de Varsovie. Il n'est pas possible aujourd'hui de déterminer comment ils réussissent à le retrouver sur la base d'indications aussi vagues. « Nous l'avons retrouvé par hasard. En traversant un village qui s'appelle Sieraków, tout d'un coup maman cria à un homme qui passait par là : Dziudek ! C'était mon père », raconte Ryszard Kapuściński (B1, 9). Dès lors, cette journée de retrouvailles devient une fête familiale.

La famille enfin réunie s'installe à Sieraków dans une misérable chambrette sans eau ni lumière. La pauvreté fait toujours partie de leur quotidien ; entraîné à chercher de la nourriture, le gamin de huit ans continue à partir en quête de tout ce qui peut un tant soit apaiser peu sa faim : croûtes de pain, carottes. Mais le véritable trésor, difficile à dénicher, ce sont les pommes de terre. Lorsque le père annonce un jour à ses élèves que celui qui veut venir à l'école doit apporter une patate en guise de taxe scolaire, le lendemain la moitié de la classe est absente, et beaucoup d'enfants n'apportent qu'une moitié, voire un quart de pomme de terre. Au printemps, il faut trancher un douloureux dilemme : manger d'un coup les pommes de terre collectées ou les planter afin d'avoir de quoi manger à l'automne.

Le séjour à Sieraków sera toutefois la source d'autres épreuves traumatisantes, pas moins funestes que celles endurées lors de l'exode de septembre ou de l'attente de la déportation à Pińsk. Située dans la forêt de Kampinos, ce village se trouve à proximité de Palmiry, hameau où les Allemands procèdent à des exécutions massives. La guerre ne se fait oublier à aucun instant : désormais elle résonne dans des rafales sourdes qui s'enchaînent les unes aux autres. Proches, les coups de feu retentissent d'abord la nuit, puis dans la journée également. Caché dans des buissons, le petit garçon effrayé reste aux aguets : « Ils transportent les condamnés dans des camions fermés, vert foncé, le dernier camion de la colonne transporte le peloton d'exécution. Ses hommes sont toujours en gabardine longue serrée à la taille par un ceinturon, comme si cet accoutrement était un accessoire incontournable du rituel de meurtre. Quand la colonne arrive, la bande de gosses du village que nous formons la suit, cachée dans des buissons en bord de route. Dans un instant, derrière le rideau des arbres, va se produire une chose que nous n'avons pas le droit de regarder. Je sens des frissons glacés me parcourir, je tremble de tout mon corps. Retenant notre souffle, nous attendons les échos des salves. Les voilà. Puis nous entendons des coups de feu isolés. Au bout d'un moment, la colonne regagne Varsovie. Le cortège est fermé par le camion transportant les SS du peloton d'exécution. Ils fument des cigarettes et discutent » (B1, 10).

En automne 1943, la famille va de nouveau se retrouver sans père ; soldat de l'Armée de l'Intérieur (AK), Józef Kapuściński est obligé de se cacher. Ses deux enfants ne le reverront plus jusqu'à la fin de la guerre. Le même automne, la nuit, sous la pluie, la famille est avertie par des partisans que les habitants de tous les villages environnants sont déportés dans des camps de concentration, et elle doit quitter Sieraków précipitamment pour se réfugier à Varsovie dans une cachette indiquée par l'organisation clandestine. Elle se retrouve chez les Skupiewski, dans un immeuble situé rue Krochmalna, aux portes du ghetto…

Mais ce n'est pas encore la fin de l'errance qui, comme par fatalité, les entraîne dans les cercles successifs de l'enfer de la guerre : « De nouveau je marchais à côté d'une charrette et j'entendais le sable du chemin vicinal chauffé par le soleil s'écouler dans les rayons en bois des roues » (B1, 11). Cette fois, la charrette transporte Maria Kapuścińska et ses enfants à Świder, une petite ville de cure célèbre, située à côté d'Otwock, sur la rive orientale de la Vistule. C'est l'année 1944, l'Insurrection de Varsovie bat son plein. Âgé de douze ans, Ryszard est alors enfant de chœur et il sert l'aumônier de l'hôpital de campagne qui suit l'armée du général Berling, qui, comme on le sait, se porte au secours de l'Insurrection. Kapuściński voit le prix à payer pour ce combat : « Du front qui grondait et fumait tout près arrivaient à toute vitesse des véhicules sanitaires. (…) Les infirmiers, à moitié morts de fatigue, dégageaient les blessés et les allongeaient sur l'herbe, puis ils prenaient un tuyau en caoutchouc et les arrosaient d'un puissant jet d'eau froide. Les blessés qui donnaient un signe de vie étaient transportés dans une tente où se trouvait la salle d'opération (devant la tente, directement par terre, gisait un tas de mains et de jambes fraîchement amputées), les blessés qui ne bougeaient plus étaient emportés dans une grande fosse située à l'arrière de l'hôpital. C'est justement là que je me tenais, à côté du prêtre, au-dessus d'une interminable fosse, tenant le bréviaire et le goupillon. Je répétais après lui la prière pour les défunts. Pour chaque mort, nous prononcions « Amen », des dizaines de fois par jour « Amen », à la hâte, car tout près de là, au-delà de la forêt, la machine de la mort travaillait sans trêve » (B1, 12).

La guerre touche à sa fin, mais l'errance de Kapuściński n'est pas terminée. La guerre aurait normalement dû se clore par un retour à la maison, à l'école et aux camarades, ce qui est évidemment impossible. L'une des dernières images de guerre mémorisée par l'écrivain ressemble comme deux gouttes d'eau à l'une des premières images représentant des enfants de Pińsk menant un combat acharné contre la faim. Une fois de plus, impossible de résister à l'odeur de nourriture, cette fois consommée par un serrurier d'Otwock assis devant son atelier : « En 1944, la bande d'enfants déguenillés que nous formions traînait dans les rues de la ville d'Otwock que les Allemands avaient déjà abandonnée, mais que les Russes n'avaient pas encore occupée. (…) L'homme repoussa ses outils, essuya la graisse de ses mains avec un chiffon, s'assit sur le seuil de son atelier et plaça sa gamelle entre ses genoux. Il se pencha au-dessus et renifla. (…) Fascinés par ce spectacle, nous nous tenions dans la rue, assez loin pour que l'homme ne nous chasse pas, mais assez près pour que le parfum de viande, de pain et de framboises nous tourne la tête comme une drogue. Un bête fauve me retournait les tripes, prête à bondir dehors, elle me serrait la gorge (…) » (L, 460).

*

Il est évident que la fuite, les pérégrinations, les rencontres avec la mort, les massacres, la faim et le froid ne constituent pas les seuls éléments de la vie de Kapuściński pendant la guerre. Il n'en demeure pas moins que ces moments se sont gravés dans la mémoire de l'écrivain comme une suite d'expériences, cohérente et globalement sombre. On peut se demander combien de temps il fallut à l'auteur pour rédiger les fragments de ce livre non écrit. Un livre rédigé par un homme qui a déjà assisté, sur trois continents, à d'innombrables guerres et coups d'État, qui a déjà vu d'innombrables victimes : des masses d'hommes affamés, sans toit, chassés ou en fuite, en quête d'un abri plus sûr. Cela explique peut-être qu'il exhuma de sa mémoire des épreuves de sa propre biographie ; celles-ci l'aidèrent à comprendre la souffrance infligée aux autres par la guerre et dès lors, il se sentit autorisé à écrire à leur sujet. Les années 1970 et 1980 furent aussi une période où se généralisa un regard sur la Deuxième Guerre mondiale, dont l'élément caractéristique – et commun – était la souffrance des victimes : exterminations de peuples et de groupes ethniques entiers, expulsions et expropriations, destructions de villes et de civilisations. Il se peut aussi que Kapuściński ait tiré de sa propre expérience des éléments qui lui permettaient de se considérer comme un témoin compétent des atrocités du XXe siècle.

Ce contexte pourrait laisser entendre que l'écriture de ces épisodes plutôt que d'autres exprime davantage un savoir mûr qu'une mémoire spontanée. Toutefois le déracinement de Pińsk, la patrie de l'auteur, et la période d'errance qui suivit ne constituent pas le motif unique de ce livre non écrit. Ce livre contient aussi une autre logique profondément personnelle, dont l'auteur n'est peut-être même pas tout à fait conscient : celle d'un autre déracinement, d'une dépossession systématique. Le temps de la formation – passage des étapes successives du développement, acquisition de la conscience, apprentissage du monde – est évincé par l'expérience historique qui transcende tout, même la dimension de l'enfance. Cette expérience prive l'enfant de la possibilité de s'enraciner dans le monde, elle fait de lui un enfant de la guerre justement.

Cette logique se fait sentir dans le procédé de narration même. En effet, Kapuściński raconte moins le traumatisme de la guerre qu'il ne reconstruit cette épreuve comme quelque chose de naturel, quelque chose qui le fait progresser. Revenons à la période de Pińsk (en prêtant, cette fois, attention non pas à « ce que » raconte Kapuściński, mais à « la manière » dont il le raconte), car l'expérience scolaire, qui d'ailleurs commence au retour des vacances évoqué plus haut, au tout début de la guerre, occupe à cet égard une place importante : « À pied, à cheval, en voiture, ils vont bien quelque part, mais où ? Maman, elle le sait. Elle nous a pris par la main, ma petite sœur et moi, et tous trois, nous regagnons Pińsk, notre maison de la rue Wesoła. La guerre nous a surpris (...) en vacances, et maintenant nous devons rentrer à la maison. *Tutti a casa !* » (I, 591).

Parmi les premières épreuves scolaires, l'apprentissage de l'alphabet détient la place la plus importante. Ce n'est donc pas étonnant que Kapuściński le considère également comme tel, même s'il passe directement en deuxième classe puisqu'il sait déjà lire et compter. Mais il est confronté à l'apprentissage d'un autre alphabet que celui que lui ont enseigné ses parents : « À l'école, dès la première leçon, nous apprenons l'alphabet russe. Nous commençons par la lettre ' S ' ». « Comment ça ? demande un élève du fond de la classe. Normalement on commence par la lettre ' A ' » ! « Mes enfants, répond d'une voix déprimée l'instituteur (qui est polonais), regardez la couverture de notre livre. Quelle en est la première lettre ? C'est la lettre 'S'. Petruś (qui est biélorusse) parvient à y déchiffrer les quatre mots qui y sont inscrits : Staline, *Problèmes du léninisme*. C'est le seul livre sur lequel nous apprenons le russe, le seul exemplaire. Sur la reliure en toile de lin sont gravées des caractères dorées » (I, 592). Cet agencement de lettres d'une langue étrangère imposée par la force, qui vient bousculer l'ordre alphabétique connu, signale d'emblée le caractère absurde de la réalité à laquelle les enfants vont être confrontés. Ils font l'apprentissage de la peur, du silence, ils apprennent à ne pas poser trop de questions ; ils ne demandent pas qui est Lénine, par exemple.

Autre épreuve, tout aussi importante, d'une rentrée scolaire : la rencontre avec les camarades, la recherche de passions et d'intérêts communs, comme la collecte et l'échange d'insignes. Chez Kapuściński, cet épisode survient juste après la leçon de lecture : il s'agit des portraits miniatures métalliques de « nos dirigeants », distribués aux enfants par les soldats du NKVD en uniformes rutilants, en même temps que les chemises et les foulards des pionniers. Ces insignes font partie de la panoplie obligatoire de l'organisation censée former les enfants à l'école du totalitarisme. Ils n'en sont pas moins attractifs, cela ne fait aucun doute. Kapuściński se souvient, avec un sens du détail étonnant, des insignes qu'il a échangés avec Janek, de ceux qu'il a échangé avec Chaïm, du nombre d'« Andreev » qu'il faut donner contre un « Mikoyan », du nombre de « Mikoyan » contre un « Staline » (l'insigne de Staline, l'auteur du gros livre servant à l'apprentissage de la lecture, est trois fois plus gros que les autres), et pourquoi « Vorochilov » vaut, à lui seul, trois insignes de valeur moyenne.

Les pauses entre les ennuyeuses leçons occupent la troisième place dans les souvenirs d'école de Kapuściński : « Parfois les leçons sont interrompues par des tirs d'artillerie (…). Si, après la canonnade, le silence revient, nous reprenons notre lecture, mais si nous entendons un bruit de tôles qui s'écrasent, de murs qui s'effondrent et de pierres qui s'éboulent, la classe s'anime, des voix s'exclament : 'Dans le mille !', et à peine la sonnerie a-t-elle retenti que nous nous précipitons sur la place pour constater les dégâts » (I, 594). Tout près de l'école, sur la place du 3-Mai, les Russes bombardent le clocher de la plus grande église de Pińsk[8] afin de démontrer aux habitants de la ville qu'ils ne craignent pas le bon Dieu. Pas question de commenter en classe les raisons de cet acte fascinant, son déroulement et la manière dont la population l'accueille ! Pas question non plus de parler en classe d'autres sujets qui fascinent les enfants : les navires et les trains, guettés sur le chemin de l'école ou après l'école. Ces souvenirs sont évoqués juste après les épreuves strictement scolaires les plus importantes.

Les navires marchands de la célèbre flotte fluviale de Pińsk (qu'Andrzej Stojowski évoque dans son roman *La canonnière*) sont bien visibles. La canicule de septembre 1939 a provoqué l'assèchement de la rivière Pina et les navires se sont ensablés. En fait, les marins de Pińsk les ont coulés eux-mêmes, puis ils ont été capturés par les soldats de l'Armée rouge qui les ont fusillés à Mokrany non loin de Brest. Pendant longtemps les navires ont pointé leurs coques trouées de balles au-dessus de la surface de l'eau.

Mais les navires ne sont rien en comparaison des trains : « Pour aller à l'école, je dois traverser des voies ferrées, tout près de la gare. J'aime cet endroit, j'aime regarder les trains qui arrivent et repartent. Mais ce que je préfère, ce sont les locomotives : je voudrais être machiniste. Un beau matin, en traversant les rails, je remarque que les cheminots rassemblent des wagons de marchandises. Des dizaines et des dizaines de wagons. (…) L'Armée rouge, le NKVD sont partout. Puis le calme revient pour quelque temps. Mais un beau jour, je vois que des

---

8   Il s'agit d'un monastère de jésuites du XVIIe siècle. Son église a été dynamitée en 1953. Seul le bâtiment du collège a été préservé, il héberge actuellement le Musée de la Polésie biélorusse et une école de danse.

charrettes sont avancées devant les wagons, pleines de gens et de balluchons » (I, 595). De prime abord, cette curiosité de l'enfant pour les trains peut sembler innocente, mais très vite, elle va se muer en une sorte de fascination, funeste et pleine d'effroi : une vision de sa propre extermination. Il est frappant, par ailleurs, que cette manière enfantine d'appréhender le plus grand cauchemar de la population polonaise de Pińsk ne disparaît pas lorsque s'achèvent les préparatifs pour les déportations, au contraire : elle prend de plus en plus de sens. Cela montre que Kapuściński suit très fidèlement le chemin de sa propre mémoire. Ce qui se passe à la station ferroviaire, sans parler des scènes où les familles sont traînées hors de leurs maisons pendant la nuit, devient de plus en plus difficile à épier, exige de plus en plus d'audace, est de plus en plus risqué, se transforme en une sorte de jeu dangereux. Le futur écrivain est encore trop petit pour y prendre part. Sa mère ne veut pas parler des déportations et – comme les autres parents – elle lui interdit vraisemblablement de quitter la maison. Aussi, seuls le trajet de la maison à l'école et les moments passés en classe peuvent lui fournir de nouvelles informations : « À l'école, pendant la récréation ou quand nous revenons en groupes à la maison, nous parlons de la déportation. C'est notre sujet de conversation préféré. Nous comptons parmi nous de véritables experts en la matière, qui discourent volontiers du sujet, et avec érudition » (I, 596). C'est à travers leur yeux et à travers leurs récits – les récits des « garçons qui ont réussi à épier les déportations », des « garçons spécialistes des déportations » – que le novice s'informe sur ce qui se passe, et essaie tant bien que mal de prendre avec eux la mesure du danger auquel est exposée sa patrie. Il peut épier les convois de ses propres yeux en hiver seulement, lorsque les buissons sans feuilles lui permettent de les observer de plus loin et en plus grande sécurité, observation qui va mettre fin à sa fascination pour les trains : « De l'embranchement ferroviaire nous parviennent des gémissements et des pleurs. Soudain ils deviennent plus sonores, déchirants. Des charrettes circulent de wagon en wagon. Des prisonniers y chargent ceux qui sont morts de froid et de faim pendant la nuit. Derrière les charrettes marchent quatre hommes du NKVD qui comptent, prennent des notes. (…) Ils verrouillent ensuite les portières avec du fil de fer qu'ils tordent avec des tenailles. (…) La locomotive siffle plusieurs fois et le convoi s'ébranle » (I, 602).

Faire voir les déportations par l'œil d'un enfant-écolier est le moyen le plus simple de traduire la terreur. Les observateurs les plus attentifs aux actions de déportation en sont inévitablement les victimes. La classe se vide : Paweł, Janek, Zbyszek, le maître (qui fait d'émouvants adieux depuis un lointain wagon), pour finir la moitié des élèves, polonais probablement, disparitions qui montrent l'ampleur du ravage. L'école cesse pratiquement d'exister, et Kapuściński, âgé de huit ans, n'a plus rien à y apprendre.

Le départ de Pińsk et la vie errante ne freinent pas pour autant ce processus de dépossession, car, comme nous l'avons vu, si quelque chose s'est inscrit de manière durable dans la mémoire de Kapuściński, c'est précisément la rencontre avec de nouvelles figures de misère, de cruauté, de violence, de mort et de meurtre ainsi que la conscience renforcée que la vie n'est constituée que de ces éléments. Sa mission d'enfant de chœur vient couronner de manière spécifique cette terrible éducation. L'écrivain la décrit avec méticulosité et sang-froid, comme si elle ne consistait qu'à aider l'aumônier à enfouir les morts dans des fosses communes.

Toutefois la proximité de la mort, de la violence et de la cruauté n'explique pas à elle seule cette dépossession. L'absence de rêves, l'obligation de s'accommoder de substituts, conquis de haute lutte du reste, restent aussi profondément gravés dans la mémoire de l'écrivain. Dans les souvenirs de Kapuściński, deux épisodes reviennent de manière obsessionnelle. Le premier est lié à une envie de sucreries d'autant plus vive qu'elle est ressentie pendant la grande famine à Pińsk. Parmi les enfants se répand la nouvelle que des bonbons vont être vendus dans une des boutiques de la ville. Une file de gosses transis et affamés se forme alors dans une longue attente, vingt-quatre heures peut-être. « (…) nous sommes recroquevillés, les uns contre les autres. (…) Nous fantasmons des montagnes de bonbons, de merveilleux palais en chocolat, un prince en massepain, des pages en pain d'épice. Notre imagination s'échauffe, s'enflamme, bouillonne ». La boutique n'a toutefois rien à proposer à part des boîtes de berlingots vides. « Au début, nous sommes déçus et abattus. Orion pleure. Mais lorsque nous examinons de plus près notre butin, une vague de joie nous submerge : les berlingots ont laissé sur les parois des boîtes un dépôt de sucre, une poudre multicolore, un givre dense embaumant les fruits. Pourquoi ne pas y faire bouillir de l'eau et se préparer une boisson sucrée et aromatique ? » (I, 605).

Le deuxième épisode concerne un rêve de chaussures que le gamin en pleine croissance va caresser pendant toute la guerre (il est toujours pieds nus ou dans un ersatz de chaussures en feutre fabriquées par son père), mais qu'il réalisera lors d'un séjour temporaire à Varsovie, sous une forme succédanée : « Je rêve de chaussures solides, massives, ferrées, des chaussures qui, en frappant le pavé, résonnent d'un claquement sonore, énergique. (…) Je pouvais fixer pendant des heures de belles chaussures, j'aimais l'éclat de leur cuir, j'aimais les entendre crisser (…) ; des chaussures minables, déchirées, c'était le signe de l'humiliation, un stigmate pour marquer un homme privé de dignité et condamné à une existence inhumaine » (B1, 11). L'épopée de l'acquisition de chaussures ne devient lisible que sur le fond de ce rêve : expressive, lapidaire et cruelle comme un conte d'Andersen. Il y a le rêve d'achat, mais aussi le fait que cet achat soit réalisé avec l'argent gagné de ses propres mains, un argent dont on se souvient jusqu'à la fin de sa vie.

Monsieur Skupiewski de la rue Krochmalna, chez qui logent les Kapuściński, fabrique du savon de toilette à domicile. Il propose au petit garçon de vendre sa marchandise dans les rues. Le prix du savon étant fixé à un zloty, il est facile de compter combien de savonnettes l'enfant de dix ans doit vendre pour s'acheter non pas les chaussures de ses rêves, mais les chaussures les plus communes sous l'occupation : des sabots en bois (avec une semelle en bois de tilleul recouverte d'une toile cirée) qui coûtent quatre cents zlotys. Mais dans Varsovie occupée, il n'est pas facile de trouver ces quelques centaines d'amateurs de savonnettes fabriquées par monsieur Skupiewski. Les conseils de ce dernier d'aller vendre sa marchandise sur la ligne du chemin de fer électrique Varsovie-Otwock, fréquentée par des vacanciers susceptibles d'acheter du savon et donc censés se laver, ne sont pas d'une grande efficacité. Personne ou presque ne lui achète de savons, même si le petit garçon verse « toutes les larmes de son corps » en essayant de les convaincre : « À l'issue d'une journée de démarchage, je n'en avais vendu qu'une. Je me souviens qu'un jour, j'ai réussi à en vendre trois et je suis rentré à la maison rouge de bonheur. Après avoir appuyé sur la sonnette, je me mettais à prier avec ferveur : 'Seigneur, faites qu'ils me prennent ma marchandise, qu'ils m'en achètent au moins un !'. Au fond, je pratiquais une sorte de mendicité puisque j'essayais de susciter la pitié. J'entrais dans l'appartement et suppliais : 'Madame, achetez-moi une savonnette. Elle ne coûte qu'un petit zloty, l'hiver va arriver, et je n'ai pas de chaussures'. Parfois ma stratégie portait ses fruits, parfois non, car la concurrence était rude entre les gosses qui tournaient dans le coin pour tenter de faire leur beurre en chapardant, escroquant ou vendant trois bricoles. Avec l'automne, le froid est arrivé, j'avais les pieds gelés et j'ai dû interrompre mon commerce. J'avais récolté trois cents zlotys auxquels M. Skupiewski ajouta généreusement les cent manquants. Avec maman, nous sommes allés acheter des chaussures neuves. En s'enroulant les pieds dans des chaussettes russes en flanelle et en enveloppent le tout de papier journal, il était possible de résister aux grands froids » (H, 1253–1254).

Une mendicité humiliante à la place d'un travail donnant satisfaction, des aides compatissantes à la place d'un salaire, des sabots en bois rudimentaires recouverts d'une toile grossière, « que je tentais de faire briller d'un brin d'éclat avec du cirage » (B1,11), à la place de chaussures dignes de ce nom… Et en même temps, un sentiment de bonheur quand il découvre qu'il reste un peu de sucre dans les boîtes de bonbons vides… La conscience d'être dépossédé de ses rêves, d'avoir recours à une existence dégradée, faite de succédanés, devient, pour Kapuściński, l'héritage d'une éducation de guerre non moins durable ni importante que l'expérience du danger, de la mort et des atrocités.

*

La guerre a divisé l'enfance de Kapuściński en deux parties inconciliables, mémorisées différemment jusqu'à la fin de sa vie : l'une parfaitement enregistrée, l'autre longtemps oubliée, comme si la guerre était l'unique réalité à laquelle il a eu l'occasion de se heurter, l'unique réalité à partir de laquelle sa vie a commencé. « Longtemps j'ai pensé que c'était le seul monde qui existait, qu'il n'y en avait pas d'autre, que la vie était ainsi faite. (…) Aussi, lorsque le grondement des canons s'est soudain tu, lorsque le vacarme des bombes qui explosaient a cessé et que le silence s'est brusquement instauré, j'ai été étonné par ce silence, je ne savais pas ce qu'il signifiait, ce qu'il était. Je pense qu'un adulte qui aurait entendu ce silence aurait dit : 'C'est la fin de l'enfer. La paix est enfin revenue'. Mais je ne me souvenais pas de ce qu'était la paix, j'étais trop petit pour m'en souvenir : quand la guerre s'est terminée, je ne connaissais que l'enfer » (B1, 14). En parcourant des fragments du livre non écrit de Kapuściński sur la guerre, nous comprenons mieux la profonde vérité de cet aveu. Si son accès à la maturité reposait sur le déracinement du monde de l'enfance et sur la dépossession de tous ses attributs, elle était en même temps, pour lui-même, l'anéantissement de ce monde.

Au cours des dernières années de la vie de l'écrivain, nous avons étudié le processus de sa « remémoration », pour reprendre l'expression de Norwid. Nous avions toutes les raisons pour suivre ce processus avec l'attention et la curiosité la plus grande et pour attendre patiemment son résultat littéraire final, car il caractérise effectivement une profonde réorientation spirituelle de l'écrivain. La question de la mémoire – la mémoire collective et individuelle ainsi que la mémoire de soi-même – est, pour Kapuściński, primordiale et – cela ne nous étonne pas aujourd'hui – particulièrement dramatique : « Posons-nous la question : quand commence l'homme ? (…) À mon avis, il commence dès le premier souvenir où il peut remonter. (…) si bien qu'avant il n'y a rien, il ne se souvient de rien. À partir de ce moment justement (…) commence son identité et sa biographie individuelle, privée, au sens strict du terme, sa vie privée »[9]. La

---

9 *O pamięci i jej zagrożeniach. Z Ryszardem Kapuścińskim rozmawiają Zbigniew Benedyktowicz et Dariusz Czaja* (Sur la mémoire et ses dangers. Entretien avec Ryszard Kapuściński mené par Zbigniew Benedyktowicz et Dariusz Czaja), « Konteksty » (Contextes) 2003, n 3 & n 4, p.12.

lutte pour la mémoire est donc, sans exagération, une lutte pour la vérité de sa propre biographie, pour l'établissement de son début véritable, c'est-à-dire pour une lecture d'un modèle irremplaçable. Pour l'écrivain, c'est une lutte contre une forme mémorielle qui, il y a peu encore, identifiait le début de la vie au déclenchement de la guerre et créait une base identitaire liée à son expérience.

Nous ignorons combien dura ce « il y a peu encore », mais nous sommes convaincus qu'il a été capital au moment de l'entrée du futur « reporter du siècle » dans la vie publique.

II « Acte de naissance de notre génération »

On est au début du mois de mars 1950. Le numéro 10 de la revue « Odrodzenie », un des hebdomadaires les plus importants des premières années de l'après-guerre, publie le compte rendu d'un débat sur la poésie contemporaine organisé au lycée Sanisław Staszic de Varsovie. Les lycéens doivent comparer cinq poèmes « parus au cours des trois dernières décennies dans différents contextes sociaux » et répondre à la question : « Le critique littéraire (…) peut-il relier les auteurs de ces poèmes à des époques historiques déterminées et comment ? »[10]. Les poèmes concernés sont les suivants: *Pluie de verre* de Jan Brzękowski, *Non-dit imprécis* de Józef Czechowicz, *Le manifeste fou* de Kazimierz Wierzyński, *Salut Madonna* de Konstanty Ildefons Gałczyński, un extrait de *Bien !* de Vladimir Maïakovski et *Les pommes roses*, l'une des premières œuvres poétiques de Ryszard Kapuściński, élève de Terminale, publié quelque temps avant dans le numéro 5 de la même revue.

Cette confrontation du futur auteur d'*Ébène* avec des sommités de la poésie polonaise de l'entre-deux-guerres et avec le fondateur de la poésie révolutionnaire russe ne se fait pas à son avantage. Non pas parce qu'avec sa première oeuvre, il ne peut égaler le niveau de ces poètes hors pair auxquels il est mesuré dans cet étonnant débat. Elle ne se fait pas à son avantage parce qu'il est encore trop poétique, trop proche des classiques et par conséquent trop éloigné du modèle révolutionnaire. Kapuściński, précise le compte rendu, a recours à des images poétiques, des symboles, « qui viennent d'une autre époque, qui neutralisent la simplicité du poème ». « [Kapuściński] ne met pas l'accent sur son appartenance politique comme le fait Maïakovski ». Les rapporteurs notent toutefois que le candidat a fait d'immenses progrès par rapport aux textes antérieurs parus dans la revue Odrodzenie (connus vraisemblablement de certains de ses camarades), et ils apprécient *Dans une affaire d'engagements*, poème plein de promesses selon eux qui est lu lors du débat et publié avec le compte rendu. La conclusion est assez optimiste : « L'œuvre future de Kapuściński nous donnera la possibilité de revenir sur cette affaire. (…) Kapuściński est notre camarade et nous l'aiderons à vaincre ses erreurs par la voie de la critique ».

Ce débat du collectif scolaire sur l'avenir du poète débutant est révélateur. Censé répondre à la question du lien entre la littérature et son contexte social,

---

10 *Dyskusja o poezji w gimnazjum im. Staszica w Warszawie* (Discussion sur la poésie au lycée Staszic à Varsovie), Odrodzenie 1950, n 10, p.5.

il est en fait un moyen, parmi tant d'autres, d'inciter la poésie à se conformer aux idéaux du nouveau régime et de l'entraîner dans « compétition socialiste du travail », à laquelle doivent participer les établissements de production : villages adhérant avec zèle à la collectivisation, médias luttant contre les reliquats de l'ancien régime, plateformes de la culture et de l'instruction élargissant le lectorat de la littérature « progressiste »… Tout cela, sous l'œil vigilant du parti, des organisations de la jeunesse, des collectifs, chargés justement de surveiller et d'éduquer l'individu, de l'inciter à l'autocritique, et en dernier recours de le stigmatiser et de l'exclure.

L'enregistrement fragmentaire de ce débat constitue un document précieux sur les conditions dans lesquelles l'écriture de Kapuściński attira pour la première fois l'attention du public et fut pour la première fois confrontée à ses attentes. Nous savons peu de choses sur l'auteur lui-même. Il a dix-huit ans, il est membre actif de l'Union de la Jeunesse Polonaise (ZMP) depuis deux ans, une organisation qui est née de la fusion de quatre unions indépendantes – ZWM, OM TUR « Życie », ZMW RP « Wici » (liées à trois courants de la gauche polonaise : communiste, socialiste, populaire), Union de la Jeunesse Démocratique – et qui est chargée de soumettre la jeunesse à la politique et à l'appareil du PZPR (POUP, Parti Ouvrier Unifié Polonais).

Il vit avec sa famille non loin de son école, dans l'une des maisons en bois provisoires offertes par le gouvernement finlandais à la capitale polonaise après la guerre (on peut encore en voir certaines à proximité du bâtiment de la Bibliothèque Nationale). Son père est instituteur. Sa mère, qui souffre de séquelles de guerre, n'a pas repris le travail à l'usine. Sa sœur, d'un an sa cadette, fréquente la même école que lui. Ryszard Kapuściński se souvient qu'à l'époque il s'intéressait plus au sport qu'aux études. Les jeunes du quartier Ochota où il vit ne sont absolument pas préoccupés par les problèmes intellectuels et préfèrent courir après le ballon. Avec le temps, les jeux dans la cour vont prendre la forme d'un entraînement intense. Sans doute peine-t-il à opter pour une discipline sportive, car au début il s'essaie à tout. Pour finir, il pratique sérieusement deux sports : la boxe et le football. Son aventure avec la boxe commence au club Polonia Warszawa. Il devient rapidement vice-champion des juniors de Varsovie dans la catégorie poids coq. Toutefois il renonce vite à la carrière de boxeur. En fait, c'est le foot qui le fascine. Il s'entraîne même au club Legia Warszawa sous la direction de Kazimierz Górski en personne.

Un jour, se souvient-il, il se lasse du ballon, s'assoit dans l'herbe et écrit des poèmes. Il les envoie ensuite à différentes revues littéraires, et peu de temps après il a la surprise de les voir imprimés. Il n'accorde pas beaucoup d'importance à ce qu'il a écrit. Le sort de ces poèmes intéressera plutôt son professeur de polonais qui plus tard les recherchera dans différentes revues littéraires. Le 14 septembre 1949 peut être considéré comme le début officiel de sa carrière poétique, jour où l'hebdomadaire catholique Dziś i jutro publie dans ses colonnes deux de ses poèmes : *Écriture en mouvement* et *Guérison*. Le premier est une impression de voyage en train (sans doute à destination d'Olsztyn), charmante et poétique ; le second, l'expression de sa foi dans la reconstruction de l'homme et de sa ville « où le sourire a été enseveli sous les briques ». L'emplacement des deux poèmes dans l'hebdomadaire est tout aussi inattendu. Le fait qu'ils se trouvent en deuxième page, juste après un long article intitulé *Le droit au travail créateur* du journaliste catholique débutant, Tadeusz Mazowiecki, a une résonnance symbolique.

Comme nous l'avons vu, c'est toutefois le modèle réaliste socialiste qui prend finalement le dessus dans ses tentatives poétiques de jeunesse. Si la voie du journalisme ne s'était pas ouverte à lui, cela n'aurait de toute façon pas eu une grande influence sur l'avenir de l'auteur, car ces tentatives ne furent guère durables. Il se fait d'abord embaucher par un nouveau périodique. Le 1ᵉʳ mai 1950 paraît le premier numéro de Sztandar Młodych, autrement dit le Journal de la Jeunesse Polonaise, qui doit contribuer à l'uniformisation de la génération montante. Dès son premier numéro, le journal déclare vouloir « œuvrer pour le rassemblement et la mobilisation de toute la jeunesse du pays afin d'accomplir le Plan Sexennal ainsi que pour le triomphe de la paix et du bonheur des jeunes », qui se veut « l'ami sincère et le conseiller de la jeunesse dans sa vie quotidienne – travail, études et loisirs ». Par la voix de deux poètes et journalistes de la rubrique culturelle, Wiktor Woroszylski et Andrzej Braun, il sollicite la collaboration d'un élève ayant déjà publié dans la presse – membre de la ZMP, « poulain de Górski » et boxeur inaccompli. Kapuściński attend d'avoir passé son baccalauréat pour répondre à cette offre, ce sera chose faite le 5 juin 1950.

Dès le lendemain, il travaille dans le nouveau journal.

Aujourd'hui, un début de carrière journalistique aussi fulgurant serait sans nul doute exceptionnel. Ce n'était toutefois pas le cas dans ce journal de jeunes, et ce ne l'était pas non plus en 1950, en plein cœur de la période stalinienne, alors que les derniers rédacteurs qui se souvenaient des traditions journalistiques d'avant-guerre avaient tous été licenciés. Les fondateurs (et membres du parti) de Sztandar Młodych, journal calqué sur la Komsomolskaïa Pravda jusque dans sa charte graphique, voulaient s'assurer de la pureté du contenu idéologique de leur publication en choisissant par dizaines des membres et des collaborateurs qui ne connaissaient d'autre réalité que celle de l'après-guerre et n'étaient formés que par les forces du nouveau régime. Parmi eux, les jeunes de dix-huit à vingt ans étaient nombreux, les directeurs de rubriques avaient tous entre vingt-deux et vingt-trois ans. Ils recrutaient des journalistes ayant débuté dans des organisations de jeunes : « Walka Młodych » (Combat des jeunes), « Pokolenie » (Génération) « Nowa Wieś » (Nouvelles Campagnes), « Świat Młodych » (Le monde des Jeunes), des militants de la Jeunesse Polonaise, intéressés par la littérature ainsi que des correspondants ouvriers et paysans, formés à la hâte dans des cours spéciaux organisés à Varsovie.

Il faut d'emblée reconnaître que malgré leur insouciance dans le recrutement des candidats, les responsables du journal réussirent à mettre sur pied un collectif qui, deux ans après sa formation, manifestait une totale maturité professionnelle et civique. Dans les années 1955–1957, pendant la période dite du « Dégel », lorsque la presse fut en mesure d'exercer ses fonctions élémentaires, Sztandar Młodych se retrouva à l'avant-garde des publications en lutte pour la vérité, la démocratie et la justice dans la vie publique, et la quasi-totalité du collectif préféra la dissolution ou le licenciement au renoncement à ses idéaux de liberté. Jeté sans préparation dans la cour des grands, Sztandar Młodych réussit, dans les années 1970, à devenir une école d'autoformation accélérée pour une pléiade de futurs rédacteurs, journalistes, reporters polonais éminents, sans lesquels il est aujourd'hui difficile de s'imaginer la presse polonaise (notamment les hebdomadaires Polityka et Kultura). Parmi les permanents de Sztandar Młodych, on peut citer entre autres : Wojciech Adamiecki, Maksymilian Berezowski, Dariusz Fikus, Jerzy Górski, Krzysztof Kąkolewski, Wojciech Krasucki, Grzegorz Lasota, Zygmunt Szeliga, Marian Turski, Krzysztof Wolicki, Jerzy Zieleński. Parmi ses collaborateurs, on compte des noms comme : Stanisław Albinowski, Jerzy Ambroziewicz, Ewa Berberyusz, Andrzej Drawicz, Kazimierz Dziewanowski, Wiesław Górnicki, Edward Hołda, Zygmunt Kałużynski, Stefan Kozicki, Andrzej Osęka, Daniel Passent, Mieczysław F. Rakowski, Jan Z. Słojewski, Krzysztof T. Toeplitz, Jerzy Urban, Andrzej K. Wróblewski, Ryszard Wójcik …

Kapuściński trouva sa place dans cet illustre groupe de journalistes (comme le montrera l'avenir), surtout grâce à sa déclaration poétique de soutien à l'esprit des temps nouveaux. Cela peut paraître étonnant aujourd'hui, mais à l'époque, cela ne l'était pas du tout. On peut même dire que Kapuściński suivait une voie déjà bien tracée. Quelque temps auparavant, elle avait été empruntée, entre autres, par son promoteur et son premier chef, Wiktor Woroszylski – poète, traducteur et essayiste (auteur, notamment, d'excellentes monographies sur Pouchkine et sur Essenine), à qui le secrétaire de section du PPR (le Parti Communiste Polonais) avait demandé lors de son adhésion au parti : « Qu'est-ce que tu veux faire ? Travailler pour la jeunesse ? La police politique ? Devenir instructeur politique ? ».

« Au bout de quelques jours apparut une quatrième possibilité ; Głos Ludu publia mon premier poème, pathétique et maladroit, *Devant Berlin*, puis je fus embauché comme reporter à la rubrique de la ville », se souviendra des années après Woroszylski[11].

Les responsables de la politique culturelle du parti vouaient un véritable culte à la littérature et à la poésie en particulier. Estimant que la littérature pouvait avoir une influence déterminante sur la conscience sociale, ils essayaient d'en faire un outil de formation en attelant les poètes à cette entreprise d'éducation de « l'homme nouveau », persuadés que ces derniers disposaient d'un pouvoir extraordinaire de façonner les cœurs et les esprits. Des prédispositions poétiques alliées à un enthousiasme pour l'avenir du nouveau régime étaient donc les meilleurs atouts pour devenir un journaliste en lutte sur le front de la propagande. De leur côté, les poètes débutants, âgés de dix-sept ou dix-huit ans, restaient perplexes face à cette proposition de travail. Outre l'honneur d'être embauchés dans un journal – juste après le baccalauréat et souvent bien avant –, ils n'étaient pas indifférents à la possibilité de s'engager, de se battre, de communiquer leur soif d'agir et de refaire le monde au sein d'un groupe de jeunes qui leur ressemblaient. Il y avait aussi le poids d'un certain modèle culturel : le poète était celui qui mettait son talent au service de la Cause et de l'Idée, en rédigeant des articles, des reportages, des chroniques militantes…

Face à cette proposition de travail, Kapuściński ne pouvait pas être moins surpris, moins honoré, moins enthousiaste de participer à l'œuvre de sa génération que d'autres candidats à l'écriture. Il devait connaître les noms des « chasseurs de têtes » du Sztandar Młodych, notamment celui de Wiktor Woroszylski. Dans le numéro 5 de la revue Odrodzenie de 1950, celui dans lequel Kapuściński avait publié son poème *Les pommes roses*, commenté par la suite lors d'un débat organisé au lycée Sanisław Staszic de Varsovie, parut un article retentissant de Woroszylski intitulé *Bataille pour Maïakovski*. Ce fut l'une des manifestations les plus éclatantes du groupe dit des „Boutonneux", écrivains jeunes et radicaux, qui estimaient que l'engagement révolutionnaire de leurs aînés, regroupés autour de la revue marxiste Kuźnica, était bien trop timide. Kapuściński était-il au courant du rôle joué par l'auteur de *Bataille*… dans les débats littéraires générationnels et idéologiques de l'époque ? Connaissait-il les noms des autres « boutonneux » ? Dans le numéro suivant de la revue Odrodzenie, il dut lire le commentaire *La Bibliothèque de l'Avant-garde du Travail*, signé

---

11 W.Woroszylski, *Materiały do życiorysu* (Matériaux pour une biographie), *Powrót do kraju* (Retour au pays), Londres 1979, p.11.

par Jacek Bocheński qui devint par la suite un excellent prosateur et essayiste. Dans le numéro 10 de la même revue, le compte rendu du débat scolaire cité plus haut côtoyait un extrait du roman de Tadeusz Konwicki, *Pendant le chantier*, disposé sur deux colonnes. Quand il débuta au journal Sztandar Młodych, il fit la connaissance d'Andrzej Braun et de Witold Zalewski, l'auteur d'un livre de reportages qui fit grand bruit à l'époque, *Les tracteurs iront à la conquête du printemps*. Il se rendait en leur compagnie sur les grands chantiers et à des réunions de militants de la ZMP... Sans parler du journaliste et écrivain Tadeusz Borowski qu'il dut rencontrer à l'époque où ce dernier était particulièrement engagé au Cercle des Jeunes de la section varsovienne de l'Union des Écrivains Polonais qu'il fréquentait aussi ; sinon ce fut au congrès des Cercles des Jeunes Écrivains à Nieborów qui se tint au début du moins d'avril 1951 et fut immortalisé par une photographie de groupe des « boutonneux[12] ».

Quoi qu'il en soit, Kapuściński entra en contact avec le milieu journalistique et littéraire du côté de son avant-garde la plus politisée et combattive, une avant-garde qui voulait sincèrement transformer la littérature en arme révolutionnaire en la soumettant aux directives du parti. Étant coursier de la rédaction, il avait l'occasion de rendre visite à des auteurs chevronnés tels que Maria Dąbrowska, Zofia Nałkowska, Leopold Staff ou Julian Tuwim. Il évoque sa rencontre avec l'auteur des *Médaillons* : « Nałkowska m'a remis un texte tapé à la machine. Elle m'a raccompagné jusqu'à la porte. Elle est sortie avec moi sur le palier et après un instant d'hésitation m'a demandé : 'Pensez-vous qu'ils nous laisseront écrire comme avant ?' J'ai bafouillé, et décontenancé, ahuri, j'ai dévalé l'escalier quatre à quatre » (L, 154).

Kapuściński fait partie des jeunes écrivains débutants qui restent sous l'emprise du souffle révolutionnaire des « boutonneux ». Un compte rendu du débat sur ses poèmes paraît dans l'avant-dernier numéro de Odrodzenie. Cette revue qui, depuis 1945, se bat, avec l'équipe de Kuźnica, pour rallier les intellectuels polonais à la cause révolutionnaire, est remplacée par Nowa Kultura, emblème du réalisme socialiste, la doctrine bureaucratique désormais de rigueur. « Les boutonneux » qui, dans les années 1950–1952 se regroupent autour de Nowa Kultura et de Sztandar Młodych, ont perdu leur élan révolutionnaire[13], constatera avec regret Woroszylski.

---

12 On peut voir cette photographie, entre autres, dans le livre de Tadeusz Drewnowski sur Tadeusz Borowski, *Ucieczka z kamiennego świata. O Tadeuszu Borowskim* (Évasion du monde de pierre. Sur Tadeusz Borowski), Varsovie 1977, (encart, phot. 42).

13 W.Woroszylski, *Materiały do życiorysu, op.cit*, p.14.

Cela explique peut-être l'essoufflement du mouvement. En août 1950, Sztandar Młodych publie un extrait du poème de Kapuściński sur Nowa Huta, intitulé *Membres de la ZMP,* et, en septembre deux extraits d'un cycle intitulé *La route nous guidera vers l'avant !* Ces deux créations trouvent un prolongement en novembre de la même année dans deux revues littéraires majeures. Twórczość[14], l'organe officiel de l'Union des Écrivains Polonais, dirigé par Adam Ważyk, accueille dans ses colonnes une suite de quatre poèmes relativement longs qui poursuivent le cycle de *La route...,* chacun étant agrémenté d'une dédicace commune : « Aux brigades de tracteurs de la ZMP ». Ils occupent plusieurs pages du numéro. Ils ne se distinguent pas fondamentalement de l'ensemble de la production poétique de l'époque... À l'instar des œuvres d'autres poètes débutants, ils sont censés décrire la réalité nouvelle du point de vue d'un homme jeune. La thématique de ces poèmes ne brille pas non plus par son originalité. Les héros principaux sont des travailleurs « beaux et combattifs », issus des rangs de la ZMP, tandis que leurs antagonistes, « n'embellissent pas la vie de leur sourire bouffi de mensonges ». Le jeune poète décrit le dur labeur d'un ouvrier, mais aussi la joie que lui procure ce travail au sein de sa brigade. Il n'oublie pas non plus l'agriculteur qui mène un combat quotidien mais se réjouit de labourer des terres collectives et récolter les fruits de son travail grâce à une moissonneuse-batteuse fabriquée en Union soviétique ». L'optimisme de rigueur des deux héros de l'époque n'est même pas brisé par le spectre du sabotage. La stylistique et la phraséologie sont conformes aux schémas socialistes réalistes imposés d'en haut. Nowa Kultura publie, pour sa part, des extraits du *Poème sur Nowa Huta* qui correspondent pour le moins aux critères idéologiques du moment. L'auteur parle de « la plus merveilleuse cité bâtie sur les fondations de la jeunesse », il s'enthousiasme pour le rythme du chantier, la puissance du socialisme qui se manifeste chez les jeunes ...

C'est ainsi que se termine, provisoirement, l'aventure poétique de Ryszard Kapuściński. Par la suite, il qualifiera systématiquement ses débuts poétiques de « maïakovskisme productif », et il remerciera le ciel de ne pas avoir publié de recueil à l'époque. Toutefois, comme on le sait, l'écrivain reviendra à la poésie dans les années 1980, époque où l'on commence à comprendre que dans sa biographie d'auteur, ces premières recherches maladroites, rapidement étouffées par la poétique socialiste réaliste, ont joué un rôle non négligeable. On y cherchera les prémices de ses tentatives d'allier poésie et reportage. La concision, le

---

14 R. Kapuściński, *Droga prowadzi naprzód!* (La route nous guidera vers l'avant !), Twórczość 1950, cahier 11, pp. 33–41.

goût de la métaphore, le sens et la maîtrise du mot sont les principales caractéristiques stylistiques – inhérentes à la poésie du reste – de l'écriture ultérieure de Kapuściński.

La fin de son aventure avec la poésie réaliste socialiste ne signifie pas pour autant la fin de son engagement de jeune bachelier dans l'édification de l'homme nouveau dans un monde nouveau. Débutant dans la profession et n'ayant donc accès qu'à des tâches journalistiques secondaires (notes, comptes rendus, réponses à des courriers de lecteurs), il ne dispose pas d'un champ d'action immense mais réussit néanmoins à s'imposer d'emblée comme journaliste prometteur, combattif et intègre. Quels pouvaient être les chevaux de bataille du futur auteur du *Négus* ? En commentant, pour l'exemple, quelques Arkuszy poetyckie (Feuillets poétiques), des recueils de poésie à grand tirage, il exige que les choix futurs ne portent que sur des poèmes idéologiquement univoques, associant un contenu révolutionnaire à la présentation de la naissance de l'homme nouveau. Une vigilance sans faille dans la sélection des œuvres est en effet de rigueur dans la diffusion de la poésie parmi les membres de l'organisation. « Ils seront lus par les membres de la ZMP ! »[15], un titre qui résonne comme une invitation à observer les critères de pureté morale et idéologique les plus stricts dans le choix des œuvres à proposer. Les exemples montrant que notre auteur se sent responsable de la qualité des contenus destinés à la jeunesse militante et qu'il est convaincu que leur caractère novateur et révolutionnaire correspond aux attentes de cette dernière ne manquent pas. Le Théâtre du Jeune Spectateur de Wrocław, qui non seulement n'a pas totalement rompu avec le répertoire bourgeois mais n'a pas créé les conditions pour conduire un débat de masse après les spectacles[16] fait les frais d'une critique cinglante de la part du jeune journaliste. Que de hargne dans ses mises en garde contre les « navets de la bourgeoisie », contre « le cosmopolitisme sale et manifeste » qui se cache dans les reliquats des activités éditoriales privées en voie de disparition après la guerre ! Et avec quelle force de persuasion il parvient à inciter les éditeurs polonais – sur la base d'un article paru dans la Komsomolskaïa Pravda – à publier *Les étudiants* de Iouri Trifonov, un roman censé apprendre la vie à sa génération également !

---

15 R. Kapuściński, *Masowe wydania poetyckie* (Les éditions poétiques à grand tirage), Sztandar Młodych 1950, n 2, p. 2.

16 R. Kapuściński, *Młodzieży Wrocławia należy się dobry teatr* (La jeunesse de Wrocław mérite un théâtre digne de ce nom), Sztandar Młodych 1950, n 100, p. 2.

Kapuściński peut, semble-t-il, remercier le bon Dieu de ne pas lui avoir laissé le temps de publier ses poèmes certes… En tant que journaliste engagé il a la main ferme et lourde. Il use d'une rhétorique expressive, d'arguments à la logique d'acier pour exiger des actions concrètes et rapides. « Les blancs-becs que nous étions, écrira des années après Andrzej Drawicz, futur russiciste éminent, journaliste également à Sztandar Młodych, né comme Kapuściński en 1932, nous passions plus de temps à jouer les supporters, à invectiver et à nous agiter bruyamment dans l'attente d'une consigne, qu'à agir, nuisant à autrui ou à nous-mêmes. Grâce à Dieu, les temps se mirent à changer avant qu'il ne soit trop tard, et c'est ainsi que nous fûmes nombreux à échapper à une collaboration fâcheuse »[17].

Personnellement, Kapuściński semble avoir été essentiellement épargné parce que, quelques mois après son stage d'apprentissage au journal Sztandar Młodych, il décide de reprendre ses études. Ce qui se traduit par une interruption de près de quatre ans de ses activités journalistiques (précisément à la pire période !), les statuts d'étudiant et de journaliste dans un quotidien étant incompatibles. La rédaction du journal astreignait à des heures de présence au bureau, et par ailleurs les étudiants étaient strictement tenus d'assister aux cours du fait de la pénurie de livres, les cours étant la principale, si ce n'est l'unique source de connaissance. Cumuler travail et études était d'autant plus impossible que Kapuściński, militant à la ZMP (puis membre du PZPR et secrétaire de section du parti), était obligé d'obtenir d'excellents résultats tout en consacrant beaucoup de temps à différentes tâches d'organisation et à des manifestations officielles : visites dans des mines et sur les sites des grands chantiers, participation à des travaux agricoles et à des livraisons obligatoires de céréales dans les campagnes. Il en prit conscience pendant l'année universitaire 1950–1951, lorsqu'il entreprit des études de lettres à l'Université de Varsovie et tenta en vain de les concilier avec son travail à Sztandar Młodych. Au bout d'un an, il décida de solliciter un congé à la rédaction et de reprendre ses études : cette fois à la faculté d'histoire et en partie à la faculté de philosophie.

Le choix de ces deux disciplines n'était assurément pas le fait du hasard. L'histoire et la philosophie resteront jusqu'à la fin de sa vie la passion de Kapuściński. Il n'est pas difficile de s'en convaincre quand on lit *Mes voyages avec Hérodote* et *Lapidarium*. La fascination pour ces deux disciplines s'exprimera dans le choix et la conception du type de reportage que pratiquera l'auteur d'*Imperium*. Mais cette

---

17 Andrzej Drawicz, [Souvenir], in *Był taki dziennik* (Un certain journal de bord). Sztandar Młodych, réd. Wojciech Borsuk, Varsovie 2006.

fascination ne l'absorbera toutefois pas au point d'en faire un chercheur, même s'il disposait des possibilités et des facultés pour exercer cette activité. Peut-être s'en fallut-il de peu pour qu'on ne le retrouve aujourd'hui parmi les plus grands historiens ou philosophes ? Il fit ses études aux côtés de Henryk Samsonowicz, Bronisław Geremek, Janusz Tazbir, Antoni Mączak. Étudiant, il dirigeait des travaux pratiques en troisième année de la faculté de philosophie, notamment à la chaire de Leszek Kołakowski où il comptait parmi ses étudiants Krzysztof Pomian[18]. Il déclina toutefois une proposition de poste d'assistant et après la soutenance de sa maîtrise préparée dans le cadre du séminaire dirigé par le professeur Henryk Jabłoński et consacrée à la formation de l'intelligentsia polonaise à la fin du XIXe siècle, il reprit un emploi à plein temps à Sztandar Młodych.

Aujourd'hui certains estiment que cette décision capitale correspond à un désir de participer à l'« l'histoire vivante », à l'histoire en cours, autrement dit à un suivi journalistique de l'actualité plutôt qu'à un désir de recherche historique. Mais à l'époque, Kapuściński n'était pas encore le reporter qui allait couvrir la naissance de l'Afrique indépendante ! En automne 1951 il avait quitté Sztandar Młodych comme journaliste débutant, et en 1955 il allait y revenir pour près de trois ans, comme journaliste. À l'époque, sa participation à l'histoire vivante se limitait à un engagement de journaliste désireux de changer l'avenir, à une lutte pour orienter cet avenir dans une direction conforme à des idéaux de bien et de justice profondément ancrés en lui.

On peut dire qu'il disposait désormais de moyens d'action réels pour assouvir ses passions. Le journal Sztandar Młodych évoluait. Peu avant le retour de Kapuściński, la direction avait changé à deux reprises, ce qui avait permis au collectif de se soustraire au front stalinien et poststalinien de la presse de propagande. Grâce aux relations privilégiées de la nouvelle rédactrice en chef, Irena Tarłowska – une femme dont on soulignait la beauté, la culture et la diplomatie – et de Jerzy Morawski – l'un des illustres jeunes secrétaires du parti – qui se battaient pour la déstalinisation du parti et du régime en Pologne, Sztandar Młodych se retrouva à l'avant-garde des journaux en lutte pour des réformes démocratiques et une représentation non mensongère de la réalité. Le journal joua à peu près le même rôle – stimulant et fédérateur de l'opinion publique – que l'hebdomadaire plus réputé Po prostu. Sztandar Młodych ne bénéficia toutefois pas de la même notoriété, peut-être parce qu'il ne fut pas dissous en automne 1957 à grand bruit comme Po prostu (lorsque, après le renforcement

---

18 Cf. Krzysztof Mroziewicz, *Ryszarda Kapuścińskiego niepodzielny świat rewolucji* (L'indivisible monde de la révolution de Ryszard Kapuściński), ITD 1975, n 31, pp. 3, 6–7.

de la position de Władysław Gomułka, la « presse libre » ne fut plus nécessaire), mais il fut seulement pacifié par l'envoi de commissaires du parti et par
la démission de presque toute l'équipe en lutte depuis deux ans.

À un moment donné, Sztandar Młodych faisait même figure de pionnier,
car ce quotidien touchait un lectorat sociologiquement beaucoup plus large.
Par ailleurs, il était novateur tant par le contenu de ses articles que par une
forme de journalisme qui se débarrassait peu à peu de la carapace des « outils
de la propagande ». Rien n'était laissé au hasard: depuis l'abandon progressif
de la couleur rouge (au profit du vert et du bleu qui finit par devenir exclusif)
jusqu'au remplacement des articles interminables par des textes plus courts,
assortis d'un nombre croissant de photos, en passant par la publication de
romans policiers, l'augmentation d'informations sur la culture (critiques des
films d'Agnieszka Osiecka et textes de Krzysztof Kąkolewski sur le jazz), sur
le sport, la vie pratique et la mode (comme la rubrique « Avec la mode sous la
main » par exemple)…

Cette volonté de satisfaire les intérêts authentiques des lecteurs était liée à
l'évolution du statut du journal et à son émancipation progressive de la ZMP
dont il était l'organe, ainsi qu'à l'acquisition d'une large autonomie. Sztandar
Młodych fut probablement à l'apogée de son indépendance pendant les quelque
douze mois qui séparèrent la dissolution de la ZMP, à l'automne 1956, et la
brutale subordination du journal à la politique d'information qui connut un
durcissement à l'automne 1957, avec son rattachement à une nouvelle organisation : l'Union de la Jeunesse Socialiste. Les acquis du journal dans le domaine
des libertés pourraient être comparés à ceux de Solidarité en 1980–1981. Sztandar Młodych disposait de ce qu'on appelle une autonomie financière. Il donnait
des informations sur le nombre de tirages et il entretenait un réel contact avec
ses lecteurs. En automne 1956, il procéda à l'élection démocratique de son collège de rédaction et porta sa composition à la connaissance du public.

Le relâchement de ses liens avec la ZMP s'accompagnait aussi de tentatives
de s'affranchir d'une prépondérance de thèmes relatifs à la jeunesse. Elles se
traduisirent par la création de suppléments à caractère socio-culturel dans lesquels il était possible d'aborder des sujets « normaux » et « adultes », d'un niveau
journalistique et littéraire ambitieux. Au début, ce fut un supplément paraissant de manière irrégulière, Przedpole (Premier Plan), qui permit à presque
tous les co-auteurs de la revue Współczesność de débuter dans ses modestes
pages (revue qui donnera bientôt son nom au mouvement littéraire « Génération 1956 »). Puis ce fut un supplément hebdomadaire, Niedziela (Dimanche)
qui incarna le couronnement tant symbolique que concret de l'évolution du
journal. Symbolique, car il suivait l'évolution de la presse occidentale (certes,

en se référant essentiellement au supplément du journal du Parti communiste français, L'Humanité – L'Humanité Dimanche) et rompait avec les schémas de la Komsomolskaïa Pravda. Concret, car ce supplément offrit réellement l'occasion aux journalistes et aux collaborateurs de Sztandar Młodych de déployer leur talent, et il devint, aux côtés de la revue Po prostu, la première tribune du jeune reportage de l'époque.

Presque aussitôt après son retour de l'université, Kapuściński se laisse emporter dans cette tornade de changements. C'est l'été 1955, rappelons-le. Pendant les deux premières semaines de juillet, Varsovie, décorée comme jamais auparavant – dans une scénographie qui rompt avec les critères réalistes socialistes – accueille le Festival de la Jeunesse et des Étudiants où foisonnent les débats, les manifestations théâtrales, littéraires, musicales, artistiques... Trente mille participants de cent quatorze pays y prennent part ! Signe très net que l'isolation de l'après-guerre est en train d'être surmontée et que des changements sont en cours derrière le rideau de fer. Sztandar Młodych est l'organe de presse officiel du festival : avec d'autres journalistes du quotidien, Kapuściński est au cœur des événements. C'est à cette occasion qu'il lie ses premiers contacts internationaux en accompagnant les hôtes étrangers dans différentes manifestations à Varsovie et lors d'un voyage à Auschwitz. Il multiplie les démarches pour que les délégations polonaises de province puissent participer au maximum à des débats de fond avec les hôtes étrangers. Il les accompagne à des rencontres avec des jeunes de la ZMP ; il souhaite profiter de leur intérêt pour le festival afin de leur faire prendre conscience qu'ils participent aux affaires du monde et les inciter à animer des cercles de discussion, les cellules de base de l'Union[19]. Dans un élan d'enthousiasme pour la fraternité internationale, il écrit son premier texte littéraire en prose, qui illustre de manière naïve cette aspiration à la coexistence pacifique[20].

La participation au Festival de la Jeunesse et des Étudiants est pour Kapuściński une expérience cruciale et, sans exagération, historique : « Nous avons vu, au Festival, un vaste territoire du monde, écrit-il, et ce monde nous est apparu comme immense et passionnant, digne d'être connu et de retenir durablement notre intérêt »[21]. Aussitôt il pense à la rencontre internationale suivante – à

---

19 R. Kapuściński, *Pofestiwalowe sprawy Szczecina : 1. Dyskutujemy, 2. Idziemy na spotkanie, 3. Dotrzeć – zdobyć !* (Szczecin au lendemain du festival : 1. Discutons, 2. Allons à la rencontre, 3. Au but – gagner !) Sztandar Młodych 1955, n 200, n 201, n 203.

20 R. Kapuściński, *Gdzie rosną róże* (Là où poussent les roses), Sztandar Młodych 1955, n 223.

21 R. Kapuściński, *Między festiwalami* (Entre les festivals), Sztandar Młodych, 16 septembre 1955.

Moscou – et réfléchit au moyen de faire en sorte que le rythme des festivals de la jeunesse de tous les continents devienne une nouvelle manière de rester au diapason des bouleversements en cours dans le monde : « Les historiens ne devraient rien avoir à y redire », ajoute-t-il sur le ton de la plaisanterie.

Kapuściński satisfera toutefois son désir de participer à la grande histoire d'une autre manière. Les manifestations audacieuses du festival (comme l'Exposition des Jeunes Arts Plastiques à l'Arsenal) n'étaient pas encore terminées qu'éclata une polémique sans précédent, qui dura plusieurs semaines, ébranlant les cercles politiques les plus haut placés et la presse tout entière : il s'agit de la polémique autour du *Poème pour adultes* d'Adam Ważyk, publié dans Nowa Kultura en août 1955. Dans cette œuvre, qui dans le domaine de la littérature devint le slogan exhortant à se démarquer du socialisme réaliste, l'écrivain se libérait du carcan des règles officielles en démasquant avec véhémence les symboles réalistes socialistes, notamment la ville ouvrière de Nowa Huta, emblème de la promotion urbaine des masses paysannes et de la grande industrialisation : « âme méfiante, arrachée du sillon, / mi-somnolente et mi-démente, / (...) / arrachée des ténèbres moyenâgeuses / masses gueuses, Pologne inhumaine/ (...) »[22].

Ryszard Kapuściński, qui en son temps avait loué le chantier de Nowa Huta dans un poème, a maintenant pour mission de démentir l'image noire de la réalité de Nowa Huta et de sauver les symboles du modèle socialiste. Il ne dément pas. Dans son article intitulé *C'est aussi la vérité sur Nowa Huta*, il polémique avec Adam Ważyk, mais seulement sur le plan de la dignité du travailleur et du pouvoir dénonciateur de la représentation de la réalité. Il défend les gens, qu'il connaît d'ailleurs bien pour les avoir vus de ses propres yeux, contre les appréciations péjoratives et contre l'exploitation de leur image pour une cause autre que celle visant à améliorer leur existence : « Aucun habitant de Nowa Huta n'est un héros de légende, tous sont des gens ordinaires, des gens souvent insignifiants. (...) Mais ils ne sont en aucun cas « la racaille », « l'âme à moitié égarée », « la Pologne inhumaine » et encore moins « la quantité négligeable » qu'évoque Adam Ważyk dans son poème *Poème pour adultes*. Ces expressions sont pour eux blessantes, fausses, offensantes. (...) Le *Poème* n'a pas eu de résonance en eux, ils l'ont pris comme une critique selon laquelle ils ne sont utiles à personne, ils passent inaperçus. Les strophes du poème n'ont pas retenti en eux comme un appel au combat, elles ont aggravé leur amertume »[23].

---

22 Adam Ważyk, *Poemat dla dorosłych* (Poème pour adultes), *Wiersze wybrane* (Poèmes choisis), Varsovie 1978, p.122.
23 R. Kapuściński, *To też jest prawda o Nowej Hucie* (C'est aussi la vérité sur Nowa Huta), Sztandar Młodych, 1955, n 234.

Un poème doit exprimer les sentiments, les besoins et les idéaux d'une communauté. Toute critique devrait inciter au combat et à l'action, servir à réparer la réalité… Kapuściński découvre les mêmes faits évoqués dans le *Poème* : prostitution massive, sans-logis, conditions de travail et de logement inhumaines, absence de loisirs ayant pour conséquence l'alcoolisme, l'ennui et les violences. Il parle de « préjudices, de crapuleries, d'indifférence, de mensonges », d'incurie, de gaspillage. Mais malgré la description sans concession des dysfonctionnements de Nowa Huta qui mettent à nue la fiction de l'idéologie et de la propagande, il refuse de remettre en question la capacité du nouveau régime à réaliser ses idéaux. À la fin de son article, il invite une commission extraordinaire à venir prendre connaissance de la pleine vérité, à gagner la confiance des habitants et à entreprendre avec eux « un combat pour une vie meilleure à Nowa Huta ».

Démontrer que l'on croit à la faculté du parti de réparer les erreurs commises – en convoquant des commissions, des conseils, des contrôles – faisait à l'époque partie du rituel pour tenter une première critique de la réalité. L'appel de Kapuściński est toutefois inhabituel, il se distingue des autres reportages du même type par sa gravité morale (visible également dans sa défense polémique de la dignité du travailleur), qui trouve son expression dans des mots simples et forts, dictés par une sensibilité éthique profondément troublée : « Le combinat de Nowa Huta attend la justice. Il ne peut pas attendre longtemps ». Cependant les auteurs terminaient en général leur réquisitoire autrement, comme par exemple l'article retentissant de Jerzy Ambroziewicz et de Ryszard Wiśniowski, publié un mois plus tard sur le combinat de coton à Zambrów dans la revue Po prostu : *Zambrów attend le socialisme* [24].

La publication du poème de Ważyk fit scandale et entraîna la démission immédiate du rédacteur en chef de Nowa Kultura. Malgré sa conformité aux exigences de l'orthodoxie idéologique de rigueur et malgré sa différence évidente avec le message de Ważyk, l'article de Kapuściński rencontra les mêmes difficultés et suscita des répercussions analogues. Pour le publier, la rédaction attendit qu'un censeur bienveillant, Mieczysław Adamczyk, par ailleurs un ami proche de l'auteur lui-même, soit de service. Personne ne s'attendait pourtant à ce que la publication du texte déclenche une telle tempête ! La rédactrice en chef du journal, Irena Tarłowska, et le censeur en question furent aussitôt

---

24 Cf. W. Władyka, Z. Rykowski, *Na czołówce. Prasa polska w październiku 1956* (En première ligne. La presse polonaise en octobre 1956…) …

limogés ; quant à Kapuściński, qui risquait au moins un interrogatoire et un licenciement, il se cacha pendant trois jours – sur les conseils de toute l'équipe de Sztandar Młodych entièrement solidaire – parmi les ouvriers de Nowa Huta. La première chose qu'il vit en arrivant là-bas, ce fut un exemplaire du journal avec son texte[25], placardé sur un mur...

Il fallut des interventions aux échelons les plus élevés pour amorcer un changement radical de situation. Le censeur et la rédactrice en chef furent réintégrés à leurs postes respectifs. Une commission mixte du parti et du gouvernement fut convoquée, dont le travail aboutit à la révocation de toute la direction du combinat de Nowa Huta et le déblocage de fonds pour des « investissements associés ». À l'issue de ce processus de « rénovation » qui dura plusieurs mois, Kapuściński fut décoré de la Croix d'Or du Mérite – à l'âge de vingt-trois ans – et quelques mois après, à la veille du soulèvement de juin 1956 à Poznań, il fut envoyé en mission en dehors de la Pologne, son premier voyage à l'étranger. Certains esprits perspicaces affirment que cette promotion était moins une manière de récompenser le reporter visionnaire d'avoir participé à la « rénovation » que de lui suggérer d'aller débusquer les crapuleries de ce monde... ailleurs.

La publication du reportage sur Nowa Huta à la fin du mois de septembre 1955 marque une rupture décisive dans l'histoire de Sztandar Młodych et inaugure la période de « Dégel » dans l'histoire du quotidien. Ce serait toutefois une erreur de penser que Kapuściński n'écrira désormais plus que des textes critiquant le régime. Il écrira, certes, des textes militants, importants pour le journal, de plus en plus souvent placés à la une ou en deuxième page, mais leur qualité ne sera pas toujours au rendez-vous. Dans la majeure partie de ces articles, Kapuściński se livrera à des tentatives de sauvetage de la ZMP ; à son retour à la rédaction, il est affecté à la « Rubrique Jeunesse » et au début il est chargé (sans doute en lien avec cette activité) des problèmes d'organisation de l'Union. Utilisant la langue de rigueur à cette époque (une langue où il est convenu de justifier tous les mots d'ordre relatifs aux décrets et aux programmes des commissions dirigeantes du parti ou de l'Union), on peut dire qu'il se bat pour insuffler ou maintenir le souffle de l'engagement, du militantisme et du dévouement à la cause sociale. Il croit toujours en la vocation historique de la jeunesse, et au nom de cette vocation, sans économiser les mots les plus pathétiques ni ménager son énergie pour faire le tour des organisations du parti et des grandes entreprises, il lutte contre tout ce qui leur fait obstacle ou les met en

---

25 Cf J. Snopkiewicz, *Czarne i białe* (Noir et blanc), Radar 1978, n 7 ; W. Skulska, *Reporter* (Le reporter), Przekrój, 30 octobre 1988 ; R. Wójcik, *Kapuściński*, Razem 1978, n 15.

échec : l'inertie de l'appareil de l'Union, la langue de bois des programmes de formation prétendument novateurs, l'obstruction de l'activité autonome par la curatelle du parti. Il se bat pour le renouveau de la ZMP, car sans elle il ne peut pas concevoir la sauvegarde et la mise en valeur –historique à cette heure – du potentiel de la génération montante. En février 1956, il écrit entre autres : « La ZMP est l'unique organisation de la jeunesse. Elle modèle la nouvelle génération. (…) Certains esprits sages, semble-t-il, prétendent que l'on peut éduquer, détruire et construire sans la ZMP. À Dieu ne plaise ! (…) On peut parler et discuter des générations, mais aucune génération de révolutionnaires n'a jamais existé sans organisation et l'organisation lui a toujours donné forme »[26].

Tenter de sauver la ZMP en 1956 – comme instrument de « réalisation des objectifs » (et d'autoréalisation !) de la jeune « génération de révolutionnaires » – peut étonner aujourd'hui, puisqu'il est bien connu que c'était une organisation chargée non pas de mener à une révolution quelconque, mais d'unir la jeunesse et de la soumettre au pouvoir. Bientôt elle sera dissoute, faute de n'avoir pu se rénover et d'assumer ses fonctions. Quoi qu'il en soit, cela montre seulement que Kapuściński n'était pas « parvenu à maturité » ; il était en effet loin de soutenir un pouvoir réticent à céder à la pression sociale. Ses articles sont pleins d'appels contre « le carcan de la bureaucratie », « les ronds-de-cuir », la routine prête à « bondir de dessous ses bureaux pour passer à l'attaque ». Des formulations qui sonnent sans ambiguïté et présagent en même temps la fameuse hostilité de l'écrivain à l'égard du bureau comme symbole et comme attribut du pouvoir.

L'enracinement des articles de Kapuściński dans la problématique des grandes entreprises montre à quel point ils anticipaient le caractère révolutionnaire de l'Octobre polonais. L'attitude des personnels des grandes entreprises avait à l'époque une influence décisive sur le cours de événements politiques. La lutte pour donner à la société la possibilité d'influer sur la politique du pouvoir prend, entre autres, la forme d'une lutte pour instaurer et défendre les conseils ouvriers, garant des conquêtes démocratiques au même titre que les syndicats indépendants après août 1980. Une grande partie des espoirs que Kapuściński met dans la ZMP est sans doute liée au rôle que les jeunes, les ouvriers organisés, peuvent jouer dans le changement : c'est leur impact sur la direction des entreprises qui est évoqué dans ses articles de jeunesse. Après la campagne visant à réformer la ZMP, il s'engage dans un combat pour créer ces conseils, puis pour les défendre. Une lutte qui se concrétise par des articles-programmes rédigés

---

26 R. Kapuściński, *Młodzi w wielkich zakładach pracy* (Les jeunes dans les grandes entreprises de travail), Sztandar Młodych, 13, 14, 28 février 1955.

pour « Sztandar Młodych », notamment le texte en deux parties intitulées *Sur la démocratisation ouvrière* (septembre 1956) et *Le baromètre de la démocratie* (avril 1957), empreint d'une immense inquiétude.

Le fait que l'œuvre de Kapuściński ait été inaugurée par un journalisme fervent, militant n'est pas sans importance. Nul ne sait s'il aurait rejoint le groupe des grands reporters du XXe siècle sans un pareil apprentissage. Ce n'est pas un hasard si les cofondateurs du reportage mondial – John Reed ou Egon Erwin Kisch – et du reportage polonais – Melchior Wańkowicz ou Ksawery Pruszyński – ont été tout d'abord ou en même temps des journalistes engagés. Comment expliquer cette corrélation ? Il convient ici de rappeler la généalogie du reportage : dans le contexte des bouleversements qu'a connu le XXe siècle, le reportage a remplacé en quelque sorte les grands diagnostics ou les commentaires journalistiques par une description des faits. Il faut aussi se souvenir que dans leur évolution, les plus grands reporters ont vécu ce moment de doute dans le bien-fondé et le sens de cette posture journalistique autoritaire. Mais cette posture a été la leur à leurs débuts ! Il fallait, en effet, avoir commencé par vivre la passion de refaire le monde pour avoir ensuite la force et l'endurance de le connaître, le décrire et l'expliquer.

Malgré l'expressivité de l'écriture du jeune Kapuściński, il n'est pas du tout facile de dire de quoi se nourrissait cette passion ni d'où elle venait. Dans les premières années d'après-guerre, ce sont les formules de lutte pour un nouveau régime qui lui donnent forme. Mais il n'est pas possible de la réduire à ces formulations, car elle se serait épuisée en même temps que l'échec des espoirs révolutionnaires de 1956. Cette question, bien évidemment, a souvent été posée à Kapuściński. Sans savoir que son père lui avait caché sa fuite de captivité en URSS et son appartenance à une organisation clandestine de l'armée de l'Intérieur (AK), on lui demandait : comment se fait-il que le fils d'un soldat de l'AK (rescapé par miracle d'un convoi à destination de Katyń), un homme ayant connu, dans l'enfance, le visage des Soviets, ait pu devenir membre de la ZMP dès 1948 et du PZPR dès 1953 ? Comment se fait-il qu'il ait pu céder à l'influence de la propagande communiste ?

Il est frappant qu'en réfléchissant à ce problème à plusieurs reprises et en essayant de trouver dans sa mémoire les raisons de ses choix de l'époque, l'auteur du *Négus* revient à chaque fois à l'expérience de la guerre. Dans *Lapidarium*, il affirme que la vigilance de sa génération pouvait être endormie par la perfidie de Hitler qui avait déclaré « la guerre aux Rouges » : « Pour nous, qui étions encore des enfants, le raisonnement était simple : si Hitler se bat contre les Rouges, cela veut dire que ceux-ci doivent être bons, qu'ils méritent d'être soutenus. C'est ainsi qu'on s'identifiait à eux, chose que les gens nés plus tard ne pouvaient pas comprendre, de même qu'ils ne comprendraient pas que le blocage de l'information au niveau de l'individu est l'une des caractéristiques d'une situation totalitaire : l'homme se tait, il voit et il sait, mais il se tait. Le père a peur de parler à son fils, le mari à sa femme. Ce silence soit lui est imposé, soit il le choisit comme stratégie de survie » (L, 121). Dans un entretien avec Marek Miller, Kapuściński attire l'attention sur le rôle joué par un messianisme particulier au lendemain du traumatisme de la guerre : « Nous croyions, de manière très romantique, aux slogans du socialisme, nous croyions qu'il s'agissait simplement de slogans visant à améliorer la vie. Il y avait dans tout cela un élément religieux, la recherche d'une croyance, un désir de s'éloigner du cauchemar que fut l'occupation. Sans l'expérience de la guerre, on ne peut pas comprendre cela. Tout ce qui permettait de fuir cette expérience, tout ce qui donnait un quelconque espoir, était bon. Aujourd'hui je vois à quel point j'étais naïf et crédule. Mais tout ce que je faisais, je le faisais avec une profonde conviction »[27]. Dans une interview accordée au journal britannique The Independent, Kapuściński raconte que la pauvreté de l'après-guerre fut particulièrement douloureuse pour les enfants, qu'à l'âge de quinze ans on ne pense pas à l'idéologie mais à des besoins plus élémentaires : « nous n'avions pas de chemise, expliquait-il, et donc tous ceux qui nous en donnaient une étaient bons »[28]. Lorsqu'il se souvient de ses années de lycéen et d'étudiant, quels que soient le lieu ou l'époque, il n'oublie jamais de les situer dans le contexte des destructions matérielles et spirituelles de l'après-guerre, contexte sans lequel ces années auraient été incompréhensibles, tout comme les choix de vie et d'idées de cette époque : « Enfants de la guerre, nous avons été privés d'école malgré les universités clandestines qui ont pris le relais dans les grandes villes. Notre amphithéâtre est surtout occupé par des filles et des garçons de la Pologne profonde, des étudiants sans bases, sans culture. Nous sommes en 1951, les admissions à l'université se pratiquent sans examen préalable puisque la sélection repose alors avant tout sur l'origine sociale des candidats : les enfants d'ouvriers et de paysans ont plus de chance d'obtenir une carte d'étudiant que les autres » (H, 1225–1226).

La guerre utilisée comme alibi pour justifier des décisions politiques, des choix et des tournants idéologiques d'après-guerre a sans doute été invoquée par tous ceux qui estimaient nécessaire de légitimer leur engagement de l'époque aux côtés du « nouveau régime ». Ils n'avaient toutefois pas tous

---

27 M. Miller, *3 x K : Kąkolewski, Krall, Kapuściński. Polska szkoła reportażu* (Kąkolewski, Krall, Kapuściński. L'École polonaise du reportage), Institut du Journalisme de l'Université de Varsovie, Laboratoire du Reportage (manuscrit), p.10.
28 I. Parker, *The reporter as a Poet,* The Independent on Sunday, 18 septembre 1994.

la même vision. Lorsque Kapuściński évoque son désir de fuir le cauchemar de la guerre, de rechercher un espoir (parfois avec désespoir), de reconstruire un monde libéré du mal, le sentiment d'être investi d'une mission et d'une croyance quasi religieuse, il est proche surtout de ceux qui, comme lui justement, pouvaient dire d'eux-mêmes qu'ils étaient « des enfants de la guerre ». D'autres écrivains déjà mentionnés (qui n'échappèrent pas non plus aux règlements de compte avec le passé) pouvaient dire la même chose à leur propre sujet: Tadeusz Konwicki, réfugié des terres de Wilno (« Seul, sans famille, sans amis, chaussé de bottes de partisan et coiffé d'une casquette militaire, je suis sorti d'un wagon de marchandises à Varsovie… »[29]), Wiktor Woroszylski qui débarque d'une de ces « tieplouchka », les fameux wagons soviétiques affectés au transport des populations, à la gare de Kutno (« nous avions vu la violence et la mort, nous avions eu peur de la mort comme les adultes et comme les adultes nous avions dû nous battre pour notre existence, nous n'avions pas été à l'école, mais en revanche nous avions appris la vie d'un côté où nous n'aurions jamais dû la connaître… »[30]), ainsi que la majorité absolue des écrivains et intellectuels débutants avec lesquels Kapuściński fut confronté au sein de la ZMP, sur les bancs de l'université et à la rédaction du journal. Sans chercher bien loin, il n'est pas difficile de trouver des témoignages reflétant le même état d'esprit : « Cela va peut-être paraître invraisemblable – écrivait avec sarcasme et auto ironie Tadeusz Konwicki des années après – mais âgés entre seize et dix-huit ans, nous qui barbotions dans le marasme universel avec une obstination déconcertante, considérions que nous étions l'origine du monde véritable, de l'humanité véritable, que nous allions créer le paradis sur terre. À travers les flammes et la fumée, nous contemplions le passé avec une stupéfaction pleine de mépris (…), un passé qui nous apparaissait comme une suite d'erreurs absurdes (…), et nous rongions notre frein pour prendre nous-mêmes nos vies en mains »[31] « Nous haïssions l'ordre du monde dans lequel nous avions vécu cette mauvaise période entre l'enfance et l'adolescence – reformule Woroszylski à la suite de Konwicki, nous méprisions l'ancienne génération qui n'avait pas réussi à faire barrage à ce monde – et nous aspirions à un bien-être sans bornes, à un nouveau monde construit sur les ruines, un monde qui serait non seulement bon et juste, mais qui écraserait le mal, un monde fort, agressif, impitoyable. Nous aspirions à un partage universel dans lequel nous pourrions vivre du côté du bien »[32].

---

29 T. Konwicki, *Kalendarz i klepsydra* (Le calendrier et la clepsydre), Varsovie 1982, p.67.
30 W. Woroszylski, *Powrót do kraju* (Retour au pays), *op. cit.*, p.25.
31 T. Konwicki, *Kalendarz i klepsydra, op. cit.*, p.64.
32 W. Woroszylski, *Powrót do kraju, op. cit.*, p.28.

Cette soif de refaire le monde et cette volonté d'en finir une bonne fois pour toutes avec le mal, revendiquée comme la mission de la jeune génération, ainsi que l'enthousiasme pour créer une nouvelle histoire, tout cela ne s'expliquait pas par une soumission à la propagande communiste mais découlait d'une catastrophe globale sans précédent, vécue de manière particulièrement douloureuse par les « enfants de la guerre ». Évidemment les temps de l'après-guerre surent s'emparer de cette passion et l'exploiter à leur manière. Ils exploitèrent surtout la leçon de haine dont Kapuściński lui-même dira plus tard qu'elle fut sans doute l'héritage de la guerre le plus durable : « Car la réalité de la guerre est un monde de réduction extrême, manichéenne, qui élimine toutes les couleurs intermédiaires, douces, chaudes, et qui limite tout à un contrepoint aigu, agressif, au blanc et au noir, à la lutte la plus primaire de deux forces, le bien et le mal. Il n'y a plus personne sur le champ de bataille ! Seulement le bien, donc nous, et le mal, donc tout ce qui se trouve en travers de notre route, ce qui s'oppose, ce que nous fourrons dans la funeste catégorie de l'ennemi » (B1, 14).

Dans la genèse de l'œuvre de Kapuściński, la guerre n'explique pas à elle seule ses débuts dans le journalisme militant ; elle permet aussi de comprendre la transformation du jeune journaliste en reporter. Nous savons déjà que le futur auteur de *Mes voyages avec Hérodote* dispose de toutes les prédispositions fondamentales pour devenir un grand reporter : il est dévoré par la soif de la grande Histoire, il veut participer aux événements qui transforment la nouvelle réalité et il a déjà une expérience dans ce domaine. Nous savons toutefois aussi que du point de vue des obligations élémentaires du grand reportage (notamment la volonté de donner de la réalité la représentation la plus objective possible et la présence personnelle de l'auteur pour observer, classer, hiérarchiser les faits et vérifier leur authenticité), les possibilités du jeune journaliste restent encore entravées par des barrières. Comme journaliste engagé et intransigeant sur le plan idéologique, il aspire moins à expliquer qu'à transformer la réalité. Il ne parle pas non plus en son propre nom, mais au nom d'une idée, d'un projet idéologique, de règles, de la nécessité historique, et s'il parle en son propre nom, ce n'est pas en tant qu'individu concret, mais en tant que participant et représentant de la jeune « génération de révolutionnaires », appelée à assumer des tâches historiques exceptionnelles.

La grande majorité de ces barrières ne seront levées que lorsque tous les espoirs dans le journalisme militant seront définitivement perdus, ce qui adviendra lorsque Sztandar Młodych aura été pacifié et ses journalistes soumis à diverses répressions. Dans le cas de Kapuściński, cela se traduira par la perte de son travail et une interdiction de publier pendant un an. Il se peut que ce soit justement à ce moment-là, pendant l'année 1958, alors qu'il cherche un nouvel emploi ou qu'il travaille anonymement pour la PAP (Agence de Presse Polonaise) à la réception et à la rédaction de dépêches (travail si pénible que pour y échapper, le jeune homme se porte volontaire pour des exercices militaires pendant plusieurs mois) qu'il se met à douter de la possibilité de transformer la réalité polonaise. Il est en tout cas significatif que justement dans les premiers textes publiés après cette interruption en 1959, Kapuściński prend ses distances par rapport aux schémas idéologiques officiels et à l'enjolivement de la réalité. « En 1952, se souvient l'auteur avec auto-ironie, je rédigeais les textes des conférences pour les réunions de la ZMP : 'Le camarade Józef Kuna est un étudiant exemplaire. Il a passé ses examens avec mention, il aide ses camarades en difficulté et malgré sa mauvaise santé, il se rend dans les campagnes pour faire de la propagande'. Kuna était comparé à Jerzy Polizna qui, lui, n'avait pas eu de mention à ses examens, n'aidait pas ses camarades en difficulté et malgré sa carrure d'athlète refusait catégoriquement d'aller prêcher la bonne parole dans les campagnes. (…) La vie était belle ! (…) Aujourd'hui ce n'est plus possible. (…) Je passe donc du mode 'monologue intérieur' au mode 'compte rendu d'entretiens', et jusqu'à la fin de l'audition je ne bouge pas le curseur »[33]. On peut aussi déceler une tonalité critique dans son reportage sur la construction de la mine de charbon brun de Konin, qui est, dans une certaine mesure, le pendant du « Poème pour adultes » de Kapuściński. « C'est le même terrain. Une terre pareillement labourée. La même odeur de chaux. Des roues qui s'enfoncent dans la boue. Des travailleurs en veste ouatée qui font la queue pour acheter de la bière et du saucisson. Ne t'endors pas, mon gars, sinon tu vas te faire voler ! (…) J'ai dix ans de moins : je suis à Nowa Huta ! »[34]. Même constat : grande industrialisation, promotion sociale etc., mais l'œil sobre du reporter note que la promotion sociale, autrement dit « le travail sur machine », a simplement le goût d'une augmentation de salaire et est vouée à l'échec, car originaires de la campagne, les ouvriers ne sont pas vraiment en état d'apprendre. Quant aux « cadres », ils n'ont nullement l'intention de les y aider…

Dans le contexte de tension des années 1956–1957, une liberté d'expression totale de la part de journalistes n'était pas encore possible, mais certains signes annonciateurs se laissent d'ores et déjà percevoir. Ils apparaissent surtout lorsque Kapuściński fait l'expérience de son impuissance dans sa confrontation avec la réalité, lorsqu'il se sent désemparé et au lieu de revendiquer, tente de comprendre et de décrire. C'est le cas, par exemple, de son reportage, qui

---

33 R. Kapuściński, *Malowanie portretu* (Peinture d' un portrait), Polityka 1959, n 46, p.1.
34 R. Kapuściński, *Inna nazwa ziemi* (Un autre nom pour la terre), Polityka 1959, n 39, p.1.

fait grand bruit à l'époque, sur les fabriques textiles de Krosnowice, intitulé *Le conseil des Dieux,* dans lequel Kapuściński, plutôt que de montrer sa foi dans le pouvoir réparateur d'une quelconque commission supérieure, décortique le fonctionnement de la « clique » dirigeant l'entreprise et de l'économie planifiée qui se fait en réalité au détriment des travailleurs, ainsi que diverses crapuleries de l'administration jouissant d'une totale impunité. Pour exprimer son désarroi face à la bureaucratie, le reporter adopte un ton singulier par rapport à la rigueur du journalisme politique de l'époque en parlant de lui-même. L'auteur met à nu sa fragilité afin de souligner le caractère désespéré de la situation qui force un homme aussi modeste et renfermé que lui à un aveu courageux : « Je suis un homme très timide. Je ne sais pas crier, me disputer, me chamailler, faire du bruit, gronder. (…) Je ne sais pas faire des discours. (…) Je suis tétanisé dès que j'entends ma propre voix dans un endroit où se trouve réunie plus d'une douzaine de personnes. Dès le premier mot, je perds le fil de mes idées comme si on me l'avait subtilisé (…) »[35].

Ne peut-on pas détecter, dans cette déclaration, une volonté de se débarrasser du costume du militant, du journaliste engagé ? De même, le fait de s'intéresser à des milieux totalement différents de ceux dont il s'occupait jusqu'alors, par exemple celui de jeunes gens opposés à la ZMP et plus largement à toute organisation quelle qu'elle soit (milieux qu'il tente de pénétrer, dont il essaie même de partager la vie …), milite peut-être en faveur de cet argument… Pour rédiger le reportage *Il faut que tu le saches, Nouveau*[36], Kapuściński doit se déguiser, conformément aux règles du reportage en immersion, en un membre « nouveau » d'un groupe rétif à tout ce qui est officiel – actions, enseignement et morale –, et se laissant guider par ses propres valeurs, plaisirs et pensées. Certes, il n'a pas l'intention de faire la propagande de cette opposition passive, mais il ne la combat pas, il se contente de la décrire en essayant de la comprendre et en compatissant à cette vie désabusée…

La confrontation du monde spirituel de Kapuściński à des mondes différents va connaître son apogée lors de son premier voyage professionnel à l'étranger, qui sera pour lui un choc : l'Inde en 1956 (avec un détour imprévu par l'Afghanistan) et la Chine en 1957 (avec une escale à Tokyo). Les lecteurs de *Mes voyages avec Hérodote* savent que près d'un demi-siècle plus tard, Kapuściński

---

35 R. Kapuściński, *Rada Bogów* (Le conseil des Dieux), Sztandar Młodych, 28/29 avril 1956.

36 R. Kapuściński, *Musisz to wiedzieć, Nowy* (Il faut que tu saches, Nouveau), Sztandar Młodych 1957, numéro 228.

verrait dans ces voyages son expérience de jeunesse la plus importante : franchissement excitant de la frontière de l'espace où il a vécu jusque-là, éveil de son immense désir de voyager et en même temps choc face à la différence et à l'inaccessibilité d'une culture étrangère. Mais le plus important dans cette expérience repose toutefois sur autre chose : la collision entre l'égalitarisme de propagande, le rêve utopique de l'unité et de la solidarité internationale du « monde progressiste » (valeurs véhiculées par le Festival de la Jeunesse et des Étudiants de Varsovie) et la réalité. « J'avais été éduqué, écrira Kapuściński quarante ans plus tard, dans la conviction que la liberté, l'égalité et la fraternité étaient des valeurs suprêmes, ou même dans la conviction que l'égalité occupait la première place, que la liberté et la fraternité devaient être subordonnées à la suprématie de l'égalité. C'est pourquoi mon voyage en Inde fut pour moi un tel choc. Je me suis retrouvé dans un monde où l'inégalité était non seulement généralisée, mais – et c'est ce qui était le plus traumatisant pour moi – convoitée, même par ceux qui auraient dû, selon mes convictions naïves, se battre contre cette injustice » (L, 446).

Pour Kapuściński, l'Inde était un pays nimbé de la légende récente de son émancipation coloniale et aussi de celle de Nehru qui « s'était battu pour un idéal, pour la coexistence pacifique, pour la coopération, pour l'amitié entre les peuples »[37]. Les foules de conducteurs de rickshaws harassants, de miséreux qui s'accommodent de leur sort fondé sur les castes ne correspondaient ni à l'image d'un pays « progressiste » ni à celle d'un pays en lutte pour l'égalité sociale. Ce qui explique que cette épreuve traumatisante ne trouva pas d'écho dans la série de reportages écrits à son retour d'Inde[38] ! Il en est de même pour son séjour tout aussi choquant dans le palais du rajah de Haiderâbâd, au sud de l'Inde, où Kapuściński est reçu et traité avec des égards dus à un sahib européen, histoire qu'il relatera dans *Mes voyages avec Hérodote*. Et si ces expériences ne font pas l'objet d'articles écrits à chaud, cela veut dire que le choc incontestable causé par l'énormité et la particularité de la culture indienne est éclipsé par un autre choc : l'inadéquation de cette expérience avec sa vision idéalisée du monde qui l'empêche de partager sincèrement ses impressions. Ce n'est pas un hasard si *Une gare qui ne mène nulle part* est le meilleur reportage de Kapuściński sur l'Inde : image, bouleversante encore aujourd'hui, de millions de réfugiés

---

37 R. Kapuściński, *Trzy dni pobytu premiera Nehru w Polsce* (Séjour de trois jours du premier ministre Nehru en Pologne), Sztandar Młodych, 28 juin 1955.

38 R. Kapuściński, *Indie z bliska* (L'Inde de près), Sztandar Młodych, n du 24 et du 28 janvier, n du 5, 14, 20 février et du 8 mars 1957.

à la gare de Calcutta circulant entre l'Inde et le Pakistan, qui, selon l'auteur, dénonce les méfaits du colonialisme, car ce sont les Anglais qui auraient dû assumer le partage de l'ancien territoire colonial entre deux États ennemis.

Une telle adéquation entre la signification des faits et ses positions idéologiques est plutôt exceptionnelle, et c'est peut-être la raison pour laquelle les premiers reportages réalisés vraiment à l'étranger sont dans leur majorité relativement peu personnels, ils sont proches des modèles traditionnels du récit de voyage – s'il s'agit de l'Inde – que l'on retrouve, entre autres, dans les livres d'avant-guerre de Ferdynand Goetel ou d'Aleksander Janta-Połczyński (que Kapuściński ne connaissait probablement pas). Écrits avec humour et légèreté, on y trouve, entre autres, l'histoire d'un bouffon qui vainc un tigre terrifiant, des descriptions de vaches sacrées, de bains rituels dans le Gange décrits du reste sur le mode grotesque et avec un léger dégoût à peine dissimulé. L'auteur lui-même a le sentiment de passer à côté de l'expérience humaine essentielle de l'habitant du subcontinent et il explique cet aveuglement par l'image superficielle, fausse et stéréotypée de la culture indienne que les colons britanniques, soucieux de cacher la vérité sur leur politique à l'égard des Indiens, ont vulgarisée en Europe : « Les colons n'ont laissé passer que des mirages exotiques, ils ont censuré la vérité sur les faits et sur les hommes ; c'est pourquoi nous ne savons rien, nous ne comprenons rien, nous sommes incapables de raconter »[39], écrit Kapuściński à la fin de son cycle de récits, annonçant le combat ultérieur qu'il mènera contre les stéréotypes culturels, mais qui à l'époque est toutefois moins urgent que celui contre le colonialisme lui-même.

Les reportages de Kapuściński jouissent néanmoins d'un immense succès auprès des lecteurs. En témoignent les résultats d'une enquête menée de manière systématique sur le meilleur texte du journal qui classe justement les articles de Kapuściński en première position. *Une gare qui ne mène nulle part* se retrouve donc dans un numéro rédigé par les lecteurs et c'est peut-être la raison pour laquelle, quelques mois plus tard, juste avant le mois d'octobre 1957 (la veille de la dissolution de Po prostu, de la dispersion du meeting réuni pour la défense de la revue et de la pacification de Sztandar Młodych), son auteur sera envoyé en Chine afin de mettre en place une collaboration avec la presse de la jeunesse de l'État communiste qui vient d'inaugurer la campagne des Cent Fleurs, autrement sa politique d'ouverture sur le monde. Récemment encore, on ne savait pas grand-chose de cette mission, sinon qu'elle se termina par

---

39 R. Kapuściński, *Fatamorgana egzotyki* (Mirages exotiques), Sztandar Młodych 1957, n 43.

un voyage de retour de trois semaines par le transsibérien, que quelque trente années plus tard, le reporter exploitera pour écrire *Imperium*. Kapuściński ne rapporte aucun texte de Chine. Cependant, avant qu'il n'arrive à Pékin (en passant par Tokyo et Hongkong), le Guide Mao lance une nouvelle politique, celle du Grand Bond en avant, (qui renda obsolète la collaboration de la rédaction de Zhongguo avec celle du journal de Varsovie). Quant au journal Sztandar Młodych, il est désormais menacé de liquidation, ce dont les Chinois sont sûrement au courant par leur ambassade. Ce concours de circonstances fait que le reporter se trouve dans une situation – nous le savons aujourd'hui grâce à *Mes voyages avec Hérodote* – qui lui permet de faire non pas l'expérience d'une fraternité idéologique internationale entre jeunes mais celle du totalitarisme communiste – sous une forme concentrée, il est vrai – où se trouvent mêlés le légendaire mystère chinois, l'hermétisme du nouveau système et le nivellement militaire de tous. On ignore s'il a été invité ou emprisonné, informé ou surveillé. Finalement, il rejoint à ses frais ses camarades du journal qui attendent son retour pour décider de leur démission, ce qui advient à la fin du mois de mars.

L'expédition en Chine ne restera toutefois pas sans trace écrite. Juste après la démission de Kapuściński de Sztandar Młodych, un cycle d'articles sur le Japon, avec des éléments de reportage sur Tokyo – où il s'est arrêté, semble-t-il, quelques jours – est publié dans cinq numéros du journal, entre avril et mai 1958[40]. On peut présumer que la ville et le pays ne le stupéfient pas moins que l'Inde ou la Chine. Observateur venu de loin, il n'a pas le temps de s'habituer à l'énormité et au bouillonnement de cette métropole de plusieurs millions d'habitants, totalement différente des villes européennes, sans parler de la disposition capricieuse des maisons sans étage qui n'aident pas l'étranger qu'il est à trouver sa route. En tant que journaliste engagé, il est évidemment solidaire des victimes des bombes atomiques et s'attend à être confronté à un anti-américanisme, autrement dit un « anti-impérialisme » virulents, mais il se heurte surtout à des personnes traumatisées pas le désastre de la guerre, des gens incapables d'accepter la défaite du Japon. Particulièrement intéressé par les problèmes de la jeunesse, il se plaint de rencontrer essentiellement des homologues des marginaux qu'il a fréquentés naguère en Pologne, des jeunes qui se détournent des affaires sociales et politiques à la suite de diverses déceptions, et de ne pouvoir contacter une jeunesse engagée idéologiquement…

Il est en quelque sorte paradoxal que Kapuściński se soit senti relativement plus à l'aise en Afghanistan où il fait une brève halte tout à fait par hasard (ne

---

40 Sztandar Młodych 1958, n 87, 93, 105, 111, 123.

pouvant revenir en bateau d'Inde à cause de la crise du canal de Suez, il doit prendre l'avion pour Varsovie avec une escale à Kaboul). Mais l'Afghanistan, gouverné à l'époque par les mollahs et encore plus profondément plongé dans le passé féodal que l'Inde ou la Chine, est aussitôt perçu par Kapuściński comme un défi historique à relever, comme une partie du monde qu'il est possible de sauver de l'impasse. Il suffit que les Afghans sortent de leur passivité dans laquelle les maintient la religion en leur promettant le bonheur dans l'au-delà, que « la peur s'inscrive sur les visages des mollahs », comme aux temps du réformateur Amanullah Khan, au début des années 1920... Et « si on irriguait du désert, si on donnait la terre aux hommes, si on construisait plus d'usines, si on buvait plus de thé, si on mangeait plus de chachliks, de galettes de blé, de riz... »[41]. Cette conviction non dissimulée de la nécessité d'une révolution sociale et culturelle donne aussitôt à Kapuściński la clé du monde exotique, elle lui permet de percevoir l'énergie de ses habitants, une énergie qui se concrétise, à ce moment-là, par une lutte héroïque contre la nature pour gagner un lopin de terre cultivable, une énergie qui est écrasée pas des conditions de vie misérables et freinée par la religion, mais qui constitue un potentiel auquel il est possible de s'identifier.

Les premiers reportages à l'étranger montrent que dans sa confrontation à l'altérité, Kapuściński est moins intéressé par la différence que par la possibilité de trouver dans cette altérité un lieu où s'engager personnellement, de s'identifier à une cause pour laquelle sa passion lui fait désormais défaut dans son propre pays. En effet, sa cause – celle de la « jeune génération des révolutionnaires » – a échoué. Les derniers articles de Kapuściński publiés dans Sztandar Młodych portent presque exclusivement sur des naufragés de sa génération. Ils évoquent surtout d'anciens militants de la ZMP qui n'ont pu retrouver leurs marques dans le nouveau contexte (*Retours, Les temps des cosaques libres*), mais aussi d'anciens opposants, des « marginaux » dont le style de vie désinvolte a aussi perdu toute raison d'être.

Kapuściński n'a toutefois pas l'intention de renier les idées qu'il a défendues jusqu'alors, auxquelles il a adhéré et qu'il a profondément assimilées comme marque de sa génération : passion, engagement, volonté de participer et de lutter. Des idées qui lui sont chères et qui sont pour lui un signe d'identité et d'adhésion sans lequel il ne serait pas ce qu'il est, sans lequel il ne saurait vraiment pas qui il est. Ajoutons qu'il n'y a rien d'exceptionnel à cela. Une forte

---

41 R. Kapuściński, *Droga przez Afganistan* (Un détour par l'Afghanistan), partie II: *Wołanie mułłów* (L'appel de mollahs), Sztandar Młodych 1957, n 1.

identification générationnelle et le fait d'y inscrire sa propre identité semblent être un phénomène généralisé parmi les « enfants de la guerre », déracinés de leur terre natale, souvent sans famille, n'ayant pu bénéficier de l'éducation réservée à l'adolescence. Leur génération, ou le mythe de leur génération, avec son organisation, son journal, ses actions et ses amitiés, son sentiment de créer une histoire nouvelle et de donner un but à la vie, tout cela devient une sorte de maison, une petite patrie, un coin de terre à soi. « Les difficultés s'amoindrissent, écrivait Wiktor Woroszylski en évoquant les soucis rencontrés pour se reconstruire des années plus tôt, quand j'écris « nous », car parmi « nous » j'existe sûrement, des années après je me sens toujours « l'un de nous », un membre d'une génération qui a vécu des expériences communes, et je doute du « je » isolé : suis-je vraiment ainsi »[42].

En 1957, – dans une atmosphère de désintégration des utopies systémiques, des illusions perdues, des espoirs de renouveau déçus – préserver un positionnement idéologique actif, engagé dans la création de l'histoire et confiant en elle, n'est guère chose facile. Cela exige réflexion et résistance. On ne sait pas à quoi aurait ressemblé cette résistance, dans le cas de Kapuściński, si on n'avait pas pu se référer à ses expériences de voyages à l'étranger. Dans l'article *Acte de naissance de notre génération,* qui est en soi un programme et une polémique, avec le manifeste sur la vie privée souveraine de Krzysztof Kąkolewski, il écrit : « Le XXe siècle a accéléré les rotations de la terre et a mis en mouvement les continents. L'Asie, habitée par plus de la moitié de l'humanité, piétinée et méprisée, décimée par la faim et les calamités, commence pour la première fois depuis des siècles à manger trois fois par jour, à se chausser et à apprendre à lire. À quelle époque l'homme a-t-il connu un pareil bouleversement ? À quelle époque s'est-il totalement libéré de la herse, de la masure en argile, de la lampe à suif, des chaussons de tille ? (…) Le XXe siècle est celui de la lumière, et le mesurer à l'aune de l'expérience d'un seul pays (toujours malmené par l'histoire du reste) revient à essayer d'assécher une mer à l'aide d'une cuillère. (…) Il convient de continuer et de faire renaître l'œuvre de la libération du monde, quitte à trébucher des dizaines de fois en route et à accepter que l'idéal poursuivi apparaisse toujours inaccessible »[43].

En quittant Sztandar Młodych, Kapuściński, désormais reporter confirmé, semble adopter une double posture face à la réalité : désengagement de la vie

---

42 W. Woroszylski, *Powrót do kraju, op. cit.,* p.25.
43 R. Kapuściński, *Metryka naszego pokolenia* (Acte de naissance de notre génération), « Sztandar Młodych », 20/22 avril 1957.

politique et sociale de son pays et soif de s'engager, de participer, sans rougir des mots pathétiques, à la vie des hommes dans le monde. Bientôt il sera confronté à un choix : « défier le XXe siècle » en se servant de l'expérience de son propre pays où l'histoire semble se figer, ou alors tenter d'accompagner l'histoire là où elle se vit le plus intensément, là où il convient « de poursuivre et faire renaître l'œuvre de la libération du monde » ? Il ne faut pas être né de la dernière pluie pour comprendre que Kapuściński choisit sans hésitation la deuxième option. Il est toutefois difficile aujourd'hui d'évoquer toutes les raisons de ce choix, de dire clairement (d'après *Ébène* et *Mes voyages avec Hérodote*) que l'une des principales raisons, si ce n'est la principale, était justement la soif de préserver et de prolonger une attitude active qui lui permette de participer à la transformation du monde. Il s'agit néanmoins d'une question fondamentale si l'on veut comprendre les méandres de la biographie et de l'évolution créatrice de l'auteur, et entre autres, le temps relativement long qu'il lui fallut pour se séparer de ses idéaux révolutionnaires et de ses illusions de jeunesse. À la différence de l'incontestable majorité des écrivains de sa génération, Kapuściński a vraiment essayé de témoigner, et parfois aussi de participer aux bouleversements du monde dits révolutionnaires. Il séjournera, comme on le sait, cinq années en Afrique, au moment de l'indépendance de la majorité des États aujourd'hui souverains, et pendant près de cinq ans il assistera, en Amérique du Sud, à l'évolution tumultueuse des tentatives d'émancipation dirigées contre la domination des États-Unis dans cette partie de la planète. En 1975, il aura le temps de prendre part à la libération de l'Angola, qui scellera le terme du colonialisme en Afrique.

Chacune de ces expériences se soldera par un profond désenchantement, mais chacune d'elle réveillera aussi au début en Kapuściński le souffle de la révolution et prolongera sa position d'engagement actif du côté de l'un des camps. Quand cette position se tarira-t-elle définitivement ? Il ne fait aucun doute que ce sera dans la moitié des années 1970, quelque part entre le coup d'État militaire en Éthiopie (1974) et la révolution islamique en Iran (1979). Une analyse de la structure de la révolution et du processus de désintégration du pouvoir, que l'on trouve tant dans *Le Négus* que dans *Le Shah*, distanciée et totalement impartiale, sera l'aboutissement de cette évolution. Jusqu'à là, nous assisterons au processus de l'abandon par Kapuściński du mythe de la révolution, processus très personnel, rempli d'allers et de retours, éloigné dans une large mesure de l'évolution politique dans son propre pays et mis à l'épreuve sur deux ou trois continents.

Ces derniers temps, surtout après la mort de l'écrivain, on a pu observer une tendance à simplifier et à raccourcir ce cheminement que l'on caractérise volontiers comme une émancipation de sa sensibilité globalement de gauche, de sa sensibilité aux préjudices et au destin des exclus des miasmes idéologiques de sa jeunesse. Cette tendance, semble-t-il, à arrondir les angles du parcours de Kapuściński est non seulement improductive mais elle complexifie la compréhension de l'impact de ces changements inscrits dans son œuvre mature. L'expérience de l'échec de ses espoirs démesurés ou naïfs n'a pas été stérile dans le cas de Kapuściński, à chaque fois elle a enrichi sa connaissance de l'histoire et de l'implication de l'homme dans l'histoire, elle a stimulé sa réflexion sur la nature du processus historique, elle a contribué à transformer de manière de plus en plus nette le participant aux événements en observateur vigilant et en historien. On ignore si, prenant une autre route, Kapuściński serait, par exemple, parvenu à l'anatomie magistrale de la révolution – où se trouvent associées fascination et distance, vision « de l'intérieur » et de l'extérieur – que nous trouvons dans *Le Shah*.

Quoi qu'il en soit, en 1957, alors que beaucoup d'écrivains contemporains de Kapuściński proclamaient qu'ils s'étaient une fois pour toutes libérés des utopies idéologiques, lui-même, au-delà du désenchantement, vivait également une renaissance de sa foi, sous la forme d'un combat pour un nouveau monde. Les articles sur le Festival mondial de la Jeunesse et des Étudiants, cette fois à Moscou, sont les derniers textes de Kapuściński publiés dans Sztandar Młodych. L'article le plus important est sans nul doute celui où il est question de la centaine de représentants de la Jeune Afrique qui conspiraient pendant le festival dans la capitale du Pays de Soviets. « Persécutés et combattifs, ils guettent le réveil du Continent Noir[44] », peut-on lire dans son article intitulé *Rapports d'Afrique*.

Dans la dernière phrase se fait entendre l'écho d'anciennes aspirations et peut-être de nouvelles espérances : « Des cordes depuis longtemps distendues résonnent en nous » …

---

44   R. Kapuściński, *Meldunki z Afryki* (Rapports d'Afrique), Sztandar Młodych, 8 août 1957.

III Histoires fortuites de Pologne et d'Afrique

„Histoires fortuites" est l'expression que Kapuściński choisit pour désigner ses reportages sur la Pologne, publiés dans son premier livre sous le titre *Le bush à la polonaise*, aux Éditions Czytelnik en 1962. Que peut bien vouloir dire ce sous-titre intrigant ? Le mieux est de s'appuyer sur les textes eux-mêmes. Ainsi, au lieu d'effectuer un reportage de commande sur la mine Aleksandra-Maria, l'auteur se joint à un groupe de cinq mineurs chargés de convoyer le cercueil contenant la dépouille de Stefan Kanik, victime d'un accident minier. Les six hommes voyagent dans un camion déglingué qui tombe irrémédiablement en panne à quinze kilomètres du but. Ils n'essaient même pas de le réparer, ils ne cherchent pas d'autre moyen de transport, ils décident de porter le cercueil à sa dernière demeure sur leurs propres épaules. Le cercueil doit être lourd car ils se relaient tous les cent mètres. Au bout de trois kilomètres (la nuit vient de tomber et ils marchent dans une forêt), ils décident de se reposer, de sécher leurs chemises trempées de sueur, puis de reprendre la route. Mais dans la clairière arrivent huit jeunes filles qui reviennent d'une excursion, et la halte se transforme en un pique-nique nocturne, avec un mort enfoui dans les buissons. Peut-on jouir de la vie en côtoyant la mort de si près ? Ces jeunes gens vivant dans un foyer de travailleurs, en manque de femmes, vont-ils continuer leur expédition, écrasés par le poids d'une mission acceptée à la légère, ou alors vont-ils « succomber aux sirènes » (B2, 58) ? Ce « macchabée » n'est plus seulement Stefan Kanik, un collègue dont ils ne savent rien ou presque. « Ne connaissant pas le défunt, nous pouvons l'assimiler à n'importe quel jeune homme de notre connaissance » (B2, 58). La décision de reprendre la route ne correspond pas seulement à une volonté de sortir d'une situation difficile : « Mieux vaut prendre la route, mieux vaut le hisser sur nos épaules ! Agir, bouger, parler, (…) prouver au monde et nous prouver à nous-mêmes, surtout à nous-mêmes, notre appartenance au royaume des vivants (…) » (B2, 54). Leur décision est un « don de dévouement, de soumission et de consentement offert par le destin capricieux » (B2, 55). Finalement, cette expédition décrite dans le texte intitulé *Le macchabée*, publié pour la première fois au milieu de l'année 1959 dans la revue Polityka, n'est-elle pas une métaphore de la vie ? « Nous avons fini par reprendre la route. L'aube nous a accueillis, le soleil nous a chauffés de ses rayons. Nous sommes allés de l'avant, les jambes pliées, les bras engourdis, les mains gonflées, mais nous l'avons porté jusqu'au cimetière, jusqu'à sa tombe, ultime havre où l'homme jette l'ancre pour toujours (…) » (B2, 59).

Que se cache-t-il donc derrière la formulation *Histoires fortuites* ? Tout d'abord le fait que Kapuściński ne veut assurément plus écrire de reportages de commande sur des grandes entreprises, avec un travail préalable de « collecte matériaux ». Il préfère, comme nous le voyons, saisir la première occasion pour s'évader dans l'inconnu, se laisser porter par une surprise, transformer ce qu'il avait à écrire en une combinaison du hasard, un événement inattendu, une histoire fortuite précisément. D'autres récits de cet ouvrage se caractérisent par leur caractère imprévu. Dans la région d'Augustów, Kapuściński quitte l'itinéraire programmé pour aller rendre visite au héros du récit, *Le toquard*, professeur d'histoire (et camarade d'études de l'auteur du reste), après avoir entendu parler de lui tout à fait par hasard par un autostoppeur rencontré aussi par hasard. Il tombe sur les héros de *Rez-de-chaussée*, des travailleurs vagabonds sans qualification professionnelle, sur la route qui conduit de Bielawa à Nowa Ruda. Les récits sur le chef scout et activiste social de Małdyty (*Słoneczny brzeg jeziora – La rive ensoleillée du lac*), sur le flotteur des lacs de Mazurie (*Le radeau du salut*), sur le colon de la région de Grunwald (*Piątek pod Grundwaldem – Piątek de Grunwald*) sont le fruit de rencontres fortuites à l'occasion de week-ends ou de vacances en Mazurie, région qui devient à la mode pour les touristes à partir du milieu des années 1950.

La Mazurie, le nord-est surtout (appelé Mazury Garbate) et la région de Suwałki sont en général très présentes dans les *Histoires fortuites* de Kapuściński, ce qui donne à ses récits, qui traitent par ailleurs des sujets les plus graves, une saveur d'aventure exotique, due non seulement à la beauté primitive des paysages de ces zones frontalières et de leur environnement culturel, mais aussi à l'inaccessibilité de ces coins perdus. Nous savons que pour une seule expédition, Kapuściński doit parfois voyager en train, en autocar, en charrette, en autostop, à pied… On retrouve cette saveur exotique dans *Le départ de la cinquième colonne* (deux Allemandes s'échappent d'une maison de retraite et reviennent à Olecko, car elles ont rêvé qu'une nouvelle guerre venait d'éclater) ; dans les récits *Loin* et *Réclame pour la pâte dentifrice,* où sont dépeints des aspects dramatiques et humoristiques de l'arrivée du modernisme à Pratki ou Cisówka, villages du fin fond de la Pologne; dans une étude sur la mentalité hypocrite d'une petite ville (*Danka*) ; ou enfin dans des souvenirs évoqués par des appelés ayant effectué leur service militaire dans une forêt profonde (*Les arbres contre nous*).

Le manque d'enthousiasme pour décrire les grandes entreprises ne devrait pas nous étonner. Il ne s'agit d'ailleurs pas seulement d'un dégoût suscité par la fameuse problématique de la production ; on ne peut pas dire non plus que Kapuściński ait été fasciné auparavant par ce thème lorsqu'il s'occupait de ces grandes entreprises. Mais à l'époque, leur réalité s'inscrivait dans un ensemble de sujets fondamentaux pour lui : histoire, générations, idéaux du nouveau régime. Maintenant, après l'évolution de cette perspective, après l'échec du statut de journaliste engagé, l'intérêt pour les grandes entreprises a très probablement pris pour lui un caractère de servitude journalistique.

Depuis plusieurs mois, il est journaliste à l'hebdomadaire Polityka, une publication qui a été créée six mois avant la dissolution de Po prostu afin de servir de contrepoids à cet organe contestataire de la jeune intelligentsia, et qui, dès 1957, est contraint de remplacer ce dernier par la force des choses. En 1959, rien ne laisse encore présager la position future que l'hebdomadaire va adopter en élargissant avec obstination et pragmatisme les frontières de ce qu'il est permis de dire (et en créant aussi des conditions de travail permettant aux journalistes de s'exprimer en leur nom), mais d'emblée, il parvient à surmonter le boycott qu'il doit affronter au début, de la part des journalistes et des lecteurs déçus de Po prostu. Il y parvient, entre autres, en associant systématiquement au personnel de la rédaction (employés, collaborateurs) des membres de l'équipe de Po prostu et de celle de Sztandar Młodych. L'un d'eux, Dariusz Fikus, qui sera pendant de longues années secrétaire de rédaction de l'hebdomadaire et une personnalité importante de l'Association des Journalistes Polonais, convainc Kapuściński d'accepter un poste dans la rubrique du reportage, le libérant ainsi du pensum des dépêches à la PAP.

L'écriture de Kapuściński reflète assez bien la situation du journaliste à cette époque. Il décrit les grands chantiers, les mines ou les problèmes qui se posent au parti à Żory (des textes qui ne feront pas partie du livre), mais dès qu'il le peut, il évite les thèmes « centraux » pour emprunter des chemins de traverse, dans des localités provinciales, en périphérie et en marge. En moyenne, il passe trois semaines par mois « sur le terrain » et une semaine à la rédaction. Sa démarche n'est pas isolée. La province et les banlieues des grandes villes sont le lieu privilégié du reportage novateur. On y cherche une réalité « authentique » (une réalité nuancée, jusqu'alors mensongère) et un affranchissement de l'écriture des schémas socialistes réalistes. Mais dans le lot, les textes de Kapuściński se caractérisent par une touche personnelle et identifiable. Tous ses textes ne sont peut-être pas des « histoires fortuites », mais tous placent ses héros ou l'auteur lui-même dans un contexte appelant un événement inattendu, avec une dimension plus individuelle que collective et mettant en avant une perspective de destin individuel plutôt qu'un processus social ou historique. En d'autres termes, ces textes se concentrent sur des attitudes, des situations (parfois extrêmement complexes) mettant à l'épreuve le sujet (parfois de manière brutale, comme dans le récit Macchabée) face au choix et à la recherche des valeurs.

L'auteur est intéressé avant tout par la possibilité de préserver des valeurs telles que la création, la solidarité entre hommes, la préservation du sentiment de dignité, la souveraineté humaine. *La dune* est un récit exemplaire à cet égard : cinq épaves de la société qui n'ont vécu que des échecs dans leur vie atterrissent dans les ruines d'une exploitation agricole d'État dans les bois de la région d'Ełk. « En sauvant leur terre, [cinq hommes] ont sauvé leur vie. Que pouvaient-ils espérer ? Essayer une fois encore. Tenter leur chance une fois de plus. Et cette chance leur fut donnée » (B2, 34). C'est ainsi que l'écrivain conclut son texte, et ces mots caractérisent bien le message des autres récits. En effet, il ne s'agit pas de louer leur activité, de déployer des images revigorantes qui prouveraient que tout n'a pas été détruit. Il s'agit plutôt de montrer ce moment difficile à affronter, cette mince chance qu'il est si facile de laisser passer. C'est pourquoi la majorité des récits mettent en scène des personnages qui, consciemment ou inconsciemment, sont des perdants, des hommes qui ont négligé une opportunité. Ce sont des amis, des maîtres assistants qui mythifient la force de la vie simple, idéalisent et fétichisent leur propre égarement (*Le radeau du salut*). Ce sont aussi ces travailleurs vagabonds sans qualification (*Rez-de-chaussée*) qui n'ont plus rien à perdre, car ils ont définitivement opté pour une vie marginale en déclarant : « Monsieur, nous, on ne cherche pas à grimper des échelons. Nous, on reste en bas, au rez-de-chaussée » (B2, 64). C'est aussi cet ancien militant de la ZMP qui en son temps se donnait à fond, « brûlait son énergie », mais est incapable de s'adapter à une vie stable, de s'accommoder d'idéaux simples, et qui apparaît comme un combattant d'une époque révolue (*Le toquard*). C'est aussi le cas de tous ceux chez qui on peut déceler une mentalité de supporter (en substitution d'une participation active, d'une prise de risque, d'une vraie vie), dans le domaine du sport (*Le grand lancer*), sinon métaphoriquement dans la vie professionnelle (*Spokojna głowa gapy –Père peinard*) ou dans l'art et la littérature (*Sans adresse*).

Cet intérêt pour la problématique de postures individuelles (notamment la possibilité de préserver une attitude créative, fidèle à des valeurs morales), associé au goût de l'aventure, du risque, du défi, de l'épreuve, semble naturelle pour quelqu'un qui ne croit plus à la création collective de l'histoire. Que reste-t-il à un homme – peut-on se demander – qui a été abusé par la foi mais qui n'a toutefois pas perdu la volonté et la passion d'agir ? Il doit désormais relever le défi sous sa propre responsabilité, prendre le risque d'être actif à son propre compte. Par ailleurs, on ne peut pas ne pas remarquer que la situation littéraire du moment, caractérisée par un processus de rattrapage incroyablement intensif de traductions, bloquées par la guerre et par l'isolation de la première décennie d'après-guerre, a beaucoup contribué aux effets de cette défaite et de ces

désillusions. À la fin des années 1950, le marché du livre polonais, « pénurique »
au sens littéral du terme, se familiarise avec des œuvres éminentes de la littérature mondiale des années 1930 et 1940 – la littérature du « destin de l'homme »,
de « la condition humaine », de « l'aventure existentielle » –, avec des créations
issues de l'effondrement de l'ordre mondial qui prévalait jusqu'alors (avec les
deux guerres mondiales, la grande crise des années 1930) et qui devient un
exemple et une source d'inspiration pour les recherches littéraires polonaises,
dans une situation de désintégration des utopies et de recherche d'un socle de
valeurs. Cette littérature à caractère psychologique et philosophique dans sa
version française (Mauriac, Bernanos, Saint-Exupéry, Malraux, Camus, Sartre)
et behaviouriste dans sa version américaine (Hemingway) a une influence évidente sur la formation de la prose polonaise de la fin des années 1950 et touche
tant l'œuvre de prosateurs éminents et expérimentés (*L'envol* de Jarosław Iwasz-
kiewicz) que celle d'écrivains débutants, avec Marek Hłasko en tête. Traiter
d'une problématique éthique difficile – choix, responsabilité à l'égard d'autrui
et de soi-même – dans une situation où il n'existe ni ordre stable ni autorités,
devient pour un certain temps une norme obligatoire, un signe d'ambition et
de modernité. En effet, comme l'écrit à l'époque Henryk Bereza à propos des
récits de Marek Hłasko, « la vie exige de tout homme à tout moment la solution
des problèmes les plus généraux : comment vivre pour défendre le sens de la vie,
comment se défendre contre la cruauté, comment trouver en soi la possibilité
d'accepter l'inéluctabilité de ses droits »[45].

Les *histoires fortuites* de Kapuściński ne laissent certainement pas indifférente le milieu intellectuel de l'époque qui perçoit dans ces récits-reportages
des paraboles philosophiques. Dans certains d'entre eux, ne serait-ce que dans
Le macchabée déjà mentionné, on peut déceler une volonté manifeste d'inscrire
un contenu universel dans un événement fortuit. Ce contexte permet à Kapuściński de faire en quelque sorte l'économie d'une étape de son développement ;
du reportage social et politique il passe directement aux abords de la prose
littéraire. Cette thèse se trouvera confirmée après la publication du *Busz...* Il
est emblématique que la critique du premier livre publié par Kapuściński ait,
semble-t-il, davantage concentré son attention sur les ambitions et les qualités
littéraires de ce « genre particulier d'écriture journalistique » que sur la valeur
de son contenu. « Kapuściński, écrivait Bereza dans le périodique Rocznik

---

45 H. Bereza, *Duch nowy i forma nowa* (Esprit nouveau et forme nouvelle), Nowa Kul-
    tura (Culture Nouvelle) 1956, n 35. Réimpression in : *idem, Sposób myślenia*, t.1 :
    O prozie polskiej (Sur la prose polonaise), Varsovie 1989.

Literacki, utilise, dans ses reportages, les procédés narratifs et stylistiques les plus divers de la prose artistique. Tout en préservant une grande variété thématique (…), il s'emploie à narrer chacune de ses créations dans un « style américain » qui lui est propre (…), prêtant une oreille attentive à la langue parlée »[46].

Cette inscription de Kapuściński dans la problématique fondamentale de la littérature polonaise de l'époque est tellement importante qu'elle suscite sans doute le premier débat d'après-guerre sur la place du reportage dans le paysage littéraire, débat qui est du reste inauguré par un véritable scandale. En novembre 1962, quelques mois après la parution du *Macchabée* dans Polityka, la revue théâtrale Dialog publie la pièce de Bohdan Drozdowski (l'un des auteurs les plus en vue de la génération montante) intitulée *Kondukt* (Le convoi), manifestement inspirée de l'idée du récit qui – en dépit de ses évidentes ambitions littéraires – est traité comme un matériau journalistique à la forme insignifiante. Kapuściński commence par protester de manière informelle, et Drozdowski est contraint au début de reconnaître le bien-fondé de cette protestation et de lui proposer une collaboration au moment de la mise-en-scène[47]. Toutefois l'annonce de l'avant-première de la pièce à Zielona Góra, un an plus tard, ne mentionne le nom que de l'auteur de la pièce, ce qui entraîne une rupture de l'entente à l'amiable entre les deux hommes. Kapuściński n'a d'autre solution que de faire valoir publiquement ses droits et d'accuser Drozdowski de plagiat[48]. S'en suit un véritable scandale. Drozdowski est le rédacteur en chef adjoint de la revue Współczesność qui mobilise toutes ses forces pour défendre le dramaturge. D'autres publications se joignent au débat, des courriers interminables « pour » et « contre », ainsi que des commentaires sont publiés dans Polityka, Współczesność, Kierunki, Nowa Kultura, Prasa Polska, Szpilki[49]. Des autorités du monde littéraire prennent la parole : Julian Przyboś, Antoni Słonimski, Wilhelm Mach, Jerzy Putrament. La Centrale de l'Union des Écrivains Polonais convoque une commission spéciale et se laisse guider par l'opinion de cette

---

46 H. Bereza, *Powieść, opowiadanie, reportaż* (Roman, récit, reportage), in. Rocznik Literacki 1962, Varsovie 1964, p. 102.

47 Cf. *Dalszy ciąg dramatu. List Ryszarda Kapuścińskiego do redakcji Polityki* (Suite du drame. Lettre de Ryszard Kapuściński à la rédaction de Polityka), Polityka 1961, n 45, p. 12.

48 *Ibidem.*

49 Cf. Współczesność 1961, n 23, p.3, 1962, n 2, p. 8–9, n 4, p.11 ; Polityka 1961, n 47, p. 12 et n 48, pp.1–2 ; Sztandar Młodych 1961, n 282, p.3 ; Nowa Kultura 1961, n 48, p. 1 ; Prasa Polska 1962, n 1, pp. 9–10, n 3, pp. 34–35 ; Kierunki 1962, n 4, p. 2.

dernière qui émet le verdict suivant : Drozdowski n'est pas coupable de plagiat, il s'agit d'une simple « convergence d'idées »[50].

Le retentissement suscité par l'affaire du *Macchabée* se prolonge jusqu'à la publication du *Busz...*, et la plupart des critiques profitent de ce scandale pour évoquer la question des nouvelles possibilités et de la place nouvelle du reportage. Włodzimierz Maciąg voit dans la démarche de Kapuściński une manière d'abandonner les thèmes liés à « la réalité concrète », autrement dit les chantiers, les fabriques, il y voit un retour à l'homme, à sa singularité, à « une vie exotique se déroulant autour de nous »[51]. Stanisław Dan note que « le reportage se coule de plus en plus dans la littérature, qu'il en est de plus en plus indissociable »[52], que cette évolution est la conséquence de l'ignorance des critères en vigueur dans le journalisme de presse et d'une réflexion sur l'interprétation des valeurs littéraires.

Les polémiques autour de ce plagiat s'inscriront durablement dans l'histoire de la lutte du reportage pour l'émancipation de ce genre, pour la reconnaissance de son rang littéraire et de la place de son auteur au même titre que la littérature de fiction. Elles s'inscriront aussi dans la légende de la biographie de Kapuściński, auteur qui le premier a eu le courage de revendiquer ouvertement le statut littéraire d'une œuvre journalistique. En réalité, elles témoignent toutefois d'une totale impréparation de l'opinion du milieu littéraire à une pratique nouvelle (ou peut-être une pratique revenant à l'honneur après la pause réaliste socialiste ?) qui gommait les différences de genre. Les représentants des écrivains étaient guidés par des critères de « littérarité » plutôt rigides et traditionnels, ce qui les autorisait à considérer la pièce de Drozdowski comme une œuvre autonome et la convergence des situations des deux œuvres leur paraissait complètement secondaire. Les journalistes profitèrent de l'occasion pour revendiquer le droit à un traitement équitable. Or *Le macchabée* ne ressortait absolument pas du journalisme pur, et très probablement Kapuściński lui-même n'avait pas une idée claire de la nature de son œuvre. Certaines inconséquences pour justifier l'accusation de plagiat sont là pour le prouver. D'un côté il défendait les droits d'auteur d'un « modeste journaliste de terrain », de l'autre il affirmait : « toute l'idée de la situation du récit est née de mon imagination »[53],

50 *Komunikat Zarządu Głównego Związku Literatów Polskich* (Communiqué de l'Administration Centrale de l'Union des Écrivains Polonais), 2.02.1962, Współczesność 1962, n 4, p.3.

51 W. Maciąg, *Debiut reportażysty* (Les débuts d'un reporter littéraire), Życie Literackie 1962, n 37, p. 11.

52 S.Dan, *Miejsce reportażu* (La place du reportage), Nowa Kultura 1962, n 49, p. 11.

53 *Dalszy ciąg dramatu...*, op.cit.

comme s'il n'avait pas les mots pour raconter l'effort d'invention créatrice et de réflexion philosophique nécessaire à la description de l'événement auquel il avait réellement participé et qui avait vraiment un caractère fortuit.

Quoiqu'il en soit, avec ses « histoires fortuites », Kapuściński se situe à la frontière du reportage et de la prose littéraire, sans peut-être vraiment savoir auquel de ces deux univers, à l'époque radicalement séparés l'un de l'autre, il appartient. La seule chose dont il est sûr, c'est que les sujets sur lesquels il écrit doivent faire l'objet d'une expérience personnelle, qu'ils doivent être vécus par lui en toute indépendance. Dans un récit satirique sur de jeunes hommes de lettres (l'un d'eux a été « viré de la section de journalisme ») au titre métaphorique mais néanmoins justifié par la situation, *Sans adresse*, on trouve une réflexion générale sur l'écriture, voire une philippique (dans la bouche d'un personnage ayant traversé des épreuves extrêmes) contre les fanatiques du milieu littéraire : « Il n'y a aucune vie en vous, aucun désir, aucune flamme. (…) Quelle est ton expérience ? (…) Que connais-tu du monde ? (…) Tu as vu la mort ? Tu sais ce qu'est l'amour ? Tu as brûlé de désir ? Tu as été dévoré par l'ambition ? Tu as étouffé de jalousie ? Tu as pleuré de bonheur ? Tu t'es rongé les ongles de douleur ? (…) Vous voulez écrire des livres ? Faire des films ? Mais sur quoi, dites-moi ? » (M, 70–72).

En écrivant ses *Histoires fortuites* Kapuściński adopte une nouvelle approche de la réalité, une approche que nous ne connaissions pas jusqu'alors : il éprouve le besoin de l'expérimenter et de la vivre à ses dépens, à ses risques et périls, au mieux sans planification, ce qui implique une manière spontanée de défier le destin et de se livrer à des expériences inattendues. Jusqu'à présent, nous savions qu'il se laissait guider par un besoin d'engagement pour une cause – un désir de s'identifier à des hommes qui changent le monde et façonnent son histoire nouvelle – et que ce besoin, quasiment impossible à assouvir dans son propre pays, orienta son regard vers des régions du globe inaugurant un avenir nouveau, l'Afrique notamment. Désormais nous voyons qu'à ce besoin d'engagement s'ajoute une soif de grande aventure (d'expérience intense), avec des contenus littéraires et philosophiques dont il s'est enrichi à la charnière des années 1950 et 1960 et qu'il peut approfondir en se tournant vers les œuvres de Saint-Exupéry, Malraux, Conrad… devenus populaires à l'époque en Pologne.

Inutile d'ajouter que cette faim n'a pas beaucoup de chances d'être assouvie dans son pays. La période, qualifiée bientôt de « petite stabilisation », vient de commencer, accompagnée du phénomène du « petit réalisme » en littérature et de la focalisation du reportage sur des thèmes de société et de mœurs, tendance que les auteurs tentent de compenser par leurs ambitions littéraires. Kapuściński sait par quoi il est menacé. Dans la première édition de son premier livre, nous trouvons un reportage issu de pérégrinations dans une cité nouvelle construite en 1960, dans le quartier de Wierzbno (*L'immeuble*), et occupée par des gens et des familles de milieux très différents, aux passés tout aussi différents. Et alors ? Rien. « Qu'est-ce que je suis venu faire ici ? (…) J'accumule les notes dans mon carnet. Des détails, des petites choses concrètes, des broutilles » (M, 101, 105), constate le reporter sans dissimuler sa lassitude, son dégoût et sa déception face aux résultats recueillis après des heures de démarches.

Kapuściński se sent poussé hors de son pays par deux besoins, et il aurait été très étonnant qu'il ne saute pas sur la première occasion pour aller goûter les mystères du Continent Noir et s'associer en même temps à l'œuvre de l'édification d'un nouvel État indépendant (le premier au sud du Sahara). Effectivement, il ne laisse pas passer cette chance : à la fin de l'année 1959, il accepte une proposition de mission journalistique au Ghana, sans rencontrer du reste une grande concurrence parmi ses collègues qui préfèrent les capitales de l'Europe occidentale ou Washington.

Au Ghana, Kapuściński se sent d'emblée à l'aise, en tout cas plus à l'aise qu'en Inde, en Chine ou dans d'autres endroits où jusque-là il lui est arrivé de séjourner passagèrement. Au début, cela s'explique moins par l'ambiance amicale du Ghana ou de l'Afrique en général que par l'opportunité de perpétuer une certaine veine littéraire – celle des « histoires fortuites » de Pologne –, qui se laisse transporter en Afrique et lui permet même de transformer un lieu d'hébergement provisoire en maison. Nous lisons dans la première version du texte *L'hôtel Métropole* publié dans la presse : « J'en avais assez de vagabonder. Je revenais du bush, de la savane, du désert. J'étais noir de poussière, amaigri, épuisé. Soulagé, je montais à l'étage par l'escalier pour rentrer à la maison, à l'hôtel. En marchant, je sentais l'odeur de la maison, particulière et indéfinie (…). J'ai dormi dans des centaines d'hôtels d'une vingtaine de pays, mais seul celui-ci était pour moi une maison et j'y rentrais avec joie »[54]. Saturée de sens symboliques, suspendue dans l'espace comme un radeau aérien, « reliée à aucune barque », n'appartenant ni à la communauté des Noirs ni à celle des Blancs, cette maison est une curiosité architecturale transposée de l'atmosphère existentialiste de la prose de son pays et habitée par quelques épaves humaines se battant en solitaire contre les fantômes de leur destin déchu ou cherchant ensemble un réconfort dans l'alcool, Kapuściński n'échappant pas à la règle : « Sous les tropiques,

---

54 R. Kapuściński, *Hotel Metropole*, Współczesność 1960, n 13 , p.1. La citation suivante de ce récit provient également de cette première version qui se distingue sensiblement de celle du livre *Czarne gwiazdy* (Les étoiles noires) et des réimpressions suivantes.

boire est une obligation. L'homme se sent comme une chiffe molle. Il n'a plus de flamme, plus de dents, plus de forme. Il est en proie à une vague langueur, une indicible nostalgie, un sombre pessimisme. (…) Alors il boit. Contre la nuit, contre le cafard, contre le panier à ordures de son destin. C'est le seul combat qu'il puisse se permettre » (*Hôtel Métropole*).

Le narrateur du récit, dans le rôle d'un vagabond, un mystérieux inconnu venu d'un autre monde (il s'appelle Red, le Rouge) se distingue, dans cette communauté internationale, par le fait qu'il est à la recherche de véritables défis dans ses expéditions solitaires au fin fond du continent. Il en revient avec des histoires belles et extraordinaires (comme celle sur le marché de la viande ou celle sur les vautours à Tamale), qu'il raconte à ses compagnons de bouteille alanguis, en sirotant avec eux de la bière et du whisky (les personnages principaux sont Papa, Oncle Wally…). Mais il effectue aussi (comme nous l'apprenons de textes moissonnés lors de son premier voyage africain) des expéditions plus modestes dans Accra ; elles lui permettent de décrire un sentiment de communauté moins sophistiqué sur le plan littéraire mais particulier, car proche du lien générationnel et idéologique qu'il entretenait récemment encore avec ses camarades de la ZMP.

« Il me rappelle quelqu'un et je lui envie quelque chose » (Cz, 83). C'est ainsi que Kapuściński conclut sa rencontre avec Ded, un jeune militant du parti, responsable des syndicats, pour qui le fondateur légendaire de l'indépendance, Kwame Nkrumah, n'est plus assez révolutionnaire. Ded étudie en cachette, avec des camarades, l'*Histoire du Parti communiste (bolchevik) de l'U.R.S.S. Précis*, refusant de se faire contaminer par « l'esprit bourgeois », il renonce à une bourse Ford pour aller faire ses études aux États-Unis (il rêve d'apprendre le « véritable » socialisme quelque part à l'Est), il veut chercher le bonheur avec sa fiancée dans une lutte commune, et non pas dans une relation intime, privée. D'autres jeunes hommes politiques et militants rencontrés par Kapuściński rappellent également les activistes de la ZMP polonaise ou les komsomols russes, par exemple un certain Shardow, responsable de l'organisation de jeunesse du parti de Nkrumah et fondateur des « Brigades de construction » (qui rappellent les brigades de « Servir la Pologne »), ou Kofi Baako, ministre de la Culture et de l'Information âgé de trente-deux ans, qui a conservé le mode d'action et le style d'un jeune militant et qui, grâce à sa chaleureuse amitié avec l'auteur, aide ce dernier à entrer en contact avec des personnalités importantes, à connaître la ville et le pays.

Malgré un sentiment de reconnaissance, d'amitié et d'envie que suscite en lui la « génération des révolutionnaires » africains, passionnée par son avenir et par le socialisme, Kapuściński ne peut s'identifier à elle de manière totale et inconditionnelle. Bien que plus jeune, l'écrivain donne l'impression d'avoir une expérience plus grande que ses nouveaux camarades à la trentaine passée, il sait déjà où mènent et comment se terminent les aventures révolutionnaires. Du coin de l'œil il observe des phénomènes qui peuvent augurer un totalitarisme ordinaire : on sait que la manipulation se fait par le biais des syndicats, de l'organisation de jeunesse, de l'adhésion au parti (les effectifs ne sont pas connus ; on ignore si vraiment tout le monde doit adhérer et s'acquitter obligatoirement de la cotisation) ; on sait que les possibilités de s'opposer au parti sont limitées ; on participe à deux meetings : l'un de soutien au pouvoir, l'autre d'opposition à une publication négative dans la presse occidentale, et on voit que les deux sont des mises en scène ; ces observations pertinentes ne mènent pas à des critiques, elles suffisent toutefois à traduire une certaine distance – qui va tout à fait dans le sens de l'objectivité du reportage –, une situation légèrement grotesque, des points d'interrogation qu'il faut extraire d'images littéraires métaphorisées ; on prend par exemple connaissance des plans révolutionnaires de Ded, précédemment cité, à l'occasion d'une construction de châteaux de sable sur une plage : certes la construction de l'Africain est plus solide que celle de l'auteur qui ne cesse de s'effriter, mais en fin de compte ce ne sont que des châteaux de sable... Kapuściński semble ne pas surestimer les menaces totalitaires, car il est conscient de la faiblesse, de la fragilité des structures d'État et du pouvoir (qui sont un assemblage de modèles importés d'Europe et de traditions claniques et tribales), ce qui conduit à des situations humoristiques que Kapuściński expose volontiers. Le ministre de l'Instruction, photographe amateur et supporter de foot passionné, n'est pas en état de défendre le sérieux de son administration aux yeux de la jeunesse qui le traite comme un copain ; une femme vient voir le premier ministre Nkrumah pour se plaindre de son mari...

La cordialité et la spontanéité des Africains, simple et bienveillante par rapport au caractère mystérieux des Indiens et des Chinois, justifierait peut-être pleinement le sentiment de l'écrivain de se sentir chez lui en Afrique, si ce n'était la couleur blanche de sa peau. Elle marque l'étranger venu d'Europe du sceau du colonialisme, elle force à voir en lui quelqu'un qui a battu, déporté, humilié et discriminé. Kapuściński se doit de convaincre ses amis et ses interlocuteurs éventuels qu'il existe en Europe un étrange pays qui non seulement n'a jamais possédé de colonies, mais qui a aussi fait l'expérience du « pire des colonialismes » – celui des partages et de l'occupation – avec une guerre, des camps, des exécutions, un racisme quotidien. Il est obligé de les convaincre que du fait des expériences dramatiques de son histoire, la Pologne a dû elle aussi relever, dans un passé récent, des défis auxquels se trouve confronté le nouvel État africain : « Nous avons construit des villes, la lumière est arrivée dans les villages. Celui qui ne savait pas lire a appris à lire » (B2,64), écrit-il dans le récit intitulé *Le bush à la polonaise*. L'argument selon lequel la Pologne et le Ghana ont vécu des expériences historiques communes est tellement convaincant pour le ministre Baako qu'il gratifie l'auteur d'une recommandation indiscutable : « Je le connais, dit-il, c'est un Africain. C'est le plus grand compliment qui puisse être fait à un Européen. Dès lors, toutes les portes lui sont ouvertes » (B2, 61). Il convainc le chef de village qui scelle en quelque sorte la réalisation du rêve de l'amitié entre les peuples, symbole du Festival de la Jeunesse et des Étudiants : « Nan se lève et me serre la main. Les autres vieillards l'imitent. Nous sommes devenus *friends, drouzia, amigos.* » (B2, 64). Mais cela n'est pas suffisant pour l'auteur ! *Le bush à la polonaise*, qui d'ailleurs reproduit remarquablement le caractère fortuit que l'on trouve dans *Le macchabée* – « Nous nous étions arrêtés dans un endroit de fortune. (…) La nuit était déjà tombée lorsqu'un pneu avait éclaté » (B2, 60) – se termine, sous l'apparence d'un assoupissement, par une sorte de courant de conscience littéraire développant la thèse de l'incommunicabilité de sa propre expérience et de l'impossibilité de s'en libérer à l'occasion d'un échange avec une réalité culturelle autre. L'écrivain voudrait quelque chose de plus qu'une communauté d'expériences socio-historiques et idéologiques, car ce qui se laisse transmettre à ce niveau « … n'est rien par rapport à ce que nous savons, ce que nous portons en nous, même sans réfléchir ; par rapport à ce qui représente notre fierté et notre désespoir, notre vie, notre souffle et notre mort (B2, 64) ». Les contenus de l'expérience intérieure sont indissociablement emmêlés à la vie privée et la vie intérieure, profondément codés, mais la clé pour les déchiffrer se trouve dans notre poche : « Cette clé, nous la transportons toujours quand nous partons à l'étranger. (…) Nous connaissons son schéma, mais nous sommes incapables de le rendre accessible à autrui » (B2, 65).

Dès son premier voyage en Afrique, Kapuściński sait déjà que même une communauté d'expériences et d'aspirations historiques ne suffit pas à vaincre la barrière culturelle de la différence, au contraire, elle renforce la conscience de son existence. Il ne semble pas toutefois que cette découverte ait eu alors une grande influence sur son écriture. Le sentiment de ne pouvoir transmettre sa propre expérience et de ne pouvoir franchir les frontières de cette expérience dans son contact avec autrui, pour le moment, ne s'accompagne ni d'une grande curiosité pour l'altérité, ni d'un regret de ne pouvoir surmonter cette barrière et de ne pouvoir s'immerger dans le gouffre d'une culture autre, ni d'une tentative de s'assimiler à elle. Peut-être parce que l'écrivain reste encore enfermé dans la bulle de sa fascination pour l'existentialisme (qui sublimait le caractère infranchissable des frontières de sa propre subjectivité) ? Peut-être aussi parce qu'il est encore trop absorbé par le courant des événements politiques pour poursuivre sa réflexion anthropologique de manière plus approfondie ? Effectivement, à son retour en Pologne, il fait une autre découverte : à l'issue d'une cinquantaine de rencontres avec des lecteurs en un peu moins de six mois dans divers milieux sociaux, il est convaincu qu'en Pologne existe une énorme soif de savoir sur l'Afrique et que cette soif concerne les tout récents changements et événements politiques en cours sur le continent noir : « Comment les Africains se gouvernent-ils dans leurs États indépendants ? Est-ce qu'ils construisent ? À quoi ressemblent leurs écoles ? »[55] Inutile d'ajouter que cet intérêt lui procure une joie immense, il prouve que l'éducation politique de la société dans le domaine des affaires internationales n'a pas été inutile et qu'un homme comme lui, qui sent le sol littéraire se dérober sous ses pieds en Pologne, peut compter sur un lectorat portant une attention désintéressée au continent qui justement le fascine. « Finalement, ce ne sont pas des problèmes concernant le toit au-dessus de nos têtes, nos salaires ou la baisse des prix des vêtements. (…) De manière inattendue et non organisée, le problème africain, l'un des plus importants du monde contemporain, est entrée dans notre champ de vision pour devenir l'objet de notre passion »[56].

Vraisemblablement une alliance est dès lors scellée entre Kapuściński et ses lecteurs à l'issue de ses rencontres sur son premier voyage africain. Elles confortent l'écrivain dans sa conviction qu'ils souhaitent, justement par son intermédiaire, participer aux affaires de ce monde, là où elles se déroulent (sans pour autant lui en vouloir de laisser à d'autres le soin de s'occuper des affaires polonaises), et l'écrivain (reconnaissant d'avoir trouvé un accomplissement de son rêve) leur promet de ne pas ménager ses efforts et de s'engager personnellement pour satisfaire leur curiosité de manière responsable. Le deuxième voyage africain de Kapuściński, qu'il entreprend moins d'un an plus tard, sanctionne sa première tentative de mettre en œuvre ce fameux accord : „À Olecko ou Orneta – se souvient-il des années plus tard – j'apprends que le Congo est agité par une tempête d'envergure mondiale. On est au début du mois de juillet 1960. Le Congo, le pays d'Afrique le plus fermé, le plus inconnu, le plus inaccessible, vient d'acquérir l'indépendance, provoquant aussitôt une révolte de l'armée, la fuite des colons, l'intervention des parachutistes belges, l'anarchie, l'hystérie, le massacre. La une de tous les journaux reprend ce méli-mélo indescriptible. J'achète un billet et rentre en train à Varsovie. (…) Je demande à Rakowski de m'envoyer au Congo. Je suis pris au jeu, j'ai la fièvre" (GF, 34).

---

55 R. Kapuściński, *Zaproszenie do Afryki* (Invitation en Afrique), Polityka 1960, n 44, p. 3
56 *Ibidem.*

Désormais Kapuściński n'attend plus qu'on lui propose de partir ; il sait à quel endroit ses passions rencontrent celles de ses lecteurs. Se sentant leur messager spécial, il va tout mettre en œuvre pour atteindre le point d'ébullition de l'histoire de l'Afrique en cours et raconter comment celle-ci se passe en réalité. Et il a du pain sur la planche, dès le début. En effet, une fois obtenue l'autorisation de partir, il apparaît que les nouveaux pouvoirs en place au Congo ont expulsé les étrangers des pays du bloc soviétique, et se rendre dans ce pays avec un passeport polonais en avion est exclu. À titre de compensation, il reçoit un billet d'avion et des devises pour le Nigéria. Il n'est toutefois pas intéressé par n'importe quel pays d'Afrique. « … peu m'importe le Nigéria, il ne s'y passe rien (à ce moment-là) » (GF, 34), se souvient-il. Ayant appris qu'un certain Jarda Bouček, un journaliste tchèque en poste au Caire, envisage de faire un voyage au Congo en passant par le Soudan (en avion) et par la jungle congolaise (en voiture), il échange son billet et dans le plus grand secret s'envole pour le Caire à la place de Lagos. Il parvient à convaincre le correspondant permanent de « Rudé Právo » d'aller à Stanleyville (la capitale de la province orientale du Congo où s'est réfugié le gouvernement de Lumumba qui a déjà été arrêté), en prétendant qu'il a un ordre de mission du gouvernement polonais. Il est accueilli dans l'expédition qui compte également accueillir deux Tchèques, et pour finir un Russe[57]. Il ne lui reste plus qu'à confier son testament à l'ambassade.

En planifiant sa deuxième expédition en Afrique, Kapuściński n'envisage sûrement plus de partir en quête d'expériences destinées à alimenter d'autres « histoires fortuites », même s'il n'exclut pas les aventures accompagnant le travail d'un correspondant de guerre, d'un envoyé spécial. Polityka publie une lettre privée de l'auteur adressée à ses collègues de la rédaction et écrite la veille de l'étape apparemment la plus difficile de ce voyage « à travers la jungle la plus dense de l'Afrique (…), à travers des territoires habités par des tribus complètement primitives qui ne comprennent qu'une seule chose : un homme blanc, c'est un colon belge ». Cette lettre montre que l'écrivain, avec une totale détermination et une audace bravache, est prêt à affronter toutes sortes d'aventures : « Sachez qu'il va falloir parcourir 900 kilomètres à travers une jungle compacte en restant conscient qu'à chaque instant notre véhicule risque de se faire mitrailler depuis des fourrés. Ce voyage m'excite énormément. (…) Le plus intrigant, c'est qu'on voyage à l'aveuglette. On ne sait rien. Ni comment arriver, ni où habiter, ni comment payer, ni avec qui parler. RIEN. Une situation où l'on peut tomber de but en blanc entre les mains de Mobutu ; et alors c'est la fin.

---

57 Cf. R. Kapuściński, *Kongo z bliska* (Le Congo de près), Polityka 1961, n 12, p. 1

Au Congo, les fronts sont trop nombreux pour qu'on puisse s'y retrouver. Des groupes informels des deux camps se déplacent à travers le pays tout entier et seul le hasard décide qui le premier nous prendra sous ses ailes. (…)

Croisez les doigts pour moi ! Je vais tâcher de ne pas vous décevoir »[58].

Kapuściński se retrouve même « sous les ailes » de lumumbistes, mais en fait ses sympathies idéologiques et son engagement ne sont d'aucun poids face à la barrière de la couleur de la peau. « Je pensais y aller et leur expliquer : je viens de Pologne. À l'âge de seize ans, j'ai adhéré à une organisation de jeunesse. Sur les banderoles de cette organisation étaient inscrits des slogans pour la fraternité entre les races et la lutte contre le colonialisme. (…) J'étais avec vous de tout cœur, à chaque instant de ma vie. (…) Je suis avec vous et je veux le prouver par l'action » (Cz, 134–135). Avec ses collègues tchèques il tente de se joindre à une offensive contre les partisans de Mobutu. Si cette tentative ne se termine pas tragiquement, c'est bien parce que l'inestimable Jarda parvient à prouver son identité à un officier, grâce à un permis de conduire écrit en arabe et valide en Egypte, le pays de Nasser dont le nom est sacré à l'époque dans l'Afrique entière. Grande désillusion ! La guerre elle-même apparaît comme un phénomène moins spectaculaire et moins marquant que l'on peut s'y attendre, mais surtout elle est difficile à comprendre pour quelqu'un comme Kapuściński qui a gardé le souvenir de la plus terrible des guerres. Il est arrêté avec ses camarades par des patrouilles des deux camps ennemis, mais la milice sur laquelle on tombe importe moins que le cadeau qu'on a à proposer… Les détachements qui conduisent l'offensive sur Luluabourg, la capitale de la province du Kasaï dont la surface correspond à la moitié de la Pologne, sont véhiculés dans cinq camions, ils occupent la ville sans se battre (car les soldats congolais n'aiment pas se tirer dessus), pour passer, au bout d'une semaine, avec elle du côté de Mobutu – en échange de provisions… En Afrique, l'histoire, sous forme de complots, de coups d'État, d'assassinats, se passe en catimini, en coulisses, et il est pour le moins difficile de la comprendre, si bien que lorsque Kapuściński se trouvera confronté à elle, il ne saura pas, ou il ne pourra pas la décrire.

Peu de temps après l'arrivée du journaliste à Stanleyville, Lumumba emprisonné est victime d'un assassinat horrible et humiliant, ce qui entraîne, dès le lendemain, des actions de représailles aveugles de la part des Congolais contre tous les Blancs, surtout contre ceux que les soldats de l'armée en déroute et les combattants déchaînés trouvent dans les hôtels. Kapuściński et ses compagnons sont tout d'abord sauvés grâce au fait que leurs chambres ne donnent pas sur le

---

58 R. Kapuściński, *List z Afryki* (Lettre d'Afrique), Polityka 1961, n 6, p. 9.

couloir de l'hôtel, ils ne sont donc pas repérés tout de suite (de la fenêtre de leur chambre ils peuvent voir ce à quoi ils ont échappé: personnes malmenées dans la rue et jetées dans des camions), puis ils sont sauvés par un hasard invraisemblable: le chef de la milice qui leur met le canon de son fusil sur la tempe est un partisan de Lumumba avec lequel le Tchèque Jarda a naguère mené une interview au Caire! Toutefois ce salut ne leur sert pas à grand-chose. Il n'y a en effet aucun moyen de sortir de Stanleyville où les vivres commencent à manquer et où tout un chacun est condamné à mourir lentement de faim ou de la main de l'armée déchaînée (contre laquelle même les chefs désemparés mettent tout le monde en garde) ! Pour finir, une mission d'observation de l'ONU les sauve de ce mauvais pas, à contrecœur toutefois (en s'exposant au risque de se voir reprocher d'avoir violé le principe de neutralité). Mais une fois sauvés, ils se retrouvent dans une situation pire encore, car ils sont installés dans un transporteur qui – comme le prouvera la suite – appartient au corps d'intervention et qui les embarque à Usumbura, une ville sur le territoire belge, plus exactement dans un aéroport contrôlé par les parachutistes belges recrutés parmi des colons congolais „féroces, brutaux et primitifs". Ceux-ci ont évidemment du mal à croire que les seuls ressortissants du bloc soviétique présents à ce moment-là à Stanleyville sont justement des journalistes… Avant la mise à exécution de la décision de les fusiller, Kapuściński et ses amis sont une fois de plus sauvés par la main bienveillante de la providence, cette fois par l'intermédiaire de stewards noirs qui les préviennent du danger et leur portent secours : des soldats du contingent éthiopien de l'ONU qui ont toutes les raisons de ne pas aimer les Belges…

Les épreuves dramatiques vécues au Congo constituent sans nul doute l'une des expériences les plus importantes de la biographie de l'écrivain. Mais il ne semble pas moins important que presque rien de ces épreuves ne filtrera dans les reportages écrits juste à son retour. Kapuściński ne commencera à distiller quelques mots au sujet de ce qui lui est arrivé au Congo qu'au milieu des années 1970, et il en parlera pour la première fois dans *La guerre du foot* (1978), en décryptant d'une manière différente son voyage à travers le Congo. De nouveau, on se trouve confronté à une séparation du matériau des expériences vécues et de leur forme écrite, cette fois peut-être plus importante encore que dans le cas de l'Inde. Car si l'on croit ce que l'auteur lui-même écrit sur ce que cela signifie d'être mis face à la mort, après son voyage au Congo il n'est plus le même homme qu'avant son voyage, même s'il ne s'en rend peut-être pas compte tout de suite. « Ont alors commencé des heures de torture. Le steward avait semé dans notre cellule un grain d'espoir et cela avait suffi pour nous arracher de l'état de paralysie interne, de dépression épuisante dans lequel nous nous trouvions. Cet auto-engourdissement est un réflexe psychophysiologique de défense contre la folie. Mais il suffit d'une lueur au cœur des ténèbres pour ressusciter celui qui a sombré au fond de l'abîme. Un heureux hasard a interrompu sa plongée vers la mort, il revient à la vie. Il laisse derrière lui un vide indescriptible car il n'existe pas de formes, de signes, de points de repère pour le décrire. Comme pour le mur du son, l'existence de ce vide ne peut être ressentie que si on s'en approche. Il suffit de s'en éloigner d'un seul pas pour qu'il disparaisse. Néanmoins, celui qui a traversé ce désert n'est plus le même homme qu'avant. Il garde à jamais une tache psychique, une gangrène (…) », se souviendra-t-il des années après (GF, 66–67).

Pendant son voyage au Congo, Kapuściński subit donc un véritable changement, mais ses lecteurs ne s'en apercevront pas d'emblée. Du point de vue de la problématique de son développement créatif, il s'agit d'une question importante, cela vaut donc la peine de se poser la question suivante : pourquoi cela s'est-il passé ainsi ? Il est fort probable que l'écrivain n'a pas su tout de suite quoi faire de cette épreuve qui se distinguait de la rencontre avec la mort relatée dans *Le macchabée*. La gravité des épreuves vécues au Congo excluait la possibilité de les décrire dans le style des « histoires fortuites » précédentes, il n'était pas encore prêt néanmoins à les appréhender d'un autre point de vue. Car dans ses reportages du cycle *Le Congo de près*, l'écrivain ne renonçait pas totalement à raconter ses aventures, mais il les limita à ce qui se passa sur cette route fabuleuse, effrayante et excitante, à travers la jungle (qu'il avait décrite dans la lettre, citée plus haut, à ses amis de Polityka) et à ce qu'autorisaient les conventions relatives au récit d'aventure et au récit humoristique en vigueur à l'époque.

« Si on arrive au but, ce sera génial. Personne n'a emprunté cette route avant nous. (…)

Nous avons franchi un joli pont sur la rivière Uele, après le point il y avait une bifurcation et un arbre énorme, un baobab probablement (je n'en donnerais pas ma main à couper).

Sous l'arbre il y avait des chaises longues, sur les chaises longues des militaires. Quand ils nous ont aperçus, hop, ils se sont emparés de leurs fusils et ont foncé droit sur nous (…) Ils avancent, l'air incroyablement menaçant, les yeux scintillant d'une immense colère.

Pas de bol, me suis-je dit » (Cz, 87–95).

Ce n'est pas une langue avec laquelle on peut raconter une histoire sur la mort ; décrite ainsi, cette route ne pouvait pas mener à des épreuves extrêmes. Lorsque Kapuściński sera suffisamment mûr pour raconter le traumatisme congolais, il aura aussi une autre vision de ce voyage, une vision qui correspond, pourrait-on dire, à un voyage au « cœur des ténèbres » : « tout semble commencer dans la sérénité et le calme quand, une douzaine de kilomètres plus loin, dans la petite ville d'Aba, nous sommes arrêtés par une patrouille de la gendarmerie congolaise. (…) Leurs visages fermés, sinistres, à moitié enfouis dans des casques, sont déplaisants. Ils nous ordonnent de faire demi-tour. 'Retournez au Soudan, nous disent-ils, car plus loin, c'est dangereux. C'est de pire en pire.' Comme s'ils étaient les gardiens d'un enfer qui commence juste dans leur dos. (…) Qu'est-ce qui pouvait bien nous motiver ? (…) Le point d'honneur de continuer coûte que coûte sur cette route (sur laquelle notre vie ne tenait qu'à un fil) ? En avançant, je sens que chaque kilomètre franchi ajoute derrière nous une barrière, une porte supplémentaire et que le retour devient de plus en plus impossible » (GF, 36–37).

Sans doute la description de ces rencontres avec la mort doit-elle attendre parce que les circonstances dans lesquelles elles se déroulent sont en contradiction tant avec la vision que l'écrivain a alors de l'Afrique qu'avec ses propres attentes vis-à-vis de lui-même. Rappelons que Kapuściński se rend au Congo avec l'espoir d'accueillir le début héroïque de l'histoire du plus grand pays venant d'acquérir l'indépendance, un début certes dramatique, voire tragique, mais qui ne remet pas en cause son espoir d'assister à la grande cause de l'émancipation anticoloniale du continent ainsi que dans la capacité des Africains d'acquérir leur indépendance par la lutte et de la défendre. En revanche, s'il avait décrit son expérience la plus importante, on aurait pu penser que les récents héros de l'histoire étaient totalement désemparés face aux mécanismes occultes qui la régentaient, et que lui-même avait participé à des événements dans le rôle d'une victime d'un hasard aveugle, complètement dépendant du caprice et de la bonne ou mauvaise volonté d'autrui. Ces textes auraient été incompatibles avec l'appréciation et l'interprétation polonaises officielles des événements en cours au Congo, et à coup sûr n'auraient pas été publiés. Kapuściński se trouve confronté à cette interprétation dès son retour en rédigeant une sorte d'expertise pour la PAP, dans laquelle il prévoit à juste titre une évolution des événements défavorable pour le camp politique polonais : la défaite du premier ministre Gizenga, le successeur de Lumumba, et la victoire de Mobutu et de Tshombé, des hommes politiques représentant les intérêts des anciens colons. Au ministère des Affaires étrangères il s'entend dire que s'il doit revenir avec de tels rapports, il ne pourra plus voyager (voir GF, 69).

Pour toutes ces raisons ou pour d'autres encore, Kapuściński non seulement passe sous silence la suite des épreuves personnelles engendrées au lendemain de la mort de Lumumba dans ses reportages écrits, mais il les voile d'une certaine manière en adoptant un autre angle pour décrire le même événement : « J'ai entendu des rumeurs en provenance de la ville. Vont-ils tirer ? Va-t-il y avoir des représailles ? Mais Stan était sombre, morte et muette. Personne n'allumait de bûchers. Personne ne sortait de couteau » (Cz, 112). Le silence de la ville n'est perturbé que par un discours de Lumumba, reproduit sur une bande de magné-tophone par un Congolais sympathisant qui, par ce geste, manifeste sans doute sa loyauté et sa foi dans une victoire, peut-être tragiquement solitaire : « Les fenêtres sont ouvertes et les paroles se propagent dans la rue. Mais la rue est déserte, et les portails sont fermés. Patrice s'adresse à une rue déserte, il ne le voit pas, il ne le sait pas, il n'y a que sa voix » (Cz, 113).

C'est l'une des dernières métaphores littéraires que nous pouvons trouver dans les récits de Kapuściński écrites entre 1958 et 1961. Elle ne conclut pas, du reste, le texte cité (*L'un des quatre*), mais elle sert d'introduction à la biographie poli-tique d'un dirigeant africain exceptionnel (qui doit, à son tour, servir de clé pour comprendre la particularité de l'histoire africaine contemporaine). Après son voyage au Congo, Kapuściński change d'écriture. Pendant une longue période, ses reportages ne seront plus littéraires. Cette littérarité était née, rappelons-le, d'un désir de faire l'expérience du monde de sa propre initiative et de la philo-sophie littéraire de l'aventure existentielle qui sous-tendait cette expérience et caractérisait la prose polonaise des années 1950–1960. Mais comme il ne pouvait trouver ni la langue ni le lieu pour écrire l'aventure la plus authentique et la plus dangereuse qu'il avait vécue jusqu'alors, il décida de renoncer carrément à explo-rer cette strate intime de son expérience personnelle. Cette décision, peut-être pas tout à fait consciente, concerne aussi les expériences de la première partie de son deuxième voyage africain : confiscation de son argent par un fonctionnaire de la police secrète égyptienne sous la menace d'une mort inéluctable, expérience périlleuse avec la drogue (H, 1327–1328), expériences qu'il avait initialement vrai-ment l'intention d'exploiter dans ses écrits : « Ces 14 journées qui me séparent de mon départ de Pologne – écrivait Kapuściński aux collègues de la rédaction dans la lettre de Khartoum déjà citée – étaient pleines de tension nerveuse, d'angoisse et de terribles déchirements. Je n'avais jamais rien vécu de pareil. Le monde est dur. Mais j'aurai de quoi raconter après. Mon carnet est bourré » [59].

La description des péripéties de cette partie de son voyage apparaîtra seule-ment dans *Mes voyages avec Hérodote* (2004).

Le fait de renoncer à exploiter la couche profonde de ces expériences per-sonnelles (en fait, de les repousser à une exploitation ultérieure, comme nous le savons maintenant) est facile à justifier pour Kapuściński. Fort de sa propre conviction et ayant présent à l'esprit les gens qui participent à ses rencontres d'au-teur successives[60], il est convaincu que le lecteur polonais éprouve maintenant le

---

59 R. Kapuściński, *List z Afryki…*, *op. cit.*

60 Cf. R. Kapuściński, *Po roku* (Une année après) Polityka 1961, n 25.

besoin de connaître de nouveaux États en Afrique et de comprendre les processus politiques africains plutôt que de lire « des récits du Congo tel qu'il l'a vu ». Fort de cette conviction, il consacre l'essentiel de ses reportages aux portraits de dirigeants congolais (car faute d'institutions spécifiques, les grands dirigeants sont à l'époque les plus importants), à l'histoire de leurs carrières privées et politiques, à une esquisse de l'histoire des partis et des mouvements politiques. La réalité vue et vécue est juste le point de départ pour rendre accessible une connaissance générale sur l'Afrique. Sur les douze épisodes du cycle *Le Congo de près*, publié dans Polityka en 1961, seuls deux (celui sur le voyage à travers la jungle et celui sur l'offensive) sont des récits-reportages *stricto sensu*. Dans les autres épisodes, Kapuściński revient à un genre explicatif qui relève plus du journalisme que du reportage littéraire. On ne peut néanmoins pas dire qu'il ait fait le mauvais choix. Les lecteurs de Polityka l'élisent « auteur de l'année ».

L'absence de tout caractère novateur dans l'écriture de son voyage au Congo est confirmée et prolongée par la publication d'un livre, *Les étoiles noires* (1962), qui tente de regrouper le fruit des deux voyages africains. Il n'est pas facile de situer cet ouvrage par rapport aux « histoires fortuites » de Pologne publiées simultanément. Pour ses reportages au Ghana et au Congo, Kapuściński utilise comme titre les prénoms de dirigeants (Kwame et Patrice), même si parmi les récits du Ghana, un seul est consacré à la figure de son chef. Le récit le plus littéraire basé sur la métaphore de l'hôtel Métropole est élagué de ses éléments personnels et suivi d'un tableau sarcastique de colons belges du Congo, *Bon ton pod gorącym klimatem,* (*Bon ton sous un climat torride*), dans un prologue encore plus caustique à l'adresse des Blancs d'Afrique, intitulé *Kolon* (Le colon). Un autre récit important et littéraire, *Le bush à la polonaise*, est également écarté et déplacé dans le recueil de reportages sur la Pologne pour donner son titre à l'ensemble du livre.

Le sens de cette démarche n'est pas clair. Ce récit d'une veillée autour d'un feu en compagnie d'un chef de village africain, inséré dans un cycle de reportages sur le Ghana met en avant la problématique du choc des cultures, il souligne qu'en décrivant le caractère exotique de l'Afrique, un étranger venu de Pologne ne parvient pas à se libérer du bagage personnel et national de ses expériences, il présente le bush à la mode polonaise. Le fait de laisser ce récit dans ce cycle risquait peut-être de troubler le caractère pédagogique et politique nouveau de ce livre sur l'Afrique. Mais en le mettant bien en vue, en le plaçant à la fin d'un cycle de reportages sur la Pologne, qu'est-ce que cela veut dire ? Cela signifie-t-il que la réalité touffue, difficile, dramatique que l'on trouve dans un paysage aussi inaccessible et sauvage que le Continent noir existe aussi dans sa version polonaise ? Le but énigmatique de ce choix de composition, qui est peut-être celui de l'éditeur qui préparait l'impression des deux tomes presque simultanément, prend toutefois un sens symbolique avec la perspective du temps. On se demande si Kapuściński ne fait pas ses adieux aux lecteurs polonais qui attendaient de lui qu'il continue de s'intéresser aux affaires du pays, *Le bush à la polonaise* étant effectivement son seul livre sur la Pologne. Désormais je suis un Africain, dit l'auteur dans ce récit, c'est ainsi que l'a appelé son ami d'Accra, Kofi, et les vieillards l'ont approuvé en même temps que Nana, le chef du village en l'accueillant autour de leur feu….

C'est du reste la vérité, au moment où paraissent les deux titres, car à cette époque, en 1962, l'écrivain entame un séjour de cinq ans en Afrique comme correspondant permanent de la PAP. Lorsqu'on lui propose la difficile mission de mettre en place le premier et unique poste de correspondant permanent de la PAP sur le continent africain, il n'a aucune d'hésitation. Les épreuves dramatiques congolaises ne l'ont absolument pas empêché de se sentir chez lui en Afrique, sensation qu'il exprime dès son premier voyage, elles n'ont fait que le convaincre qu'il ne pourrait plus se sentir bien en Europe. Des années plus tard, il évoquera son retour du Congo : « Dans l'énorme bloc de verre de l'aéroport de Fiumicino paradait le monde merveilleux et pour nous complètement exotique de l'Europe satisfaite, repue et insouciante (…). Et tandis que cet univers invraisemblable défilait sous nos yeux (…), j'ai soudain ressenti (et ce paradoxe triste et monstrueux m'a effrayé) que je me sentais plus chez moi là-bas, à Stanleyville et à Usumbura, que dans la foule qui m'entourait » (GF, 68).

IV Correspondant de la PAP ou voyageur ?

Nous abordons probablement la période la plus importante de la vie de Ryszard Kapuściński : ses dix années de séjour à l'étranger dans des bureaux de la PAP, partagées équitablement entre l'Afrique (1962–1966) et l'Amérique du Sud (1967–1972). Cinq ans après la fin de cette mission, lorsqu'il prépare « Le livre jamais écrit » – intermède intime reliant les reportages à l'étranger réunis dans le célèbre recueil, *La guerre du foot* (1978), résidu d'un projet d'un « livre de mes aventures de reporter »[61] –, Kapuściński évoque un épisode, pour lui emblématique, qui eut lieu en 1966, juste avant son départ définitif d'Afrique :

« Peu de temps après avoir envoyé à Varsovie mon reportage *Barrages de flammes*, j'ai reçu à Lagos une dépêche signée de mon chef Michał Hofman, à l'époque rédacteur en chef de l'Agence de Presse Polonaise : 'Je vous prie de renoncer une fois pour toutes à des expéditions pouvant se solder par une issue tragique'. L'expression 'une fois pour toutes' était une allusion à l'une de mes dernières escapades qui avait manqué me coûter la vie. Mon chef était à mon égard patient et compréhensif. Il tolérait mes extravagances et mon indiscipline maladive. Je faisais surtout preuve d'irresponsabilité quand je coupais brusquement les ponts avec Varsovie, quand je n'informais personne de mes intentions et disparaissais sans laisser de trace : je m'enfonçais dans la jungle, je traversais en barque le Niger ou je voyageais avec des nomades à travers le Sahara. La Centrale ne savait pas ce qui se passait, où j'étais, comment me joindre. À tout hasard, elle envoyait des dépêches à diverses ambassades. Un jour je suis arrivé à Bamako, et à notre ambassade on m'a dit : 'On te cherche, depuis longtemps'. Ils m'ont montré une dépêche : 'Si par hasard, le correspondant Kapuściński devait se trouver sur le territoire de votre pays, nous vous prions d'en informer la PAP par l'intermédiaire du ministère des Affaires étrangères' » (GF, 163).

Ce récit, plein de gratitude, où il est question d'un reportage et de deux dépêches (auquel il faudra revenir plus tard), tendrait à montrer qu'en Afrique, Kapuściński n'a pas changé son approche de reporter par rapport à l'époque où il voyageait en Pologne et où il écrivait le *Macchabée*. Nous constatons la même tendance à éviter les sentiers battus pour « recueillir du matériau », à se laisser porter par le hasard, à suivre son instinct de voyageur et à se perdre dans des

---

61 En 1975, l'écrivain a évoqué la rédaction de ce livre. Cf. K. Meloch, *Afrykańczyk. Rzecz o Ryszardzie Kapuścińskim* (L'Africain. À propos de Ryszard Kapuściński), Kontrasty (Contrastes) 1975, n 10, p.39.

coins perdus. À cette différence près que les dangers auxquels il est confronté, dans des conditions climatiques extrêmement hostiles pour un voyageur blanc, dépassent largement les obstacles du bourbier polonais, d'autant plus qu'aux maladies tropicales, morsures, piqûres et insolations s'ajoutent des dangers liés à des situations de guerre : coup d'États, révolutions, guerres de partisans. Dans le reportage *Barrages de flammes,* qui inquiéta tant les supérieurs du correspondant Kapuściński, il est question d'une expédition entreprise de sa propre initiative dans l'ouest du Nigeria, dans le but de vérifier la situation de la guerre civile après la révolution de janvier 1966. De Lagos, où justement il a fait la description de ce coup d'État au jour le jour, il doit emprunter une route dont nul n'ignore qu'elle est patrouillée par des combattants de l'un des deux camps et jalonnée d'épaves de véhicules brûlés avec leurs passagers à l'intérieur...

On ne sait pas très bien pourquoi Kapuściński non seulement n'évitait pas les dangers de toutes sortes mais encore les défiait de manière consciente. « Je parcours une route dont il est dit qu'aucun blanc n'en revient vivant. Je veux en avoir la preuve ». (GF, 137). Une réponse qui rappelle les raisons mystérieuses qui fait qu'un chercheur digne de ce nom ne s'arrête pas avant d'avoir résolu un problème, qu'un alpiniste digne de ce nom ne s'arrête pas avant d'avoir atteint un sommet, qu'un explorateur digne de ce nom ne s'arrête pas avant d'avoir atteint un pôle. Sans doute Kapuściński était-il poussé par une soif intarissable de savoir, qui transformait son expédition de reporter en un processus de connaissance, vivant, intense, stimulé par une irrépressible pulsion du voyage, et qui attirait l'écrivain surtout là où la vérité est cachée, difficilement accessible, là où elle exige du courage, du sacrifice et de l'abnégation. Surmonter ces différents barrages – pas seulement « les barrages de flammes » attisées par les conflits armés – lui permettait de mesurer le prix de l'expérience, lui donnait la satisfaction de l'explorateur.

Il est clair que Kapuściński n'est pas un cas isolé, sauf qu'on attendrait une telle soif de connaissance et d'expérience plutôt d'un voyageur d'exception que d'un journaliste envoyé en Afrique pour créer le premier bureau de presse et couvrir tous les événements du continent susceptibles d'intéresser les médias de l'époque. On ne peut s'empêcher de faire la comparaison avec quelqu'un comme Nicolas Bouvier, écrivain-voyageur, aîné de Kapuściński de trois ans, qui travaillait plus ou moins à la même époque à la rédaction d'un livre sur un voyage accompli quelques années auparavant de Genève au passé de Khyber, à la frontière de l'Afghanistan (*L'usage du monde,* 1963). L'auteur du *Journal d'Aran et d'autres lieux,* de la *Chronique japonaise,* du *Poisson-Scorpion,* l'un des voyageurs les plus célèbres de la seconde moitié du XXe siècle, interrogé à la fin de sa vie sur les conditions des voyages de découverte qu'il effectua, insistait, entre autres, sur le rôle irremplaçable des situations dangereuses, le défi de la mort y compris. « J'ai quand même laissé en voyage toutes mes dents et la moitié de mes jambes. Ça vous plume, mais vous fait aussi vivre des moments de grande intensité, et quand vous êtes parvenu à vous tirer d'affaire, vous avez une satisfaction qui n'est pas bravache, faraude. Vous avez le sentiment de bien habiter cette planète. (…) J'ai passé des moments terriblement difficiles qui vous renvoient à vous-même avec brutalité, comme un poignard qui tout à coup se retourne contre celui qui le tient. À ce moment-là, on s'aperçoit qu'on n'est rien. Que l'ego n'est rien, que ce dont on se faisait fort a disparu : il n'y a plus rien. Et faire l'expérience de ce rien est une chose très nécessaire sur le chemin de la vie. Il faut la faire au moins une fois. Sinon, on continue à se pavaner comme un dandy jusqu'à la tombe, ce qui est grotesque »[62].

La manière dont Kapuściński appréhende le voyage, puis ses réflexions liées au phénomène et à la philosophie du voyage confirment pleinement son appartenance au noyau des voyageurs inconditionnels qui paient littéralement de leur vie la possibilité de faire l'expérience du monde de leur propre initiative. Si la capacité d'oubli du « moi » devait être une condition d'ouverture totale à la réalité – capacité qui ne peut être donnée que par un sentiment de vide intérieur suscité par l'expérience de la mort –, Kapuściński la remplit doublement, inconsciemment d'abord, au cours de son séjour au Congo commenté plus haut, puis à l'occasion de plusieurs prises de risques mortels, de manière plutôt consciente cette fois. Il pouvait assurément avoir le sentiment d'être un habitant de la planète à part entière, autrement dit, aucune des expériences extrêmes sur lesquelles il peut être amené à écrire ne lui est étrangère. Heureusement, si l'on en croit Nicola Bouvier, l'appartenance à ce noyau de « plumés » qui se sont exposés aux dangers mortels du voyage apprend aussi à se familiariser avec ce danger, à le neutraliser par une expression, un geste, un comportement, et surtout à se munir d'un instinct permettant de le détecter : « Il ne faut pas du tout ignorer les messages de l'instinct. Je suis convaincu que nous n'utilisons qu'un dixième des facultés de notre cerveau et que ce qu'il y a de bien en voyage, c'est qu'il vous oblige à jouer tous vos atouts et à les jouer bien »[63], affirme Nicolas Bouvier, propos que Kapuściński tiendra plus d'une fois.

Ce talent et cette passion auraient pu être décelés chez Kapuściński bien avant, quand on regarde à quoi ressemblent ses pérégrinations à travers la Pologne et ses « histoires fortuites », en lisant le manuscrit de son reportage sur

---

62 N. Bouvier, *Routes et déroutes. Entretiens avec Irène Lichtensein-Fall,* Éditions Gallimard 2004.

63 *Ibidem.*

le Ghana avant qu'il ne soit élagué de ses éléments aventuriers pour des raisons éditoriales. En fait, ce talent et cette passion ne seront libérés pour de bon que lorsque Kapuściński se retrouvera en Afrique pour une longue période. Libérés et en même temps entravés, car il devra les subordonner aux obligations d'un correspondant d'agence de presse. Ils demeureront toutefois suffisamment évidents pour être remarqués par le groupe de reporters internationaux dont il fait partie. Le journaliste britannique Neal Ascherson, qui a le même âge que Kapuściński, se souvient : « En Afrique la compagnie des correspondants – essentiellement des Américains et des Britanniques – l'a rapidement adopté, reconnaissant en Rysiek l'un des leurs, toujours affairé, drôle, audacieux, léger. Et personne ne se posait la question de l'orientation politique de ses employeurs. Bien avant que je fasse sa connaissance, j'avais entendu des histoires enthousiastes au sujet d'un intellectuel polonais qui jouait avec la mort. C'étaient ses amis britanniques qui les racontaient, fascinés par cette personnalité hors du commun »[64].

Les lecteurs auront l'occasion de se convaincre non seulement de la passion du voyage de Kapuściński mais de son talent d'écrivain voyageur, cinq ans plus tard à peine, lorsqu'ils tiendront entre leurs mains les récits d'une expédition qu'il effectua dans les républiques du sud de l'URSS de l'époque, intitulés *Kirgiz schodzi z konia* (Le Kirghize descend de son cheval), et qu'il rédigea à la vitesse de l'éclair, lors d'une pause entre un séjour en Afrique et en Amérique Latine. Ce livre rappelle les modèles classiques des récits de voyage raffinés que l'auteur adapte habilement aux problèmes contemporains et qui lui permettent de ne pas tomber dans la superficialité et la platitude des reportages de propagande sur les grandes entreprises et les kolkhozes. Il s'agit toutefois d'un cas particulier de voyage où Kapuściński est dégagé de toute contrainte journalistique et peut exprimer des intérêts plus profonds. On peut d'ailleurs se demander comment Kapuściński conciliait sa passion du voyage avec ses innombrables obligations de journaliste ? Quelle était la part de cette passion dans la formation et l'évolution de sa personnalité créatrice lorsqu'elle ne pouvait pas s'exprimer directement ? En effet, à la différence de ses « histoires fortuites » de Pologne, et même à la différence de ses reportages du Ghana et du Congo qui n'étaient pas encore complètement soumis aux règles de l'écriture journalistique à but éducatif, la moisson de son séjour de dix ans à l'étranger est entièrement dominée par les formats journalistiques les plus ordinaires : dépêches, analyses,

---

64 N. Ascherson, *Zabiegany, odważny, lekkomyślny* (Affairé, audacieux, léger), Książki w Tygodniku, 4 février 2007, n 5.

reportages dérivés de l'actualité, dont l'écrivain se lasse rapidement. Ces dix années pendant lesquelles il apprend à connaître le monde avec une immense avidité et de la manière la plus systématique, pendant lesquelles il accumule des expériences de manière très intense, ont failli ne pas donner naissance à un patrimoine digne d'être sauvé à ses yeux. Dans *La guerre du foot* on trouve cinq textes parmi ceux qui ont été écrits au cours des cinq années de séjour en Afrique (quatre autres viennent de deux brefs voyages antérieurs), et un texte parmi ceux qui ont été écrits en Amérique du Sud dans les années 1967–1972. Évidemment, ce patrimoine peut être retrouvé dans toute son œuvre ultérieure – avec un décalage plus ou moins important, qui va parfois jusqu'aux dernières années de sa vie.

Aujourd'hui nous avons du mal à nous rendre compte que presque tout ce que nous savons sur les épreuves et l'expérience vécues par Kapuściński en Afrique et en Amérique du Sud provient justement de textes écrits ultérieurement, des textes dont la chronologie des faits est parfois, consciemment ou non, effacée. Ainsi, *La guerre du foot,* texte emblématique de l'image de l'Amérique latine (devenu le titre du recueil), où le reporter est représenté sur le front de la guerre entre le Honduras et le Salvador), a paru au moins cinq ans après cet événement, puisqu'il a été publié pour la première fois dans le dernier numéro de 1974 et le premier numéro de 1975 de l'hebdomadaire varsovien Kultura. Il n'a même pas trouvé place dans le *Le Christ à la carabine* (1975) qui contient cinq autres textes sur l'Amérique latine, d'ailleurs pour la plupart également écrits au retour de Kapuściński en Pologne. Dans la première édition de *La guerre du foot* de 1978, il n'est pas daté, à l'instar de tous les autres textes, mais dans une édition modifiée, de 1986, il mentionne la date de 1969, ce que l'on peut évidemment comprendre comme une information sur le moment où l'événement a été décrit…

Il ne faut pas déduire qu'un texte écrit cinq ans après l'événement auquel a participé le reporter témoigne plutôt de son état d'esprit au moment où il a écrit ce texte qu'au moment où se déroulait l'événement. D'autant plus que pendant ces cinq années se produit une émancipation radicale de son rapport au monde ; Kapuściński sort de sa pratique de reporter qui prévalait jusqu'alors et qui était dominée par l'expérience du voyage. Par la nature des choses, ce processus a dû renforcer – par rapport au texte écrit sur le vif – l'élément de création littéraire présent autant dans la rédaction des épisodes particuliers de sa biographie que dans la façon dont le texte est structuré. Dans un « intermède » de *La guerre du foot* de 1978, il est question des conséquences qu'auraient pu entraîner l'envoi du reportage *Barrages de flammes* à Varsovie en 1966, reportage qui maintenant se retrouve dans *La guerre…* Mais il n'existe aucune preuve que ce reportage (dont la stylistique et la problématique sont plutôt caractéristiques de l'écriture de Kapuściński de la moitié des années 1970) ait été écrit sous cette forme dix ans plus tôt, puisqu'il n'a pas été publié. Nous ne le trouvons pas dans Polityka, revue dans laquelle l'écrivain publiait à l'époque tous ses autres reportages sur le Nigeria, la « Bibliographie des contenus de la presse » ne le mentionne pas non plus. Une journée pleine d'aventures particulièrement dangereuses est décrite dans le reportage *Le Nigeria pendant les journées du coup d'État*[65], mais ce dernier ne contient toutefois pas d'informations détaillées sur ce thème précisément.

Ces remarques ne remettent pas en question, cela va de soi, le droit de l'auteur à décrire ses propres aventures conformément aux besoins de son imagination créatrice et des règles selon lesquelles fonctionne sa mémoire. L'important, c'est de ne pas appréhender des textes conçus selon ce schéma comme des sources d'informations biographiques. Si l'on est tenté de traiter ainsi *Barrages de flammes*, on peut comparer ce texte aux faits rapportés par Kapuściński juste après son retour d'Afrique à Stefan Skrobiszewski[66] ; force est de constater la présence de divergences entre certains détails concernant la hauteur des barrages de flammes, le nombres d'arrestations, les montants des sommes exigées et payées pour le droit de passage...

Nous ne connaissons pas, et nous ne connaîtrons jamais, la place exacte qu'occupe l'expérience du voyage chez Kapuściński, tant en Afrique qu'en Amérique du Sud. Nous ne savons que ce qu'il a voulu nous dévoiler dans ses interviews ou dans les rencontres avec ses lecteurs, et surtout nous savons seulement comment – avec la perspective du temps et avec une grande expressivité – il l'a raconté, en se positionnant comme héros et narrateur de ses propres textes autobiographiques. Connaître l'existence de cet espace est néanmoins nécessaire. Cela permet de mieux comprendre le caractère sélectif de l'image de l'Afrique et de l'Amérique du Sud que Kapuściński transmet sur le vif dans ses dépêches, ses analyses, ses récits et ses reportages. Cela permet parfois de poser des questions sur des points qui ne figurent pas dans cette image, et qui, semble-t-il, auraient dû ou pu y figurer. Ce qui importe, toutefois, c'est de savoir que l'écrivain s'inspire de cet espace d'expériences personnelles peu de temps après avoir accompli son travail de correspondant. Cela nous permet d'emblée de déterminer le lieu et le sens du séjour de l'écrivain sur les deux continents, du point de vue de l'évolution de son œuvre. Le fait de puiser dans cet espace

---

65 Cf. R. Kapuściński, *Hausa, Yoruba, Ibo (Nigeria w dniach zamachu)* (Hausa, Yoruba, Ibo (Le Nigeria pendant les journées du coup d'État)), Polityka 1966, n 7.
66 Cf. S. Skrobiszewski, *Mister Richard*, Panorama (Panorama) 1967, n 4.

est d'ailleurs un retour à la démarche qu'il avait adoptée dans ses « histoires fortuites » initiales, et donc aussi une manière de vaincre tout ce qui l'en avait détourné.

Et ce ne sont pas tant ses nouvelles obligations – donc le retour à une forme d'écriture journalistique – qui sont en cause que l'espoir, caché derrière celles-ci, de retrouver le sentiment de participer à une entreprise révolutionnaire visant à changer le monde au lendemain de la guerre, qui devait être le fondement de la seconde moitié du XXe siècle. Après la défaite d'Octobre 1956, cet espoir n'a plus sa place en Pologne, en revanche, il est présent dans les pays du Tiersmonde dont la nouvelle histoire postcoloniale vient seulement de s'ouvrir. Partir en mission pour la PAP en Afrique revient à rallier la révolution africaine, et partir en Amérique du Sud, c'est rallier la révolution sud-américaine. La présence sur ces deux « fronts », qui prolongent en quelque sorte celui de la solidarité internationale des « forces du progrès » issus de l'idéologie de l'Union de la Lutte des Jeunes (ZWM) d'antan, va permettre à l'écrivain de confronter ses rêves à la réalité et de mettre à l'épreuve toutes ses espérances de jeunesse. Nous savons déjà plus ou moins comment se terminera cette vérification, mais nous ne savons pas en quoi consistera la connaissance du monde et de l'histoire que Kapuściński en tirera pour atteindre un tel niveau d'écriture et de connaissance humaine dans ses débuts de reporter écrivain.

Si l'Afrique tout entière…

Le meilleur moyen de connaître Ryszard Kapuściński dans les années 1962–1966 est de lire attentivement son troisième livre *Si l'Afrique tout entière…* comportant un choix de textes qu'il a écrit justement à cette époque (sans avoir l'intention d'en faire un livre, ni même parfois de les publier). Les reportages antérieurs et ultérieurs, ou les recueils de Kapuściński ne voyaient le jour qu'à l'issue d'une mission, ils étaient donc écrits avec distance, après une réflexion globale, même si elle était très rapide. Il est tout à fait possible que cette fois aussi, ce texte aurait dû suivre ce schéma. D'après le récit de Stefan Skrobiszewski[67], Kapuściński signe en 1967 un contrat pour deux livres sur l'Afrique : *Cinq coups d'État,* au sujet des coups d'État militaires des années 1964–1966, et *Réserves,* au sujet des pays où est appliqué de l'apartheid : La République d'Afrique du Sud et la Rodhésie du Sud. La mission africaine de Ryszard Kapuściński (si tant est qu'on puisse considérer un séjour de cinq ans, coupé de brèves interruptions,

---

67 Cf. *ibidem*

comme une mission) devait donc être couronnée par deux ouvrages sur la situation historique de ces pays et sur le défi que le continent avait encore à relever.

Son détachement inattendu en Amérique du Sud, précédé d'un voyage de quelques mois dans les républiques caucasiennes et transcaucasiennes de l'URSS, dans le but de rassembler du matériau pour le reportage *Kirgiz schodzi z konia* (Le kirghize descend de son cheval) (1967), mit en échec ces plans et explique qu'ils furent remplacés par la publication d'un livre composé de correspondances et d'analyses substantielles envoyées à la PAP. Certaines d'entre elles furent même écrites sans que Kapuściński envisage de les publier, le plus souvent sans même savoir comment elles seraient utilisées. Les matériaux envoyés à l'agence n'étaient en effet pas envoyés directement à la presse, mais à des bulletins de la PAP et, en fonction de la décision de la direction, ils étaient transmis à différents destinataires. La plupart d'entre eux étaient envoyés au « Bulletin du Pays » (BP), et de là à la presse polonaise. En revanche, les comptes rendus dans lesquels étaient détectés des contenus épineux (ils étaient inévitablement passés au crible fin) étaient réservés au Bulletin Spécial (BS) et assortis de la mention « À ne pas imprimer », ceux-ci n'étant accessibles qu'à un cercle restreint[68] de privilégiés.

C'est ainsi que ces dossiers sont devenus la matière du livre *Si l'Afrique tout entière…* Conformément au souhait de l'auteur, ils ont été disposés en ordre chronologique, ce qui fait que le livre est devenu, dans un certain sens, la chronique du séjour de Kapuściński sur le continent noir : la chronique des événements qu'il observait et commentait, et la chronique de son évolution personnelle, montrant – pour employer l'expression de l'auteur lui-même – « comment un étranger venu d'un autre monde entre en Afrique » (G, 6). Il s'agit évidemment d'une chronique partielle, limitée tant par les règles régissant le choix des textes que par les formats journalistiques dans lesquels ils ont été rédigés. Partielle aussi parce qu'on ne peut pas être totalement sûr de l'intégralité des informations livrées par l'auteur. Dans le livre se retrouvent les correspondances et les analyses les plus longues publiées au jour le jour essentiellement dans Polityka. Si on en croit Daniel Passent, la rédaction (grâce à la position politique de Mieczysław Rakowski) pouvait utiliser des matériaux du « Bulletin Spécial ». Par contre ils devaient – en tant que documents destinés à l'impression – être retravaillés : « À partir du texte du BS ils étaient arrangés en fonction de la censure »[69], se souvient Passent.

---

68 Dans le texte, les citations du « Bulletin Spécial » seront signalées par le sigle BS, Date/n .
69 L. Ostałowska, *Orientowali się na niego* (Il leur servait de boussole), Press 2007, n 2, p. 8.

Si l'on prend cela en compte, il n'y a pas de raison de ne pas utiliser la dimension de « chronique » du livre et de ne pas traiter les textes qu'il contient comme une source d'information sur l'auteur, surtout si nous y cherchons aussi des liens avec les circonstances généralement non révélées de son séjour en Afrique. Le titre lui-même donne déjà pas mal d'informations sur la nature de son engagement de l'époque dans la révolution du continent noir. Il fait référence au concept de l'unité africaine selon laquelle les États indépendants doivent s'unir en se libérant de leur dépendance par rapport aux anciennes puissances coloniales, les États plus faibles devant être soutenus par les États plus forts et la partie du continent encore dominée devant être secourue. Le concept de l'unité africaine est à l'époque non seulement l'idée phare des Noirs, il est aussi une grande aspiration de la gauche international. Il doit assurer à l'Afrique une place indépendante dans la politique mondiale tout en animant et en renforçant le concept de solidarité du Tiers-monde qui s'émancipe du joug colonial, déjà présent dans les espoirs et les utopies politiques de la Conférence de la Solidarité des Peuples Afro-Asiatiques à Bandung en 1955. « Huit ans après Bandung – Addis-Abeba » (G, 38), c'est ainsi que Kapuściński commence la version éditée de son cycle de correspondances de la première conférence africaine au sommet, dans la capitale éthiopienne en mai 1963, envoyées à la PAP et publiées à chaud dans Polityka[70].

Avant toutefois de se rendre à la conférence à Addis-Abeba, qui a sûrement été l'expérience professionnelle la plus importante de cette époque, Kapuściński a eu le temps de se familiariser avec la solidarité révolutionnaire des combattants de la nouvelle Afrique, et aussi de tester personnellement les aléas du sort d'un correspondant isolé. Pour son premier poste, il est envoyé à Dar-es-Salam, la capitale du Tanganyika, premier pays d'Afrique de l'Est à s'être libéré et à avoir choisi une option résolument de gauche. À l'époque, c'est un lieu où se rencontrent les dirigeants de la moitié de l'Afrique qui conspirent encore, c'est aussi le lieu où se pratique une diplomatie informelle dans des ambassades qui s'ouvrent en cascade dans cette petite ville, et où se confrontent sans doute les services de renseignements des grandes puissances. Il n'est pas difficile d'avoir accès au noyau de ces émigrés ou émissaires – par la suite présidents, premiers ministres ou membres de gouvernement –, car ce sont encore des hommes jeunes, simples, pauvres, pour la plupart logés dans un hôtel « immense, en mauvais état et négligé » (l'hôtel Arusha situé dans la rue principale de la ville, Independence

---

70 La version éditée se distingue sensiblement des correspondances moins élaborées publiées dans « Polityka », n 29, 30, 34, 35, 37, 38, première partie, sous le titre *Przy okrągłym stole* (Autour d'une table ronde), puis *Afryka przy okrągłym stole* (L'Afrique autour d'une table ronde).

Avenue) qui se retrouvent au bar Uhuru ouvert vingt-quatre heures sur vingt-quatre au septième et dernier étage. « Dar-es-Salam était à l'époque bourré de révolutionnaires de l'Afrique entière, se rappelle Kapuściński quinze ans après. Nous flânions ensemble, celui qui avait du fric payait. Tantôt c'était moi qui offrais la tournée, tantôt je me faisais inviter. (…) Quand j'arrive dans certains pays d'Afrique, je ne suis plus Ryszard Kapuściński, correspondant de Pologne, je suis simplement Ricardo. (…) Ils me règlent des tas d'affaires et me racontent des tas de choses. Non pas comme à un journaliste, mais comme à un copain de jeunesse avec qui on a partagé notre maigre pitance »[71].

Nous entendrons parler de ces amis jusqu'à la fin de la vie de l'auteur ; à l'époque les personnages clé sont sûrement ceux qui l'aident à se familiariser avec les mouvements de Libération nationale africains, thème qui apparaît du reste très peu dans son livre. C'est d'ailleurs de manière assez exceptionnelle, grâce à un texte sur le schisme entre les dirigeants du mouvement de libération au Zimbabwe (*Rodezja, Nkomo i Sithole* (Rhodésie, Nkomo et Sitholé)), que le lecteur apprend que l'écrivain conversait librement avec le futur président de ce pays, Robert Mugabe, à l'époque où ce dernier était encore « un jeune homme très intelligent et compréhensif », et qu'il rendait visite à son plus grand adversaire, présent et futur, Joshua Nkomo, dans sa chambre d'hôtel, pour bavarder avec lui autour d'une bière. En revanche, le lecteur ne saura rien, par exemple, de sa rencontre avec Eduardo Mondlane (en septembre 1962), fondateur du Front de Libération du Mozambique FRELIMO et Président malheureux de ce pays, assassiné prématurément, grâce auquel Kapuściński assiste non seulement à la naissance du Front mais aussi à un entraînement de partisans dans un camp de la région de Dar-es-Salaam ; il fait connaissance de ces derniers, et deux ans après il interviewe l'un d'eux à propos des premiers combats sur le territoire du Mozambique[72].

Le lecteur n'apprend rien non plus sur son voyage dans un pays voisin du Tanganyika, le Rwanda qui a déclaré son indépendance en 1962 (voyage que l'écrivain évoque essentiellement à propos d'une nuit passée dans une maternité dirigée par des religieuses belges, car il n'a pu trouver d'hôtel à Kigali, la capitale[73]), ni sur ses ennuis de santé qu'il rencontre en se rendant à la déclaration

---

71 W. Giełżyński, *Czterokrotnie rozstrzelany* (Quatre fois fusillé), in : *Ekspres Reporterów*, Varsovie 1978, p. 27.

72 R. Kapuściński, *Premier coup de feu pour le Mozambique, in : idem, Le Christ à la carabine*, Paris 2010.

73 Cf. R. Kapuściński, *Ébène*, Paris 2014, p.178/1070.

d'indépendance de l'Ouganda (avec la participation du président Milton Obote dont il a également fait la connaissance au bar Uhuru) en octobre. Cette mission journalistique, qui se voulait toutefois plus ambitieuse, se transforme de manière inattendue en l'une des expériences les plus difficiles qui va apprendre au reporter la démesure de la vie en Afrique et mettre à l'épreuve sa résistance et sa propension au sacrifice. Il décide de se rendre dans la capitale ougandaise en Land Rover (véhicule tout-terrain qu'il se procure à l'insu de Varsovie, auprès d'un Anglais qui quitte le pays). Affaibli par un voyage de plus de mille kilomètres, empruntant souvent des chemins impraticables (n'ayant pas de visa anglais, il ne peut pas passer par le Kenya qui n'a pas encore accédé à l'indépendance et longe par conséquent le lac Victoria), il attrape la malaria cérébrale, perd connaissance et au lieu d'assister à la cérémonie officielle, il est hospitalisé dans un hôpital qui vient d'ouvrir ses portes et dont il est l'un des premiers patients. C'est d'ailleurs là qu'il fait la connaissance d'Idi Amin (alors chef des forces armées de l'Ouganda, et par la suite l'un des dictateurs les plus sanglants de l'Afrique) qui effectue une visite officielle dans cet établissement moderne.

Il ne réussit donc pas à recueillir de « matériau » journalistique susceptible de justifier cette lointaine expédition, selon le récit du premier ambassadeur polonais au Tanganyika, Jerzy Nowak, et de sa femme Izabella Nowak : il est transféré à Dar-es-Salam entre la vie et la mort[74], et c'est seulement après son retour qu'il parvient non sans mal à rédiger quelques dépêches sur la situation en Ouganda pendant les premières semaines d'indépendance. Mais ce n'est pas fini. La malaria qui n'a pas été convenablement soignée se transforme en tuberculose qui, dans le climat chaud et humide du pays, peut se solder par une issue mortelle. Convaincu que la « Centrale » préférera le faire rentrer au pays plutôt que de financer un traitement adéquat et qu'il perdra irrévocablement son poste en Afrique qu'il tient désormais pour la plus grande chance de sa vie, il décide de cacher sa maladie et de se faire soigner dans des conditions défiant toutes les normes européennes de santé publique[75]. Seul Européen dans une foule de

---

74 Cf. *Święty Franciszek w stylu macho. O zmarłym niedawno Ryszardzie Kapuścińskim opowiadają jego wieloletni przyjaciele Jerzy Nowak i jego żona Izabela. Rozmawiała Anna Bikont* (Saint François style macho. Jerzy Nowak et sa femme Izabela parlent de Ryszard Kapuściński, leur ami de longue date récemment décédé. Entretien mené par Anna Bikont), Gazeta Wyborcza, 3–4 mars 2007.

75 Voir *Białe plamy Czarnego Kontinentu. Z Ryszardem Kapuścińskim rozmawiają Witold Bereś i Krzysztof Burnetko* (Les taches blanches du Continent Noir. Witold Bereś i Krzysztof Burnetko s'entretiennent avec Ryszard Kapuściński), Apokryf (supplément de Tygodnik Powszechny)1993, n 2, p.13.

miséreux africains, il partage avec eux leur dur quotidien. Une manière de surmonter la distance qui le sépare des indigènes du fait de sa peau blanche !

La maladie ne facilite pas son travail, la fréquence des piqûres quotidiennes l'empêche de s'éloigner de ce quartier de la ville, petit et pas particulièrement intéressant. Les sessions parlementaires trimestrielles sont la seule manifestation de la vie politique qu'il peut observer. Il en fait le récit sur un ton ironique et solennel (*Le président sonde l'avenir, Les oiseaux à une patte, Le Parlement du Tanganyika à propos des pensions alimentaires*), convaincu à juste titre qu'une transcription fidèle des interventions successives des députés est le meilleur moyen de parler du choc grotesque entre tradition et modernité politique. Il ne peut pas se retenir toutefois d'aller à la première conférence des États africains ! Sans l'accord de son médecin, il interrompt son traitement et s'échappe à Addis-Abeba, car il attache une importance capitale à cette rencontre. En témoignent la longueur du compte rendu qui s'étend sur six numéros de Polityka, le souci du détail et la pointe de pathos qu'il exprime pour décrire cet événement qui marque une « date historique pour l'Afrique », date de la signature de la Carte de l'Afrique et de la convocation de l'Organisation de l'Unité africaine.

Il s'agit d'un document à peine plus court que le cycle de reportages relativement récent sur le Congo de 1961, et il est sans doute perçu par les lecteurs de la revue comme une suite à l'initiation à la vie politique du continent noir. On pourrait penser que Kapuściński applique la même méthode pour approcher le lecteur polonais de l'Afrique contemporaine, mais ici sa méthode est adaptée aux exigences d'une nouvelle réalité qui se caractérise par la présence de plus d'une trentaine d'États, et non plus de quelques États indépendants. Son approche consiste à présenter des dirigeants éminents, des faiseurs d'indépendance et des visionnaires de l'avenir africain, et à travers eux des points de vue et des options idéologiques, des situations et des problèmes particuliers. Ce parti-pris consistant à faire un récit fidèle des conférences, jour après jour et intervention après intervention, permet à Kapuściński d'exposer, sur plusieurs dizaines de pages, vingt-huit des trente-deux dirigeants africains de l'époque, avec leur idées politiques, leur place dans les structures du pouvoir et dans les relations interétatiques africaines, leur généalogie et un trait individuel, parfois caractéristique de leur psychologie permettant de mémoriser ces figures et de ne pas les confondre avec d'autres.

Ceux qui sont présentés avec le plus de précision sont évidemment ceux qui à l'époque semblent façonner le visage de la nouvelle Afrique. L'empereur d'Éthiopie, Hailé Sélassié I, (héros du *Négus*, futur ouvrage de Kapuściński) se distingue par ses ambitions panafricaines et son obstination à aboutir à la convocation d'une conférence, mais aussi par son extraordinaire hospitalité : un

homme « immensément sympathique, serein et envoûtant », qui « est incontestablement l'esprit politique le plus remarquable de ce pays (...) [et] qui manifeste dans l'exercice de son pouvoir non seulement les qualités propres à son
titre mais les siennes propres... » (G, 41) Gamal Nasser, le président de l'Égypte
(cofondateur à l'époque de la République arabe unie), une légende vivante du
continent, un dirigeant sans lequel il est impossible d'aboutir à la moindre initiative panafricaine, l'orateur qui prononce le discours anticolonial le plus brillant, mais aussi le seul dont la garde éthiopienne vérifie systématiquement le
contenu de son thermos sur la table avant chaque séance. Kwame Nkrumah, le
président du Ghana (que Kapuściński a connu cinq années plus tôt), le fondateur du « plan Nkrumah » d'unification, une grande utopie politique, qui restera toutefois aussi dans nos mémoires comme celui qui prononce le discours le
plus long et arrive dans la salle de la conférence vêtu de l'uniforme d'un militant
chinois (que le guide Mao portait tout le temps), le dernier numéro du journal
« African Communist » sous le bras.

Ainsi de suite défilent des figures dont nous souvenons encore aujourd'hui : Sékou
Touré, le Président révolutionnaire de Guinée qui « fait sa carrière sur la politique
d'une indépendance démonstrative » (G, 45), Bourguiba, le Président de Tunisie,
dont la caractéristique est de quitter les séances au moment précis où elles se terminent officiellement, même si elles se poursuivent après pendant des heures ; Léopold Senghor, « l'un des intellectuels africains les plus remarquables, qui conçoit
l'union africaine comme une communauté culturelle ; Kasa-vubu, le Président du
Congo; Julius Nyerere, le Président de la Tanzanie; Ben Bella, le Président de l'Algérie, celui qui prononce les discours les plus courts, de dix minutes au maximum ;
le socialiste Oginga Odinga (que Kapuściński a connu au bar « Uhuru »), futur
ministre du gouvernement du Kenya, qui monte sur la tribune en poussant un cri
de guerre appelant à la libération et qui chauffe la salle avec les mêmes cris ; Milton
Obote, le Premier ministre de l'Ouganda; Farik Abboud, le Président du Soudan;
Tafawa Balewa, le Premier ministre du Nigeria...»

L'intérêt de Kapuściński pour la personnalité et les particularités des dirigeants des principaux États africains peut s'expliquer de différentes façons,
mais la principale raison est sûrement qu'il est persuadé qu'il s'agit de figures
œuvrant pour l'émancipation non seulement de leurs pays, mais de tout le
continent. C'est d'eux que dépend la place de l'Afrique dans le monde, et peut-
être du Tiers-monde tout entier dans la politique mondiale, étape préliminaire
de la « révolution africaine ». Après il est toutefois vite apparu qu'il ne suffisait
pas qu'un dirigeant soit éminent pour qu'il joue un rôle dans la politique internationale ou même pour régler des problèmes intérieurs. Kapuściński se rac-
croche à cette conviction en dépit de la crise imminente. Il suit attentivement

toutes les tentatives d'intégration régionale montrant que cet esprit est toujours vivant, mais qu'il a seulement changé de place – de l'Afrique de l'Est, il est passé en Afrique de l'Ouest et inversement – et de forme – du « groupe de Casablanca » et de « Monrovia » il est passé à l'Organisation de l'Unité africaine, puis à différentes tendances d'unification ou de communauté.

Le lien qu'il établit à Addis Abeba avec la conférence de Bandung ayant eu lieu huit ans auparavant est emblématique. « Les débats de toutes les commissions se déroulent dans une atmosphère tendue et nerveuse, par ailleurs une série de résolutions importantes n'ont pas été prises au nom du salut de l'unité de la Conférence. À Moshi règne l'opinion générale que ce sont les derniers débats de cette organisation qui doit prendre en compte les processus de changement en cours dans le mouvement de libération des peuples », note l'écrivain dans l'une de ses trois dépêches consacrées à ces thèmes et conservées dans le « Bulletin Spécial » (11 février 1963, n 412).

C'est surtout sur l'existence des colonies portugaises et sur la situation de la population noire dans des pays souverains à caractère manifestement raciste (la République d'Afrique du Sud et la Rhodésie du sud, actuellement Zimbabwe) que s'appuie Kapuściński pour étudier le problème de l'union africaine et en même temps appeler à sa construction. L'écrivain s'intéresse à ces deux pays et rédige plus particulièrement, au sujet du premier, la République d'Afrique du Sud – à propos de son histoire, de ses lois terribles et de ses mœurs racistes – de nombreuses analyses développées sur quatre-vingts pages du livre cité (*Będziemy pławić konie we krwi* (Nos chevaux baigneront dans le sang)).

Kapuściński a du temps à consacrer à ces expertises, car dès son retour à Dar es-Salaam, il reprend son traitement contre la tuberculose en promettant à son médecin de ne plus partir nulle part. Il se fait aider ; les Nowak le prennent en charge, sa femme Alicja arrive de Pologne pour un certain temps. Les soins médicaux et la sollicitude de son entourage finissent par porter leurs fruits puisqu'en décembre 1963, et donc au bout de six mois, il peut se rendre dans un pays frontalier, le Kenya. Il couvre ainsi au jour le jour, une semaine durant, les événements – notamment sur l'auto-désarmement des insurgés Mau Mau retranchés depuis une dizaine d'années dans la jungle et sur les négociations avec les responsables rebelles – qui précèdent la déclaration officielle de l'indépendance et la levée du drapeau national. Ces événements font l'objet d'un autre reportage que Kapuściński écrit à chaud (*Mau Mau wychodzi z lasu* (Les Mau-Mau quittent le maquis)). En compagnie d'un groupe de quelques dizaines de correspondants, il se rend également – à la fin de l'année 1963 et au début de l'année 1964 – au Rwanda où viennent justement de se produire des séries de combats entre les tribus Tutsi et Hutu. Les autorités ont toutefois fermé la frontière et les journalistes sont contraints de se contenter de recueillir les récits des réfugiés à la frontière du Rwanda et du Tanganyika, surtout celui de femmes et d'enfants[76].

À cette époque, Kapuściński brûle du désir de repartir au Congo (mais son médecin lui interdit de voyager en bateau ou en avion). En juillet 1963, une insurrection armée éclate au Congo, dirigée par les partisans de Lumumba (très proches du reporter, puisqu'il les a fréquentés pendant près de trois ans), le gouvernement insurrectionnel de Christophe Gbenye est créé, la lutte pour l'indépendance et l'unité du pays semble reprendre vie, mais elle est interrompue par une intervention extérieure. C'est une histoire vivante et dramatique plutôt qu'une déclaration d'indépendance négociée. Kapuściński ne peut pas se rendre au Congo, en revanche il parvient, en janvier 1964 à aller à Zanzibar – une révolution dans une île peut être encore « plus authentique » qu'au Congo, car elle est résolument antiféodale, elle renverse un sultanat et inaugure la République populaire de Zanzibar qui sera par la suite rattachée au Tanganyika pour faire partie de l'actuelle Tanzanie.

L'expédition à Zanzibar n'aboutit pas à un reportage conséquent et n'est donc pas mentionné dans le livre. C'est une énigme, car cette expédition fait assurément partie des moments les plus importants de l'« entrée en Afrique » de l'écrivain ; il commence à l'évoquer dans ses premières interviews[77] et finit par en parler comme l'une de ses plus importantes expériences africaines dans *Ébène* (1998) au chapitre intitulé « Zanzibar ». Expérience tellement extraordinaire que certains de ses éléments imprègnent même les brèves dépêches publiées dans Trybuna Ludu en janvier 1964 : « J'étais le premier journaliste des pays socialistes à réussir à atteindre Zanzibar cinq jours après le début de la révolution armée qui renversa le gouvernement néocolonial de la bourgeoisie arabe (…). J'ai reçu l'autorisation d'entrer dans l'île mercredi, grâce à une conversation téléphonique que j'ai menée de Dar-es-Salam avec le président de la nouvelle république Abeide Karume (…). Jeudi, j'ai pris un petit avion de tourisme et j'ai atterri à l'aéroport de Zanzibar, ouvert depuis le début de la révolution pour accueillir les avions autorisés à atterrir par le maréchal de campagne de la révolution »[78]

---

76 Cf. R. Kapuściński, *Ébène*, *op. cit.*, p. 181/1073

77 Cf. entre autres : S. Skrobiszewski, *Mister Richard*, *op. cit* ; Giełżyński, *Quatre fois fusillé*, *op. cit.*

78 R. Kapuściński, *Pierwszy polski dziennikarz w Republice Zanzibaru* (Le premier journaliste polonais dans la République de Zanzibar), Trybuna Ludu (La Tribune du Peuple) 1964, n 18, p.6.

Communication téléphonique internationale avec le nouveau président, autorisation d'atterrir accordée par l'état-major du maréchal de campagne, voyage dans un avion touristique privé... On pourrait encore ajouter : tentative de traverser le bras de mer d'une quarantaine de kilomètres de long séparant l'île du continent dans un yacht acheté par cinq journalistes, retour dans un petit avion et transport de l'aéroport à Dar es-Salaam en voiture diplomatique... À croire que Kapuściński est soudain devenu un journaliste privilégié qui ne manque de rien pour obtenir des renseignements et pour écrire de longs reportages. En fait, c'est exactement le contraire.

Son exploit pour se rendre à Zanzibar, Kapuściński le doit à son sens de l'observation, à un brin de chance, à son courage, à la confiance des hommes politiques et militants africains dont il a fait connaissance auparavant, de gauche pour la plupart, et à ses relations avec des collègues d'agences de presse occidentales avec lesquels il collabore au quotidien. C'est alors qu'il est, par hasard, témoin du retour précipité du premier ministre Kenyatta à Nairobi d'où il revient justement. Soupçonnant qu'un événement important vient de se passer, il en fait part au correspondant de l'Agence France Presse en charge de l'Afrique de l'Est qui a à sa disposition un bureau, un réseau d'informateurs « du Mozambique au Soudan, du Congo à Madagascar », une liaison téléphonique, un téléscripteur, ainsi qu'un « récepteur de télécommunications exceptionnel » dont rêve Kapuściński. Le correspondant de l'Agence France Presse comprend vite ce qui se passe : pourquoi ne pas louer ou acheter un yacht ou un avion ? Mais ni le collègue français ni les quelques dizaines d'autres journalistes occidentaux ne parviennent à atterrir dans l'île qui organise sa défense contre un éventuel débarquement de troupes britanniques ou américaines. Kapuściński, lui, obtient une autorisation, puis un laissez-passer, un logement et une garde, car le nouveau président élu est le dirigeant du Afro-Shirazi Party (qui se prépare à instaurer l'indépendance de l'île par la voie de la révolution), dont le reporter polonais a fait la connaissance à l'hôtel Arusha. Cette relation lui vaut une place dans un avion à trois places ; ainsi les trois journalistes qui prendront cet avion seront les premiers à transmettre au monde les premières dépêches depuis le cœur de la ville insurgée, certes brèves et soumises à la censure militaire révolutionnaire. Il ne peut néanmoins pas approfondir ni développer le sujet, car une série de coups d'État semble gagner l'Afrique de l'Est tout entière et les journalistes, désormais plus nombreux dans l'île, doivent regagner le continent. Mais ils ne peuvent pas le faire légalement ; il n'y a toujours pas de liaison, et la « révolution » souhaite les garder comme otages – d'où l'idée de prendre un yacht, aventure qui est à deux doigts de se solder par une dérive dans l'océan Indien. Heureusement les autorités décident finalement d'expulser les journalistes, et Kapuściński, profitant une fois de plus d'un avion appartenant à un Français cette fois, atterrit à l'aéroport de Dar es-Salaam, d'où il est évacué dans la voiture de l'ambassadeur Nowak, car l'armée est omniprésente. Il ne peut même pas faire le bilan de ses impressions de Zanzibar ; les Anglais débarquent et il est chargé de faire un rapport sur le retour de l'ordre au Tanganyika, au Kenya, en Ouganda. Puis il doit se rendre dans l'Ogaden où il reste bloqué une semaine dans la ville déserte de Hargeisa, il met ensuite cinq jours à traverser le désert torride qui sépare cette ville de Mogadiscio, dans une colonne de vingt Land Rover militaires (GF, 245), car en février 1964 éclate un conflit armé entre l'Éthiopie et la Somalie à propos de la province frontalière de l'Ogaden, revendiquée par les deux pays et habitée par près de quatre mille Somalis.

Dans une telle situation, qui montre clairement que *Si l'Afrique toute entière…*, comme l'ensemble des correspondances d'où est issu cet ouvrage, n'est pas un livre rédigé derrière un bureau, on peut s'interroger sur d'autres raisons permettant d'expliquer l'absence d'un texte conséquent sur Zanzibar. Kapuściński a pu tout simplement manquer de temps et de conditions favorables à sa rédaction. Ce manque de temps et de conditions semble évident, car à Zanzibar (de même qu'au Congo, s'il avait pu y aller pendant l'insurrection dont il a été question) le reporter n'a pas pu ne pas être confronté au problème des pertes humaines et des implications internationales de ce qui, aux yeux des Polonais, passait alors pour une juste révolution ou pour une lutte pour l'indépendance. Et nous sommes curieux des résultats de cette confrontation. L'ambassadeur Jerzy Nowak qualifie les événements de Zanzibar de massacre et il affirme que Kapuściński a été « l'un des rares journalistes au monde à avoir été témoin de ce massacre »[79]. Il raconte aussi que lorsqu'il arriva là-bas, trois semaines plus tard, « les cadavres jonchaient encore les rues ». C'est tout à fait par hasard qu'il rencontra alors le célèbre camarade de Fidel Castro, Ernest Che Guevara (qui venait d'entreprendre, à ce moment-là et en Afrique justement, son épopée révolutionnaire internationale[80]) et qu'« il passa la moitié de la nuit à bavarder avec lui ». De son côté, Kapuściński écrit dans ses dépêches censurées : « La presse occidentale a essayé de faire courir des rumeurs selon lesquelles la révolution était menée par des officiers cubains et aussi que dans la capitale de Zanzibar on entend aujourd'hui des militaires s'exprimant en espagnol. Ce sont des inventions absurdes. (…) Les destructions dans la ville ne sont

---

79 *Święty Franciszek w stylu macho…*, *op. cit.*

80 Cf. Z.M. Kowalewski, *Na odsiecz rewolucji kongijskiej* (Au secours de la révolution congolaise), Dalej 1997, n 4 ; version électronique : http://palestyna.com.pl/news/felieton; accès 21.03.2007.

pas énormes, et le nombre de personnes tuées et blessées donné par la presse occidentale est exagéré »[81].

Sur ces deux questions épineuses, il est clair et net que Kapuściński polémique surtout avec la presse occidentale, et on peut imaginer que dans le reportage qu'il n'a pas écrit sur Zanzibar, il aurait adopté la même attitude – il se serait placé comme justicier, et avec une logique irréfutable il aurait défendu la cause des révolutionnaires et les revendications des habitants déshérités de ces terres, toujours exploités par les colonisateurs, leurs fondés de pouvoir et leurs gouvernants, il aurait dénoncé la naïveté ou la mauvaise volonté des journalistes occidentaux, désemparés face aux manipulations des grandes puissances et du monde des affaires. Il s'agissait bel et bien d'une lutte, mais il ne parvient pas, à ce moment-là, à prendre de la distance et il n'en a pas l'intention. Un texte écrit moins d'un an après, plein de violence critique, de colère ouverte, voire de haine, une sorte de commentaire[82] de l'intervention britannique au Congo en novembre 1964 (l'aviation américaine, profitant d'une base britannique, transporte des troupes d'élite belges) traduit le même état d'esprit. La libération de cinq cents otages blancs que les rebelles avaient l'intention de tuer en cas de bombardements ou d'intervention (un certain nombre a en fait été massacré) lui sert de prétexte pour rédiger ce texte, et Kapuściński investit une immense énergie pour convaincre ses lecteurs que ces actions meurtrières ont été engendrées par un crime incomparablement plus grand et planifié à froid par l'impérialisme occidental.

L'affaire de la présence des Cubains en Afrique est aussi un trait d'union entre les deux révolutions, outre le problème éthique du meurtre. En effet, au moment où Kapuściński raille les présomptions de la presse occidentale sur ce sujet, Ernesto Che Guevara, qui deviendra peu de temps après le leader légendaire de la guérilla bolivienne, fait justement le tour de quelques pays africains, entre autres la Tanzanie, cherchant à obtenir une autorisation pour s'engager militairement au Congo, démarches qui aboutiront à l'envoi d'un détachement de quarante soldats à la fin du mois d'avril 1965[83]. Cette expédition restera d'ailleurs insignifiante, et au bout de quelques mois elle se soldera par un échec et par l'évacuation du détachement en Amérique du Sud. Trois ans après, Kapuściński marchera littéralement sur ses traces…

---

81 R. Kapuściński, *Pierwszy polski dziennikarz…, op.cit.*

82 R. Kapuściński, *Operacja miłosierdzie* (Opération miséricorde), Polityka 1965, n 1, pp. 1, 13.

83 Voir Z.M. Kowalewski, *Na odsiecz rewolucji kongijskiej* (Au secours de la révolution congolaise), *op. cit.*

L'épreuve intense de Zanzibar et du Congo ne laissera, à son issue, aucune trace dans le guide qu'est le livre *Si l'Afrique toute entière...* mais elle ne perdra pas de son importance et servira de toile de fond à la compréhension de la révolution sud-américaine. En effet, l'expérience africaine tire à sa fin. Voulant garder sa foi dans l'esprit de la révolution africaine, Kapuściński ne ferme toutefois pas les yeux sur les faits. Or ces derniers sont de moins en moins favorables à la révolution, il devient de plus en plus difficile de les assimiler à un combat pour l'unité du continent, anticolonial et « progressif ». L'époque où il suffisait d'acquérir l'indépendance (quelle que soit la voie empruntée) pour s'inscrire dans le Livre de la révolution est désormais révolue ; la poursuite de la révolution aurait exigé la possibilité pour la société entière de profiter des fruits de l'indépendance que la petite élite du pouvoir postcolonial s'est appropriés, ainsi que l'émancipation de la dépendance économique, néocoloniale, héritée de la colonisation. Mais c'était impossible à imaginer ! Kapuściński croyait que « l'espérance socialiste » aiderait l'Afrique à « se mettre sur ses propres pieds », mais il était assez lucide pour voir qu'à ce moment-là, les capitaux qui pourraient aider à construire des économies autonomes provenaient exclusivement de l'Occident...

Toutes les « révolutions » dans les pays indépendants dont Kapuściński a jusqu'à présent été témoin, en général plutôt des révolutions de palais ou des coups d'État militaires (sinon les deux à la fois) parfois incroyablement sanglants, se laissent très difficilement classer dans la catégorie des révolutions sociales. Au début, en 1964, Kapuściński essaie – du moins dans les dépêches destinées à la PAP et écrites souvent dans le jargon politique de rigueur à l'époque – d'affirmer par exemple : « Le mécontentement social croissant issu de la politique conciliante néocoloniale des gouvernements est la toile de fond réelle des événements en Afrique de l'Est (...), mécontentement qui a trouvé dernièrement son expression extrême dans la révolution populaire victorieuse à Zanzibar. Cette révolution a donné une impulsion directe aux troubles au Tanganyika, en Ouganda et au Kenya. Dans aucun de ces trois pays l'armée n'a agi en cavalier seul, (...) la révolte de l'armée a été accompagnée de manifestations de la population (...), de grèves » (BS, 30 janvier 1964, n 511).

À part le rôle de l'armée qui s'explique, comme on le sait, par le fait que cette dernière est la seule force organisée capable de s'opposer au gouvernement, c'est l'aspect tribal et parfois racial du coup d'État qui représente le plus grand obstacle à sa qualification de révolution, et cela concerne tant les coups d'État décrits ici et ceux qui suivront. Les querelles, les explosions de haine, les désirs de vengeance opposant des sociétés composées de tribus diverses ou alors, comme c'est le cas à Zanzibar ou au Soudan, de races et de religions diverses – des société divisées et réunies par des frontières d'État artificielles – excluent d'emblée l'idée d'une révolution commune à l'ensemble de l'Afrique. Ces coups d'État ont fait éclater des États particuliers, ils ont contribué à leur régionalisation ou à une division durable (Congo, Soudan, puis Nigéria), ils les ont montés les uns contre les autres, car ils ont réveillé un sentiment d'identité interétatique tribal, dirigé contre d'autres groupes ethniques, et finalement ils ont contribué à l'ingérence des grandes puissances qui ont profité de tous ces conflits et ces différences. « L'affaire du Sud dirigée par les néocolonialistes de manière appropriée peut devenir l'embryon d'un immense conflit qui divisera l'Afrique toute entière » (G, 229), prévoit Kapuściński en 1965, en conclusion d'un essai sur le conflit qui venait de naître au Soudan entre le nord arabe et le sud noir.

Le pire, peut-être, c'est le rythme auquel se déroulent ces coups d'État intérieurs dans des pays dont la propre histoire compte à peine quelques années dans les années 1965–1966. Sans la moindre exagération, on peut dire que pendant les deux dernières années de son séjour en Afrique, Kapuściński n'a le temps de s'occuper de rien d'autre. À peine est-il entré dans la problématique intérieure complexe de l'Algérie – afin de comprendre pourquoi le jeune Président Ben Bella populaire dans son pays et dans le monde entier est soudain renversé par un chef d'armée encore plus jeune du nom de Houari Boumédiène (*L'Algérie se voile la face*) – qu'il doit approfondir ou actualiser ses connaissances sur la Guinée (attentat contre le Président Sékou Touré), le Congo (le général Mobutu arrête le président Kasavubu), le Dahomey (le général Soglo destitue deux présidents : « l'usurpateur » et « l'élu du peuple »), le Nigéria (au Nigéria occidental, la guerre qui précède le coup d'État de janvier 1966 qui va renverser le président Balewa, fait rage), la République centrafricaine (le colonel Jean Bokassa destitue le président Dacko), le Ghana (destitution du Président Nkrumah, le « Messie de l'Afrique »), l'Ouganda (coup d'État de Milton Obote), le Togo, la Haute-Volta… Au milieu de cette cascade d'événements imprévisibles se déroulant sur quelques mois à peine, Kapuściński constate :

« En un mois j'ai traversé cinq pays. Dans quatre d'entre eux sévissait l'état d'urgence. Dans un pays le président avait été destitué, dans un deuxième il ne devait son salut qu'à un concours de circonstances, dans un troisième le chef du gouvernement tremblait de quitter sa résidence gardée par l'armée. Deux parlements ont été dissous. Deux gouvernements ont été destitués. Des dizaines de militants ont été arrêtés. Des dizaines d'hommes ont été tués dans des luttes politiques.

Sur un espace de cinq cent vingt kilomètres j'ai été contrôlé vingt-et-une fois et j'ai subi quatre fouilles personnelles.

Partout il règne une atmosphère de tension, partout on respire l'odeur de la poudre » (G, 294).

On dirait que son départ pour le front de la révolution africaine compris au sens métaphorique s'est soudain transformé en séjour sur un front de guerre on ne peut plus réel, un front où semblent aussi disparaître ses projections optimistes sur l'avenir du continent noir et ses espoirs de voir un jour la nouvelle Afrique donner à l'histoire du monde une impulsion vivifiante. Effectivement toutes les structures de la nouvelle vie étatique et sociale échafaudés précipitamment s'effondrent à un rythme jamais vu, enterrant les grandes figures qui devaient mener l'Afrique sur l'arène de la politique mondiale et la mènent tout au plus à l'ONU. Les efforts de modernisation, sans rien donner pour le moment aux sociétés africaines, n'ont réussi qu'à éveiller les forces destructrices du passé tribal. L'histoire s'est montrée stupéfiante, imprévisible, sombre et sanglante. Kapuściński résume ainsi l'expérience du mois de janvier nigérien en 1966 :

« La haine tribale – cette monstrueuse et diabolique obsession de l'Afrique – a été équipée d'armes automatiques et la faux de la mort menace désormais n'importe quel officier. Chaque officier se couche sans savoir s'il survivra jusqu'à l'aube.

Qui veut comprendre l'Afrique devrait lire Shakespeare.

Dans les drames politiques de Shakespeare tous les héros périssent, les trônes dégoulinent de sang, le peuple assiste en silence et dans la terreur au grand spectacle de la mort. Ici c'est pareil » (G, 371–372).

Le fait que Kapuściński vive de manière intense l'évolution dramatique de l'histoire africaine explique certainement le déplacement de son poste de correspondant de la PAP de l'Afrique de l'Est (une accalmie provisoire survient au Soudan après la révolution d'octobre de 1964) en Afrique de l'Ouest où se déroulent la plupart des révolutions citées des années 1965–1966, d'où il est plus proche des pays d'Afrique centrale et où il se passe aussi toujours quelque chose. C'est probablement à ce moment qu'est née l'idée que notre reporter avait le don de sentir les événements violents éminents et de se trouver toujours là où il fallait au bon moment. En effet on peut se demander pourquoi il quitte Dar es-Salaam, ou pour être plus exact, Nairobi[84], la capitale du Kenya, (qui avait un climat plus favorable pour ses poumons), pour se rendre justement dans

---

84 En se basant sur les textes, il est difficile de savoir combien de temps Kapuściński a habité à Nairobi. Du texte *Premier coup de feu pour le Mozambique* (Ch, 157–158) il ressort qu'il quitte Dar es-Salaam à la fin du mois d'octobre 1964. Du récit qu'il fait à Giełżyński (*Quatre fois fusillé, op. cit.,* p. 24–25), on peut déduire qu'il déménage à Lagos avant la fin de cette année, par crainte d'être expulsé du pays, trois mois après avoir publié dans Polityka un article dans lequel il encourt la disgrâce des autorités

la capitale du Nigéria, Lagos, où il terminera sa mission en observant l'un des plus grands et des plus importants coups d'État ainsi que le début d'une longue guerre. Quoi qu'il en soit, de Lagos il se trouve effectivement plus près des foyers de conflits en cours et de la ville d'Accra, la capitale du Ghana qu'il connaît bien et qui est le principal maillon de la politique africaine de l'époque. Il se rend dans tous ces endroits en voiture, « une Peugeot 403 de service adaptée aux difficiles conditions de terrain »[85] (nous supposons qu'il a laissé la vieille Land Rover verte sur la côte Est), avec laquelle il traverse l'une de ses aventures de reporter les plus dangereuses racontée dans le texte déjà évoqué, *Barrages de flammes*.

Le transfert définitif de Kapuściński de l'Afrique de l'Est en Afrique de l'Ouest est coupé par un séjour de plusieurs semaines en Pologne, qui sera lourd de conséquences, le premier depuis qu'il a rejoint son poste en Afrique. Kapuściński aurait dû prendre un congé au pays vers le milieu de l'année 1963, mais sa grave maladie, et plus encore la peur de se voir interdire son aventure africaine pour laquelle il était prêt à risquer sa santé et sa vie, l'ont dissuadé de rentrer au pays. Son arrivée en Pologne risquait effectivement de mettre un terme à cette aventure, mais les choses se passèrent d'une manière différente de celle que l'écrivain redoutait. En effet, en Pologne, Kapuściński allait être confronté à des plans ourdis à son sujet par des officiers du Département I du ministère des Affaires intérieures (autrement dit les Renseignements), confrontation inévitable à cette époque pour tout journaliste en poste à l'étranger, et surtout pour quelqu'un reconnu d'emblée ou presque comme un journaliste exceptionnellement talentueux.

Comme le montrent les documents rassemblés dans ce qui est appelé le « Dossier Kapuściński[86] » (IPN BU 001043/255), les fonctionnaires du

---

du Nigeria, et cet article, *L'élite du pouvoir*, est publié dans le numéro 8 de l'année 1964. Il est fort possible que Kapuściński ait continué à passer tant de temps à Dar es-Salaam, relativement proche de Nairobi, qu'il n'ait pas vraiment fait la différence entre ces deux lieux de séjour. Alicja Kapuścińska affirme qu'il a habité à Nairobi du mois de décembre 1963 au mois d'août 1964.

85 S. Skrobiszewski, *Mister Richard*…

86 Nous devons l'information sur la découverte du « Dossier Ryszard Kapuściński » dans les archives de l'Institut de la Mémoire nationale à la rédaction polonaise de Newsweek qui, quatre mois après la mort de l'écrivain, dans le numéro 11 du 27 mai 2007, publia un texte d'Igor Ryciak intitulé *Kontakt 11630/1* (Contact 11630/1), présentant le contenu de ce dossier d'une manière caractéristique pour l'époque. Il faut rappeler que c'était une période où les grands noms faisaient l'objet d'une chasse intense, les personnes jouissant d'une autorité irréprochable étaient soupçonnées de collaboration

avec les Services de Sécurité de la Pologne populaire, le but de cette campagne étant de soutenir l'idée de la grande lustration en déclin et compromise par divers excès. Certes, la rédaction voulait se défendre de tout soupçon de docilité à l'égard de cette chasse aux sorcières ; elle assortit le texte de Ryciak d'un commentaire du rédacteur en chef et d'une interview d'Ernest Skalski, un journaliste populaire (qui avait une connaissance de première main des relations entre le milieu journalistique et les Services de Sécurité), réalisée par Aleksander Kaczorowski et de Wojciech Maziarski, mais on ne peut pas dire que cela fonctionna. Les lecteurs de l'hebdomadaire avaient encore en mémoire le feuilleton publié deux mois avant (Newsweek 2007, n 11, p.111) intitulé *Dossier retrouvé* dont l'auteur, Mariusz Cieślik (s'appuyant sur des ragots et des confessions de trois interlocuteurs non identifiés, des prétendus spécialistes bien informés sur la question) laissait carrément entendre que Kapuściński avait collaboré avec les services spéciaux, et ils perçurent cette deuxième publication de Newsweek comme une suite naturelle de la première. La couverture « accusatrice » du numéro allait également dans ce sens : l'écrivain assis dans une baignoire vêtu d'une veste et d'un jean, avec une inscription en lettres capitales proclamant : « LE DOSSIER DE L'ÉCRIVAIN ». Plus bas, en caractères plus petits : « Ryszard Kapuściński a-t-il pu refuser de collaborer avec les renseignements de la Pologne populaire ? » Par contre, en bas de page, en caractères encore plus petits : « extrait du rapport du fonctionnaire : 'N'a pas transmis de matériaux susceptibles d'intéresser les Services de Sécurité' ».

De même, l'article de Ryciak, en dépit de son apparence de présentation documentaire sèche et dépassionnée, s'inscrivait parfaitement dans un rituel visant à stigmatiser des personnes soupçonnées de collaboration, sans avoir toutefois l'air de vouloir rechercher une vérité particulière. Le chapeau de l'article traduit parfaitement le ton général de l'article : un résumé en caractères agrandis ouvre l'article : « Pendant ses voyages à l'étranger, de 1967 à 1972, Ryszard Kapuściński a établi des rapports pour les services de renseignement de la Pologne populaire. Il avait pour pseudonymes Vera Cruz et le Poète ». Dans le corps du texte, l'auteur consacre le plus de place aux brèves informations fournies par Kapuściński au sujet de trois personnes, car la fourniture d'informations de ce type – comme ce qui pouvait être qualifié de période de collaboration permanente et la possession d'un pseudonyme – relevait d'un cliché utilisé par la politique de lustration, déjà testé sur quelques noms connus, appartenant plutôt à des milieux politiques et ayant collaboré avec la police politique. Il aurait peut-être d'abord fallu se demander au contraire si ces signes de collaboration correspondaient à la situation d'un écrivain – harcelé par les officiers des Renseignements et poussé à exécuter des missions d'espionnage importantes à l'étranger.

Tout ce qu'on peut affirmer, c'est que dans le cas de Kapuściński, il n'y a pas eu d' « établissement de rapports » systématique et constant. Il y a eu trois tentatives pour le contraindre à la collaboration, entreprises dans des situations si différentes et revêtant des formes si différentes également qu'il est impossible de les commenter ensemble. C'est la raison pour laquelle nous les présentons comme des épisodes biographiques à part, dévoilant un coin de la vérité sur les conditions de travail d'un écrivain-voyageur à l'époque de la Pologne populaire.

Département I commencent à « traiter » l'écrivain encore inconscient du danger dès qu'il devient connu. La première note d'information – datée de février 1962 – concerne en effet le verdict de la commission convoquée par l'Administration centrale de l'Union des Écrivains polonais, chargée de juger le différend évoqué précédemment – qui opposa Kapuściński à Drozdowski au sujet du plagiat du *Macchabée*. En avril de la même année, les fonctionnaires sont déjà au courant – pas dans les détails ! – de son parcours d'étudiant, de son travail professionnel, de ses débuts littéraires (d'où sans doute le pseudonyme ultérieur de « Source », de « Poète »), de son appartenance à une organisation de jeunesse, des biographies de son père, de sa mère, des occupations actuelles de sa femme et de sa sœur. Les voyages à l'étranger du reporter débutant suscitent un intérêt particulier et compréhensible ; tous sont notés, même ceux qui étaient à peine planifiés, comme un voyage en Hollande et en Suède. Grâce à des informateurs en place à la PAP, on trouve une note du mois de mai 1963 qui contient une excellente appréciation de ses premières correspondances africaines, et une autre du mois d'août de la même année, faisant état de la qualité remarquable des informations que Kapuściński réussit à recueillir.

En août 1963, tout est donc prêt pour une rencontre avec le « candidat » (cette formulation apparaît pour la première fois dans une note du 23 août), et c'est seulement sans doute parce que le reporter renonce à rentrer au pays que la rencontre est ajournée d'un an et demi. La formulation est précédée de la mention de première mission de « vérification », autrement dit de renseignement. Une note de novembre 1964 évoque les préparatifs d'un entretien avec Kapuściński au sujet d'un risque d'espionnage de l'ambassade de Pologne à Nairobi (par la police du pays et par les Anglais), et une note laconique de la fin du mois de février 1965, évoque la communication d'une « analyse » non annotée sur ce sujet à un responsable d'un autre service. On trouve aussi la trace d'une tentative d' « implication » de l'écrivain dans un délit de droit commun ; la vérification de son éventuelle participation par la milice, à la fin du mois de mars et au début du moins d'avril 1965, aboutit toutefois à une conclusion négative : Kapuściński n'a pas pu participer à l'agression en question (portant le cryptonyme P-64), car ses caractéristiques physiques ne correspondent pas à celles de l'agresseur, par ailleurs il se trouvait encore en Afrique au moment des faits.

Refuser de communiquer avec les officiers du renseignement revenait sans doute à interrompre sa carrière de correspondant et de grand voyageur. Kapuściński n'opposa pas de refus catégorique, car à la lumière des notes successives dont il a été question, il y eut quatre rencontres avec l'écrivain entre mars et avril 1965 destinées à préciser les attentes des Renseignements à son sujet (il aurait été question de « concentrer son attention » sur les formes d'action « secrètes » du Renseignement américain), à négocier un contact éventuel avec un représentant de la Centrale et à préciser ses plans en Afrique. Kapuściński n'engagea pas de collaboration formelle avec les services de renseignement, mais il ne fit rien pour empêcher l'établissement d'un dossier sur son compte pendant les trois semaines qui suivirent son départ (la décision concernant cette affaire est datée du 26–04-1965), il décida donc de jouer le jeu. En quoi ce jeu devait-il consister ? Essentiellement, semble-t-il, à ne rien faire ni écrire d'autre que ce qu'il avait fait ou écrit jusqu'alors. Kapuściński devait être parfaitement conscient que certaines de ses analyses et rapports destinés à la PAP, qui du reste montraient un grand intérêt pour les activités des services de renseignements étrangers en Afrique, atterrissaient non seulement au « Bulletin Spécial », mais dans différents bureaux importants. Il raconte d'ailleurs que juste après son premier voyage au Congo, il dut « rédiger une note sur ce qu'il avait vu au Congo », pour finir par être convoqué à un entretien avec « un camarade du ministère des Affaires intérieures » (GF, 69). Peut-être l'informa-t-on que ces expertises générales avaient attiré l'attention de spécialistes du renseignement, et qu'il pouvait espérer que c'était ce genre d'analyse qu'on attendait de lui. Finalement une note du 21 avril 1965 précise que les reportages et les analyses effectués par lui pour le Département Étranger du CC du PZPR (POUP) font du « Poète » un spécialiste des affaires des « Pays du Tiers-monde ».

La tendance de Kapuściński à changer de lieu de séjour de manière inopinée, à se perdre dans des lieux inaccessibles, à aller à la chasse aux événements – ce qui ne permettait pas d'attendre de sa part des rapports concrets – a pu contribuer à le traiter comme un informateur général. Il serait sûrement exagéré de soupçonner que son changement de résidence soudain d'Afrique de l'Est en Afrique de l'Ouest s'explique par une volonté de compromettre des plans préparés à son encontre, au sujet de Nairobi par exemple, mais la manière dont il informe ses nouveaux tuteurs est intrigante. L'écrivain informe l'officier du ministère des Affaires intérieures de son intention de s'installer à Accra (ou à Lagos !) à l'occasion d'une rencontre le dernier jour de mars, donc presque l'avant-veille de son départ, il signale par ailleurs qu'il considère ces villes comme son camp de base pour voyager dans plusieurs autres pays d'Afrique du centre et de d'Afrique de l'Est, qu'il ne peut citer dans le détail, car il est impossible de savoir quels sont les pays qui accordent des visas et quels sont les pays où se passent des événements susceptibles de nécessiter sa présence. Autrement dit : autant chercher une aiguille dans une botte de foin... Et conformément à cette déclaration, semble-t-il, à la lumière des matériaux réunis dans le « Dossier » du Département et du ministère des Affaires intérieures, Kapuściński disparaît pendant deux bonnes années, il se perd dans la masse des bouleversements qui s'accélèrent en Afrique.

Toutefois, avant de se laisser emporter par ce tourbillon d'événements inaugurés par le coup d'État en Algérie en juin 1965, Kapuściński a le temps de réaliser au moins une expédition fascinante depuis son nouveau lieu de résidence, en dehors du cours du temps historique en quelque sorte, aventure qui au bout du compte ne se révèlera pas moins dangereuse. En avril, il se rend à Dakar, la capitale du Sénégal, au Festival mondial des Arts nègres, une tentative d'illustration et de popularisation de la doctrine de la *négritude,* une philosophie du retour aux sources de la culture, initiée par le premier président du Sénégal, Léopold Senghor. Ce séjour à Dakar a une allure de vacances, de même que l'expédition qu'il va entreprendre juste après en Mauritanie, où il monte à bord d'un camion qui traverse le Sahara et le mène dans la région de la lointaine ville d'Atar, et de là, il fait encore un voyage de dix jours avec une caravane de nomades maures. Il dort sur le sable, boit du lait de chameau, ne se lave pas car il n'y a pas de quoi se laver. C'est à ce moment que commence la véritable école africaine de survie, un jeu imprévisible avec la vie. Au début, il met une semaine à s'extirper d'une oasis hospitalière, puis il passe deux jours dans le désert sous un camion en panne, pratiquement sans eau. Il gagne la capitale du pays, Nouakchott, en proie à la fièvre, et passe vingt-quatre heures à boire et à dormir en alternance, ayant toutes les peines du monde à revenir à lui[87].

Il est à noter que la rencontre avec l'art et la philosophie de la *négritude* aussi bien que la rencontre, belle mais hostile, avec le désert ne font alors l'objet d'un écho dans ses textes. Elles sont évincées soit parce qu'elles se situent tout en bas de l'échelle de valeurs pour Kapuściński à ce moment-là, soit parce que le reporter est pris dans la tornade de plus en plus impressionnante des événements politiques.

Évidemment Kapuściński ne serait pas lui-même s'il avait cédé à la déception et à la peur face à ces événements ou s'il s'était contenté de trouver une référence littéraire brillante – shakespearienne – pour décrire cette terrible réalité africaine. Il accepte plutôt avec humilité l'échec de son optimisme historiosophique naïf et entreprend l'étude concrète de la réalité étrangère afin de la comprendre, et en la comprenant, de trouver un espoir personnel pour l'avenir de l'Afrique. La fréquence des références à la littérature sur l'Afrique (essentiellement en anglais) et à la presse locale (en anglais également) montre que Kapuściński devait voyager dans ces pays en proie aux bouleversements avec

---

87 Cf. K. Meloch, *L'Africain, op. cit.* ; S. Skrobiszewski, *Mister Richard…*

une valise bourrée de livres et de journaux. Il semble prendre progressivement conscience que la chasse aux événements spectaculaires qui se bousculent ne permet pas de comprendre la réalité observée, qu'il faut découvrir ses mécanismes et aller chercher ses origines lointaines, appréhender avec son imagination l'immense espace du temps et du processus historique.

Du point de vue de la biographie créative, il est incontestable que l'écrivain a accepté l'idée que le souffle de la révolution, selon lui le plus authentique des souffles de l'histoire du XXe siècle, a quitté l'Afrique. Kapuściński évoque une « période de chaos », la fin d'une époque historique et le début d'une ère nouvelle, encore inconnue, il parle d'un « vide historique » transitoire. Cela peut signifier qu'il est prêt à aller à la recherche de ce souffle ailleurs… S'agissant de l'Afrique elle-même, Kapuściński conseille de s'armer de patience et d'attendre que le continent devienne maître de son histoire. Il espère que dans ce chaos, dans cet enchaînement de guerres civiles et de coups d'État, l'Afrique apprendra à se connaître telle qu'elle est – ou telle qu'elle pourrait être – sans grands dirigeants formés en Occident, sans les séquelles du colonialisme, sans institutions et idées calquées ou importées, sans élites étrangères ou extérieures. Il conseille de ne pas regarder l'Afrique en fonction des intérêts mondiaux des uns et des autres, mais de la voir « comme un phénomène en soi, comme une création particulière, ayant sa propre vie, ses problèmes et ses forces, ses ambitions et ses rêves autonomes » (G, 460).

Il va de soi que la constance de certaines prises de position de l'écrivain pendant toute cette période est plus importante que la pertinence de ses diagnostics. La première prise de position pourrait être définie comme celle d'un spécialiste analysant le mécanisme de phénomènes tels que l'insurrection, la révolution, le coup d'État, analysant leur logistique et leur dynamique particulières, les raisons des succès et des échecs de ces phénomènes. On perçoit une fascination particulière pour ce type de mécanismes dans le texte sur le Nigéria précédemment cité, qui reconstruit dans les détails, au début heure après heure, le déroulement d'un coup d'État efficacement organisé et se passant simultanément dans les trois capitales régionales du pays. Kapuściński devait être satisfait de ce texte puisque c'est le seul du volume à paraître en fragments dans *Ébène*, justement sous le titre « Anatomie d'un coup d'État ». En fait, il s'agit d'un texte aux qualités littéraires involontaires, caractéristiques du genre qu'on appelle politique-fiction, brillamment illustré par Frederick Forsyth. L'auteur de *Chacal* a d'ailleurs lui-même commencé par le reportage, justement au sujet de la même guerre au Nigéria. Le livre intitulé *The Biafra Story* (1969), traduit en polonais sous le titre de *Słowo białego człowieka* (Parole d'homme blanc), commence également par la reconstitution de l'attentat de janvier. Il convient toutefois de se garder de toute comparaison, car Kapuściński ne peut plus observer et décrire ce que fut la suite du coup d'État et qui constitue le cœur du livre de Forsyth ; la guerre du Biafra. Il contracte une fièvre tropicale aiguë et après une longue période de soins inefficaces à l'hôpital de Lagos, il demande à quitter son poste de correspondant en Afrique.

Outre sa qualité d'analyste, il assume celle que l'on pourrait qualifier d'expert, mais d'expert engagé, rédigeant des comptes rendus sur des sujets touchant clairement l'actualité politique. Kapuściński a commencé à endosser le rôle de connaisseur de l'Afrique, du moins d'un pays africain, le Congo, dès ses deux premières expéditions ; maintenant, à l'issue de cinq années de rédaction de rapports de plus en plus approfondis (qui ont atterri sur les bureaux d'on ne sait quel fonctionnaire), il rentre au pays comme une autorité incontestée, apprécié au-delà des milieux journalistiques. C'est à ce titre qu'il intervient, entre autres, dans un débat à la rédaction du journal Sprawy Międznarodowe. Avec le temps, Kapuściński deviendra un expert des problèmes de l'Amérique du Sud, du Proche-Orient, de la Russie, de la globalisation et des défis de la civilisation du XXIe siècle…

Sa qualité d'expert mettait évidemment en danger son écriture de reporter. Dans ses analyses sur l'Afrique où il était confronté à une avalanche de faits difficiles à appréhender et à comprendre (et cette compétence était bien évidemment privilégiée par son employeur), son rôle d'expert l'emporte progressivement sur son écriture. Le dernier essai du livre, une sorte de traité politico-historique, occupe quatre-vingt pages (*O rewolucji afrykańskiej (Sur la révolution africaine)*). *Certains éléments de ce traité étaient déjà présents dans ses comptes rendus sur le Soudan et l'Algérie précédemment évoqués, dans lesquels les coups d'État dramatiques, présentés de manière dynamique, n'étaient que le point de départ de longues investigations et d'interprétations historico-économico-politiques.*

Reconnaissant d'avoir pu séjourner en Afrique, Kapuściński se prête avec humilité aux exigences de l'écriture journalistique pragmatique. Mais le livre contient aussi des passages montrant que dans les conditions de travail de correspondant si peu propices à une écriture ambitieuse, il met à profit sa nouvelle expérience pour tendre vers la métaphore, la généralisation, la littérature. En témoigne notamment la manière dont Kapuściński fait ses adieux à ses espoirs de voir l'unité africaine s'accomplir un jour, dans l'essai *W dużej babuszce mniejsza babuszka* (Une petite babouchka dans une grande babouchka), écrit sûrement quelques mois après la troisième conférence au sommet africain dans la capitale du Ghana en octobre 1965. Une moitié du texte présente une description factuelle de tous les symptômes et de toutes les causes de la désintégration de cette unité, l'autre moitié décrit le bâtiment appelé State House dont la construction coûta vingt millions de dollars pour les seuls besoins de la conférence dont il est difficile de dire si elle eut lieu, car elle réunit à peine un tiers des dirigeants des États de l'OUA et se termina sans avoir épuisé la moitié des débats à l'ordre du jour. Kapuściński attire surtout l'attention sur la soixantaine d'appartements de dix pièces (un par chef d'État et par ministre des Affaires étrangères), chaque logement étant une forteresse isolée, protégée par un système de murs triples ainsi qu'un agencement spécial de couloirs intérieurs et équipée d'abris comme ceux que l'on construisait pendant la Guerre froide en cas d'attaque atomique. C'est sans doute l'une des premières grandes métaphores de Kapuściński – ces métaphores extraites de la réalité qu'il observait afin de transmettre sa vérité essentielle dans un raccourci plastique. C'est en effet à cela que devait ressembler ce sommet de suspicion, de méfiance et d'hostilité mutuelles, et non pas d'unité. La nouvelle actualité africaine nous projette aussi vers la mémoire du passé récent, encore plein d'espoir. En regardant le bâtiment de State House, Kapuściński se remémore une scène de la réception solennelle donnée par l'empereur Hailé Sélassié dans son palais, une métaphore également, mais cette fois il s'agit de la mascarade de la conférence d'Addis Abeba en 1963 : « Je suis sorti de la Grande Salle par une porte latérale donnant sur une cour. (…) À cette porte commençait une pente douce, cent mètres plus loin se dressait un baraquement mal éclairé, sans murs. De la porte latérale par laquelle j'étais sorti pour aller jusqu'au baraquement, des serviteurs à la queue leu leu se passaient des plats avec les reliefs du festin sur lesquels coulait un ruisseau d'os, de trognons, de crudités écrasées, de têtes de poisson et de morceaux de viande. (…) Dans l'épaisseur de la nuit, dans la boue et sous la pluie se pressait une foule. Les préposés à la plonge leur jetaient des rogatons. J'ai regardé la foule qui dévorait des croupions, des os et des têtes de poisson avec labeur et concentration. (…) Comme j'étais trempé, je suis retourné dans la Grande Salle, à la réception de l'empereur. J'ai contemplé l'or et l'argent, le velours et le pourpre, (…) j'ai respiré le parfum de l'encens et des roses, (…), j'ai piqué un paquet de cigarettes sur une table, j'ai fait une révérence à l'empereur et j'ai regagné mes pénates » (G, 301–302).

La confrontation impitoyable de ces festivités (cette scène mémorable sera reprise dans le *Négus*) permet peut-être de voir les derniers adieux de Kapuściński avec son idée de l'unité africaine dont il avait fait la propagande dans son premier long compte rendu avec tant d'enthousiasme et d'émotion. Il est intéressant de noter que l'écrivain revient à la littérature pour évoquer son expérience personnelle en la complétant par des informations sur sa participation officielle à un événement, à titre de correspondant de la PAP. On peut seulement regretter que nous ne prenions connaissance de cet aspect non officiel de son expérience africaine, présentée ici modestement par le biais d'une sortie dans la nuit « pour s'isoler » et par le biais d'un chapardage d'un paquet de cigarettes sur une table impériale, que plus tard, à partir de livre écrit d'un point de vue complètement différent.

Bref voyage à l'Est

La période de dix ans de voyages en Afrique et en Amérique latine est exactement coupée en son milieu par l'événement peut-être le plus extraordinaire dans toute la vie professionnelle du reporter : en 1967 Ryszard Kapuściński part en vacances ! Certes ce voyage n'a rien à voir avec le tourisme de masse, mais en un sens, c'est une mission de reporter qui relève du loisir, surtout si on le regarde à travers le prisme des deux expéditions périlleuses entreprises avant et après pour le compte de la PAP. Comment définir en effet ce séjour de plusieurs semaines dans le Caucase et en Asie centrale, qu'il consacre à des rencontres amicales, à la visite de monuments et de grands chantiers novateurs.

Rescapé d'un massacre au Nigeria, revenu par miracle à la vie après une attaque concentrée de maladies tropicales, Kapuściński reprend le travail en 1967 : « Je ne savais pas vraiment ce que j'allais faire. Le cinquantième anniversaire de la Révolution d'Octobre approchait et mon employeur, autrement dit l'Agence de Presse polonaise, ne sachant que faire de moi, décida de m'envoyer en URSS afin que j'écrive un cycle de reportages liés à la révolution. Je n'avais aucune envie d'écrire ces reportages, mais je ne voulais pas perdre cette chance de voyager. À l'époque, on sortait rarement du pays, (…) donc si une occasion se présentait, on en profitait. Le chef de la section étrangère de Polityka, Henryk Zdanowski, m'a donné le conseil suivant : 'Écoute, vas-y. Tu connais une partie de l'Asie : le Pakistan, l'Afghanistan, l'Iran, l'Inde. Tu pourrais écrire un reportage sur la partie de ce continent qui fait partie de l'Union soviétique, etc.' Cette idée m'a plu »[88].

Ce reportage de circonstance, confié à Kapuściński de manière inattendue, faisait partie du décorum des célébrations idéologiques de la Pologne populaire. Le cinquantième anniversaire de la Révolution d'Octobre offrait l'opportunité de publier des analyses développées et multiformes[89] : thèses scientifiques sur

---

88 http://serwisy.gazeta.pl/kapuscinski/0,23456.html; accès 7.09.2007.

89 Une énorme documentation bibliographique sur le thème de la révolution est rassemblée dans le guide bibliographique : J. Holzer, *Rewolucja Październikowa. W pięćdziesiątą rocznicę 1917–1967. Poradnik bibliograficzny*, Warszawa 1967 oraz *Rewolucja Październikowa. W sześćdziesiątą rocznicę 1917–1977*, red. Stankiewicz, Warszawa 1977 (La Révolution d'Octobre. Cinquantième anniversaire 1917–1977. Guide bibliographique, Varsovie 1967 et Révolution d'Octobre. Soixantième anniversaire 1917–1977, red. Stankiewicz, Varsovie 1977).

le sujet, édition massive d'écrits et de biographies de dirigeants, complétés par des souvenirs des membres de leurs familles, Mémoires de collaborateurs de confiance. Dans cette littérature autour de la Révolution d'Octobre, une grande place était accordée à des témoignages sur des Polonais ayant participé à la Révolution d'Octobre. Les écrivains n'étaient pas non plus indifférents à cette manifestation. En 1967 parurent quelques anthologies rassemblant des poèmes, des extraits de romans, de souvenirs et de récits glorifiant la Révolution[90]. Les hommes de lettres prenaient la plume, les journalistes se rendaient sur le terrain. La destination de leurs innombrables pérégrinations était bien évidemment l'URSS, le thème de leurs reportages, la description des relations cordiales avec l'Imperium.

La lecture d'un choix de textes intitulé *Rencontres avec l'Union soviétique* publié à l'époque sous la direction de Jerzy Feliksiak donne une idée de la production de ces reportages portant sur la Révolution d'Octobre. Le livre comporte vingt-huit textes d'auteurs parmi lesquels se trouvent Hanna Krall, Tadeusz Drewnowski, Jerzy Lovell, Jerzy Putrament, Jerzy Redlich et plus de vingt autres journalistes et écrivains moins connus. Les textes ont en général un caractère circonstanciel ; ils sont pleins de sympathie, parfois carrément élogieux. Ainsi par exemple Józef Siemek, l'auteur de l'un des reportages, commence son texte un peu comme les panégyristes du Moyen Âge en énumérant de manière détaillée les mécènes de la publication: « À l'initiative de la rédaction du 'Pays des Soviets', sur l'invitation de l'Agence de presse Novosti et sous la tutelle de l'Administration Centrale TPPR (Towarzystwo Przyjaźni Polsko-Radzieckiej, Association de l'Amitié polono-soviétique), au printemps 1965, un groupe de vingt-cinq journalistes et de travailleurs des messageries Ruch, de la coopérative RSW Presse, Livre et Savoir [91] a effectué une visite en Union soviétique ». De nombreux reportages contiennent des observations

---

90 *50-lecie Wielkiego Października. Poezja. Pieśń. Proza* (Cinquantième anniversaire du Grand Octobre. Poésie. Chants. Prose), choix de L. Pasternak, Varsovie 1967 ; *Sierp i młot niepodległy. Antologia poezji rewolucyjnej 1917–1967* (La faucille et le marteau indépendant. Anthologie de la poésie révolutionnaire 1917–1977), choix de L. Pasternak, Varsovie 1967 ; *Dzień powszedni rewolucji* (Le quotidien de la révolution), choix d'A. Drawicz, L. Jęczmyk, Varsovie 1967 ; *Wspomnienia weteranów rewolucji 1905 i 1917, (Souvenirs d'anciens combattants des révolutions de 1905 et 1917), réd. Z. Spieralski, Łódź 1967.*

91 J. Siemek, *Z serdecznego notatnika podróży* (Journal de bord sincère) in: *Spotkania ze Związkiem Radzieckim. Wybór reportaży* (Rencontres avec l'Union soviétique. Choix de reportages), choix effectué par Feliksiak, Varsovie 1967, p. 245.

touristiques superficielles, des détails secondaires ou des marques d'admiration insistantes pour tous les succès de l'URSS. Il est difficile de s'imaginer qu'ils aient pu intéresser qui que ce soit, à part quelques aficionados de la problématique soviétique des années 1960. Comparés à eux, *Kirgiz schodzi w konia* (Le Kirghize descend de son cheval), écrit au même moment par un expert des pays du Tiers-monde qui plus est, se distingue par sa fraîcheur et et son originalité. Pourquoi?

Dès les années 1960, les premiers critiques du volume, qui considéraient le recueil de Kapuściński comme le plus intéressant de tous ceux qui avaient été écrits sur l'Union soviétique, ont tenté de répondre à cette question. Beata Sowińska écrivait dans Życie Warszawy (La Vie de Varsovie) : « Il n'y a dans ce texte ni descriptions plates, ni vérités d'évidence, ni reproduction de clichés. L'auteur nous offre un texte plein de jeunesse, incroyablement coloré, intéressant et profond tout à la fois »[92]. L'opinion des critiques fut bientôt confirmée de manière « institutionnelle » lorsque *Le Kirghize…* fut proclamé « livre de l'année 1968 ». Sur quoi repose le caractère unique de ce volume ? Il se laisse deviner clairement dès la première déclaration d'intention de l'auteur : « J'avais fait le tour de ces républiques et j'étais de retour en Pologne, se souvient Kapuściński. Je me trouvais alors confronté à un problème, car je voulais écrire honnêtement. Mais je ne savais pas comment m'y prendre. J'ai décidé que je n'écrirais pas sur la politique, mais que je plongerais dans la culture de ces pays et que je la décrirais. Ce qui m'avait frappé, c'était que sous la rigidité de la carapace officielle soviétique, ces cultures existaient et vivaient. Le sentiment de particularité, de dignité et d'altérité, le sentiment d'être musulman, tadjik ou kirghize, était très fort »[93]. Le reporter qui se rendait au fin fond de l'Union soviétique n'était pas intéressé par l'« État ». Il était intéressé par les « peuples » : leur diversité, leur identité, leur tradition, leur histoire.

Ainsi, en décrivant son voyage oriental, Kapuściński se trouva dans une situation un peu comparable à celle d'un écrivain voyageur classique du XVIIIe et au XIXe siècles[94]. Son récit présente avec clarté le déroulement de son itinéraire dont la description rassemble des épisodes, des dialogues, des portraits particuliers. La personnalité du voyageur est un élément important du

---

92 Beata Sowińska, *Wędrując po świecie* (En voyageant dans le monde)1969, n 15, p. 3.

93 http://serwisy.gazeta.pl/kapuscinski/0,2346.htlm : accès 7.09.2007.

94 Nous citons les caractéristiques du genre du « voyage » d'après : J. Kamionka-Straszakowa, entrée « voyage », in : *Słownik literatury polskiej XIX wieku* (Dictionnaire de la littérature polonaise du XIXe siècle), red. J. Bachórz, A. Kowalczykowa, Wrocław 1997, p. 699.

contenu : l'auteur évoque ouvertement ses impressions, ses expériences, il est sensible, respectueux de la différence des cultures et compréhensif à l'égard de l'étrangeté des coutumes (lors d'une visite chez des Kirghizes, on lui propose de manger un œil de mouton, il ne décline pas cet honneur !). Les reportages puisent à des sources diverses : ethnographiques, statistiques, géographiques, historiques et autres. Ses textes sont clairement destinés à un récepteur ; le héros s'adresse parfois directement au lecteur (par exemple : « …car, comprenez bien que je me suis retrouvé seul avec cette planche, dans une étrange situation… »). Le livre remplit les critères de la littérature populaire : il est écrit dans une langue vivante, imagée, avec une verve stylisée.

Ce genre adopte les caractéristiques de l'époque où il a vu le jour (le XIXe siècle), il est lié à la convention romantique. *Le Kirghize…* est le fruit du premier voyage dans la carrière de l'auteur qui ne concerne pas un événement concret ou un problème à étudier. Il s'inscrit dans la longue tradition remontant au IIIe siècle de notre ère des « voyages sans but »[95], voyages qui n'étaient liés à aucun intérêt commercial, militaire, diplomatique, mais qui étaient accomplis exclusivement pour le plaisir de communiquer avec la culture, l'art et les particularités d'autres pays. Évidemment pour un Européen, un voyage à l'Est, en Orient, revêtira toujours une importance particulière. Stanisław Burkot, l'auteur de l'ouvrage *Polskie podróżopisarstwo romantyczne* (La littérature de voyage romantique polonaise) souligne que ce but de voyage des Européens date de l'époque des croisades, elle connaît toutefois son épanouissement au XVIIIe et au XIXe siècles pour diverses raisons économiques, politiques et culturelles. L'Orient devient à cette époque la meilleure incarnation de l'idée du retour aux sources, du mythe d'une vie heureuse durablement attachée à la nature[96].

En se rendant à l'Est, Kapuściński inscrit en quelque sorte son voyage dans le cycle des anciennes pérégrinations européennes. Voilà donc un reporter qui, sur le modèle des voyageurs du XIXe siècle, ne s'intéresse pas au centre du monde. C'est même tout le contraire : il demande à ses guides de l'écarter des sentiers battus, de l'entraîner dans des trous perdus, de chercher des arrière-cours oubliées, de s'asseoir à la table des hôtes des lieux. Il sait que le seul moyen de transformer le modèle habituel du voyage – appelons-le « horizontal » – en un modèle vertical auquel il aspire, c'est de plonger dans les profondeurs de l'histoire, dans les racines de la tradition, au cœur de l'identité du peuple et de l'individu. Cette fascination pour les périphéries, ce désir d'aventure, ce

---

95 S. Burkot, *Polskie podróżopisarstwo romantyczne,* Varsovie 1988, p. 9.
96 *Ibidem.*

consentement à lutter avec l'inconnu, cette nostalgie de l'expérience authentique sont des éléments fondamentaux de la panoplie romantique. Ils transforment le visiteur ordinaire en voyageur, en pèlerin, en homme recherchant dans le voyage des valeurs immatérielles. Cela étant, on retrouve cette méthode consistant à faire des choix spontanés dans le premier recueil de reportages de Kapuściński de 1962, qui avait d'ailleurs pour sous-titre *Histoire fortuites.*

La vision du reporter participe aussi de la vision romantique lorsqu'il souligne la subjectivité de son regard ou qu'il recourt à l'historicisme en citant abondamment des faits historiques des peuples décrits (il a calculé que pour écrire ce petit livre de cent quarante pages environ, il a dû en lire plus de dix mille). En se rendant à l'Est, le reporter a également conscience de la valeur fondamentale de la nature, sauvage et inspiratrice. Les mers immenses, les déserts mystérieux, les montagnes puissantes qu'il admire sont des éléments incontournables du paysage romantique, mais aussi des outils précieux de l'anthropologie romantique, des métaphores de la solitude, de la fragilité de l'homme et en même temps de la puissance spirituelle qui l'habite. L'auteur du *Kirgiz…* dévoile toutes ces caractéristiques dans ses héros.

La description de la mer Caspienne, qui passe pour être extrêmement violente, mérite une attention particulière. Le reporter la contemple dans un contexte extraordinaire : c'est la nuit, il se tient sur une tour qui monte « jusqu'aux étoiles » et qui est ancrée dans le fond rocheux de la mer. L'escalade au sommet de la structure métallique s'associe paradoxalement à un voyage dans les tréfonds de l'enfer : « … nous entrons dans du goudron, (…) dans les ténèbres, le gouffre, le précipice. » Petit à petit le paysage devient encore plus incroyable : « Tout devient irréel, car on ne voit plus rien » (K, 57). Chancelant, le reporter se tient sur la tour branlante du haut de laquelle il observe un autre miracle : une ville construite sur des pylônes métalliques ancrés dans le fond marin. La description de cette mystérieuse expédition nocturne se caractérise par une double vision : le tableau présenté relève tant de la réalité que de l'hallucination. La description se termine par l'évocation d'une « épopée héroïque et rude » que le reporter a un jour entendu au sujet de simples ouvriers, des « rats terrestres » ordinaires qui accomplirent une chose impossible : construire une ville au milieu de la mer.

Grâce aux romantiques, la nature a acquis une signification nouvelle : elle est devenue un être autonome, un objet intellectuel autosuffisant capable de communiquer des contenus substantiels. Et ce type de lecture du livre de la terre, Kapuściński l'applique pour la première fois de manière consciente dans son œuvre. Il réalise le but de son voyage – qui consiste à découvrir la particularité de ces républiques exotiques – en déchiffrant des secrets de cet espace, codés dans des détails. Jerzy Chociłowski a joliment décrit la spécificité de l'ouvrage de Kapuściński : « On a un peu l'impression que Kapuściński se promène sur une plage le long de la mer et qu'il ramasse des coquillages rejetés par les vagues. Il se penche pour en prendre un, il le rejette aussitôt, il en examine un autre attentivement pendant un bon moment puis le lance à la mer. Ceux qui lui restent dans les mains ne sont pas forcément entiers, ce ne sont pas forcément les plus gros ni le plus beaux, mais ce sont ceux qui s'intègrent dans sa collection. Puis Kapuściński s'assoit et décrit cette collection. Il le fait avec une grâce non dénuée de douce ironie, avec un discret sens de l'humour[97]. La métaphore utilisée par le critique est juste pour deux raisons : d'abord, elle rend bien le caractère de ce livre : sa légèreté, sa grâce, son charme, l'atmosphère de vacances qu'il transmet ; ensuite, elle attire l'attention sur la qualité des détails d'après lesquels l'auteur bâtit l'univers de ses textes ; ce sont en apparence des images insignifiantes, des fragments médiocres de la réalité, des détails qu'il est facile de laisser échapper tant ils sont fragiles et banals. Il s'avère toutefois qu'il ne faut pas les négliger, car ils sont indispensables. Stefan Symotiuk dans son livre *Filozofia i Genius loci* (La philosophie et Genius loci) écrit : « Les objets ne sont pas isolés. Ils entrent dans des compositions que nous appelons 'situations' et qui aboutissent à des 'processus' (...) Les situations créent des processus, mais elles-mêmes s'accomplissent pendant ces processus. Elles doivent leur permanence non pas à ce qui est 'le plus permanent' en elles, mais souvent à un élément de permanence 'moyenne', un élément sans lequel toute la composition ne peut pas tenir. De même que la résistance d'une chaîne ne dépend pas de son maillon le plus fort mais de son maillon le plus faible, de même la vie des hommes et des cultures dépend souvent d'éléments complètement insignifiants mais incontournables »[98].

C'est bien en cela que consiste la spécificité de l'écriture de Kapuściński : dès ses premiers écrits, il réussit à extraire d'un espace riche – chatoyant de mille significations et de mille signes – l'unique « chose », le « petit rien » médiocre qui, ancré dans une « situation » concrète, permet d'exprimer le « processus » tout entier. Cette sensibilité au détail est donc un argument de plus permettant de distinguer ce livre sur l'URSS de l'ensemble des autres textes écrits à l'occasion de la Révolution d'Octobre. Le soin porté au choix des détails fait que, contrairement aux innombrables récits de l'époque, *Le Kirghize...* restera longtemps

---

97 J. Chociłowski, *Pisanie lancetem* (Écrire au bistouri), Kontynenty (Continents) 1969, n 4, p. 38.

98 S. Symotiuk, *Filozofia i Genius loci,* Varsovie 1997, p. 7.

dans les mémoires. On peut sans hésiter comparer ce petit livre au célèbre cognac géorgien décrit dans le premier chapitre, qui murit tranquillement pendant des dizaines d'années dans des tonneaux fabriqués dans le meilleur bois de chêne par un tonnelier qui doit avoir le doigté d'un luthier. Le secret du *Kirghize...*, c'est donc aussi sa saveur, fruit de la combinaison d'ingrédients d'excellente qualité, soigneusement sélectionnés et dosés avec minutie. Le reporter note des instantanés, des clairs-obscurs, des opalescences. De ces miettes il construit l'univers palpitant de ses textes. Et la poésie pure perce à la surface de la réalité.

Pour chacune des républiques décrites, Kapuściński trouve une touche locale particulière, un coloris qui lui est propre. Ainsi pouvons-nous déguster la véritable Géorgie en mélangeant, dans un dosage adéquat, ses espaces montagneux, sa culture puissante et son passé lointain, la Géorgie « ayant le même âge que la Grèce et étant la sœur aînée de Rome » ... Toutefois, pour comprendre le caractère exceptionnel de la Géorgie, le reporter s'en approche pas à pas : il ne décrit pas la manière dont le pays s'est construit, mais préfère décrire deux ruelles escarpées dans Tbilissi. En apparence elles se ressemblent ; toutes deux « ont l'air de sortir de petites crèches », elles sont « découpées dans du bois », bordées de maisonnettes brun foncé blotties les unes contre les autres. La première baigne dans le soleil, donc toute son architecture, ses avant-toits, ses vérandas sont orientés de façon à donner de l'ombre. La seconde, au contraire est sombre, elle est orientée vers le nord, donc ses multiples balcons et ses terrasses sont construits de façon à capter la lumière. Les peintres ont élu domicile dans la rue du soleil, les cordonniers dans sa sœur, la rue de l'ombre. Grâce à cette description poétique qui exploite des contrastes spatiaux et étincelle de magie, ce passage se lit comme une métaphore universelle du destin humain qui oscille constamment entre le soleil et l'ombre, entre l'esprit et la matière, entre la joie et la douleur, entre l'art et la prose de la vie. Mais la richesse de la Géorgie, c'est justement son art de revaloriser ces contrastes, ses habitants ont réussi à faire de la vie quotidienne une fête. Le célèbre festin géorgien, qui est le sens et le cœur de leur existence, devient une grande célébration de la vie, une occasion de lui rendre hommage. Ainsi la vie atteint le rang de l'art. La louange de l'amitié, la glorification du temps au moyen de toasts poétiques et d'antiques rites traditionnels deviennent une autre métaphore importante de la Géorgie ainsi qu'une formule permettant de comprendre le puissant « patriotisme de la terre » caractéristique de ce peuple qui n'aime pas voyager.

Aux antipodes de la Géorgie, Kapuściński place l'Arménie, ce qui lui permet d'opposer la « sédentarité » géorgienne au « mondialisme » arménien. Effectivement, pour les Arméniens, leur maison, c'est le monde entier, non pas par choix, mais par nécessité : leur État a été anéanti dans l'antiquité. En consultant une carte, Kapuściński explique comment la malheureuse situation de l'Arménie, à la croisée de plusieurs empires puissants, est devenue le drame des Arméniens. Pour décrire la spécificité de ce peuple, il a recours à des accessoires expressifs. Parmi eux se trouvent les travaux d'un jeune sculpteur à qui il rend visite[99]. Ses œuvres représentent différents aspects de l'amour, l'étreinte amoureuse plus exactement. Elles n'expriment toutefois ni enivrement, ni bonheur ni sentiment d'accomplissement, car Benik s'intéresse exclusivement à ceux qui s'étreignent pour la dernière fois, qui se séparent à jamais. Autre parabole du destin tragique de l'Arménie : l'histoire d'un génie musical qui, pendant le génocide arménien perpétré par les Turcs en 1915 devait être précipité d'une falaise. Au dernier moment il fut sauvé par l'une de ses élèves, la fille du sultan. Mais Komitas qui avait déjà plongé le regard dans le précipice et donc frôlé la mort de manière dramatique ne prononça plus un seul mot de toute sa vie. Il vécut encore une vingtaine d'années dans un établissement pour malades mentaux. « Il n'était pas mort, mais il ne vivait plus. Il existait sans exister, suspendu entre la vie et la mort », écrit Kapuściński. Les Arméniens – peuple qui compte d'innombrables personnalités contribuant depuis des siècles à la grandeur de la politique, de la science et de la culture mondiales – vivent en dehors de leur pays, sont condamnés à une existence de façade, à une double identité, au pénible destin de l'étranger. Ce qui explique le rôle particulier que joue pour eux le livre auquel ils vouent une vénération inhabituelle en le considérant comme une « relique nationale », un objet de culte, un symbole durable de leur identité nationale. Kapuściński écrit que l'Arménie, vaincue dans toutes les guerres, a toujours cherché le salut dans les scriptoriums où des copistes zélés retranscrivaient d'anciens manuscrits sur l'histoire de leur monde. Ces livres – témoins matériels de la résistance de leur peuple – furent protégés pendant des siècles de la destruction au prix de la vie humaine.

---

99 Aleksandra Kunce a récemment proposé une interprétation remarquable de cet extrait du *Kirghize…* dans son article intitulé *Intymność* (Intimité), in *Intymność wyrażona (2)*(L'intimité exprimée), réd. M. Tramer, A. Nęcka. Katowice 2007, pp. 9–17. L'auteure utilise le contexte de la rencontre dans l'espace accueillant d'une cour où sont exposées les sculptures de Benik comme exemple d'une « intimité épistémologique » permettant de connaître l'Autre sans préjugés, sans ostentation, sans violation de tabous. L'utilisation de l'« horizon intime du chercheur », domaine dans lequel Kapuściński est passé maître, permet de décrire de manière crédible la culture contemporaine. « L'intimité sauve cet intérêt pour la culture. Elle unit la contemplation esthétique à la compréhension morale. Elle fait confiance aux courants secondaires voilés par les espaces. Elle pense de manière solidaire », constate Aleksandra Kunce. *Ibidem*, p. 17.

Kapuściński fait une description tout à fait étonnante de l'Azerbaïdjan, la dernière république de Transcaucasie qu'il visite ; il commence par un récit sur l'envoûtante thérapie du professeur Gassanov, qui consiste à soigner ses patients… grâce au parfum des fleurs : « Celui qui est atteint d'artériosclérose inspire des feuilles de laurier, celui qui a de l'hypertension hume des géraniums ». Le reporter doute de l'efficacité de cette méthode, mais il est plein d'admiration pour sa beauté, sa douceur et son charme. Bien sûr ce n'est pas un hasard s'il commence par la description de l'Azerbaïdjan, dont Bakou, ville éclectique, bruyante et puant le pétrole, est le cœur. Ajoutons que la description de la république se termine par l'escalade nocturne un peu irréelle tout en haut d'une tour – escalade évoquée plus haut – et par une vision surréaliste de cette capitale surplombant les flots. L'image du cœur industriel du pays, de cet « enfer » – comme le voyait Maxime Gorki – prisonnier de la beauté et de la magie, acquiert une nouvelle dimension. Bakou devient un lieu extraordinaire, mystérieux, totalement irréel. Peut-être est-ce là l'une des premières tentatives du sorcier du reportage pour transformer le monde en un espace magique ?

Nous nous déplaçons maintenant en Asie centrale, entre autres sur les territoires du Turkmenistan, du Tadjikistan, du Kirghistan et de l'Ouzbekistan. Kapuściński commence son voyage par une « république assise sur le désert » où, dans l'atmosphère ensommeillée d'Achkhabad, « de temps en temps, passe une Volga. De temps en temps, un bourriquet martèle l'asphalte de son sabot » (K, 61), il rencontre un vieux Turkmène et un petit garçon qui boivent du thé brûlant sur un marché russe. La figure du vieillard est stylisée, calquée sur le modèle du sage biblique : « Sa tête est pleine de sagesse, ses yeux ont lu le livre de la vie. Quand il a reçu son premier chameau, il a connu le goût de la richesse. Quand les brebis de son troupeau ont crevé, il a connu la malédiction de la misère. Il a vu des puits desséchés, et il sait ce qu'est le désespoir ; il a vu des puits pleins d'eau et il sait ce qu'est la joie. (…) Il sait ce qu'est la soif et ce qu'est l'assouvissement. (…) Il a vu le désert et il a vu l'oasis, autrement dit le monde entier, qui en fin de compte se réduit à ce seul partage » (K, 61–62). D'entrée de jeu, on est frappé par un contraste violent : les images sont construites sur des oppositions claires, il n'y a ici ni nuances ni clairs-obscurs. En revanche on a des phrases simples, laconiques, puissantes, disposées parallèlement. Leur stylistique évoque d'emblée les textes de l'Ancien Testament, notamment le livre de Qohélet. Ainsi, nous pouvons lire : « Il y a un temps pour naître, et un temps pour mourir, un temps pour planter, et un temps pour arracher ce qui a été planté, un temps pour tuer, et un temps pour guérir, un temps pour abattre, et un temps pour bâtir, un temps pour pleurer, et un temps pour rire »(Le livre de Qohélet 3, 2–4a). La ressemblance est également évidente entre le héros du reportage et l'auteur du Livre de la Sagesse qui s'autoprésente ainsi : « J'ai regardé toutes les œuvres qui se font sous le soleil : eh bien, tout est vanité et poursuite de vent » ! (Qohélet 1, 14). Le prédicateur de l'Ancien Testament médite sur la vanité et la fugacité de la vie d'ici-bas. Et comme le vieux Turkmène, il trouve un sens dans une existence paisible, raisonnable et consciente de sa fragilité. L'emploi de cette métaphore biblique lisible, basée sur un lexique spécifique, complété par la figure d'un sage de l'Ancien Testament, ennoblit le récit en lui donnant la hauteur d'une parabole et en universalisant ses contenus. Certes, la couleur locale n'est pas sans signification : Kapuściński est fasciné par le désert. C'est un lieu magique, le bout du monde qui intrigue et met en péril l'audacieux qui s'y aventure, en l'entraînant à la limite de sa propre existence et en lui faisant découvrir le mystère de sa vie. En effet l'espace du désert – lieu où l'on peut atteindre l'Absolu, être confronté à l'épreuve extrême, mais où l'on peut aussi vivre dans une liberté sans entrave – devient la meilleure métaphore du Turkmenistan, l'espace du désert est la clé permettant de comprendre l'identité de ses habitants. Kapuściński souligne que les hommes qui ont définitivement lié leur vie au désert, pourraient devenir des guides pour les pays développés qui, eux, sont « aveugles ». Ces peuples nomades simples, ces vieillards frustes, ternes et pauvres, sont en effet les dépositaires du savoir essentiel : comment vivre pour durer...

L'auteur consacre beaucoup moins de place aux trois dernières républiques. Peut-être est-il pressé, car – comme il l'écrit – il doit rentrer à Varsovie avant le premier juillet. Il visite encore le Tadjikistan « aussi haut que le Tibet », qui après la révolution, dans le cadre de l'Union, est devenu un État à part entière, a réussi à forger son identité nationale et veille à protéger la langue maternelle de ses habitants. Il visite le Kirghistan, pays reculé qui, sous l'impulsion postrévolutionnaire, se modernise, « change de peau »[100], descend de son cheval. À la toute fin de son périple, il se rend encore en Ouzbékistan pour s'asseoir dans une buvette parmi des habitants de la république, et boire du thé vert en leur compagnie. Il choisit un endroit particulier : d'un côté il voit un musée aménagé dans l'ancienne forteresse de l'émir de Boukhara, de l'autre une mosquée exceptionnelle devenue monument historique dans laquelle ont été installées des tables de billard. Le reporter observe les hommes vêtus de tuniques grises et coiffés de calottes colorées qui passent des heures, accroupis, à boire du thé. Dans cette scène apparemment banale, Kapuściński perçoit un aspect

---

100 Voir B. Jasieński, *Człowiek zmienia skórę* (L'homme change de peau), traduit par J. Brzęczkowski, Varsovie 1961.

fondamental : des Ouzbeks silencieux, le visage tourné vers l'ancienne mosquée, « car la coutume des anciens le veut ainsi » (K, 99). Malgré leurs vêtements modestes, ils respirent la dignité et la noblesse. « J'ai envie de m'approcher d'eux, de leur serrer la main » (K, 99), écrit le reporter. La simplicité de cette coutume ouzbèke simple montre clairement que le caractère d'un peuple, s'il est enraciné dans la tradition, est une valeur durable, indépendante des modes fugitives et du rythme effréné du monde.

En parcourant les sept républiques asiatiques, Kapuściński a eu le temps de voir ce qui se cachait sous la doublure des événements. En observant la vie de sociétés fonctionnant dans la sphère du colosse impérial, il a saisi la spécificité de chacune d'elles. Il a montré comment l'histoire s'entrelaçait dans la topographie de manière différente pour chacune, comment l'une et l'autre façonnaient l'identité nationale de manière particulière. Il a également vu que la véritable force d'un peuple tenait à la conviction qu'une tradition commune est indispensable. Cette appréciation de la valeur de la tradition, pour la première fois exprimée avec tant de force dans *Le Kirghize…*, prendra dix ans plus tard le nom de « première règle de Kapuściński »[101] : « De nos jours, il est difficile et risqué de s'agrandir, et généralement toute tentative d'extension se termine par un rétrécissement. Aussi les peuples compensent-ils leurs instincts expansionnistes par un retour dans le temps, autrement dit ils plongent au fin fond de leur histoire afin de démontrer leur force et leur importance » (K, 54).

Il n'est pas exclu que Kapuściński ait tiré cette leçon essentielle sur la recherche des racines nationales de ses récentes expériences africaines. Dans son livre sur les républiques soviétiques, il oppose discrètement la situation des républiques qu'il a visitées à la situation des petits pays du Tiers-monde. À la fin du livre il va même jusqu'à louer la politique des nationalités de l'Union qui a permis d'éteindre des conflits tribaux et d'unifier les peuples en guerre en leur donnant une forme étatique. Il faut se souvenir que le reporter revient d'Afrique où il a observé la chute dramatique de différents États déchirés par des conflits tribaux. La comparaison entre la politique de l'URSS et celle des empires coloniaux dévoile une admiration pour la politique colonisatrice pertinente de l'Union soviétique. Sa plus grande victoire est « un type d'homme nouveau, libéré de la misère et des préjugés, un homme aux horizons ouverts et à la dignité retrouvée » (K, 110).

On ne peut pas toutefois ne pas remarquer que l'enthousiasme de Kapuściński est plus que réservé. Le reporter est conscient qu'il n'a pu voir que les réalisations qu'on a bien voulues lui montrer. Il n'a pas pu se déplacer librement

---

101 W. Giełżyński, *Czterokrotnie rozstrzelany*, *op. cit.*

dans le pays des Soviets, puisqu'il y était « guidé » par des tuteurs qui lui étaient affectés (en Arménie, en plus du guide, on lui a même adjoint un homme qui s'est présenté comme photoreporter, mais qui n'a pas pris une seule photo !). Il décrit le caractère officiel des visites obligatoires avec une distance ironique, par exemple la rencontre avec un ministre, la visite d'un grand chantier ou d'un kolkhoze modèle où « sont conduits les hôtes étrangers ». Il remarque que les femmes turkmènes qui travaillent dans les champs sont en tenue de sortie : longues robes, chaussures à talons hauts, broches, bracelets, colliers et diadèmes dans les cheveux. Il note qu'elles se détournent lorsqu'elles sont interrogées. « Elles refusent de répondre à la moindre question, elles se taisent ». Le reporter peine à convaincre ses guides de quitter les sentiers battus : ils se protègent derrière un programme chargé, derrière le manque d'autorisations correspondantes ou ignorent carrément la demande de leur invité. Lorsqu'il tente de glisser à son guide tadjik qu'il s'intéresse à la politique et à la culture, ce dernier répond brièvement : « D'accord, (…) allons au lac » (K, 86). Mais c'est la chute de ce périple asiatique qui est la plus signifiante. En Ouzbekistan, Kapuściński évoque la figure sombre de Timur dont la personnalité associait celle d'un souverain sanglant et d'un subtil connaisseur de l'art et qui, à la fin du XIVe siècle et au début du XVe siècle, fit de Samarcande une merveille dont la perfection reste à ce jour inchangée. Ce n'est pas un hasard si cette image est suivie d'une autre image : à Tachkent le reporter se tient face au socle vide d'un monument de Staline, le criminel et le bâtisseur. On a du mal à croire que la juxtaposition de ces deux personnages historiques, pour lesquels « l'homme était capable de tout », soit une pure coïncidence. La figure de Timur est sans aucun doute une anticipation de la figure de Staline, tyran du XXe siècle.

En mettant en avant les valeurs de la communauté nationale et de la tradition, Kapuściński réussit à brosser un tableau de la réalité soviétique des années 1960 éloigné de celui qui circulait généralement. Disposant d'un laps de temps limité et d'un champ d'observation rigoureusement encadré qui rappelle plus un musée qu'un espace de vie réel, il met à jour le *genius loci* – l'esprit protecteur des lieux – prisonnier de son histoire, de sa topographie, de ses traditions, de sa culture et libérant dans ces peuples fiers une faim d'identité propre qu'ils revendiqueront deux décennies plus tard. Kapuściński perçoit cette soif commune d'intégration de la conscience nationale en analysant des détails : la célébration de la vie en Géorgie, le culte du livre en Arménie, la valeur du désert pour les Turkmènes, l'importance des parfums pour les Azéris, le rôle de la langue maternelle au Tadjikistan, l'hospitalité des Kirghizes, l'honneur rendu aux anciens lieux de culte en Ouzbekistan. Finalement ce petit recueil de reportages – qui sera bientôt la meilleure carte de visite du reporter – non seulement surclasse la production littéraire polonaise de l'époque dédiée à la révolution, mais il survit également à son enfant merveilleux ! Car une bonne vingtaine d'années plus tard, lorsque l'Union des Républiques socialistes soviétiques aura sombré dans le passé, ce petit volume de vacances recommencera, mine de rien, une nouvelle vie au sein d'*Imperium*...

Traducteur de Che Guevara et écrivain de la « destinée humaine »

Pendant son séjour en Amérique du Sud, Kapuściński envisage d'écrire deux livres, comme lorsqu'il avait quitté l'Afrique. Il fait état du premier livre dans une lettre de janvier 1969, soit un peu plus d'un an après qu'il a pris son poste de correspondant de la PAP : « J'ai déjà entrepris l'écriture d'un livre sur Che Guevara, mais comme j'ai vu grand, je ne le terminerai pas avant la fin de l'année. Dieu sait ce que ça va donner »[102]. Pour certains lecteurs de la revue mensuelle Nowe Książki qui publie cette lettre contenant essentiellement des remerciements pour le prix décerné à l'auteur pour *Le Kirghize*..., cette information n'est pas étonnante puisqu'ils doivent savoir que la maison d'édition Książka i Wiedza (Livre et savoir) s'apprête à éditer le livre *Dziennik z Boliwii* (Journal de Bolivie) de Che Guevara (publié pour la première fois à Cuba en 1968, dix mois après la mort du héros du mythe de la révolution mondiale), justement dans une traduction de Ryszard Kapuściński. Le livre paraîtra à la fin de l'année[103]. L'idée d'écrire un livre montre que la traduction (la seule de sa vie !) du journal et la rédaction des notes ne suffisent pas à assouvir la fascination qu'exerce cette personnalité sur l'écrivain, il a besoin de plus...

En ce qui concerne le projet du second livre, Kapuściński en parle juste après son retour en 1972, dans la première interview qu'il accorde, semble-t-il, à la presse :

« Nous avons déjà parlé du livre que tu es en train d'écrire sur l'Amérique latine. Quelle est la problématique que tu veux particulièrement nous exposer ? [question de la journaliste]

– Je voudrais écrire un livre sur les destinées humaines...

– ... mais je te connais, ce sera un livre sur la politique.

---

102 R. Kapuściński, *List do redakcji Nowych Książek* (Lettre à la rédaction de Nouveaux Livres 1969), n 6, p. 420.

103 Che Guevara, *Dziennik z Boliwii* (Journal de Bolivie), introduction de F. Castro, traduction et notes de R. Kapuściński, Varsovie 1969.

– Dans un certain sens, c'est la même chose. Dans notre vie quotidienne, nous ne nous rendons pas compte à quel point la politique exerce une influence sur nos destins individuels. C'est justement sous cet angle que je voudrais regarder la vie de l'homme en Amérique latine »[104].

Dans un autre passage de cette interview, Kapuściński ajoute encore que la seule chose qui l'intéresse vraiment, ce sont les hommes, « leurs comportements, leur mentalité, ce qui les unit à nous, et ce qui les différencie de nous. Il me semble que c'est seulement en connaissant et en comprenant les autres que les distances se réduisent ».

On peut présumer que le projet du second livre supplante celui du premier, que l'idée d'écrire un livre sur la biographie de Che Guevara (qui est assurément une clé pour comprendre la problématique de l'Amérique latine), évolue au cours de ces quatre années que Kapuściński va passer comme correspondant de la PAP, en une réflexion sur la problématique des destinées humaines individuelles impliquées dans le carcan global de la politique. Ce sont elles qui doivent devenir la passerelle permettant de comprendre le monde lointain et dépaysant de l'Amérique latine, de montrer au lecteur polonais ce qui les rapproche et ce qui les éloigne de ce continent dans leur vision du monde.

Le meilleur moyen de comprendre le sens de l'expérience de l'écrivain en Amérique du Sud, c'est de suivre le cheminement entre les projets de ces deux livres non écrits. L'examen de ce parcours créatif est toutefois plus difficile que dans le cas de l'Afrique, car l'écrivain n'a pas laissé d'écrits supplémentaires permettant de suivre son parcours en Amérique latine tels que les textes qui composent le livre *Gdyby cała Afryka... (Si l'Afrique tout entière...)*. Kapuściński a écrit énormément de textes journalistiques, sûrement plus que lorsqu'il était en Afrique, mais il s'agit de dépêches d'information, de commentaires, d'analyses, plus éloignées du reportage et encore davantage du reportage littéraire que ce qu'il avait écrit jusqu'à présent. Cela peut être édifiant de comparer le nombre de textes publiés, pendant ces deux périodes de cinq ans dans la revue Polityka ou sporadiquement dans d'autres revues hebdomadaires et dans la presse quotidienne. Pendant la période africaine, les publications dans les quotidiens Trybuna Ludu et Życie Warszawy sont exceptionnelles ; dans la période sud-américaine, en revanche, elles sont la règle, Polityka ne publie, semble-t-il, que deux de ses articles, Tygodnik Kulturalny deux également,

---

104 *Uczestniczyć i relacjonować. Z Ryszardem Kapuścińskim rozmawia Jadwiga Radomińska* (Participer et raconter. Interview de Ryszard Kapuścińsk menée par Jadwiga Radomińska), Kulisy 1972, n 50, p. 13.

alors que Trybuna Ludu en publie sans doute une centaine, ainsi que tous les bulletins de la PAP (bulletins d'information, bulletins spéciaux, bulletins hebdomadaires spéciaux), autrement dit quelques centaines.

La corvée des dépêches, la course aux événements qui prennent en Amérique latine un rythme effréné, à la charnière des années 1960 et 1970, n'expliquent peut-être pas totalement cette submersion dans l'écriture journalistique pragmatique. Le fait que Kapuściński ait rejoint son nouveau poste sans être particulièrement préparé à la rencontre avec le monde riche et diversifié de l'Amérique du Sud a peut-être aussi joué un rôle. Ce n'est pas l'Afrique, qu'il a eu l'occasion, rappelons-le, de connaître avant son long séjour lors de deux voyages de quelques semaines. Kapuściński va faire des intérieurs encombrés des appartements de Santiago le symbole de sa rencontre avec cet univers réellement nouveau : « Après avoir vécu pendant des années parmi les Africains qui, pour la plupart, avaient comme seul bien une binette en bois, et comme seule nourriture quelques bananes arrachées à l'arbre, cette avalanche absurde d'objets qui me submergeaient dès que je franchissais le seuil de n'importe quelle maison, m'écrasait et me répugnait. (…) Effectivement, les appartements de ces petites vieilles n'étaient en réalité qu'une manifestation pathologique et kitsch de ce qui constitue la clé de l'Amérique latine, le baroque sous toutes ses formes. Il ne s'agit pas seulement du baroque comme style de création ou comme mode de pensée, mais de la notion même d'excès et d'éclectisme en général. Ici tout est en grande quantité et tout prend une forme exagérée (…) Si c'est la jungle, elle est immense (l'Amazonie), si ce sont des montagnes, elles sont gigantesques (les Andes), si c'est une plaine, elle est infinie (la pampa), si c'est un fleuve, c'est le plus grand du monde (l'Amazone). Des hommes de toutes les races et de toutes les couleurs : blancs, rouges, noirs, jaunes, métis, mulâtres. Des cultures diverses : indienne, anglo-saxonne, espagnole, lusitanienne, française, hindoue, italienne et africaine. Une palette d'orientations et de partis politiques la plus vraisemblable et invraisemblable. Un excès de richesse et un excès de misère. (…) Il est impossible de traverser cet univers avec sérénité et indifférence. On le pénètre non sans mal, avec un sentiment d'impuissance et avec un sentiment de désarroi (…) » (GF, 170–171).

Il ne s'agit pas toutefois que d'un manque de préparation spirituelle ou intellectuelle. Kapuściński est parti de manière assez subite, sans préparation littéralement, de même qu'il est parti sans être préparé en Inde ou en Chine, sans connaître la langue et sans savoir ce qu'il devait y faire. On pourrait croire que quelqu'un tenait avant tout à expédier l'écrivain au plus vite en dehors du pays, à le protéger, la veille de Mars 1968, contre des dangers dont le reporter ne comprenait pas bien la nature après une absence que plusieurs années.

C'est le président de la PAP de l'époque, Michał Hofman, qui l'incita à partir. En 2003, l'écrivain confiait à Jacek Żakowski : « Je pense que Hofman voulait m'épargner la terrible atmosphère qui se préparait. Peut-être voulait-il m'éviter un autre licenciement ou une interdiction de publication ? »[105] C'est dans une grande mesure le hasard qui décida de la date et du pays où Kapuściński devait se rendre. Il y avait déjà un poste de la PAP en Amérique du Sud, au Mexique,[106] occupé à l'époque par Edmund Osmańczyk, il devait en créer un autre, mais il ne savait pas très bien où. « Vers la fin de l'année 67 j'ai croisé dans un couloir Roma Pańska. Roma était l'éminence grise de l'agence. Dès qu'elle m'a aperçu, elle s'est exclamée : 'Mais qu'est-ce que tu fais encore ici ?' J'ai répondu que je préparais mon départ. 'Rysiek, il n'y a pas de départ à préparer, dépêche-toi, ne tarde pas, pars d'ici tout de suite parce qu'après il sera trop tard. Prend tes bagages et pars aujourd'hui !' J'ai réussi à avoir un visa pour le Chili avec lequel la Pologne entretenait d'excellentes relations. Trois jours plus tard, je m'envolais pour Santiago avec une escale à Londres ».

Toutes les raisons de cette précipitation ne sont sans doute pas connues. Du point de vue de la biographie créative, il suffit de savoir que l'absence du pays dans les années 1968–1972 – les années de Mars 1968, de l'invasion de la Tchecoslovaquie par les armées du Pacte de Varsovie, de Décembre 70 sur le littoral, de la chute de Gomułka et de l'arrivée au pouvoir d'Edward Gierek, premier secrétaire du CC du POUP aux tendances plutôt réformatrices au début – mettait réellement Kapuściński à l'abri de plusieurs dangers : entre autres, l'obligation de faire une déclaration de loyauté journalistique, à laquelle il aurait été sûrement confronté en tant que journaliste employé par la PAP, mais surtout la nécessité de vérifier son profil. Par conséquent, si quelqu'un tenait à ce que Kapuściński ne soit pas obligé de se séparer encore de son mythe de la révolution et de l'utopique « promesse socialiste », il devait l'envoyer hors du pays le plus loin possible, quitte à ce qu'il ne soit pas dûment préparé à ce défi.

Ce manque de préparation va peser de plusieurs façons sur l'expérience sud-américaine de Ryszard Kapuściński, elle va entre autres l'empêcher d'écrire pratiquement pendant plus d'un an. Son employeur accepte que les premiers mois de son séjour à son nouveau poste soient consacrés à des tâches d'organisation et à l'apprentissage de la langue, apprentissage qui se prolongera toutefois

---

105 *El Clasico Latino. Rozmowa Jacka Żakowskiego z Ryszardem Kapuścińskim* (Entretien de Jacek Żakowski avec Ryszard Kapuściński, Viva, 24 mars 2003. D'après: www. kapuściński.info.

106 *Ibidem.*

de manière inattendue, car l'écrivain doit apprendre deux langues nouvelles au lieu d'une seule. Au bout de trois mois il maîtrise suffisamment l'espagnol (grâce à l'aide du journaliste Marian Rawicz, émigré polonais au Chili, et grâce à un apprentissage de dix-huit heures quotidiennes) pour faire une conférence sur la politique étrangère polonaise à l'Institut des Affaires internationales [107] du pays. Mais peu de temps après, il doit quitter le pays à la demande des autorités chiliennes. D'après ce qu'il affirme[108], il est expulsé du Chili pour avoir eu le malheur d'écrire (et la presse polonaise de publier) une correspondance sur la préparation d'un coup d'État militaire contre le parlement fomenté par le général Robert Viaux, ce qui est considéré comme une ingérence dans les affaires intérieures de l'État. Ce n'est que grâce à l'intervention de Salvadore Allende, à l'époque président du sénat et peu après Président du Chili, qu'il échappe à une expulsion immédiate et à un refus de visa à vie. Mais à l'époque, aucun pays ne se précipite pour accorder une accréditation à un journaliste venant de la Pologne socialiste ; finalement il obtint un visa pour le Pérou où toutefois il ne peut pas assumer sa mission journalistique ; il confie à Jacek Żakowski : « La PAP n'avait aucune idée de ce qu'elle allait faire de moi ».[109] C'est l'ambassadeur polonais au Brésil, Aleksander Krajewski, qui sauve la situation en proposant à l'agence l'ouverture d'un poste de la PAP dans ce pays. Kapuściński accepte la proposition, même si cela signifie que désormais il doit apprendre le portugais.

À partir d'août 1968, il séjourne donc à Rio de Janeiro, sur le territoire de la résidence de l'ambassadeur. Mais comme celui-ci semble vouloir contrôler son travail de correspondant, Kapuściński, révolté, fait une grève de la faim de cinq jours et va s'installer dans un appartement privé à Copacabana avec une vue sur la célèbre plage. Or, quand au bout de quelques mois d'apprentissage intensif du portugais et de familiarisation avec le Brésil, il est prêt à commencer son travail, il apprend que le poste de la PAP au Mexique occupé par Osmańczyk se libère. Kapuściński saute sur l'occasion, d'autant plus que les jeux olympiques approchent… C'est ainsi qu'une bonne année après son départ, la presse polonaise quotidienne peut enfin commencer à publier des communiqués réguliers envoyés du Mexique par notre correspondant sud-américain.

Une histoire complète et détaillée de la vie de l'écrivain expliquera peut-être un jour toutes les circonstances de son départ et les épreuves mystérieuses qu'il vécut pendant sa première année de séjour en Amérique du Sud. Il est possible que les fonctionnaires du Département I et du ministère des Affaires étrangères

---

107 Voir *El Clasico Latino…*
108 Voir *ibidem* ainsi que W. Giełżyński, *Czterokrotnie rozstrzelany, op. cit.*, p. 24.
109 Voir *El Clasico Latino.*

aient joué un rôle dans ces aventures en décidant de mieux le cadrer qu'en 1965, pour l'empêcher de leur échapper une fois de plus. Si l'on en croit deux notes de service ajoutées en automne 1967 au « dossier » Kapuściński (établi, rappelons-le, sans que l'écrivain ait donné son accord écrit pour collaborer avec les services secrets), il est contacté, avant son départ, par un agent de renseignements qui lui présente un plan d'opérations d'espionnage assez élaboré, son travail de correspondant devenant « une couverture officielle ». C'était l'année de la guerre israélo-arabe ; il est donc chargé de s'occuper du « sionisme » (il reçoit, semble-t-il, une lettre de recommandation adressée au dirigeant de la Ligue arabe à Buenos Aires), des Américains et des Allemands de la RFA séjournant en Amérique du Sud et aussi des affaires de contre-espionnage et de renseignements dans le milieu journalistique. Les informations recueillies doivent être transmises au cryptographe de l'ambassade polonaise à Santiago du Chili, et une fois installé au Mexique (installation prévue pour le printemps 1968) aux personnes qui prendront contact avec lui.

Les faits dont nous avons connaissance montrent comment se déroulent ces plans en réalité : il ne s'attarde pas au Chili, il reste à peine à Buenos Aires, il arrive au Mexique en décembre. Ajoutons que les agents du Département I résidant au Mexique, « Benito » et « Grzegorz », ne le trouvent apparemment pas tout de suite, car les deux premières notes sur les contacts avec « la Source », qui s'appelle maintenant « Vera Cruz », remontent à juin et août 1969. À la seconde est joint un premier rapport signé de ce pseudonyme. Ce rapport donne des informations sur un militant de parti communiste vénézuélien soupçonné de transmettre à la CIA des résultats d'analyses sociologiques sur l'élite politique vénézuélienne menées par une plateforme d'observation à l'université de Caracas …

Un an et demi s'écoule entre son départ de Pologne et la prise de contact ; du point de vue des commanditaires de cette mission secrète, c'est un réel gâchis. Kapuściński justifie son inaction d'une manière qui ressemble à une impertinence (digne du pseudonyme précédent : « le poète ») ou qui laisse entendre que lui et son contact ont décidé de se protéger mutuellement de la colère de la Centrale : « Il croule sous le travail (…), écrit « Benito » dans une note du 18 juin 1969, et n'a pas pu réaliser nos plans opérationnels. (…) Il faut espérer qu'à l'avenir, quand il aura terminé son livre sur Che Guevara (il est dans la phase de conclusion), en dépit de toutes les difficultés mentionnées, il pourra consacrer un peu de temps à l'exécution des tâches opérationnelles qui lui ont été confiées ». Il semble que l'utilité de maintenir un contact avec « Vera Cruz » ait même fait l'objet d'une réflexion, car dans la même note nous lisons encore : « Nous remarquons que c'est un homme précieux et qu'il ne faut pas renoncer à l'utiliser pour réaliser nos missions » …

Comparé à cette première information sur la prise de contact avec Kapuściński, le récit de l'écrivain tiré d'une conversation avec Maria Sten, deux mois plus tôt, paraît assez énigmatique. Maria Sten vit au Mexique, elle n'a pas l'intention de revenir en Pologne, elle est traductrice et fait de la recherche sur les cultures précolombiennes. En avril 1969, Kapuściński fait un rapport d'après lequel Sten, qui vient de rentrer de Pologne, a qualifié la situation polonaise de « cauchemardesque », et elle a répété des rumeurs selon lesquelles les autorités du parti et de l'État auraient été mises sur écoute par la direction du ministère des Affaires étrangères de l'époque. L'auteur a-t-il envoyé cette note directement à Varsovie, sans passer par ses intermédiaires mexicains ? Il est possible que cela se soit passé ainsi, comme le suggèrent Witold Bereś et Krzysztof Burnetko en se référant à un souvenir de Stefan Bratkowski[110] : Kapuściński avait accédé à la demande de Sten, car elle tenait à ce que les autorités à Varsovie sachent ce qu'elle pensait d'eux et ce qui se dit dans le monde. Quoi qu'il en soit, il est évident que ce n'est pas le genre d'information que la Centrale attendait de lui ; en général elle ne tenait pas compte de ses rapports, jugeant sévèrement le manque de résultats de Kapuściński. Il se peut que les officiers du Département I crurent vraiment que l'écrivain ne comprenait pas ce qu'ils attendaient de lui, car, comme en témoignent des notes du 9 septembre et du 13 octobre 1969, ils décidèrent de mettre à profit son congé de septembre pour lui donner une sorte de formation. Ils lui confièrent la tâche de récupérer à l'aéroport, des mains du vice-directeur de l'École polytechnique du Mexique, des documents d'information au sujet du Congrès Mondial des Sciences et des Techniques qui allait se tenir à Tel-Aviv (on ne sait pas s'il les récupéra et s'ils étaient secrets), et ils eurent avec lui un long entretien avec des instructions, « car ce type d'explications était nécessaire ». Ils durent donc faire pression sur lui afin qu'« il fasse un rapport détaillé de ces activités jusqu'à présent », qu'il s'oblige à mieux utiliser ses contacts, ses rencontres et qu'il « veille aux résultats ». En outre, ils lui firent

---

110 Les auteurs du présent ouvage écrivent que Kapuściński, qui du reste garda des relations amicales avec Sten (elle mourut six jours avant lui), au début des années 1970 parla à Stefan Bratkowski de la vie de cette dernière, « en décrivant les préjudices que lui avaient causé le pouvoir polonais et son amertume à sÒon égard. Il raconta qu'après son départ de Pologne, Sten lui avait instamment demandé de transmettre aux autorités polonaises ce qu'elle pensait d'eux, et il révéla que les plus hauts fonctionnaires avaient été mis sur écoutes en mars 68 par les services spéciaux. Le reporter raconta qu'il avait volontiers accédé à sa demande ». Voir W. Bereś, K. Burnetko, *Kapuściński. Nie ogarniam świata* (Kapuściński. Je n'embrasse pas le monde entier), Varsovie 2007, p.137.

comprendre que ce qui les intéressait ce n'étaient pas « les affaires de politique générale, mais les affaires « concrètes » qu'il ne pouvait pas transmettre à la PAP ». Encore une fois, ils soulignèrent que « les services spéciaux du principal adversaire », étaient « la seule direction de son action ». Il devait confirmer qu'il avait compris…

Le contenu de quelques rapports suivants de Kapuściński des années 1970–1972, joints au dossier, ou seulement notés dans le dossier avec une impatience croissante perceptible, montre toutefois que l'écrivain ne changea pas d'un iota sa tactique, consistant à se débarrasser des fonctionnaires des renseignements en rédigeant des analyses qui pouvaient aussi bien atterrir dans un des bulletins de la PAP. Un rapport de cinq pages sur la normalisation des rapports entre Cuba et les pays d'Amérique latine, des articles sur une conférence d'ambassadeurs des États-Unis des mêmes pays et sur le mouvement trotskiste sur leur territoire, un texte présenté comme une « étude de la situation politique au Mexique et de la situation intérieure avec des informations générales sur les services spéciaux » (28 août 1971), une « étude des organisations fascistes en Amérique latine instiguées par la CIA » (3 février 1972), une expertise de la politique chinoise sur le continent sud-américain, des documents qui, même s'ils étaient jugés intéressants, finissaient par atterrir dans un bulletin interne ou dans un centre de documentation. Le fait que ces dossiers aient été si peu appréciés montre peut-être qu'ils étaient peu utiles. Dans la documentation, on trouve seulement trois quittances de réception d'« honoraires » d'un montant de trois cent cinquante pesos (à titre de comparaison, l'un des « tuteurs » de Kapuściński demanda un remboursement de cent quatre-vingt dix pesos pour un repas de deux personnes), dont deux avec des notes dans la marge sur la manière d'utiliser des rapports concrets à caractère politique.

Deux rapports que l'écrivain envoya d'Amérique du Sud ont un caractère « concret », mais ils s'intéressent à des détails peu utiles aux renseignements. Le premier (daté du 12 février 1970) concerne Pablo Morales, rédacteur en chef de la version espagnole de Readers's Digest, mensuel soupçonné d'avoir des liens avec le contrespionnage américain. Kapuściński le présente comme un homme sympathique, social, apprécié dans le milieu des correspondants, s'intéressant peu à la politique, encore moins à celle des pays socialistes. Le deuxième (daté du 17 avril 1970) informe que deux étudiants mexicains arrêtés après la révolution de 1968 ont été traduits en justice pour avoir été en possession de lettres en provenance de Pologne concernant des contacts touristiques. Des informations dignes d'être publiées dans la presse.

Il n'est pas à exclure que la seconde tentative de recruter Kapuściński pour des missions de renseignements, qui fut un échec comme la première, eut une influence sur certains détails de son parcours géographique. En revanche, cette tentative n'eut aucune influence sur ce qu'il écrivait comme journaliste et comme reporter. Les pressions exercées par les officiers du Département I ne furent même pas en mesure de l'inciter à écrire dans leur intérêt, autrement que pour l'agence de presse pour laquelle il travaillait. Ce qui, aujourd'hui, peut passer pour une preuve de soumission à l'institution impliquée dans une grande guerre idéologique contre l'Ouest caractérise aussi l'écriture de Kapuściński. *Exacerbation du conflit entre le Pérou et les États-Unis* ; *Le Mouvement de résistance contre les monopoles des États-Unis en Amérique latine*[111] ; *La réforme agraire péruvienne ou la nouvelle révolution sociale du Tiers-monde*[112] ; *Les mouvements de gauche à une nouvelle étape*[113] ; *L'Amérique latine aux avant-postes de la révolution*[114], tels étaient les titres de ses correspondances publiées dans la presse. Sa position caractérisée par la confrontation idéologique de deux camps était le fruit de ses convictions précédentes et du fait qu'il se retrouvait dans un lieu rendant cette lutte contre l'« impérialisme américain » tout à fait compréhensible et évidente. On peut dire que si la providence du XXe siècle veilla à le faire évacuer de Pologne et à le protéger contre la nécessité d'une vérification idéologique, elle sut également où le transférer afin de renforcer et de préserver cette position pour les années à venir. La grande majorité des pays d'Amérique du Sud gouvernés par des dictatures militaires ou semi-militaires était à cette époque l'objet de secousses plus ou moins violentes, visant à libérer ces États des reliquats d'un régime encore féodal, à supprimer les monopoles internationaux et américains des richesses minérales et enfin à les affranchir de la tutelle croissante de Washington, souvent comparée à l'époque à la tutelle de Moscou sur les États du bloc dit socialiste d'Europe centrale et d'Europe de l'Est. Tous ces mouvements étaient soit initiés « d'en haut » par les groupes gouvernants, généralement des juntes militaires, et alors cela aboutissait à des réformes sociales précipitées touchant le partage des terres, la généralisation de la scolarisation, les libertés politiques et syndicales, soit ils étaient écrasés par ces groupes dominants, et alors cela aboutissait à une prolifération de luttes révolutionnaires partisanes, renouant avec la longue tradition de la guérilla latino-américaine et menaçant de répéter la révolution communiste victorieuse cubaine de Fidel Castro qui avait eu lieu quelques années avant. D'une manière ou d'une autre, le

---

111 Trybuna Ludu 1969, n 40, 44, 52.
112 Tygodniowy Biuletyn Specjalny (Bulletin spécial hebdomadaire, signalé par le sigle BSH) 1969, n 1066/7.
113 Perspektywy 1971, n 28.
114 Ideologia i Polityka 1971, n 5.

continent était secoué par des coups d'État, des réformes révolutionnaires, des confrontations entre des détachements de partisans des villes et des campagnes, il pouvait donner l'impression d'être gagné par une fièvre révolutionnaire.

Kapuściński était, du moins peut-on le supposer, ému et enthousiaste. Il avait le droit de croire qu'il se trouvait de nouveau là où il fallait, dans un espace et dans un temps où se formait un nouveau centre de la révolution du Tiers-monde, qu'il était le témoin d'événements aussi importants que ceux qu'il venait de vivre en Afrique. « L'essence de ces événements, écrivait-il dans l'une de ses premières correspondances, vient de ce que pour la première fois dans l'histoire actuelle du monde, l'Amérique latine a fait son entrée dans l'arène internationale en tant que force politique autonome. (...) Cela signifie que le centre de la lutte menée par le Tiers-monde contre les forces du néocolonialisme s'est désormais déplacé d'Afrique et d'Asie en Amérique latine »[115]. Il pouvait donc reconstruire son optimisme relatif à sa philosophie de l'histoire, compromis par la tournure prise par les événements africains. En fait, l'Afrique s'était engluée dans le chaos de la fin d'une époque historique et dans l'attente d'une phase nouvelle, mais l'esprit de la révolution n'était pas mort, il s'était simplement déplacé sur un autre continent, et Kapuściński avec lui. Il cherchait même des analogies entre les expériences africaines et sud-américaines, ce qui sans doute l'aidait à faire face au baroque latino-américain tout en lui fournissant une clé pour comprendre les grands processus sociaux, passés et présents, du continent où il venait de débarquer, une clé pas toujours pertinente. Il effectua, entre autres, une comparaison risquée entre la tradition, sacrée pour les Latino-américains, des luttes de libération remontant au début du XIXe siècle et illuminée par la légende des meneurs d'insurrections anti-hispaniques (Simon Bolivar, José San Martin), et les luttes armées menées par les États africains pour s'émanciper des colons blancs : la République d'Afrique du Sud et la Rhodésie[116]. Mais cela témoigne avant tout de l'ampleur du tournant historique qu'il pressentait à court terme – à la mesure des révolutions de libération du XIXe siècle –, ainsi que son aversion pour les dictatures, et surtout pour leur attitude à l'égard des Indiens et des métis.

Son errance contrainte des premiers mois lui permet de plonger dans l'intensité et la diversité de la fièvre sud-américaine. En 1968, sous la présidence de Frei, le Chili connaît une période de mécontentement croissant à l'égard du gouvernement démocrate-chrétien et un renforcement du Front de l'Unité

---

115 Tygodniowy Biuletyn Specjalny, 23 juin 1969, n 1062.
116 Cf. R. Kapuściński, *Ameryka Łacińska na przedpolu rewolucji* (L'Amérique latine aux avant-postes de la révolution), p. 65.

Populaire (incluant le parti communiste), dont la victoire aux élections de 1970 porte au pouvoir Salvadore Allende et ouvre la voie aux réformes les plus radicales. Le Pérou prend également cette voie en 1968, mais sous la forme d'un coup d'État militaire qui renverse le gouvernement civil centriste et inaugure le gouvernement d'une junte militaire révolutionnaire, avec à sa tête le général Velasco Alvarado. Au Brésil, la constitution de 1967 renforce le pouvoir autoritaire et militaire exercé à cette époque par le président Costa e Silva, et l'année 1968 est l'époque où apparaissent de nouvelles formes de résistance sociale et de lutte partisane. Pendant tout l'été se produisent des troubles étudiants qui commencent au printemps par une tentative d'occupation du ministère de l'Instruction, des combats de rues contre la police et qui se terminent en automne par l'arrestation de huit cents personnes. En mai commencent des manifestations et des grèves ouvrières. Les organisateurs de la guérilla urbaine brésilienne qui prépare ses premières actions retentissantes sont issus des rangs de meneurs étudiants et d'ouvriers vaincus : attaques de banques et de trains postaux pour financer leur « action révolutionnaire », attentats contre des fonctionnaires de l'appareil répressif, enlèvements. On assiste à la renaissance de la guérilla traditionnelle des campagnes ou plutôt des forêts[117]. Kapuściński n'est pas présent à ce moment-là à São Paulo, mais il a sûrement eu connaissance de l'un des attentats les plus illustres qui y a été perpétré en octobre 1968 contre le capitaine Charles Chandler, fonctionnaire de la CIA, expert de la lutte contre les partisans, conseiller entre autres du gouvernement bolivien un an plus tôt, pendant l'encerclement du détachement d'Ernest Che Guevara.

La Bolivie, pays frontalier du Chili, du Pérou et du Brésil, ne figure par parmi les États où Kapuściński séjournera, mais on sait qu'il s'y rend au printemps, justement en liaison avec la figure de Che Guevara dont la gloire commence, six mois environ après sa mort dramatique, à se transformer en l'une des légendes les plus durables de la gauche mondiale (en tant que co-auteur de la révolution cubaine victorieuse, d'émissaire de la révolution « anti-impérialiste », anti-américaine et libre en même temps de la tutelle de Moscou dans tout le Tiers-monde). Bien que les informations sur ce dossier soient de plus en plus approfondies (les titres de la presse populaire sont édifiants à ce sujet[118]),

---

117 Voir Z.M. Kowalewski, *Brasilia. Karabin przeciw zależnemu imperializmowi* (Brésil. Un fusil contre un impérialisme dépendant), in: *idem, Guerilla latyno-amerykańska* (La guérilla latino-américaine), Varsovie 1978.

118 Cf. *Ciemna strona ikony* (Le côté sombre de l'icône) (reproduction de trois articles de la presse mondiale), Forum 2007, n 41, pp. 48–55.

la légende de Che Guevara dure encore aujourd'hui. Nous la croisons encore sur notre route, ne serait-ce que sous la forme d'une effigie symbolique – visage barbu, béret – placardée sur les murs, sur des plaquettes ou des tee-shirts anti-globalistes. Kapuściński assiste et contribue à la formation de cette première image visible au « printemps étudiant » de 1968 en Europe et aux États-Unis, mais aussi sans doute au Brésil où cette révolution se poursuit jusqu'à l'automne.

Accédant au rang de mythe, la figure d'Ernest Che Guevara est la clé la plus naturelle et la plus expressive pour comprendre la réalité sud-américaine de l'époque. C'est sans doute la raison pour laquelle Kapuściński commence à réunir de la documentation pour le livre qu'il veut lui consacrer, de même qu'après ses premiers séjours en Afrique, il avait réuni de la documentation pour écrire les biographies de Lumumba et de Nkrumah. Le premier élément important de cette documentation est justement le journal de Che Guevara, écrit du 7 novembre 1966 au 7 octobre 1967 (autrement dit pendant toute la période où il essaie, avec son détachement d'une ou deux dizaines de personnes, d'allumer la guérilla paysanne dans la province bolivienne de Santa Cruz), qu'on a retrouvé intact, à côté de sa dépouille, qui est après passé en fraude à Cuba, et, la veille du départ de Kapuściński au Pérou, a été publié dans un périodique chilien. Il est écrit dans un espagnol simple, et Kapuściński décide aussitôt de s'atteler à sa traduction qu'il considère aussi comme un prolongement de son apprentissage linguistique.

Cet apprentissage pratique de la langue et par la même de la réalité sud-américaine doit être passionnant, car Kapuściński rappelle que ce travail l'absorbe au point qu'il ne quitte pratiquement plus son hôtel à Lima[119], et lorsqu'il le quitte (information que nous tenons d'une autre source), c'est, entre autres, dans le cadre de son travail de traduction, car il s'envole pour la Bolivie en vue d'aller personnellement sur les traces des dernières escarmouches du Che, évoquées dans les notes qu'il traduisait. Une fois de plus, cette mission ne se déroule pas dans la sérénité, car de nouveau il frôle la mort. Aujourd'hui, « La Ruta del Che », qui compte environ cent trente kilomètres, une route qui va de la ville de Santa Cruz au village de La Higuera, lieu de la dernière escarmouche et de la mort du Che, puis à la ville de Vallegrande où son corps resta enterré pendant trente ans, est une attraction touristique. Mais Kapuściński l'emprunte à un moment où la province est encore soumise à l'état d'exception, et une unité militaire ayant récemment traqué des partisans est stationnée dans ses environs. Il manque être fusillé par deux militaires et n'échappe à cette

---

119 Cf. *El Clasico Latino...*

exécution sommaire dans la brousse que parce que ces derniers sont assez ivres pour se laisser convaincre par le chauffeur civil de poursuivre leur beuverie dans un troquet de campagne, ce qui se solde par la perte de conscience des deux hommes et permet à l'écrivain de s'enfuir[120].

Il est fort possible que ce contact personnel de Kapuściński avec la réalité de la lutte partisane l'aide à ne pas céder au mythe de Che Guevara – combattant de la révolution. Dans l'introduction de la traduction polonaise, il attire l'attention sur le caractère utopique du programme du « foco guerrillero » (base révolutionnaire) peu adapté à l'espace et aux hommes qu'il est censé concerner. Il n'est pas facile, en effet, d'imposer une réforme agraire à des paysans vivant sur des terres désertiques et peu fertiles, dont les fils et les parents servent dans une armée qui chasse les guérilleros, surtout quand on est blanc, étranger (et intellectuel de surcroît), et qu'on ne parle pas la langue locale. C'est pourquoi Kapuściński perçoit avant tout, dans les derniers mois de la vie de Che Guevara, le drame d'un sacrifice gratuit, d'un baroud d'honneur, la mise en œuvre de son idéal au prix de sa propre vie, avec une conscience de plus en plus aiguë de l'inutilité du sacrifice puisqu'il ne sert pas d'exemple aux habitants locaux. Cette posture inspire à Kapuściński les mots les plus pathétiques : « C'est le journal d'un chef d'un détachement encerclé, le journal d'un homme qui au moins pendant les six derniers mois de sa vie mène un combat inutile, conscient qu'il pourrait être sauvé en déposant les armes, mais qui à aucun instant n'envisage cette alternative, au contraire, il continue, il tombe, il se relève et il continue ; les dernières pages du *Journal...* ne sont illuminées par aucune lueur d'espoir... l'anneau se resserre de plus en plus, (...) il est de plus en plus seul, (...) sur un terrain étranger et perfide qui le mène dans l'inconnu, (...) seul avec la conscience de la fin qui l'attend, car il ne lui reste presque rien – quelques kilomètres de marche, un pistolet sans munitions, un dernier moment de joie à l'idée que « la journée a été idyllique », la dernière nuit, le dernier défilé, le dernier coup de feu »[121].

La recherche de la clé de la révolution sud-américaine dans la figure de Che Guevara, et surtout la présentation du côté héroïque et tragique de son éthique dans ses actes contribuent probablement à « l'enracinement en Amérique du Sud » du reporter et de l'écrivain. Cela oriente son attention vers la problématique des postures morales accompagnant l'engagement politique, des choix et des dilemmes individuels et cela réduit aussi sensiblement la sphère des thèmes

---

120 Cf. *Uczestniczyć i relacjonować, op. cit.*
121 R. Kapuściński, *Note du traducteur*, in : Che Guevara, *Journal de Bolivie, op. cit.*, p. 6.

qui sollicitent son idée créatrice et son imagination. En même temps, cette thématique est mise de côté et réservée à l'écriture de livres « pour après », car elle se prête mal aux exigences du travail de correspondant ; elle nécessite une longue maturation. Le fait que Kapuściński se soit intéressé à toute cette problématique explique, entre autres, qu'il ait écrit moins de textes ambitieux, moins de textes écrits aussi « pour lui », par rapport à la période africaine, au profit de rapports et de commentaires d'agence.

En ce qui concerne ces textes pragmatiques, il reste de nombreux thèmes qui auraient dû passionner Kapuściński et l'inciter à leur consacrer plus d'attention, pour finir par prendre la forme d'un texte conséquent. L'un de ces thèmes aurait pu être, par exemple, le voyage en Amérique latine, au milieu de l'année 1969, de Nelson Rockefeller, l'envoyé spécial du nouveau président des Etats-Unis de l'époque, Richard Nixon. Dans cette tournée, il est impossible de ne pas voir le processus le plus spectaculaire du désir du continent de s'émanciper de sa dépendance par rapport aux États-Unis. Jusque-là, seuls quelques petits cercles intellectuels protestaient contre ce genre de visite ; cette fois, dans la majorité des vingt pays visités, ont lieu des dizaines de milliers de manifestations, de combats de rues contre la police et l'armée, avec des dizaines de morts, de blessés et des centaines d'arrestations. Kapuściński suit et commente ce voyage avec attention, mais il se limite à de brèves correspondances et analyses[122], envoyées du Mexique où il s'est installé pour une période durable en novembre 1968.

De même, éclate au milieu de l'année 1969 une guerre, qui passe dans l'histoire, entre autres, grâce à Kapuściński, sous le nom de « guerre du foot » (la défaite du Salvador contre le Honduras dans un match éliminatoire pour le championnat du monde, qui sert de prétexte au premier pour agresser le second). Elle est l'occasion pour l'écrivain de faire ses premières expériences du front en Amérique, d'autant plus intensives qu'au moment de l'agression du Salvador contre la capitale du Honduras, Tegucigalpa, il est le seul correspondant étranger sur place. Il semble toutefois que le sens politique et social prêté initialement à cette guerre s'épuise avant la fin des hostilités, à la suite de pressions internationales. Kapuściński considère qu'il s'agit d'une guerre d'extension et aussi – du point de vue du camp opposé – d'une guerre visant à faire barrage à la révolution. Le Salvador étant la propriété de United Fruit Company

---

122 Cf. *Na marginesie wizyty Rockefellera* (En marge de la visite de Rockefeller) (BS 1969, n 7307) ; *Po zakończeniu latynoskiej podróży Rockefellera* (Après le voyage latino-américain de Rockefeller) (BS 1969, n 7325) ; *Peryferie Rockefellera* (Les péripheries de Rockefeller), Trybuna Ludu 1969, n 151, p. 2.

et de quatorze latufundia aurait agressé le Honduras, qui a, par ailleurs, déjà accompli sa réforme agraire, pour forcer les cinq cent mille paysans salvadoriens ayant émigré au Honduras par manque de terres à y rester. Le Honduras a donc empiété sur le territoire du Salvador afin de « créer les conditions » d'une extension de la révolution agraire chez son voisin, au nom de la « justice sociale » évidemment, et sans doute aussi pour pouvoir renvoyer ces émigrants et se prémunir contre leur retour. « Cette guerre fut la dernière tentative de sauver l'oligarchie féodale et militariste du Salvador contre la révolution paysanne qui ne cessait de prendre de l'ampleur au Salvador »[123], écrivait Kapuściński. Toutefois le traité de paix provoqué par les pressions et les menaces de sanctions, ainsi que les parades fêtant la victoire dans les deux capitales, privèrent cette guerre de tout caractère de libération et de tout autre signification, mais peut-être permit-elle au moins de mettre à jour le drame de ce demi-million de paysans qui ne savaient où trouver un toit et étaient ballottés d'un pays à l'autre.

Kapuściński met sans doute de plus grands espoirs dans la révolution au Pérou déclenchée par un coup d'État militaire, révolution qu'il regarde avec un enthousiasme croissant dès lors que la junte applique la réforme agraire. « La révolution péruvienne, écrit-il, après les révolutions cubaine, algérienne, égyptienne et zanzibarienne, est la révolution sociale la plus importante et la plus profonde qui se soit produite dans les années 1960 dans le Tiers-monde »[124]. Kapuściński se rend au moins deux fois au Pérou, en 1969 et en 1970, faisant à chaque fois une excursion dans la Cordillère des Andes pour visiter des villages n'ayant encore jamais vu d'homme blanc. Il ne reste d'ailleurs aucune trace écrite de ces expéditions, ce qui montre ses centres d'intérêt de l'époque : « Je n'ai pas vu de villages et de bourgs éternellement endormis, morts, écrivait-il. Partout je suis tombé sur des comités de défense de la révolution avec des équipes pleines d'initiative et de plans d'action. Partout j'ai rencontré l'enthousiasme typique des premières années de toute révolution »[125].

Au Pérou, Kapuściński semble retrouver sa foi de jeunesse dans les idéaux de la révolution et le sentiment de communauté entre des hommes désireux de

---

123 *Korespondencja PAP z frontu hondurasko-salwadorskiego* (Correspondance de la PAP du front Honduras-Salvador) (BS 1969, n 7317).

124 *Peruwiańska reforma rolna – najnowszym przewrotem społecznym Trzeciego Świata* (La réforme agraire péruvienne est la dernière révolution sociale du Tiers-monde) (BS 1969, n 7317).

125 [Korespondencja z Peru] (Correspondance du Pérou), (BS 1970, n 7701) ; voir également : *Pierwsza autentyczna rewolucja* (La première révolution authentique), Polityka1970, n 42.

changer le monde, sentiment qu'il a connu plus de dix ans plus tôt, lors de son premier voyage en Afrique. Ici aussi il aurait pu dire, en regardant ne serait-ce que les « coopératives de production agricole, gérées par des conseils élus par le personnel des anciens « latifundia », que cela lui rappelait quelque chose… Une révolution fonctionnant avec des réformes et des décrets venus d'en haut, qui se transforme en un mouvement populaire de masse et en un processus spontané de changement social, lui semble être une issue exemplaire, exportable dans d'autres pays du Tiers-monde dépendants et arriérés. Pourtant, cette fois encore, il ne confirme pas ses convictions par un texte majeur, comme s'il n'était pas suffisamment convaincu de la pérennité de la perspective historique qu'il vient de découvrir. À juste titre, car peu après son départ d'Amérique du Sud, le processus de changements au Pérou devait être freiné et balayé par d'autres phénomènes : l'endettement, l'inflation, le chômage.

Mais, avant d'en arriver là, Kapuściński devient avant tout un observateur, un commentateur et un porte-parole plein de vigilance des changements en cours au Chili[126], changements qui s'accélèrent radicalement après l'élection de Salvatore Allende comme président en octobre 1970, à la tête du bloc « Unité populaire » dont font aussi partie les communistes. L'achèvement de la réforme agraire, la nationalisation des mines de cuivre, vitales pour le pays, la recherche d'une indépendance en matière de politique étrangère, par le biais, entre autres, du rapprochement avec le bloc soviétique et Cuba (concrétisée par la visite de Fidel Castro en 1972, sa première visite sur le continent sud-américain après la révolution cubaine) sont incontestablement des signes de changements authentiquement révolutionnaires, des changements par ailleurs conquis non pas par la voie d'une lutte armée ou d'un coup d'État militaire, mais par la voie parlementaire, par des accords avec la Démocratie chrétienne et avec la garantie de la neutralité de l'armée. Kapuściński est sur le point de croire à la victoire des

---

126 Cf. entre autres : *Nacjonalizacja kopalń miedzi w Chile* (Nationalisation des mines de cuivre au Chili), Życie Warszawy 1969, n 135; *Trzej kandydaci na prezydenta Chile prezentują swoje programy* (Trois candidats à la présidentielle présentent leurs programmes), Trybuna Ludu 1970, n 67; *Wkrótce rozmowy chadecji z koalicją lewicy w Chile* (Bientôt des pourparlers entre la Démocratie chrétienne et la coalition de gauche au Chili), Trybuna Ludu 1970, n 263 ; *Salvador Allende prezydentem Chile* (Salvador Allende président du Chili), Życie Warszawy 1970, n 255; *Większość Chilijczyków głosowała na TAK* (La majorité des Chiliens ont voté OUI), Trybuna Ludu 1971, n 97; *Deklaracja z Limy* (Déclaration de Lima), Życie Warszawy 1971, n 268 ; *Powitanie Fidela Castro w Limie* (Fidel Castro accueilli à Lima), Trybuna Ludu 1971, n 315.

idées des blocs du centre-gauche populaire (qui rappellent les fronts populaires européens des années 1930), il suit la propagation de ces idées dans d'autres pays, et c'est avec une grande inquiétude qu'il observe l'exacerbation des rapports entre Allende et le congrès d'une part, et l'armée de l'autre[127]. Certes, l'attentat du général Pinochet aura lieu plusieurs mois après le retour de Kapuściński en Pologne, mais à la fin de 1972, on peut déjà percevoir les signes d'une catastrophe imminente

Aucun foyer de la révolution sud-américaine ne comble donc les attentes de Kapuściński. Peut-être ses attentes sont-elles exagérées ? Peut-être a-t-il espéré que l'Amérique du Sud vivrait un moment historique comparable à celui de l'indépendance au XIXe siècle ? Peut-être sa conception de la révolution est-elle trop idéaliste pour qu'une réalité politique concrète puisse être à la hauteur de ses rêves ? Quoi qu'il en soit, son hommage à la révolution et aux révolutionnaires, son cœur et son engagement de créateur restent du côté de ses combattants, de ses victimes, des héritiers du mythe de Che Guevara. Cette hypothèse se trouve confirmée par un texte qui se situe entre le reportage et l'essai politico-social, le seul texte long écrit « sur le vif » par Kapuściński pendant son séjour en Amérique latine, intitulé initialement *Dlaczego zginął Karl von Spreti ?* (Pourquoi est mort Karl von Spreti ?),[128] reproduit par la suite avec des coupures dans *Le Christ à la carabine* sous un titre plus connu : *La mort de l'ambassadeur*.

La mort de l'ambassadeur est un plaidoyer passionné en faveur des jeunes combattants guatémaltèques du groupe FAR, accusés de terrorisme et de barbarie. À la fin du mois d'avril et au début du mois de mai ils enlèvent l'ambassadeur de la RFA, le comte Karl von Spreti, afin d'exiger la libération de vingt-deux de leurs compagnons de lutte. Lorsque leurs revendications sont rejetées, ils exécutent leur otage. Par la suite, Kapuściński justifie son essai en mettant en avant le contexte, méconnu du lecteur polonais, dans lequel il a été

---

127 Cf. *Po zabójstwie Péreza Zujovic– Czy chadecja przejdzie do totalnej opozycji* (Après l'assassinat de Pérez Zujovic – Ou la Démocratie chrétienne va-t-elle passer dans une opposition totale) (BSH 1970, n 1260) ; *Zakończenie konfliktu Allende – prawica kongresu* (La fin du conflit Allende – droite du congrès) (BS 1972, n 8096).

128 R. Kapuściński, *Dlaczego zginął Karl von Spreti ?*, Warszawa 1970. Extraits dans Trybuna Ludu 1970, n 143 et dans Tygodnik Kulturalny 1970, n 24, texte repris dans *Chrystus z karabinem na ramieniu* (Le Christ à la carabine), *op. cit.*, sous le titre *Śmierć ambasadora* (La mort de l'ambassadeur). Les citations proviennent de cette reproduction.

écrit. S'en suit une polémique avec la presse mondiale, et surtout au Mexique, lieu où l'écrivain réside et où il rencontre les conspirateurs et les émigrés politiques de tout le continent sud-américain venant se mettre à l'abri des dictatures sanglantes de leurs pays.

Dans cette polémique, l'action des ravisseurs est assimilée à celle de groupes de combat d'extrême-droite collaborant clandestinement avec le régime militaire autoritaire, moyen pour ce dernier de décliner toute responsabilité dans les enlèvements, les assassinats, les portés disparus. Une interprétation que Kapuściński réfute catégoriquement ; il ne peut assimiler ces jeunes gens – aux intentions les plus pures, les plus nobles, ayant généralement sacrifié leurs études, leur carrière, le bien-être familial et presque toujours leur vie (à l'époque, un partisan au Guatemala meurt en moyenne à l'âge de vingt-deux ans) au nom de la lutte pour les droits civiques élémentaires – à des bandes de mercenaires et à des assassins. Il convainc donc le lecteur que la prétendue terreur individuelle (en particulier les enlèvements de diplomates, qui mettent en difficulté les relations internationales des dictatures) n'est pas l'unique méthode de combat, mais « l'unique forme possible d'autodéfense » face à la terreur organisée et impunie de l'État. D'après l'histoire du pays et de sa situation contemporaine que l'auteur présente dans le reportage avec verve, il apparaît clairement que du fait de la pression coloniale intérieure et extérieure qui bloque toute réforme sociale et toute action politique normale et réfléchie, la demande de libération des prisonniers (retenus sans procès et sans jugement, et ne pouvant donc compter sur une libération) par le biais de l'enlèvement de diplomates, devient une forme de guerre civile acceptée par les deux camps. Les règles non écrites de cette guerre ont été violées par la partie gouvernementale qui refuse de rendre les « prisonniers » qu'elle a enlevés, autrement dit ses « otages » (elle en exécute même deux pendant le délai d'attente), en échange de la libération de son « otage » qui se trouve entre les mains des partisans.

Cette logique de défense exposée dans le reportage de Kapuściński trouve, semble-t-il, un écho dans la réalité. Quelques mois auparavant, en septembre 1969, la guérilla urbaine brésilienne a enlevée, à Rio de Janeiro, l'ambassadeur des Etats-Unis, Charles Elbrick, puis elle réussit à diffuser ses manifestes et à faire libérer, en l'espace de deux jours, quinze prisonniers, parmi lesquels se trouvaient des chefs de divers groupes se battant contre la dictature[129]. Kapuściński lui-même évoque des entretiens avec des groupes de « combattants » qui ont été relâchés en échange de la libération de diplomates et sont arrivés dans

---

129 Cf. Z.M. Kowalewski, *Guerrilla latyno-amerykańska, op. cit.*

la capitale mexicaine du Brésil, de la République dominicaine, du Guatemala… Les ravisseurs de Karl von Spreti suivent lucidement des règles éprouvées. Ils sont en droit de croire au succès de leur opération, d'autant plus qu'ils l'ont menée la veille d'une visite rendue par le chancelier de la RFA au Président des Etats-Unis, et ils sont persuadés que le chancelier soutiendra l'intervention du Président, qui ne peut pas ne pas avoir d'effet immédiat. Ils n'ont toutefois pas pris en compte la puissance du jeu politique qui va se jouer en leur défaveur. Les Allemands et les États-Unis mènent au Guatemala une guerre d'influences, et ils n'ont aucun intérêt à intervenir. Les partisans doivent donc mettre à exécution leur menace afin de ne pas affaiblir la signification de la seule arme qu'ils ont entre les mains et qu'ils ont encore l'intention d'utiliser.

Ce plaidoyer brillant en faveur de la pureté des motivations et de la logique des jeunes ravisseurs ne doit pas néanmoins être soupçonnée de complaisance à l'égard d'un terrorisme débutant. Si ce plaidoyer impressionne encore aujourd'hui, c'est parce qu'il met à jour le nœud tragique de complications éthiques auquel est confronté un jeune intellectuel dans un pays régi par des rapports coloniaux et dirigé par une dictature absolue. Sa profonde sensibilité sociale et son sentiment de justice ne lui permettent pas de rester indifférent, et chaque forme d'engagement politique va l'entraîner vers des situations plus ou moins tragiques. En se lançant dans la guérilla sur le terrain, il se condamne à l'indifférence et à la méfiance de ceux pour lesquels il est prêt à mourir, car le village indien ne comprend pas les Blancs venus des villes. « Comment ne pas penser, ici, à la terrible solitude du guérillero qui meurt dans cette guerre ? » (Ch, 164), demande Kapuściński sur un ton dramatique. Se battre au sein de la guérilla urbaine, c'est risquer de s'impliquer dans des jeux politiques mystérieux et imprévisibles sans parler du risque moral, car le guérillero ne sera pas compris, il sera plutôt rejeté et condamné par l'opinion. En effet, la dictature qui fait obstacle à toute action politique notoire et légale, sait aussi s'entourer de silence, elle fait en sorte que personne ne veuille connaître la vérité (sur les drames des jeunes révolutionnaires comme sur le reste), en utilisant l'outil de la peur ou celui de l'ignorance, ou en manipulant l'opinion. C'est la raison pour laquelle il faut un cri pour troubler et déchirer ce silence, c'est la raison pour laquelle – du moins peut-on le supposer – Kapuściński écrit ce reportage, sur un ton de protestation et de polémique véhément, pour expliquer la mort d'un ambassadeur allemand dans un pays d'Amérique centrale.

Après la lecture de ce texte, on comprend mieux pourquoi Kapuściński quitte son second poste de correspondant, avec l'intention d'écrire un livre sur les destinées humaines livrées à la pression de la politique, convaincu qu'il sera plus à même de raconter au lecteur polonais son expérience sud-américaine, une expérience caractérisée par la découverte de la dimension individuelle et particulière de l'implication de l'individu dans l'histoire. Il est par ailleurs évident qu'en employant le concept de destin, l'écrivain ne pensait pas aux drames habituels et aux aventures de la vie, mais conformément au sens antique, à une sorte de *fatum*, à la prédestination que l'on ne peut éviter mais avec laquelle l'histoire écrase l'homme.

La réalité politique de l'Amérique du Sud devient donc pour lui quelque chose de plus qu'un système d'oppression concret, elle représente la violence organisée inhérente à l'histoire. Sa vision des choses est clairement exprimée dans un extrait sur le « complot du silence » : « Les gens qui écrivent l'histoire accordent trop d'attention aux événements retentissants et observent trop peu les périodes de silence. Il leur manque l'intuition infaillible de la mère qui soudain n'entend plus de bruit dans la chambre de son enfant. Elle sait que ce silence est de mauvais augure, qu'il s'agit d'un silence qui cache quelque chose. (...) En histoire et en politique, le silence remplit la même fonction. Le silence est un signe de malheur sinon de crime (...). Les tyrans et les occupants ont besoin du silence, ils s'emploient constamment à ce que leur œuvre soit entourée d'un black-out. Regardez un peu la manière dont les colonialistes dorlotent le silence. La discrétion avec laquelle œuvrait l'Inquisition. La façon dont Leónidas Trujillo évitait toute publicité. (...) Le silence a ses règles et ses exigences. Le silence nécessite des camps de concentration construits dans des lieux déserts. Il nécessite un énorme appareil de répression. Il nécessite une armée de délateurs. Le silence exige que les ennemis du silence disparaissent soudainement, sans laisser de trace. Le silence voudrait que sa tranquillité ne soit perturbée par aucune voix : ni plainte, ni protestation, ni révolte » (Ch, 117–118).

Se fondant sur des prémisses totalement différentes de celles qui le guidaient à son arrivée en Afrique et reprenant à zéro, de sa propre initiative, l'apprentissage d'un continent inconnu, Kapuściński une fois de plus se fraie un passage vers une pensée universalisante et vers la littérature. Cette fois, il privilégie le destin de l'homme, le drame du destin individuel, la problématique du choix et des valeurs dans la confrontation avec le mal institutionnalisé de ce monde. Avec cette nouvelle perspective, l'écriture de Kapuściński adopte une sorte de distance cognitive et réflexive par rapport à l'histoire en cours, et d'un autre côté, elle manifeste un intérêt authentique à l'altérité culturelle, aux paramètres définissant les formes que peuvent prendre différentes situations face à la même problématique. Jusqu'à présent en effet il recherchait surtout une communauté d'objectifs, d'idées, d'expériences générationnelles ; le fait de se consacrer à l'individu l'oblige à plonger dans les profondeurs de la particularité culturelle et à garder la distance indispensable à une réflexion fondée sur l'observation et la généralisation.

Le livre qu'il avait prévu d'écrire sur l'Amérique du Sud devait l'aider à mettre à jour les différences et les ressemblances entre nous et « eux ». Les notes prises à la fin de son séjour et que le lecteur trouvera (sans une certaine sélection) en 1990 seulement, sous la forme de la première partie de *Lapidarium*, intitulée *Du Mexique 1972* sont peut-être le carnet qui accompagnait ce livre, « un assemblage de matériel », un ensemble de réflexions. Elles témoignent d'un immense changement de Kapuściński par rapport à la période où il traduisait *Le journal...* de Che Guevara. C'est dans son rapport aux mouvements révolutionnaires que son évolution semble la plus importante. Avant, nous constations une certaine désillusion face à l'impuissance de ces mouvements se battant contre le *statu quo* des structures puissantes, ce qui l'incitait d'autant plus à se solidariser avec les guérilléros isolés en lutte pour la vérité et la justice, qui avaient au moins le mérite de témoigner. Désormais il semble douter du sens profond du sacrifice des conspirateurs et des partisans. « Leur mouvement est avant tout un mouvement de purification morale, remarque l'écrivain. Leur objectif politique est dans un certain sens secondaire sans être vraiment conscient. (...) Ils ne pensent pas à la victoire, ils pensent à la pureté » (L, 27). C'est surtout la conspiration étudiante qui représente pour lui le culte du geste, la manifestation d'un besoin existentiel, parfois sous la forme d'une vie sociale et d'une participation contre-culturelle à la vie publique, une aventure (se terminant souvent par la mort) légitimant à sa façon le système d'oppression, puisqu'elle contribue à justifier sa nécessité sans le mettre vraiment en danger.

Cela ne signifie pas, bien évidemment, qu'il justifie ce système. Il approfondit les innombrables notes qu'il a prises, classe les observations qu'il a rédigées et qui portent sur les particularités du système totalitaire. Il analyse quatre techniques destinées à liquider physiquement les opposants politiques : l'intimidation, l'infiltration et la provocation visant à faire éclater l'opposition ; des formes de démagogie et des apparences de démocratie ; la terreur quotidienne avec surveillance, écoutes, système de listes d'ennemis publics de toutes catégories ; la prison avec ou sans procès mais avec suspension de l'exécution. Il considère toutefois ces divers attributs du totalitarisme comme des *realia* de la vie quotidienne, familiers et consensuels, coexistant avec différentes formes de l'activité de l'opposition et s'ajoutant à ces dernières en donnant à la vie politique du continent un caractère unique. Ce ne sont pas deux camps se battant des deux côtés de la barricade, mais plutôt un conglomérat fluide qui se cristallise autour de phénomènes grotesques, telles que les carrières gouvernementales d'anciens révolutionnaires étudiants ou alors cette place à La Paz où le dimanche matin, des militants de groupes ennemis viennent se faire cirer les bottes.

On peut présumer que le caractère dépaysant de la vie politique en Amérique du Sud auquel l'auteur s'est beaucoup intéressé a finalement contribué à le faire douter de la possibilité de trouver une communauté d'idées par-delà les différences culturelles. « La série de conflits idéologiques, écrit-il, vient de ce que l'idéologie, en changeant de situation géographique, prend la couleur d'une autre culture, parfois elle change même son sens premier. Chaque milieu culturel donne à la même idéologie une autre teinte, (…) le voyage des idées est un processus actif, au bout de ce voyage l'idée peut apparaître sous une forme tout à fait étonnante « (L, 13). Il faut donc commencer par comprendre les différences culturelles, régionales, locales, « savoir cerner le but concret pour lequel se bat un village, une bourgade » (L, 15). Deux notes commencent par une sorte de titre : « La théorie des temps locaux » ; « *Une autre religion* – un thème et un titre d'essai sur le foot en Amérique latine » (L, 17). Une autre note pose le problème suivant : « Le mot : différence entre le poids du mot chez eux et chez nous » (L, 19).

Kapuściński a commencé son séjour en Amérique du Sud par une sorte de manifeste idéologique ; il l'a terminé par des embryons d'essais sur l'anthropologie et la connaissance des cultures. Il est temps maintenant que les riches fruits de ce séjour s'unissent à ceux de son expérience africaine et de celle des confins de l'Asie soviétique.

V À son propre compte

Le premier texte important annonçant une étape nouvelle dans d'écriture de Ryszard Kapuściński s'intitule *Guevara et Allende* (Kultura 1974, N 1), un écrit plus proche de l'essai que du reportage, dans lequel l'auteur revient à des thèmes sud-américains qu'il n'avait pas abordés auparavant et qu'il rédige après un bref séjour en Bolivie, le coup d'État du général Pinochet et la mort du président du Chili en septembre 1973, événements observés désormais à distance. Dans ce texte écrit sous forme de réponse à une question posée au reporter lors d'une rencontre avec ses lecteurs : « Lequel des deux avait raison, l'organisateur de la guérilla ou le président réformateur de la république ? », Kapuściński traite un sujet, auquel il a réfléchi bien avant, sur les deux voies empruntées par la révolution sud-américaine, en les extrayant de leur contexte idéologique et politique, ce qui est assez inhabituel pour un texte journalistique. La différence entre les modes d'action des deux figures, de leur vision de l'avenir, de leur idéologie et de leur biographie est exposée de manière plastique et expressive, avec une focalisation sur la similitude du moment considéré comme le plus important de leur vie, autrement dit celui de leur mort. En effet, aucun des deux ne profite de la possibilité de sauver sa vie, chacun « accepte de mourir en connaissance de cause ». Guevara dispose de vingt heures pour se décider à comparaître devant un tribunal et échapper ainsi à la mort : il refuse, il choisit d'attendre l'exécution. Allende dispose de huit heures pour profiter d'un vol et émigrer : il refuse, il préfère diriger la défense du palais présidentiel contre les détachements du général Pinochet, une mitraillette à la main et un casque de mineur sur la tête. « La manière dont meurent Guevara et Allende traduit une détermination et une volonté farouches, une dignité folle. (…) Leurs deux morts sont un manifeste, un défi. Elles traduisent leur volonté de témoigner publiquement de la justesse de leur cause et leur résolution à payer le prix fort pour elle » (Ch,138–139).

La défaite se soldant par la mort d'Allende, qui incarne la voie de la révolution pacifique sur le continent, réduit la signification de cette voie au sacrifice de sa propre vie, la mettant ainsi au même niveau que celle choisie par Che Guevara, qui se termine elle aussi par une défaite. « Tous deux avaient raison », car la valeur et la portée de la mort des deux combattants et hommes politiques sont similaires. Ajoutons que l'écrivain voit dans leur mort l'expression d'un « principe moral » et d'un « facteur de purification », caractéristiques de la gauche sud-américaine, qui s'expliquent par l'évolution de ses acteurs dans un monde niant toutes valeurs: « En Amérique latine, la jeunesse grandit au sein d'un univers corrompu où l'argent règne en maître, un monde dominé par une démagogie débridée, une oligarchie pervertie jusqu'à la moelle, une bourgeoisie cupide et vorace, des exploitateurs cyniques, des parvenus creux et dépravés, des femmes sans vertu ». Un monde avec lequel on ne peut pas pactiser : « Je vais perdre, je vais mourir, mais personne ne pourra dire que j'ai enfreint les règles du combat, que j'ai trahi, que j'ai déçu, que j'ai les mains sales » (Ch 143).

Kapuściński tente de comprendre l'essence morale et universelle de cette posture qui défie la réalité environnante – sans espoir de la vaincre – et de l'expliquer par le contexte socio-culturel. Cette essence, c'est la dignité humaine, humiliée par cette réalité dont elle est la négation et qui rend impossible la réalisation de son rêve. Relever ce défi, d'avance condamné à l'échec indépendamment du choix de la voie empruntée, est héroïque et tragique, car dans le contexte sud-américain il faut compter avec l'inéluctabilité de la mort, unique valeur au nom de laquelle on entreprend la lutte. « Y a-t-il, dans leur action, s'interroge l'auteur en pensant aux héros de son essai et en laissant la réponse au lecteur, une volonté de montrer l'exemple aux générations futures, au monde, pour lequel ils se battent et meurent ? » (Ch, 143).

Pourquoi ce texte, le premier depuis deux ou trois ans à ne pas être puremenet journalistique, annonce-t-il un tournant dans l'écriture de l'auteur du *Busz à la polonaise* ? Souvenons-nous qu'il apparaît à un moment où Kapuściński perd la foi dans l'utopie révolutionnaire et où sa vision optimiste de l'histoire s'effondre une fois de plus. Le fait de ne plus croire à la révolution comme moyen de sauver le Tiers-monde ne diminue pas pour autant son engagement résolu dans le destin de ces sociétés, mais la forme de son engagement change radicalement. Elle ne consiste plus à chercher une communauté d'idées, une identification au nom d'une cause commune, d'une idée ou d'une perspective de reconstruction du monde. Elle cherche désormais une formule de solidarité humaine et littéraire avec des combattants isolés, mais aussi avec le sort de l'homme ordinaire, entraîné dans des conflits politiques, ballotté entre l'espoir et le désespoir, confronté à des choix difficiles ou livré au hasard aveugle.

En même temps que s'érode la foi de Kapuściński dans la possibilité de communiquer sur un terrain d'idées communes, apparaît la conception que l'Autre est vraiment autre (et qu'il n'est pas seulement considéré comme le fruit de stéréotypes hérités) et que la recherche d'une nouvelle solidarité n'est pas chose facile, qu'elle exige une démarche de terrain pour mettre à jour la spécificité d'une culture ; en témoignent ses premières observations et notes à caractère culturel. La conscience de ces difficultés ne peut que croître, car Kapuściński observe la manière dont les sociétés du Tiers-monde en cours d'émancipation se libèrent d'un européanisme superficiel, revalorisent leurs propres traditions, s'efforcent de retrouver leur identité historique perdue, et par là-même se diffé-rencient de plus en plus : « L'année dernière, j'étais en Inde, raconte Kapuściński en 1975. Il y a dix-sept ans, je me déplaçais librement en communiquant en anglais ; je lisais la presse locale, j'écoutais les radios. Maintenant je n'allume plus la radio ; en province il n'y a pratiquement plus de diffusion en anglais, tout se fait dans les langues nationales »[130].

Dans l'essai sur Guevara et Allende, la mise en évidence de la dignité comme valeur permettant de trouver une communauté d'objectifs entre les hommes qui empruntent des voies d'engagement différentes – ainsi qu'entre ces hommes et ceux qui doivent se battre contre la violence de l'Histoire ou de la réalité sociale sans renoncer aux armes – cette mise en évidence est l'axe autour duquel se cris-tallise dès lors la nouvelle écriture de Kapuściński. La faculté de s'identifier au sen-timent de dignité d'autrui – menacé, maltraité ou honorablement défendu – est une formule extraordinairement large permettant de comprendre et d'être soli-daire au-delà de toutes frontières. En se référant à la dignité humaine, Kapuściński trouve le niveau le plus universel permettant de reconstruire la communauté de la « famille humaine ». Il trouve aussi la clé pour différencier les cultures du monde. On sait que la formule de dignité humaine constitue le cœur de la spécificité de chaque culture, la déchiffrer revient à pénétrer en profondeur dans l'éthos unique de chaque société décrite. Si Kapuściński veut inoculer au récepteur de ses textes le principe de solidarité avec les habitants de régions lointaines du globe, il va devoir rendre l'essence de cette dignité compréhensible, significative et proche, et ainsi effectuer la « traduction » d'une culture dans une autre culture.

L'essai sur Guevara et Allende annonce d'autres changements encore dans l'écriture de Kapuściński. Le fait de déplacer son attention sur la probléma-tique des postures, des choix, de la fidélité inconditionnelle à sa mission ou à son rôle, place désormais l'homme au premier plan du reportage et modi-fie en conséquence la présence de l'auteur lui-même dans le texte. Du rôle de porte-parole d'une idée ou d'expert, il se mue en témoin, parfois en témoin de la principale victime, témoin sur lequel repose l'honneur et le poids de veiller à ce que le message de cette victime ne soit pas perdu. Plus proche de l'essai que du reportage, le texte *Guevara et Allende* ne montre pas toutes les conséquences de ce changement de perspective, mais il signale une chose plus essentielle sans doute ; l'écrivain assume désormais le rôle de dépositaire des messages de ceux qui, par leur mort, veulent affirmer les valeurs pour lesquelles ils périssent, en

---

130 K. Meloch, *Afrykańczyk…*, *op. cit.* Kontrasty, 1975, n 10, p.38.

faire un testament pour les autres, et ainsi l'écrivain se trouve au centre même de la problématique du reportage.

Issue de la tradition religieuse mais popularisée par la littérature documentaire et semi-documentaire, née justement de l'expérience de la Deuxième Guerre mondiale, cette problématique n'est pas étrangère au reportage. Le récit du témoin devient une forme nouvelle et générale pour exprimer l'expérience de l'homme du XXe siècle et il assigne – au reportage également – de nouvelles tâches et de nouveaux critères de crédibilité et d'authenticité. Le récit d'un témoin de guerre considéré comme un « témoignage complet sur la guerre » s'oppose au reportage compris comme un « témoignage de présence seulement », écrivait déjà Gustaw Herlin-Grudziński en 1947[131]. Marek Miller, en passant en revue les reportages les plus populaires de la fin des années 1970, cite Ludwik Flaszen selon lequel : « Il ne s'agit pas de reportage, mais de témoignage ! »[132]. L'ouvrage de M. Hodalska sur le correspondant de guerre[133] évoque aussi la spécificité de la posture de témoin.

Le concept du témoignage accompagne donc le reportage, mais il semble que jamais jusque-là – à part, peut-être, le reportage de Hanna Krall qui, grâce à ses entretiens avec Marek Edelman (*Prendre le bon Dieu de vitesse*) a évolué au milieu des années 1970 – il n'ait trouvé un terrain aussi propice et n'ait été aussi bien exploité. Il propose une forme nouvelle à l'écrivain qui veut se battre pour un monde meilleur – une forme revendiquant la vérité et la justice au nom de personnes assassinées ou privées de voix –, il concrétise une écriture plus ambitieuse, il l'emplit d'un message moral dévoilant parfois un sentiment de mission ou de vocation. Mais il ouvre avant tout la porte à des expériences de reportages portant sur des individus restés jusque-là extérieurs au texte. Le témoignage, en effet, ne peut être que personnel, privé, il ne peut que reposer sur une participation ou une présence dans des événements décrits dont l'intégralité et la nature peuvent ne pas être connus de l'auteur.

La participation fortuite et le plus souvent contrainte aux épreuves relatées, et par conséquent le caractère parcellaire et fragmentaire de cette participation

---

131 Cf. G. Herling-Grudziński, *Wojna w oczach pisarzy* (La guerre aux yeux des écrivains), in : *W oczach pisarzy. Wybór opowieści wojennych 1939–1945* (Aux yeux des écrivains. Choix de récits de guerre 1939–1949), Rome 1947.

132 M. Miller, *Reporterów sposob na życie* (Le reportage comme mode de vie), Varsovie 1982, p.314.

133 M. Hodalska, *Korespondent wojenny. Ofiara i ofiarnik we współczesnym świecie* (Le correspondant de guerre. Victime et bourreau dans le monde contemporain), Cracovie 2006.

relève même du témoignage. Le récit du témoin n'oblige pas l'auteur à procéder à des interprétations planifiées et exige une distance intérieure. L'authenticité d'une expérience, le fait de vivre personnellement le sort de ceux dont il est question constitue la force du récit, ce qui garantit également sa crédibilité ainsi que le droit moral de révéler les épreuves vécues par autrui, si extrêmes soient-elles. N'est-ce pas là une situation taillée sur mesure pour Kapuściński qui, jusqu'à présent, n'a jamais hésité à se lancer dans le gouffre des plus grands dangers, ne serait-ce que pour faire l'expérience du destin de ceux sur lesquels il écrivait ? N'a-t-il pas fait de son mieux pour dépasser les limites de l'observateur, du reporter, du « témoin professionnel » ? Combien de fois s'est-il laissé surprendre, est-il tombé dans un endroit par hasard là où il ne voulait pas se retrouver, s'est-il perdu, a-t-il assisté à des scènes imprévues ! À cette différence près que jusque-là, cet aspect de ses expériences africaines et sud-américaines n'avait pratiquement pas droit de citer dans ses reportages ; maintenant seulement cela mérite à ses yeux d'être connu et révélé.

La nouvelle orientation de l'écriture de Kapuściński l'éloigne de l'écriture journalistique qui freine la réalisation de ses projets ambitieux ; en effet, le rythme du travail de correspondant ne lui permet pas de séjourner longtemps en Pologne, la « collecte de matériaux » pour alimenter des dépêches et des correspondances quotidiennes est chronophage. Cela étant, l'écrivain aime vraiment cette activité, il la respecte et la considère comme une tâche utile donnant satisfaction à ses lecteurs, il l'apprécie, car elle lui offre la possibilité de connaître le monde et de « garder la main sur son pouls », autrement dit de suivre les derniers changements, les événements, les phénomènes survenus sur la planète. Il y puise la satisfaction de l'explorateur – à la conquête des nouvelles les plus récentes et les plus importantes – ainsi qu'un stimulant permanent pour sa passion de comprendre et d'expliquer le monde. Mais s'il veut remplir ne serait-ce qu'une partie de ses nouveaux projets, renoncer ne serait-ce qu'à une partie des expériences qu'il a menées jusqu'à présent, il doit songer à un autre poste.

À son retour d'Amérique du Sud à la fin de 1972, Kapuściński âgé alors de quarante ans, prend ses distances avec la PAP avec laquelle il décide de collaborer de manière moins sporadique, et il cherche un emploi moins absorbant. Il se fait embaucher au Département de Journalisme de l'Université de Varsovie et inaugure ce nouveau poste par un cours étonnant sur Che Guevara et sur les problèmes du continent qu'il vient de quitter[134]. En 1973, il travaille

---

134 Cf. E. Juńczyk-Ziomecka, *Uczył czytać, nie pisać* (Il apprenait à lire, pas à écrire), *in* L. Ostałowska, *Orientowali się na niego, op.cit.* p. 9–10.

pendant un an au mensuel géographique Kontynenty. Finalement, en janvier 1974, il est embauché par l'hebdomadaire varsovien Kultura – où il publie en premier lieu le texte sur Guevara et Allende dont il a été question – avec des conditions lui permettant de continuer sa coopération avec la PAP. Le rédacteur en chef de l'agence de l'époque, Janusz Roszkowski, définit les obligations de Kapuściński comme un « état d'alerte ». « Dès qu'apparaissait quelque part un foyer attirant l'attention du monde, Ryszard s'y rendait comme envoyé de la PAP, aussitôt pourvu par l'agence de moyens financiers, de visas et de lettres de recommandation. Nous lui donnions carte blanche pour organiser les plans de ses expéditions, pour les adapter à ses besoins », se souvient Roszkowski[135]. La rédaction de Kultura laisse aussi beaucoup de liberté à Kapuściński. Elle n'exige de lui que des textes – des reportages sur les lieux où il se rend pour le compte de la PAP qu'il dédommage par des dépêches et des correspondances. « Il jouissait de droits spéciaux. Ce n'était pas un débutant qu'on se partageait, qu'on envoyait sur le terrain »[136], écrit Maciej Wierzyński, le rédacteur en chef adjoint de l'époque.

Pendant son bref passage à la revue Kontynenty, Kapuściński subit curieusement un nouvel assaut d'agents du ministère des Affaires étrangères, un assaut qui n'a plus lieu d'être puisque son séjour à l'étranger a pris fin et que par conséquent on devrait le laisser en paix : « Clôture du dossier et classement aux archives » (note du 6 avril 1972), telle est la formule consacrée dans le jargon ministériel. En fait, l'« arrêté de clôture du dossier » contient une clause inquiétante : « En cas de retour à l'étranger le dossier sera extrait des archives pour prorogation ». Or Kapuściński n'a, à ce moment-là, aucun voyage de longue durée en perspective, si ce n'est un congrès de journalistes en Inde où il se rend pour quelques jours en août 1973. Pourtant, dès juillet de la même année (note du 17 juillet 1973), on envisage de « renouveler la coopération » avec l'écrivain, on lui rend visite au siège de la revue, on mène avec lui un long entretien sur la situation dans la rédaction et dans la presse polonaise, sans exiger quoi que ce soit de concret de sa part. En août, la visite est réitérée, heureusement Kapuściński s'envole peu après en Inde. Il semble qu'au cours de cette visite les tentatives faites jusque-là pour le recruter soient renouvelées. Malgré les résultats négatifs de cette collaboration (une note du 14 août 1973 signale : « Pendant cette

---

135 J. Roszkowski, *Ryszard Kapuściński, Pożegnanie (1932–2007)* (Ryszard Kapuściński, Adieux), Gazeta Stołeczna (Journal de la capitale), supplément de Gazeta Wyborcza, 6 juillet 2007, p.19.

136 M.Wierzyński, *Duszy systemowi nie oddał* (Il ne livrait pas son âme au système), *in : Orientowali się na niego, op.cit.* p. 8–9.

coopération il a fait preuve de bonne volonté, mais il n'a pas transmis de documents importants »), on lui propose un programme de coopération. Toutefois cela n'aboutira à rien. Le dossier Kapuściński va encore s'enrichir de deux sollicitations qui lui seront adressées par des médiateurs : l'une à son retour d'Angola en décembre 1975 où on lui demandera notamment de transmettre des informations prétendument capitales qu'il aurait recueillies lors de son séjour là-bas (sollicitation qui restera sans suite), l'autre en mai 1977, à l'occasion du passage en Pologne d'une journaliste anglaise, Alice Berni, que l'écrivain a rencontrée en Angola justement : cette sollicitation fait l'objet d'une note pas très sympathique du fonctionnaire qui la rédige.

On peut donc dire que cette troisième tentative infructueuse permet à l'écrivain de sortir définitivement de leurs filets[137]. Peut-être n'avaient-ils pas suffisamment de poids pour le cadrer ? C'est l'hypothèse avancée par Krzysztof Mroziewicz qui affirme que « lorsque ses camarades, Ryszard Frelek notamment, contactent les officiels du parti, les services de sécurité reçoivent « d'en haut » la consigne de « f… la paix à Kapuściński » »[138]. Ryszard Frelek semble confirmer cette hypothèse dans ses souvenirs publiés après la mort de l'écrivain : « Du temps de Gierek – j'étais à l'époque directeur du département

---

137 En terminant la lecture des documents de l'Institut de la Mémoire nationale (IPN), nous pouvons affirmer sans réserve que les causes de « l'affaire du dossier » de Kapuściński sont à chercher dans l'atmosphère du temps et dans les hommes qui étaient victimes de cette atmosphère, et non pas dans le dossier lui-même. Les officiers des renseignements (chose qui ressort de manière évidente de leur documentation interne) comptaient utiliser le courage sans bornes de Kapuściński, son talent pour obtenir des informations précieuses, son don pour lier des contacts amicaux avec des personnalités haut placées dans les milieux politiques et diplomatiques, bref ils comptaient sur une véritable activité d'espionnage de sa part. Or Kapuściński non seulement ne leur livrait aucune information « véritable » ou « fondamentale ». Il leur livrait, si tant est que l'on puisse considérer qu'il leur ait livré quoi que ce fût, exactement ce qu'ils ne voulaient pas de lui. Le contenu du dossier permet donc avant tout de comprendre comment l'écrivain <u>n'a pas collaboré</u> avec eux et de mesurer les efforts, les ruses, les feintes qu'il dut déployer afin d'esquiver leurs sollicitations tout en sauvegardant la possibilité de continuer à voyager. Car où aurait-il pu recueillir le matériau pour ses livres futurs s'il n'avait pas pu voyager ? En Pologne ? N'oublions pas, par ailleurs, qu'au moment des faits, Kapuściński ne pouvait pas encore savoir qu'il payait le prix de sa future gloire d'écrivain. Il payait le prix fort pour pouvoir travailler dans des conditions difficiles, s'exposer à une vie pauvre, à la maladie et à la mort, et ainsi connaître le monde tel qu'il est.

138 K. Mroziewicz, *Prawdy ostateczne Ryszarda Kapuścińskiego* (Ultimes vérités de Ryszard Kapuściński), Varsovie 2008, p. 118.

étranger au CC du POUP – j'ai commencé à convaincre Rysiek de passer à la revue Kultura. Un hebdomadaire excellent, à la page, et j'étais par ailleurs l'ami de son rédacteur en chef, Dominik Horodyński. En 1974, il a accueilli Rysiek à bras ouverts et promis de trouver l'argent nécessaire à ses voyages »[139]. On peut aussi présumer que Kapuściński lui-même comprend qu'un poste important dans une rédaction l'expose à des contacts avec les services spéciaux tout autant que des voyages à l'étranger de longue durée, raison pour laquelle il quitte assez vite ce poste pour se faire embaucher par Kultura comme simple reporter. Là-bas, il trouve exactement ce dont il a besoin à l'époque : la possibilité de voyager dans le monde, de garder le contact avec les lieux où se déroulent des conflits, des coups d'État, des révolutions, et enfin la possibilité de se concentrer sur l'écriture de textes plus longs lorsqu'il n'est pas en déplacement. Dernier point mais non des moindres, Kultura est une revue à grand tirage qui lui permet de rester en contact avec son lectorat comme au temps où il travaillait et publiait ses correspondances africaines à la revue Polityka.

Pourquoi ne revient-il pas à Polityka ? Lorsque nous lui avons posé cette question, l'écrivain a affirmé[140] que Kultura lui offrait justement la chance d'organiser lui-même son emploi du temps (nécessaire pour continuer à collaborer avec la PAP), tandis qu'à Polityka les journalistes travaillaient plutôt de façon collective et s'adaptaient aux besoins du journal et de l'équipe. Kapuściński ne perd toutefois pas au change. C'était la bonne époque de Kultura. Dominik Horodyński (auparavant correspondant à Rome et auteur de reportages) a pris le poste de rédacteur en chef de la revue au moment où celle-ci sort de la funeste période de l'« après-mars 68 », époque où elle était dirigée par Janusz Wilhelmi, personnage de triste mémoire qui périt dans une catastrophe aérienne en 1978. Kultura connaît alors des années fécondes, notamment grâce à la publication de reportages réalisés par Stefan Kozicki, Andrzej Mularczyk, Józef Kuśmierek, Janusz Rolicki, Edward Redliński et d'autres débutants comme Joanna Siedlecka, Barbara Łopieńska, Ewa Szymańska, Teresa Torańska, Mariusz Ziomecki… Tous, jeunes et moins jeunes, excellent dans le reportage national tandis que Kapuściński s'inscrit, lui, dans le contexte du reportage international. De nombreux lecteurs de cette génération continuent aujourd'hui encore à associer le nom de l'auteur du *Négus* aux unes de Kultura : *Trochę Bliskiego Wschodu* (Un peu de Moyen-Orient), *Trochę Angoli* (Un peu d'Angola), *Trochę Etiopii* (Un peu d'Éthiopie) …

Le nouveau mode de travail et de voyages de Kapuściński n'est vraisemblablement pas moins épuisant qu'avant. Voici ce qu'il écrit au sujet de cette

---

139 *Orientowali się na niego, op. cit.*
140 Enregistrement d'un entretien en possession des auteurs du présent ouvrage.

période de sa vie: „Faire sa valise, la défaire, la refaire, la redéfaire, la refaire, une machine à écrire (Hermès Baby), un passeport (SA 323273), un billet, un aéroport, une passerelle, un avion, attachez vos ceintures, le décollage, détachez vos ceintures, le vol, le tangage, le soleil, les étoiles, l'espace, (…) l'atterrissage, la terre ferme, détachez vos ceintures, la passerelle, l'aéroport, le carnet de vaccinations, le visa, la douane, le taxi, les rues, les maisons, le sens, l'hôtel, la clé, la chambre, l'air étouffant, la soif, la différence, l'étranger, la solitude, l'attente, la fatigue, la vie" (GF, 221). Peu après son arrivée à Kultura, il se rend en Inde, pays où il a commencé son apprentissage du monde, il revient pour quelques semaines en Amérique du Sud (avec un séjour en Colombie), puis il retourne au Moyen-Orient toujours en proie à la guerre depuis 1973, où il visite entre autres un camp de réfugiés palestiniens au Liban ainsi que des détachements de fedayins se battant sur les hauteurs du Golan en Syrie. En 1975, il atterrit à Chypre, peu après l'invasion de l'île par la Turquie et l'installation d'un front turco-grec qui va se transformer en une frontière existant encore aujourd'hui (il visite entre autres un camp de réfugiés grecs), en septembre il part pour près de trois mois en Angola (où il assiste à des événements dramatiques et périlleux juste avant la déclaration d'indépendance du pays) et – sur le chemin du retour – il passe par le Portugal. Dans les années 1976–1977, il revient s'installer en Afrique de l'Est – en Éthiopie entre autres, d'où il envoie des correspondances sur le régime du colonel Mengistu et sur la guerre en Érythrée et dans l'Ogaden, mais nous pouvons aussi lire des rapports de « notre envoyé spécial » sur le Nigeria, l'Ouganda, le Mozambique, le Zimbabwe et le Kenya où il se rend sans doute depuis la Tanzanie, son lieu de séjour relativement fixe pendant ces voyages successifs. L'année 1979 est surtout consacrée à l'Iran, à la révolution islamique, au renversement du shah Reza Pahlavi et aux débuts de la république islamique de Khomeini…

Ce nouveau rythme de travail et de voyages épuisant s'avère néanmoins très fécond pour la création littéraire de Kapuściński. À compter de 1975, l'écrivain travaille sur près de cinq livres pendant cinq ans (*Le Christ à la carabine*, *D'une guerre l'autre*, *La guerre du foot*, *Le Négus* et une grande partie du *Shah* publiée dans Kultura en 1979 sous le titre de *Catharsis*) et il planifie au moins deux autres livres : l'un sur les mécanismes des révolutions politico-sociales, l'autre sur la génération de l'Union de la Jeunesse polonaise.

Il ne faudrait cependant pas croire que cette éruption créatrice est la conséquence exclusive de conditions plus favorables à l'écriture. Ce qui importe avant tout, c'est qu'elles permettent à Kapuściński de séparer l'écriture « pour soi » – une écriture ambitieuse, créative, relevant d'un genre qu'on commencera bientôt à considérer comme nouveau dans le reportage – de l'écriture journalistique pragmatique. Il pratique celle-ci surtout pendant ses voyages, sous forme de dépêches et de correspondances, et la première, la « vraie », dans les pauses entre ses voyages, avec des livres et des coupures de la presse mondiale sous la main, élément fondamental dans sa démarche d'écrivain. C'est avant tout la fréquence et la diversité de ces nouveaux voyages – du moins peut-on le supposer – qui favorisent toutefois l'émancipation de l'écriture qui lui tient le plus à cœur. Ces voyages offrent à Kapuściński de nombreuses occasions d'observer le monde en mutation et de vivre de nouvelles aventures journalistiques. Ils lui offrent aussi la possibilité de se confronter, dans divers contextes nouveaux sur le plan culturel et social, à des personnalités fascinantes et à des hommes défendant leur dignité dans les conditions les plus difficiles, des situations extrêmes de combat, de violence, de solitude, d'abandon, des situations où l'homme ne peut compter que sur lui-même.

Parmi eux, les militants et les guérilleros qui se battent pour leur dignité en défiant la réalité, occupent une place particulière. Cet intérêt pour ce type de héros découle de la fascination de l'écrivain pour le mythe de la révolution et de la guérilla. Il tient lui-même à marquer cet intérêt en publiant en 1975 un livre où il regroupe des textes consacrés à ce thème. Le recueil prend le titre du reportage suivant qu'il écrit sur son passé récent de correspondant (*Le Christ à la carabine*, Kultura 1974, n 15). Ce titre indique d'emblée que ce livre sera dominé par un nouveau regard sur la figure du combattant ; comme dans l'essai sur Guevara et Allende, le motif de la mort sera exposé comme un sacrifice conscient. Ce titre montre aussi que le message du livre tout entier est lié à un phénomène caractéristique de l'Amérique du Sud où, à la charnière des années 1960–1970, naît un courant de pensée de l'Église, politiquement engagé et de tendance révolutionnaire, connu sous le nom de la théologie de la libération : il n'est pas rare de voir à cette époque des ecclésiastiques s'engager activement dans l'opposition ou même dans la guérilla.

Kapuściński connaît Camilo Torres, ce prêtre colombien qui a vécu parmi les paysans les plus pauvres, puis vêtu d'une soutane et armé d'une carabine, a rejoint les rangs de la guérilla, se condamnant à une mort quasi certaine. Il sait que le sacrifice du prêtre a inspiré le célèbre tableau du peintre argentin Carlos Alonso représentant le Christ avec une carabine et rappelant par son aspect et son accoutrement le guérillero sud-américain ; des reproductions de ce tableau ornaient les murs d'une université bolivienne que l'auteur a visitée au milieu de l'année 1971 et qu'il décrit dans le reportage éponyme. Mais à cette époque, Kapuściński n'avait pas consacré beaucoup de place à la théorie de la libération, sauf pour évoquer certaines interventions retentissantes d'évêques sud-américains. Il ne se concentre sur la symbolique de cette philosophie sacrificielle et ne la transforme en symbole culturel – et peut-être symbole du temps – que maintenant, alors qu'il observe la mort du combattant du point de vue du sacrifice et du témoignage, en se référant aussi à la Bible et à Dostoïevski[141] dans le but faire comprendre à ses lecteurs le destin tragique de l'homme confronté à des choix définitifs.

Pourquoi, dans les expériences de l'idéologie du sacrifice, caractéristique selon lui de la guérilla sud-américaine, voit-il une concentration d'éléments tragiques du destin de l'homme défiant la réalité ? Avant tout parce que la valeur du sacrifice (sera-t-il créatif, porteur d'avenir ?) dépend de la manière dont il sera perçu. Dans le *Le Christ à la carabine* l'auteur raconte l'histoire d'un détachement de quelques dizaines de jeunes gens tombés à Teoponte, en Bolivie, essentiellement des étudiants de l'université de La Paz qui se perdent dans le maquis et meurent de faim ou finissent par se faire exterminer. En apparence, cette histoire ressemble à la naissance d'une grande légende qui ne peut pas ne pas entraîner de graves conséquences. Nous assistons à l'hommage rendu à la mémoire des « héros de Teoponte », auquel participent massivement des étudiants, des professeurs, les familles des victimes (entre autres, le père du commandant du détachement qui a perdu son troisième fils), une délégation de mineurs, des paysans, des chercheurs d'or, des partis politiques, légaux et illégaux, en un mot la société tout entière. Tous écoutent l'enregistrement du récit que relate le tragique destin du détachement de Chato Peredo (dont l'auteur est l'un des huit rescapés) et que l'écrivain a écouté plusieurs fois et soigneusement recopié pour son lecteur, à partir d'une bande magnétique prêtée par le recteur de l'université. Puis tous écoutent les innombrables lettres pleines de tristesse, du commissaire du détachement, retrouvées après sa mort dans son sac à dos et adressées à sa toute jeune femme présente dans la salle (vêtue d'une tenue de deuil aguichante). La description de la cérémonie est précédée de la description du bâtiment de l'université où celle-ci a lieu ; elle rappelle à l'écrivain les immeubles en ruine au lendemain de l'Insurrection de Varsovie (l'état délabré de l'université est dû aux combats entre les étudiants et l'armée ou entre des groupuscules d'étudiants ennemis). Et le dernier tableau du récit montre le défilé des familles de victimes se rendant au siège de l'état-major pour exiger la restitution des corps de leurs proches, sans succès comme de coutume, leur demande étant d'autant plus improbable qu'à l'état-major règne un immense désordre dû à un récent coup d'État.

---

141 À l'époque, l'auteur a évoqué ses références à la Bible et à Dostoïevski dans un entretien avec Katarzyna Meloch. Cf K .Meloch, *Afrykańczyk…*, *op. cit.*, p. 36.

Dans ce récit dénué de commentaires, bourré de citations ou de crypto-citations et de descriptions objectives, concrètes, ironiques de comportements stéréotypés, nous pouvons voir comment la vérité sur un acte héroïque et sacrificiel est engloutie par des formes ritualisées de la vie publique et adaptée à une mentalité obsédée par le goût du spectacle et du théâtre. La description de la cérémonie se termine assez vite, car les étudiants sont pressés de se rendre à une manifestation, et l'écrivain lui-même doit aller recueillir des informations sur les conséquences du coup d'État. Les victimes de cette guérilla perdue iront sans doute rejoindre la mémoire collective de victimes d'autres tentatives, d'autres combats, pour finir par se fondre en un tout. Des centaines de mineurs périssant eux aussi à la fleur de l'âge devront aussi trouver leur place dans cette mémoire … Cette banalisation de la mort entrave surtout la transmission d'un message, d'un testament. La mort de ces jeunes gens qui devient quotidienne, dont la célébration se transforme en un élément du folklore politique, a peu de chances de devenir autre chose qu'un geste individuel de protestation adressé à la dure réalité. En montrant la tragédie de tous ces hommes défiant contre vents et marées le monde qui les entoure, Kapuściński tente aussi de faire prendre conscience au lecteur de la différence fondamentale entre « eux » et « nous » : autrement dit de la conception de la frontière entre la vie et la mort. « En Europe, les gens sont tués pendant la guerre, elle fait alors des millions de victimes, mais il s'agit d'une moisson sporadique. Alors qu'ici, en Bolivie, la mort a une autre forme, elle ravage comme partout ailleurs, mais elle se dissout dans la vie quotidienne, elle fait partie de notre paysage, elle est omniprésente, généralisée, simple, habituelle, comme si elle couvait au fond de chacun de nous » (Ch, 60), dit-il à son interlocuteur, le recteur de l'université.

Entre ces deux textes sur l'Amérique du Sud, *Le Christ à la carabine* et *Guevara et Allende*, Kapuściński en place trois autres, écrits à l'époque où il était encore correspondant, et qui désormais semblent représenter pour l'écrivain la clé permettant de comprendre la spécificité de la politique en Amérique du Sud, ainsi que les racines du tragique combat mené pour sauver la dignité humaine. Le reportage sur Karl von Spreti, intitulé dans le recueil *La mort de l'ambassadeur* et élagué de ses éléments les plus universels et émotionnels, peut maintenant être lu comme une confrontation de l'indifférence ou de la complaisance du monde face aux meurtres quotidiens et séculaires perpétrés par le pouvoir du Guatémala à l'encontre de ses propres concitoyens, avec le scandale mondial que suscita la mort du diplomate allemand. *L'homme a peur de l'homme* – brève description de la terreur à Saint-Domingue – est un récit sarcastico-ironique sur la banalisation de la mort au moyen du crime politique. Le rédacteur d'un quotidien populaire mexicain se plaint à l'auteur que le pouvoir lui a ravi les thèmes ses plus vendeurs, le lecteur étant désormais lassé par les descriptions de morts spectaculaires. Enfin, le troisième reportage, qui se caractérise par son caractère lapidaire et concret, est une parabole sur l'art de neutraliser l'influence symbolique que peut exercer la mort d'un guérillero sur la société, en exploitant la fascination latino-américaine pour le sport et en mettant la mort en spectacle dans un stade, sur un écran de télévision géant, la privant ainsi de sa dignité (*Victoriano Gomez face aux caméras de télévision*).

*

En tentant de déchiffrer toutes les circonstances du sort tragique du combattant ou du partisan, Kapuściński élabore en même temps un modèle universel et exigeant de la posture du sacrifice et de l'engagement qu'il va vérifier dans d'autres contextes. Il trouve une conception du combat similaire chez les fedayins palestiniens qu'il rencontre au Proche-Orient, lorsqu'il s'y rend juste après la guerre israélo-arabe d'octobre 1973. Le fedayin de l'époque, autrement dit le combattant palestinien, a deux voies : il peut s'engager dans la guerre partisane sur le territoire d'Israël, ce qui revient à un acte suicidaire étant donné le système de défense infaillible de l'adversaire (« On ne peut tuer qu'au prix de sa propre mort »), ou alors il peut prendre des otages et présenter des revendications impossibles à satisfaire, voie qui revient en général à se faire exploser en même temps que les otages au moment de l'exécution de ces derniers, bref au suicide également. Par ailleurs, dans un cas comme dans l'autre, le sacrifice de sa propre vie ne garantit pas qu'il sera suivi d'effets. Peut-être a-t-il pour unique objectif de maintenir l'attention du monde sur la cause palestinienne, quoique la réussite de cet objectif soit imprévisible puisqu'il dépend entre autres de la force de représailles d'Israël, et il ira donc s'inscrire dans le livre sanglant des offenses et sacrifices qui nourrissent l'histoire de la Palestine et d'Israël depuis des décennies.

Les candidats-fedayins sont néanmoins plus nombreux qu'il ne faut, chaque jeune Palestinien voudrait devenir un fedayin, surtout les jeunes vivant dans des camps de réfugiés. Pour eux (paysans dont le nombre est à l'époque estimé à un million de personnes, c'est-à-dire la moitié de la population), l'idée de la dignité de la vie est incompatible avec la réalité dans laquelle ils vivent et qui se réduit à l'humiliation, à la négation de leur dignité et de leur identité. Ils ont été déplacés de camp en camp et de pays en pays, ils restent attachés à leur village natal, à leur ferme, à leur maison et à leur jardin. Il suffit – suggère Kapuściński – de prendre connaissance de la topographie des camps palestiniens (les rues du camp portent les noms des rues de leurs villages, les quartiers portent les noms de leurs provinces ou de leurs régions), il suffit de prêter attention à la manière dont ils se présentent (par exemple « Ahmed Shoury de Bet Shemesh, vingt-cinq kilomètres de Jérusalem ») pour comprendre qu'ils n'auront de cesse d'attiser l'idée et le mythe du retour, quel que soit le prix à payer, car sans cette idée et ce mythe, ils ne sont rien : « Chassé de son village, le Palestinien se sent démuni, nu, humilié, son existence est privée de sens. (…) Ahmed veut souligner (…) qu'il possède un endroit définitif sur Terre et qu'une fois qu'il l'aura récupéré il aura recouvré son identité » (Ch, 16).

La formule identitaire du Palestinien est différente de celle du guérillero sud-américain, mais elle peut assurément susciter la même compréhension et le même sentiment de solidarité « humaine », car elle fait appel à des valeurs fondamentales et universellement comprises. Il semble même que la rédaction de Kultura ait craint que la mise à jour de cette similitude ne soit interprétée comme un parti-pris politique plutôt que philosophique, car la rédaction dote le texte *Les fedayins*, le premier du cycle *Un peu de Proche-Orient*, d'un commentaire sans ambiguïté : « Le texte publié aujourd'hui présente le point de vue de l'une des parties participant au drame se jouant dans cette région du monde. Dans les fragments qui vont suivre, l'auteur traite d'aspects politiques plus larges du conflit proche-oriental et de possibilités d'issues pacifiques »[142]. Or dans les textes écrits « pour lui-même », Kapuściński ne veut plus s'occuper de politique courante. Les « aspects plus larges » en question, c'est peut-être la brève leçon d'histoire et de géographie de la région entremêlée au récit d'une baignade dans le Jourdain avec le Palestinien Zouhdi (*Caïn et Abel*), qui vient actualiser une définition biblique de la Palestine-terre maudite. « Les possibilités d'issues pacifiques », c'est sans doute la discussion dans une auberge isolée de l'oncle du même Zouhdi (*Chemin de croix*), au cours de laquelle il est question de diverses variantes de plan de paix, sauf qu'il s'agit d'un débat littéraire créé de manière à présenter non seulement d'autres points de vue sur le sujet, mais aussi différents modes de vie des Palestiniens incarnés par divers interlocuteurs[143]. L'auteur tient à montrer que les Palestiniens ne sont pas seulement des réfugiés vivant dans des camps ou des fedayins, que parmi eux il y a aussi des gens pacifiques et des intellectuels, des commerçants et des diplomates, des émigrés et des habitants de Jérusalem. Toutefois ce n'est pas ceux-là qu'il rencontre pour connaître leurs véritables motivations (il les traite, peut-on dire, de manière imagée, stylisée, littéraire), ceux qu'il rencontre sont des hommes

---

142 R. Kapuściński, *Trochę Bliskiego Wschodu. Fedaini* (Un peu de Proche-Orient. Les Fedayins), Kultura 1974, n 32, P.1.

143 Cf. A. Bukowska, *Literatura bez fikcji* (La littérature sans fiction), Miesięcznik Literacki 1975, n 19, p.10.

risquant leur vie, des hommes misant tout sur une carte, des hommes solitaires et tragiques.

Autre personnage du livre : encore un fedayin, mystérieux et anonyme, appartenant au commandement. L'auteur reconnaît son identité palestinienne grâce au fait qu'il lie connaissance avec le reporter en lui offrant une pomme conformément à une tradition locale ancestrale (*Combat sur le plateau du Golan*). Il décrit des combattants qui participent aux combats de l'armée régulière (syrienne cette fois), ce qui lui permet de mettre à jour une variante tragique de l'homme prenant part à un conflit armée différent de celle des terroristes et caractéristique, selon l'auteur, de la guerre au Proche-Orient. Il s'agit de la solitude du soldat face à la mort, solitude qui s'explique par le fait que le front est coupé de tout arrière-plan social, qu'il n'existe aucune solidarité des peuples arabes avec les parties en lutte. Cette absence de contact serait même à l'origine de défaites militaires : « Le soldat ne peut être seul, il ne supporte pas l'idée d'être sacrifié, (…). Il faut qu'il ait le sentiment d'être utile, de compter, d'être regardé, d'être soutenu, de ne pas être seul. Sinon le soldat abandonne tout et rentre chez lui » (Ch, 50). L'interlocuteur de Kapuściński ne cède évidemment pas à la tentation : il participe à des combats meurtriers sur le plateau du Golan qui passe d'un camp à l'autre, qui noie ses soldats dans ses hauteurs si bien que « pour eux, c'est comme s'ils se battaient sur une autre planète » (Ch, 48), l'interlocuteur de Kapuściński garde donc la foi dans la cause qu'il défend en dépit de conditions extrêmement difficiles et de l'absence de tout espoir de vaincre.

Le Christ à la carabine se termine par un récit qui pourrait contredire l'opinion selon laquelle Kapuściński ne s'intéresse à cette époque qu'à des combattants tragiques, qui sacrifient leur vie, en vain de surcroît. *Premier coup de feu pour le Mozambique* annonce l'acquisition de l'indépendance du Mozambique (l'une des dernières colonies européennes en Afrique) et la prise de fonctions du Premier ministre, Joaquim Chissano, encore un de ces hommes que l'auteur a connu au début des héroïques années 1960 à Dar es-Salaam. Le récit ressemble à un commentaire d'une photo représentant deux ennemis récents : un soldat portugais et un partisan anticolonial du FRELIMO (Front de Libération du Mozambique) patrouillant ensemble : « Je regarde de plus près ces deux jeunes gens et je vois que le soldat est chaussé, mais que le partisan l'est aussi ! C'est grand et merveilleux, ai-je alors pensé, qu'après avoir marché pieds nus pendant des années, l'homme puisse enfin mettre des chaussures sans craindre de laisser ses traces sur le chemin qu'il foule » (Ch, 158).

Malgré cette fin étonnamment optimiste, le récit ne diffère pas fondamentalement des autres. L'écrivain note avec satisfaction que le Mozambique a acquis l'indépendance, mais ce n'est qu'un prétexte pour évoquer la mémoire de ceux qui, avant, ont sacrifié leur vie : le fondateur du FRELIMO, le candidat à la présidentielle, Eduardo Mondlane tué lors d'un attentat, et Alberto Joaquim Chipande originaire de la province de Cabo Delgado, qui participa à la première escarmouche de la guerre partisane dont Kapuściński a naguère décrit le début et que maintenant il décrit dans son ensemble. L'énigme de cette fin optimiste se trouve aussi dans l'originalité du critère choisi par l'auteur et qui permet d'affirmer que dans le cas présent le sacrifice des deux combattants – le meneur politique et le simple partisan – n'a pas été gratuit. Le port de chaussures comme signe d'une dignité retrouvée – rêve suprême des héros des reportages palestiniens et sud-américains – fait référence à l'expérience très spécifique du partisan du Mozambique qui, même pendant les actions armées, devait marcher pieds nus, car dans ce pays les seuls à porter des chaussures étaient les soldats portugais, et le fait d'être chaussé revenait à se faire démasquer. Certes, dans ce signe venant d'un pays dont Kapuściński évalue le retard à cinq cents ans et dont l'indépendance, avec celle de l'Angola voisin, annonce la fin du colonialisme en Afrique, on peut voir quelque chose de plus: le symbole de la fin de la première étape de la décolonisation, l'acquisition d'un sentiment élémentaire de dignité par les peuples du Tiers-monde en cours d'émancipation, thème que Kapuściński, évoquait dans un article écrit dans sa jeunesse et intitulé *Acte de naissance de ma génération* : « L'Asie, l'Afrique et l'Amérique du Sud commencent à marcher avec des chaussures »[144].

Les figures héroïques et tragiques des combattants du Mozambique, et surtout d'Angola en 1975 (qui vont bientôt remplir les pages du reportage *D'une guerre l'autre*) sont les derniers héros de ce type dans la prose de Kapuściński, sans doute parce qu'a sonné la fin des guerres partisanes et des armées insurgées dont les protagonistes ne pouvaient se prévaloir que de mobiles nobles. L'expérience angolaise va probablement être décisive, mais on peut trouver un dernier adieu à la guerre partisane un tout petit peu plus tard, à la fin d'un reportage sur l'Ogaden qui du reste se fond par la suite dans des ouvrages édités : « Maintenant que je suis à Varsovie et que je lis des communiqués sur le front dans l'Ogaden, je me demande ce qu'est devenue cette guerre ? Cette petite guerre d'étudiants qui a dû céder la place à une guerre sanglante de colonels. D'où est venu tout cet argent pour acheter ces armes alors qu'il n'y avait pas un sou pour acheter du sel et de la farine ? D'où est venu le carburant pour les tanks ? »[145]

---

144 R. Kapuściński, *Metryka mojego pokolenia* (Acte de naissance de ma génération), Sztandar Młodych, 22 avril 1957, n 20.

145 R. Kapuściński, *Wojna w Ogadenie* (La guerre dans l'Ogaden) (II), Kultura 1977, n 34, p.10.

Ce souvenir « nostalgique » concerne la guerre de 1963 mais vue à distance, en 1977, à l'époque des armées régulières, du matériel militaire lourd, de l'« aide » humanitaire et du financement extérieur.

Kapuściński se sépare du personnage du combattant ou du partisan, mais cela ne signifie pas pour autant qu'il abandonne la problématique de l'histoire ; il s'agit seulement d'une tentative de l'observer d'un point de vue nouveau, non plus de celui qui prend le risque du combat et de l'action, de celui qui fait le choix d'une posture, qui participe à la création de l'histoire, même si cela doit se terminer tragiquement, mais du point de vue de celui pour qui l'histoire est un élément étranger, extérieur, de celui qui est sa victime et se défend contre sa violence par des moyens qui lui sont accessibles. Conscient sans doute de la spécificité de ce nouvel angle de vision, Kapuściński n'essaie pas de le rattacher à l'ancien. En effet, ce n'est pas un hasard si dans *Le Christ à la carabine*, livre où la thématique sud-américaine est prédominante, ne figure pas *La guerre du foot*, texte publié dans Kultura.

Ce texte montre clairement cette différence d'approche, car consciemment ou inconsciemment, le caractère révolutionnaire de l'histoire est présenté de manière polémique dans son récit sur la guerre qui a eu lieu entre le Salvador et le Honduras quelques années auparavant. À l'époque, Kapuściński avait vu en elle une guerre préventive, déclenchée par crainte de voir l'idée révolutionnaire de la réforme agraire initiée au Honduras se propager au Salvador. Maintenant il complète son analyse en expliquant que cette réforme agraire a été imaginée de manière à ne menacer les intérêts ni des grands propriétaires terriens ni ceux de la compagnie américaine United Fruit, et de manière à reprendre la terre aux émigrés misérables venus du Salvador voisin. Leur présence illégale était tolérée jusque-là (car ils exploitaient des terres n'appartenant à personne), maintenant on veut les en priver, or le Salvador ne veut plus les accueillir. La politique des deux pays était la même, le déclenchement de cette guerre ne cachait aucune idée sérieuse, aucune raison d'État susceptible de justifier d'inévitables victimes. Elle a éclaté comme si elle prolongeait naturellement la confrontation des humeurs hystériques et patriotiques accompagnant les éliminatoires de la coupe du monde de football, comme si elle était le couronnement sanglant d'un spectacle de foot, sport qui, chacun sait, est une religion particulière en Amérique du Sud, et elle s'est transformée en un match sensationnel attirant l'attention du monde entier. « Les deux gouvernements, conclut l'auteur, sont satisfaits de cette guerre car, pendant quelques jours, le Honduras et le Salvador ont la vedette de la presse internationale. Les petits pays du Tiers-monde, du quart-monde et autres n'ont de chance d'attirer l'intérêt général qu'en faisant couler le sang. C'est triste à dire, mais c'est ainsi » (GF, 201).

L'image du héros principal de *La guerre du foot*, à côté de celle de l'auteur lui-même, l'image de ses actes et de ses comportements devient encore plus polémique par rapport aux personnages du combattant et du partisan. Kapuściński choisit comme compagnon de ses aventures de guerre un homme qui pourrait être intéressé par cette guerre : il s'agit d'un pauvre paysan du Honduras mobilisé à la hâte, qui ne sait pas à quelle guerre il ne participe ni pourquoi, qui ne pense qu'à survivre et à ne pas se laisser prendre. Du reste, ce héros pourrait tout aussi bien être un pauvre paysan salvadorien, après la mort rien ne les distingue, nul ne sait à quel camp ils appartiennent. Or c'est justement le seul personnage qui donne à cette guerre grotesque et sanglante un sens concret. De sa propre initiative il récupère suffisamment de paires de godillots militaires pour pouvoir les échanger et chausser sa famille tout entière qui marche pieds nus. Il gagne donc sa guerre, grâce à lui un petit morceau du Tiers-monde va marcher avec des chaussures aux pieds. Le problème, c'est que ce sont des chaussures qui ont été enlevées à des compagnons d'armes et de misère tués au champ d'honneur. Est-ce à cela que devait ressembler la dignité retrouvée ?

*

Ce n'est pas la seule fois que Kapuściński revient à des thèmes qu'il a déjà traités, comme s'il voulait vérifier l'image qu'il avait du monde jusqu'à présent, comme s'il voulait trouver de nouveaux points de vue, en « relisant » des événements anciens ou en suivant jusqu'au bout leurs prolongements, leurs suites. Ainsi, pendant son séjour à la conférence des chefs d'État africains en Ouganda en juillet 1975, il est témoin de la destitution du Président du Nigéria, Yakubu Gowon, colonel de trente-deux ans, dont il a assisté à l'accession au pouvoir dix ans plus tôt (à la suite d'un coup d'État sanglant en janvier 1965). Il avait alors reconstruit les événements de 1965 (dans un reportage intitulé *Anatomie d'un coup d'État*), jour après jour et heure par heure, parce que c'était à travers eux que se créait l'Histoire nouvelle et passionnante. Maintenant il se contente d'une observation globale mais néanmoins perspicace : la figure du nouveau Président, le général Muhammed témoigne de l'essor de l'islam en Afrique, mais ce qui l'intéresse, c'est ce Président moralement effondré, soudain confronté à l'échec de sa vie, situation d'autant plus humiliante qu'elle se passe lors d'une rencontre internationale. Comment va-t-il relever le défi ? Réussira-t-il à sauver sa dignité ? Voilà les questions qui fascinent Kapuściński et l'amènent à observer les comportements du seul héros du reportage. Naguère, au Nigéria c'étaient les chroniques historiques de Shakespeare qui lui venaient à l'esprit, à présent c'est la conception antique et la tragédie du destin : « C'est une situation qui ressemble à une tragédie grecque où tout se dirige vers une inéluctable prédestination, mais les héros sont impuissants face au destin, ils sont incapables de s'y opposer et indolents, ils jouent le rôle qui leur est imparti jusqu'à la fin »[146].

Son retour (précédemment évoqué) dans l'Ogaden – province controversée, déserte, située entre l'Éthiopie et la Somalie – quelques années plus tard, est émouvant ; naguère il a traversé ces contrées au péril de sa vie avec des soldats somaliens, craignant de se faire attaquer par des Éthiopiens ; maintenant il les traverse dans la cabine d'un camion-citerne éthiopien en redoutant les mines et les soldats somaliens et après avoir échappé à une piqûre de scorpion et une insolation mortelles. Les mobiles des deux parties ennemies lui sont désormais totalement indifférents, il craint tout au plus d'être pris pour un ennemi par l'un des deux camps : « Je n'ai rien contre les uns ni les autres, mais par la force des choses, je suis amené à prendre parti pour les uns ou pour les autres » (WF, 247). Leurs motivations historiques et politiques perdent en effet toute leur signification dès lors qu'il assiste à une autre guerre, celle que mènent les nomades somaliens sur le même territoire. De quelle guerre s'agit-il ? D'une guerre contre le désert, la sécheresse, le manque de pâturages et le manque d'eau, d'une guerre que l'on ne veut ou que l'on ne peut pas interrompre en dépit des terribles catastrophes qu'elle engendre. Peut-être s'agit-il d'une guerre contre le destin, une guerre menée pour préserver son identité et sa dignité ? Sur le ton d'un poème épique, Kapuściński décrit ce combat, ces hommes qui vont au bout de leur route : « Les brebis ont été les premières à vaciller, puis cela a été le tour des chèvres. Puis les enfants ont commencé à mourir, puis les ânes. Puis les femmes. Puis les chameaux ont crevé. Eux, les quatre vieillards d'une trentaine d'années, ont poursuivi la route. Au début ils étaient encore une bonne dizaine, mais petit à petit certains sont restés sur la route, mourant de soif et d'épuisement. Les quatre sages aussi étaient exténués. Incapables de faire un pas de plus, ils étaient étendus en plein soleil (…) » (GF, 248).

Kapuściński rencontre ces quatre rescapés à l'agonie dans un camp pour les victimes de la sécheresse, et il s'aperçoit qu'ils mettent de côté leurs portions de maïs afin de s'acheter un chameau et de regagner « leur univers », le désert où ils ont été trouvés et sauvés par hasard…

Il est évident que le fait de revenir à des histoires, des lieux ou des thèmes qu'il a déjà traités n'est en aucun cas une manière de revisiter le rapport qu'il entretenait avec l'histoire auparavant ; en fait il découvre que les hommes mènent d'autres guerres que celles s'insérant dans la chronologie historique,

---

146 R. Kapuściński, *Allah idzie na południe* (Allah va vers le sud), Kultura 1975, n 33, p.1.

que celles-ci se déroulent en dépit des guerres officielles ou à côté d'elles. Cette démarche amène à voir plus clairement ce qui intéresse désormais l'écrivain, elle permet de saisir ce qui va émerger dans les récits qu'il écrit sur des lieux qu'il n'a pas encore couverts. À cet égard, le reportage sur Chypre que Kapuściński visite (pour la première fois !) juste après l'invasion inattendue de la Turquie en 1975 semble être la meilleure illustration de cette évolution, invasion qui inaugure un partage durable de l'île (libérée à peine quinze ans plus tôt de l'occupation britannique) entre la Turquie et la Grèce. Kapuściński se rend des deux côtés du front (il va dans la partie turque clandestinement), dans les quartiers généraux, dans les tranchées et il participe à une rencontre avec le président et l'archevêque Makarios. Le reportage repose sur deux images puissantes : d'abord celle d'un camp de réfugiés grecs, puis celle d'une chaotique fusillade nocturne à laquelle participent toutes les armes possibles et imaginables, déclenchée par un coup de feu fortuit et hystérique d'un soldat à bout de forces, explosion qui illustre sans doute le sens de cette guerre. L'explication du contexte historico-politique du conflit n'apparaît que dans le troisième et dernier épisode de ce reportage publié dans Kultura[147] ; cependant dans la version éditée de *La guerre du foot*, il n'apparaîtra pas.

Ce reportage sur Chypre se lit donc avant tout comme un texte sur les habitants d'un camp de réfugiés, de paysans privés du jour au lendemain de leur maison. Ils ignorent de quoi sera fait l'avenir, ils ont tout perdu et revendiquent tout : informations sur les disparus, réparation des préjudices, retour sur leurs terres, alors que la communauté internationale leur offre tout au plus une aide humanitaire minimale et la possibilité d'organiser des meetings ininterrompus. Notre auteur est d'ailleurs invité à y participer. Mais il ne s'agit pas seulement d'un texte sur un camp de plus parmi tous ceux qu'il a visités sur divers continents. Sa manière de répondre à l'attente muette de la foule – avide de consolation et d'espoir – lui permet de dire à cette foule et en même temps à son lecteur, que le sort des réfugiés est une sorte de représentation universelle du destin de l'homme du XXe siècle opprimé par les innombrables caprices de l'Histoire : « il suffit de constater que des nuages sombres tournent dans le ciel et on ne sait jamais ni où ni quand l'un d'entre eux provoquera un déluge. Cette fois vous en êtes les victimes. Le déluge se déversant sur Chypre a pris la forme d'une invasion armée, une armée étrangère a occupé vos villages » (GF, 231). C'est le sort d'hommes humiliés par l'oisiveté à laquelle ils sont contraints : « Qui étaient-ils encore hier ? Semeurs au printemps, moissonneurs en automne, patrons toute l'année. Et aujourd'hui ? Des exilés, debout à faire

---

147 R. Kapuściński, *Nie będzie raju* (Il n'y aura pas de paradis), Kultura 1975, n 20, 21, 23.

la queue pour une gamelle de soupe » (GF, 229), et le sort de femmes privées de leur raison de vivre puisqu'elles n'ont plus de maison et sont condamnées à un simulacre de vie dans des tentes misérables. C'est l'impossibilité de prévoir l'avenir qui dépend du jeu mystérieux des grandes puissances politiques, et c'est la nécessité de trouver en soi assez de force pour garder sa dignité humaine. Comme nous sommes en zone grecque, ce signe d'espoir, Kapuściński le trouve dans la ressemblance d'un homme avec la figure de Zorba, le héros du film de Cacoyannis mondialement connu à l'époque : « Je voudrais l'avoir sur ma tribune, à mes côtés, je voudrais qu'il prenne la parole. Qu'il dise comment il doit se comporter dans la défaite » (GF, 230).

Dans ses personnages, depuis Allende jusqu'au « grand gaillard nerveux, musclé, la tête haute » remarqué dans la foule de paysans réfugiés, l'écrivain cherche des membres de sa « famille humaine » et il les trouve sur les trois continents, dans les situations existentielles et les incarnations socio-culturelles les plus variées. Malgré la diversité des contextes, l'univers des reportages de Kapuściński des années 1970 est incroyablement uniforme. Ces derniers sont évidemment reliés par un message commun : susciter un sentiment de solidarité avec l'homme refusant de se soumettre à la défaite, défendant sa propre dignité ou la grandeur de la cause qu'il sert coûte que coûte. Toutefois, de manière de plus en plus nette, Kapuściński imprègne ses textes de sa présence et de sa personnalité. Il y apparaît comme un témoin portant la parole de tous ceux qui n'ont personne pour la transmettre, car le témoignage doit être personnel pour être crédible. Fort de son rôle et de sa mission de témoin, Kapuściński intervient parfois explicitement. « Je recopie leurs noms pour leur mémoire, car ces jeunes gens ne sont peut-être plus en vie » (Ch, 22), écrit-il en conclusion de son reportage sur les fedayins. Le plus souvent il s'acquitte de sa tâche de témoin en attachant une importance particulière aux noms et aux lieux que nous n'aurions sans doute jamais connus sans lui, comme dans ses reportages sur l'Amérique du Sud ou son évocation d'un partisan du Mozambique, ou alors en citant des voix – sous forme de lettres, d'enregistrements, de récits rapportés – de ceux qui sont morts.

Mais c'est peut-être la manière de participer aux événements relatés qui caractérise la crédibilité de son témoignage. De manière de plus en plus insistante, Kapuściński s'emploie à les présenter comme des éléments non professionnels, comme des éléments internes de la réalité qu'il décrit. Ce qui lui importe, c'est non pas de parler au nom d'un journaliste mais de sortir de ce rôle et de s'assimiler au sort de ceux dont il parle.

Cela se produit à deux reprises dans *La guerre du foot*. Kapuściński est le seul journaliste dans la capitale du Honduras, Tegucigalpa, lorsqu'est larguée un soir la première bombe salvadorienne venant déclencher la guerre. Il réussit à aller jusqu'à la poste et à expédier une dépêche, puis il se perd dans cette ville – couvre-feu oblige – sans lumière, silencieuse, déserte et inconnue. Il renverse une poubelle en métal qui va pendant longtemps rouler dans la rue en pente, il est pris de panique, fuit, tombe, se cogne la tête contre le pavé, se réfugie dans le renfoncement d'un mur et y reste jusqu'au lever du jour, tremblant de peur à l'idée que le boucan qu'il a provoqué va susciter l'invasion de l'ennemi, qu'il risque d'être pris pour un saboteur, capturé et jugé conformément à la loi martiale. Kapuściński ne décrit pratiquement pas la réaction de la ville affolée par la subite attaque aérienne ; il décrit sa propre peur qui lui est communiquée par l'atmosphère nocturne, qui fait de lui un participant involontaire au sauve-qui-peut général et une victime de ce climat amplifiant le moindre danger. Il en est de même lors d'une expédition groupée de journalistes sur le front, si mal organisée qu'ils arrivent d'abord dans un endroit où il ne se passe rien, puis dans un endroit où les tirs obligent chacun d'eux à sauver sa peau tout seul. C'est dans ce contexte, en fuyant, en se protégeant des balles, en rampant, en devenant malgré lui l'un des acteurs de ce combat que l'écrivain rencontre le héros de son reportage qui récupère des chaussures pour sa famille.

Les reporters, surtout ceux qu'on appelle les correspondants de guerre, sont souvent par nécessité les acteurs des événements qu'ils décrivent, et s'ils mettent en lumière leur présence, c'est pour crédibiliser leur récit. Chez Kapuściński nous avons toutefois quelque chose de plus. L'épreuve fortuite et inattendue élargit moins le champ de participation du journaliste qu'elle ne l'en évince, et cette éviction qui le conduit à une participation d'un autre genre devient le thème véritable et particulier du reportage. C'est d'une certaine manière ce qui se produit dans ses récits sur le Proche-Orient ; Kapuściński rencontre un fedayin dans un ascenseur et ce dernier l'invite par un geste amical à venir discuter dans sa chambre ; ou alors il se baigne dans le Jourdain avec un Palestinien, Zouhdi, ou plus exactement un soldat jordanien interrompt leur baignade en les mettant en garde contre les mines, ils partent alors dans le sud, et l'écrivain crée un débat entre Palestiniens. Ce souci de minimiser au maximum le caractère professionnel de la participation du journaliste au destin d'autrui, se retrouve aussi, et peut-être de manière particulièrement nette, dans le récit de son voyage déjà évoqué à la frontière entre l'Éthiopie et la Somalie. Là, le lieu et le thème du reportage sont le fruit d'une improvisation : « J'étais parti d'Addis-Abeba à la dernière minute sans être sûr de pouvoir arriver dans l'Ogaden, une province interdite aux étrangers. (...) Dans l'avion j'ai fait la connaissance d'un garçon prénommé Marcos. (...) Je me suis dit que je n'allais plus le lâcher, qu'il me ferait passer à travers tous les contrôles. Pour entrer dans ses bonnes grâces, je l'aidais à soulever ses malles de poison. Je me comportais comme si j'étais affecté à son service « (GF, 241). En fait, cet insecticide est destiné à lutter contre les vers rongeant le maïs censé nourrir les Somaliens mourant de faim dans un camp. L'écrivain décrit ainsi une situation tragique où des gens ont tout perdu et se battent dans les conditions les plus difficiles, livrés à eux-mêmes, afin de sauver l'identité humaine telle qu'ils l'entendent.

En se débarrassant de son rôle de journaliste, de témoin professionnel, Kapuściński dévoile de plus en plus son côté proprement « humain » : ce dont il a fait personnellement l'expérience, ce qui est inscrit dans sa biographie générationnelle, sociale, nationale, ce qui lui permet de pénétrer l'expérience des autres, lui donne la compétence de comprendre leur destin et d'y participer, du moins provisoirement. Comme il a le plus souvent à faire à des hommes se trouvant dans une situation de danger extrême lié à la guerre ou à d'autres conflits sanglants, il active de manière explicite et spontanée la sphère de son propre vécu, de sa vie personnelle et polonaise. Il a déjà été question de son évocation de Varsovie après l'Insurrection dans *Le Christ à la carabine* ; dans ce texte comme dans ses reportages sur le Proche-Orient, nous trouvons aussi une comparaison entre « leurs » et « nos » guerres, « leurs » et « nos » émigrations. Il est d'ailleurs rare que Kapuściński utilise ces évocations comme fond ou comme référence pour donner au lecteur à comprendre des spécificités et des ressemblances historiques. La mémoire de la guerre – c'est-à-dire plus largement la matière de l'histoire polonaise vécue et mémorisée personnellement – apparaît généralement comme une réaction à l'événement auquel participe l'écrivain, comme un complément spontané de cette participation lui permettant parfois d'apporter une justification rhétorique à sa compétence et à son droit d'écrire sur ces gens. Qu'ils soient authentiques ou créés, les propos tenus par Kapuściński dans les reportages de cette époque à ses interlocuteurs et auditeurs nous aident à comprendre la nature, la signification et l'intensité des épreuves de guerre qu'il a personnellement subies : « Dans mon pays, la guerre n'a épargné personne, elle a ravagé chaque foyer, elle a défoncé, de sa crosse, les portes de toutes les maisons (…). La guerre a blessé tout le monde et ceux qui ont survécu sont incapables de s'en remettre. Un homme qui a vécu la guerre est différent de celui qui ne l'a jamais connue. Ce sont deux espèces humaines différentes. Elles ne trouveront jamais de langage commun car on ne peut pas vraiment décrire la guerre, on ne peut pas la partager, on ne peut pas dire à l'autre : 'Prends un peu de ma guerre'. Chacun doit assumer la sienne, jusqu'au bout » (Ch, 48–49). À Chypre, dans son discours aux réfugiés, il dit : « Les routes de mon pays ont été foulées par des millions de réfugiés. Dans chaque grande guerre, mon peuple a tout perdu. J'ai moi-même été réfugié et je sais ce que cela veut dire de tout perdre, de voyager en terre inconnue en espérant que l'histoire reprendra un cours plus clément » (WF, 231).

Par rapport à ses précédentes références à la guerre, ne serait-ce que dans *Le bush à la polonaise*, nous avons ici à faire à une nette individualisation, à une confession sur sa propre mémoire et sur sa propre expérience. Le même phénomène se passe avec son vécu de militant de l'Union de la Jeunesse polonaise que, pour la première fois, l'écrivain lie à ses origines polésiennes, en expliquant que celles-ci expliquent d'une certaine manière son enthousiasme « révolutionnaire » ainsi que sa compréhension du Tiers-monde[148]. La Polésie et la région de Pińsk deviennent dès lors une clé biographique permettant à l'auteur de s'intéresser à d'autres territoires premiers continuant de vivre dans leurs propres époques historiques, et une légitimation particulière de sa compétence dans le domaine de l'Afrique ou de l'Amérique du Sud.

L'écriture de Kapuściński « se personnalise » non seulement dans sa manière d'aborder le monde contemporain, mais dans son approche cognitive et dans les justifications du message moral qui vient désormais remplacer toutes ses missions précédentes. Ce processus et les autres recherches des années 1970 seront couronnées de manière magistrale par deux ouvrages complémentaires bien que très différents : *D'une guerre l'autre*, un reportage majeur basé sur un événement, et *La guerre du foot*, une tentative de vérification des écrits antérieurs sous forme d'un choix de reportages.

*

D'une guerre l'autre est le fruit d'un voyage en Angola où sont parvenus les échos de la « Révolution des œillets » portugaise de 1974. Ce coup d'État militaire devait fondamentalement changer le visage du plus ancien empire colonial en Afrique[149]. Le nouveau gouvernement voulut trouver rapidement un accord avec

---

148 K. Meloch, *Afrykańczyk…*, *op. cit.*

149 Les premiers Portugais occupèrent le territoire de l'actuelle Angola dès 1482, et près de cent ans plus tard la ville de Luanda était fondée. Pendant quatre siècles, cette province africaine fut pour Lisbonne une véritable mine d'or ; dans les années 1970, les bénéfices tirés de cette colonie constituaient un tiers du revenu national portugais. Les échos de la révolution en provenance de la métropole devaient mettre un terme à cette exploitation démesurée. À cette époque, les mouvements d'émancipation ne cessaient de s'amplifier en Angola, et la guerre, pour garder cette colonie, se révéla trop coûteuse pour le Portugal, elle engloutissait près de la moitié du budget de l'État. Sur la révolution en Angola voir M. Leśniewski, *Wojna w Angoli* (La guerre en Angola), in : *Zarys dziejów Afryki i Azji 1869–1996. Historia konfliktów* (Essai d'histoire de l'Afrique et de l'Asie de 1869 0 1996. Histoire des conflits), réd. A. Bartnicki, pp. 375–387.

les mouvements de libération. Ce n'était pas une mince affaire car les parties en lutte tenaient autant à triompher de l'occupant qu'à se vaincre entre elles. Durant les quatorze dernières années avaient eu lieu des combats partisans entre les trois forces politico-militaires en présence : le MPLA (Agostinho Neto), le FNLA (Holden Roberto) et l'UNITA, parti créé en 1966 par l'ancien ministre des Affaires étrangères Jona Savimbi. Le 15 janvier 1975 furent signés les Accords d'Alvor en vertu desquels les Portugais et les trois mouvements de libération – le MPLA, le FNLA et l'UNITA – fondèrent un gouvernement de coalition provisoire. Le 11 novembre 1975 l'indépendance de l'Angola fut proclamée. Hélas, très vite ce fut la rupture et la guerre civile s'installa.

Au milieu de l'année 1975, la PAP décide d'envoyer à Luanda un correspondant permanent. La mission étant risquée, il est difficile de trouver un candidat. C'est Kapuściński qui y va, décision logique, car le reporter suit les événements angolais avec fascination. On est en effet au dernier stade de la décolonisation, à la naissance d'un État qu'il a observée d'abord comme jeune journaliste de vingt et quelques années, puis comme correspondant de la PAP. Le témoin de la naissance de la nouvelle Afrique ne peut pas laisser passer une telle occasion, il doit voir de ses propres yeux l'effondrement final du colonialisme européen. Sans doute la possibilité d'observer l'une des dernières guerres de libération nationale encore auréolée de sa foi (ou de ce qu'il en reste) dans la révolution africaine n'est-elle pas indifférente à sa décision.

Gagner cette lointaine contrée située au sud-ouest de l'Afrique n'est pas chose aisée. En s'envolant de Lisbonne, Kapuściński s'attend au pire : « Je partais en Angola, convaincu de ne pas en revenir, de ne pas en sortir vivant. C'était l'une de ces expéditions où l'on va consciemment à la mort. Nous nous sommes rendus à la base militaire et avons pris le dernier avion à destination de Luanda. Les secrétaires du chef de l'aéroport pleuraient et me suppliaient : 'Richardo, n'y va pas !'. Mirek [Mirosław Ikonowicz, à l'époque correspondant de la PAP à Lisbonne] me demanda de renoncer. 'Non, lui répondis-je, j'y vais. Advienne que pourra !' Mais je me suis envolé avec la peur au ventre. Nous avons décollé la nuit, nous avons atterri à l'aube. Nous étions tendus, effrayés à l'idée de nous faire tirer dessus. J'ai jeté un œil par le hublot de l'avion, m'attendant à voir des soldats, mais j'ai aperçu un groupe d'enfants en uniforme qui se rendaient à l'école avec leurs cartables sur le dos. J'ai soupiré de soulagement ! »[150].

---

150 Extrait non publié d'un entretien mené par les auteurs du présent ouvrage avec Ryszard Kapuściński à Varsovie, le 31 janvier 2005.

Malgré cet accueil optimiste, la situation sur place ne laisse aucune place à l'illusion : très vite il apparaît que les craintes de perdre sa vie ne sont pas exagérées. Kapuściński décrit Luanda où règne une agitation fébrile ; les Portugais fabriquent précipitamment des conteneurs en bois dans lesquelles ils emballent tous leurs biens. Des centaines de caisses sont chargées sur des navires qui mettent le cap sur la République sud-africaine, le Portugal et le Brésil. Dès lors la ville dépeuplée se transforme en un piège pour les citoyens d'URSS, de Pologne et de Hongrie, considérés comme responsables du déclenchement de la guerre civile. La population est invitée à massacrer tous ces intrus « qui dirigent les unités du MPLA et sont responsables de la guerre et autres calamités dont le misérable peuple angolais fait les frais ». (18) On est en septembre 1975. Kapuściński affirme, quant à lui, qu'il reste à l'époque le seul et unique ressortissant de l'Europe de l'Est présent en Angola.

D'autres dangers l'attendent sur le front. Le deuxième chapitre du livre fait le récit de combats mortels, de victoires fragiles et d'adieux tragiques, d'une mort anonyme et de la mort d'une personne proche. Le point culminant de ce dernier récit est une expédition intrépide sur le front à quatre cents kilomètres au sud de Luanda. Le voyage se déroule dans des circonstances dramatiques ; le camion déglingué roule sur une route occupée par les forces ennemies qu'aucun convoi n'a parcourue depuis un mois, tous les véhicules et leurs occupants ayant été pris dans des embuscades et brûlés. Au bord de la chaussée, les héros voient des épaves calcinées et des os humains carbonisés. Mais ils ne peuvent plus faire demi-tour, ils ne peuvent plus fuir, ils ne peuvent plus esquiver. L'écrivain manque de mots pour décrire cette effroyable expédition au cœur des ténèbres africaines. Incapable d'exprimer ses sentiments, il tend la main vers la poche de sa chemise pour prendre une cigarette et constate que dans son paquet de Radomski « extra-fortes » il ne reste plus qu'une poignée de foin puant.

Après la description du front, il revient au thème de Luanda où se déroulent les derniers combats. Intervient alors la proclamation d'indépendance, mais épuisé par ses expériences de guerre, le reporter est incapable de se réjouir de la victoire. Il envoie une dépêche à Varsovie : « Je n'ai plus de fric depuis longtemps et je suis à peine vivant. On sait plus ou moins ce qui va se passer, autrement dit les Angolais vont gagner, mais cela peut durer longtemps et je suis au bout du rouleau. Est-ce que vous m'autorisez à rentrer au pays ? » (GA, 167). Les dernières journées à Luanda sont pour lui particulièrement difficiles ; non seulement il est épuisé par les effroyables épreuves du front, il se sent perdu et terriblement solitaire, mais il est avant tout déçu. Il faut se rappeler qu'il s'est rendu à Luanda comme correspondant de la PAP pour observer les opérations du MPLA soutenu par l'URSS. Il se lie d'amitié avec les figures de ce mouvement, il se solidarise avec leur lutte. Dès les premières pages du livre, on trouve des signes de cette fascination. Le reporter use d'une stylistique guerrière expressive : il appelle la partie adverse « l'ennemi », parle du « massacre des communistes », de « l'agression des adversaires ». Dans les rangs du MPLA il trouve des héros dignes de la plume de Conrad, des combattants jeunes, courageux, prêts à se sacrifier pour la cause qu'ils défendent ; la toute jeune Carlotta ou l'héroïque *comandante* Farrusco qui a laissé à la maison son fils âgé de quelques mois à peine pour partir au front, disposé à mourir. En un mot, le MPLA, ce sont des jeunes « entre seize et dix-huit ans, l'âge de nos lycéens lors de l'insurrection de Varsovie » (GA, 78). De l'autre côté se tiennent les soldats du FNLA qui pratiquent le cannibalisme. Leur chef, Holden Roberto Alvaro est un carriériste qu'il accuse de népotisme. Son antagoniste direct est Agostinho Neto qui dirige le MPLA ; c'est un médecin et un poète qui a été entraîné dans cette guerre par hasard en quelque sorte. Kapuściński écrit à son sujet : « Grisonnant, à lunettes, il semblait manquer d'énergie, mais peut-être était-il tout simplement las. Sa silhouette était plus en harmonie avec un mur de livres dans un bureau paisible qu'avec une tribune sur une place publique (bien qu'il fût un excellent orateur) » (GA, 169).

Cet état d'esprit change à son retour du front. Quelqu'un remet alors au reporter un bout de papier avec un numéro de téléphone inscrit dessus. Kapuściński mène une étrange conversation téléphonique, d'abord en portugais, puis en espagnol. Vite il reconnaît l'accent cubain de son interlocuteur et il présume qu'il s'agit d'un représentant de la presse latino-américaine. Toutefois, lorsqu'il demande ses coordonnées, il s'entend répondre : « Ne pose pas trop de questions, mon vieux ! Moins on en sait, mieux on se porte. (….) Nous allons venir te voir dans ta chambre, (…) nous arrivons dans une heure » (GA, 120). Peu après, il reçoit la visite de deux hommes. En fait, ce sont des instructeurs cubains. Kapuściński est stupéfié : « C'était pour moi une information nouvelle ; j'ignorais qu'il y avait des instructeurs cubains en Angola » (GA,120). Ses hôtes l'interrogent sur la situation au front, il leur transmet des informations qui risquent de changer le cours de la guerre : l'armée régulière de la République sud-africaine a pénétré le territoire de l'Angola. Les Cubains disparaissent aussi vite qu'ils sont apparus : « Une Jeep bâchée, neuve, sans plaque d'immatriculation était garée dans une ruelle latérale sombre. La main d'un homme assis à l'intérieur a ouvert la portière » (GA, 122). Deux semaines après cette rencontre, le 5 novembre, commence le débarquement des troupes cubaines qui fait pencher la balance de la victoire du côté du MPLA communiste, sans pour autant mettre un terme définitif aux combats (qui vont se poursuivre pendant vingt ans). Kapuściński décrit également le moment de la déclaration d'indépendance : le 11 novembre, juste après minuit, la population se rassemble sur une place de la ville où est proclamée la création de la République populaire d'Angola. Le futur président Agosthino Neto fait un discours, puis les lumières sur la tribune s'éteignent, les soldats tirent des salves pour célébrer l'événement, la foule s'anime un peu pour finir par se disperser et chacun rentre chez soi. L'un des amis du reporter s'exclame alors avec désespoir : « Si c'est ça, l'indépendance, je me tire une balle dans la tête » (GA, 161).

Une fois de plus, Kapuściński constate qu'un mouvement spontané de libération n'est en fait qu'un processus guidé d'en haut, un jeu d'intérêts dans lequel les États africains sont l'arène d'une guerre idéologique menée par les grandes puissances. Une fois de plus, il est convaincu que la révolution dévore toujours ses propres enfants et jamais – malgré ses promesses trompeuses – elle ne mène « À des Temps Nouveaux, à un Début Absolu, à une Totale Jeunesse »[151]. Le voyage meurtrier en Angola devient pour le reporter un apprentissage éprouvant dont il sort déçu et résigné. Il garde toutefois l'espoir que l'humanité ne se réduit pas totalement à la sphère politique. Aussi, en faisant ses adieux aux soldats portugais qui quittent l'Angola et se trouvaient jusque-là de l'autre côté de la barricade, il écrit : « (…) entre les hommes il existe une sorte de solidarité que les arides calculs politiques ne peuvent détruire » (GA, 160).

Dans l'œuvre de Kapuściński, *D'une guerre l'autre* rassemble toutes les caractéristiques de l'œuvre hybride. Le récit qu'il fait de l'Angola n'est pas homogène, il ne se distingue pas par une dominante claire. Le livre est écrit à partir de deux points de vue très marqués et indépendants l'un de l'autre ; le premier renvoie à l'approche que nous connaissons des écrits antérieurs de l'écrivain, le second annonce la nouvelle orientation de son œuvre. Dans *Une guerre l'autre*, ces deux perspectives alternent. Le chapitre intitulé « Scènes de front » s'inscrit presqu'entièrement dans le genre littéraire que nous connaissons, notamment dans celui du *Christ à la carabine*. Cette similitude est particulièrement perceptible dans le choix des héros : des combattants fougueux, pleins d'optimisme idéologique, sincèrement dévoués à la cause de la révolution. Les deux autres chapitres, « On ferme la ville » et « Dépêches » expriment une tout autre manière de décrire la réalité. La différence de ces perspectives provient de la conviction du reporter que l'expérience personnelle nécessite une transformation littéraire. Ainsi, le premier chapitre est une métaphore filée de la fin du

---

151 L. Kołakowski, *Rewolucja jako piękna choroba* (La révolution – une belle maladie), in: *Cywilizacja na ławie oskarżonych* (La civilisation sur le banc des accusés), Varsovie 1990, pp. 178–194.

colonialisme, et le troisième chapitre, une description littéraire d'un individu perdu dans l'Histoire. Après son livre sur l'Angola – le dernier où la réalité décrite est le fruit d'un équilibre relatif entre deux perspectives créatives différentes –, l'approche littéraire de la réalité dominera définitivement l'écriture du reporter.

Dans l'œuvre de Kapuściński, le chapitre « Scènes de front » sonne le glas des combattants sacrifiant inutilement leur vie. Le chapitre est une présentation de héros se battant jusqu'à la fin contre l'élément naturel qu'est l'Histoire. Ce sont les portraits de figures tragiques ayant conscience d'être isolées dans leur mission, de n'avoir aucun autre choix et de devoir préserver héroïquement leurs valeurs. Parmi les soldats, deux créations méritent une attention particulière : Carlotta mentionnée ci-dessus et le *comandante* Farrusco. Carlotta doit escorter une équipe de journalistes au front. Cette jeune fille de vingt ans, pleine de charme et de courage est déjà auréolée d'une légende. Le reporter se souvient d'elle comme d'une personne belle, raisonnable, responsable. Au cœur de l'enfer angolais où elle conduit les journalistes, sa figure évoque l'image du guide céleste de Dante. La présence de Carlotta est apaisante. En présence de cette jeune fille, cette expédition périlleuse sur le front prend parfois l'allure d'un week-end à la campagne ; les hommes la filment, la photographient, la courtisent. La nouvelle brutale de sa mort sera le point culminant de l'événement. La jeune femme périt juste après avoir fait ses adieux à l'équipe de journalistes, en couvrant leur départ. « Carlotta connaissait pourtant cette guerre mieux que nous, elle savait que le crépuscule – moment de la journée propice à l'attaque – approchait » (GA, 82), conclut l'auteur. Dans la suite de son périple, le reporter rencontre un autre jeune combattant : le *comandante* Farrusco, le fils d'un paysan portugais. Naguère il a combattu dans des unités de commandos, mais lorsqu'en 1975 éclate la guerre civile entre le MPLA, le FNLA et l'UNITA, il décide de rejoindre les rangs du mouvement dirigé par Agostinha Neto. Il met sur pied un détachement, il prend à l'ennemi des positions importantes, il conduit ses hommes d'une main ferme. En accompagnant le reporter sur la route dangereuse menant à Lubango, Farrusco se réjouit d'avoir l'occasion de revoir son fils âgé de quelques mois. Il ne compte toutefois pas le voir grandir, le commandant est prêt à mourir, et hurlant à tue-tête dans le vrombissement du moteur il s'adresse au journaliste en phrases saccadées : « Je pense qu'ils vont me tuer (…), mais tu sais, je n'ai pas peur, tu m'entends, je ne crains rien ». (GA, 105–106). La galerie de portraits de personnages hors du commun se ferme sur celui d'une octogénaire Portugaise qui depuis près d'un demi-siècle cuit du pain. Elle ne comprend pas que le pays est en guerre et qu'elle devrait s'enfuir avec son fils dans un lieu sûr. Tout ce qu'elle sait, c'est que les gens auront toujours besoin de pain et elle attend donc patiemment la prochaine livraison de farine. Lorsque son fils, au péril de sa vie, livre la marchandise, elle se remet à cuire le pain afin de le distribuer gratuitement aux soldats. « Nous aimons tous cette femme, (…) même si elle n'est pas spécialement de notre bord ; elle est pour la vie et pour le pain, cela nous suffit » (GA, 95–96), dit Farrusco à son propos.

Dans les deux autres chapitres, *On ferme la ville* et *Dépêches*, on sent plus nettement la distance du reporter par rapport à la politique courante. Ce changement symptomatique de perspective transforme radicalement son écriture ; débarrassés du ballast de l'Histoire, les textes sont imprégnés de procédés littéraires. En effet, *D'une guerre l'autre* n'est pas seulement le récit d'une guerre ayant eu lieu il y a trente ans. C'est avant tout le récit sur la désintégration du monde ; la description de la fin de la civilisation des Blancs sur le continent noir. La fin de cette étape importante est sans doute l'un des événements les plus importants dans notre histoire, et Kapuściński en est pleinement conscient. La célèbre métaphore de la ville moribonde puise justement sa force dans le sentiment que l'histoire de la colonisation européenne joue son dernier accord. Ainsi, Luanda, la capitale de l'Angola, lieu de troubles sanglants, est abandonnée dans la panique par les Portugais qui y sont restés pendant quatre siècles sans interruption. L'auteur montre la lente agonie de la ville qui au début « tremblant de peur, (…) vivait dans une ambiance d'hystérie » (GA, 17). Commence alors l'exode massif de ses habitants, les premiers à partir sont les médecins, puis les artisans, les commerçants, les policiers, les pompiers, et pour finir les éboueurs. Ils quittent la ville dans une course effrénée, comme s'ils fuyaient une épidémie meurtrière : « Les gens fuient le pays comme on fuit la peste, comme on fuit un air toxique, invisible, mortel » (GA, 25). Ils transportent le contenu de la ville de pierre dans des caisses en bois, ils l'enferment comme dans des cercueils, ils clouent les couvercles et les embarquent à la mer. « Avant qu'elle soit fermée et définitivement condamnée, la ville fut le théâtre d'événements divers. Tel un malade qui s'anime soudain au moment de l'agonie et récupère momentanément quelques forces (…) » (GA 26). Mais la mort de la ville est inéluctable. Finalement il n'y reste plus qu'une poignée de têtes-brûlées et des hordes de chiens de race abandonnés par leurs propriétaires qui traînent à la recherche de nourriture. La ville vogue dans des caisses en bois tandis que sur la terre ferme, il ne reste plus qu'une maquette morte, une scène vide à la fin d'un spectacle. Le lieu est triste, désolé, plus personne ne s'y intéresse. Les derniers habitants une fois partis, « la cité de pierre perdit sa raison de vivre, son sens. Elle ressemblait à un squelette poli par les vents, un os planté dans le sol, dressé vers le soleil » (GA, 42–43). Enfin, elle rend l'âme. Si au moins elle avait péri héroïquement, si au moins elle s'était défendue vaillamment comme toute ville digne de ce nom ! Mais Luanda meurt de manière tragi-comique, solitaire et grotesque. Sans rituels, sans pleureuses, sans les honneurs dus aux morts, sa mort résonne des échos grivois en provenance d'un cinéma en plein-air où passe en boucle le célèbre film érotique *Emmanuelle*.

Le caractère funèbre de cet extrait est rendu par une stylistique particulière, élégiaque. Le moment où Luanda est quitté par ses habitants est présenté par étapes : des groupes professionnels et sociaux successifs quittent la capitale. Cet exode est présenté sous forme graphique : une phrase isolée qui se répète comme un refrain. L'auteur énumère : « Tous les médecins ont quitté la ville », « Tous les policiers ont quitté la ville », « Tous les pompiers ont quitté la ville », « Tous les éboueurs ont quitté la ville ». Ainsi, le texte prend le ton d'une prière : comme dans une litanie il énumère les héros successifs d'un lugubre spectacle. Le reporter assiste à cet événement. Il reste jusqu'à la fin, il observe l'enterrement d'un monde. Il est son fossoyeur.

D'une guerre l'autre est peut-être le premier texte à être si explicitement soustendu par une réflexion sur les conséquences douloureuses de la collision entre l'individu et l'Histoire. Le troisième chapitre, « Dépêches », raconte l'agonie de Luanda, d'un lieu où la solitude se fait particulièrement sentir. Essayant de vaincre cette solitude, le héros du livre se jette dans l'aventure, se rue spontanément au cœur de l'enfer africain, est pris au piège de situations extrêmes avec lesquelles il doit constamment confronter sa vision de la guerre, de l'héroïsme, du devoir. Son expérience du monde est marquée du sceau du hasard, du morcellement et de la spontanéité. En exposant la nature chaotique de sa participation à l'histoire, le reporter rejette catégoriquement la tentation de se poser comme commentateur distant. Il assume consciemment le rôle du participant de plein droit et du témoin crédible. Avec le temps il donne à ses épreuves une autre dimension encore : il devient un personnage littéraire, pas seulement l'auteur d'un reportage, mais un héros romanesque qui vit des épreuves universelles. Dans ce livre sur l'Angola, nous avons en effet affaire à un homme faisant l'expérience de la défaite du monde et de la désintégration d'une réalité qui semblait éternelle. Le témoin de cette catastrophe se languit du contact humain, il se cramponne désespérément à un ordre quelconque, il cherche un appui durable ; il trouve un substitut de cette stabilité dans le rituel quotidien qu'est la liaison avec Varsovie à 21 heures. Le moment où il transmet ses dépêches est sacré, un moment qu'il attend pendant toute la journée. Bien avant cette heure, le reporter s'assoit devant le télex, les yeux fixés sur la petite lumière de l'appareil qui s'éteint, crispé, il tend l'oreille dans le silence. Lorsqu'arrive enfin la connexion, le héros tente de prolonger à l'infini la conversation en expliquant avec des détails exagérés les méandres des événements politiques en Angola, en s'informant de choses sans importance, en buvant chaque mot. Finalement le télex est débranché et le héros se retrouve de nouveau seul.

Les dépêches placées dans le livre donnent des informations détaillées sur la situation de la guerre, mais elles ne servent qu'en apparence à crédibiliser le récit du reporter. En réalité elles traduisent le désarroi du héros, son besoin de contact et son effroyable solitude. Elles montrent aussi l'abîme qui sépare les émotions accompagnant l'expérience d'un événement authentique d'une description laconique, lue le lendemain matin dans le monde entier par des lecteurs devant leur café. En assujettissant le format journalistique à la matière de la fable, en insérant des extraits de dépêches – outils se prêtant pourtant le moins du monde à la création littéraire – Kapuściński, paradoxalement, les transforme en littérature. Il faut se souvenir qu'une dépêche est un genre informatif présentant la réalité de la manière la plus objective et exhaustive qui soit, sans commentaire. Les dépêches de Kapuściński suivent apparemment ce schéma : elles sont construites selon le principe de la pyramide renversée (elles commencent par l'énonciation d'une information principale, puis suivent des phrases introduisant des détails qui, au cours du travail rédactionnel, peuvent être raccourcies sans porter préjudice à l'essence de l'information). Cependant, en les lisant, le lecteur peut avoir l'impression d'un nouveau renversement de la pyramide. Ainsi, le cœur de la dépêche (la description de la situation de guerre) devient la marge de la fable. Elle peut donc être soumise à un travail rédactionnel, on peut la raccourcir sans craindre de perdre l'essentiel du message. Dans ces dépêches *à rebours*[152], la matière informative est donc clairement neutralisée : les attributs fondamentaux de la dépêche – informativité, actualité et objectivité – constituent tout juste le fond des ajouts personnels informant sur la peur, la solitude, l'épuisement d'un homme plongé dans une situation extrême.

Un an après les événements angolais commentés au jour le jour pour la PAP (ces correspondances sont publiées dans les colonnes de Trybuna Ludu et de Życie Warszawy), paraît le récit complet de cette guerre. Tout d'abord sous la forme de douze épisodes publiés dans Kultura de février à octobre 1976, sous le titre de *Un peu d'Angola*. Puis la même année est publié le livre. *D'une guerre l'autre* marque un changement heureux dans la carrière de l'auteur. Ce livre n'est plus un ouvrage littéraire comme les précédents qui étaient uniquement un assemblage de reportages parus avant dans la presse. Pour la première fois,

---

152 En français dans le texte.

Kapuściński a suffisamment de temps pour écrire un texte du début à la fin, pour le composer et le peaufiner. La comparaison des deux versions – la version pour la presse et la version éditée – montrent de manière incontestable que des ultimes corrections importantes ont été apportées juste avant la remise du manuscrit à l'éditeur. Ainsi, le cycle publié dans Kultura ne commence pas, comme on pourrait le présumer, par le célèbre chapitre sur la fermeture de la ville (celui-ci n'apparaît dans Kultura que dans le deuxième épisode). Dans la revue Kultura, le texte sur l'Angola commence par un bref récit sur une expédition au front (*Le chemin de la guerre*), récit qui, dans le livre, est placé au début du deuxième chapitre (*Scènes de front*). Pour quelle raison l'auteur change-t-il si librement la disposition de sa matière ? Cette expédition qui a pourtant eu lieu avant la fermeture de la ville (comme le montre la chronologie des épisodes publiés) « donne à croire » qu'il s'agit d'une autre expédition. Le reporter arrive dans une ville en train de se vider, abandonnée même par les chiens, et il décide de se rendre sur le front. Et justement à cet endroit – à la place d'un récit attendu sur une expédition dans le sud où se rend le correspondant – nous avons un autre récit : celui d'une expédition antérieure, dans une direction différente. Dans le livre nous ne trouvons pas non plus un reportage publié dans Kultura intitulé *La prise de Samba Cajú*, fruit d'un autre voyage encore. Agençant librement ses épreuves et ses expériences, Kapuściński les libère de leur chronologie réelle. Il ne fait aucun doute que la description de la réalité devient pour l'auteur un phénomène secondaire par rapport à ses exigences littéraires, et que la valeur cognitive de son récit cède la place à des critères esthétiques.

Dans son livre sur l'Angola, l'auteur renforce la littérarité de son écriture en liant entre eux différents fragments de la réalité dont lui-même a fait l'expérience. On pourrait dire que le récit sur l'Angola est l'œuvre d'un habile artisan qui coupe, assortit et unit différents morceaux d'une matière qui lui est accessible. Grâce à ces déplacements et ces omissions, la limpidité du récit y gagne considérablement, et l'agencement du récit, selon ces nouvelles règles, confère aux événements décrits des sens nouveaux tout en créant une réalité littéraire. Le reportage sur la guerre en Angola devient ainsi un récit sur l'anéantissement du monde, sur la solitude totale, sur un voyage héroïque au fond de l'enfer. Cette dominante existentielle expressive rapproche sensiblement ce livre d'une littérature consacrée par des auteurs tels que Joseph Conrad, Albert Camus ou Franz Kafka. Il reste toutefois une nette différence entre la qualité littéraire de ce livre sur l'Angola et le *Négus* publié deux ans plus tard. Pour filer la métaphore de l'« habile artisan », il conviendrait de dire que le livre sur l'Éthiopie sortira des mains non plus d'un artisan mais d'un magicien qui, en mélangeant dans des proportions soigneusement mesurées, des ingrédients connus de lui seul, confectionne une littérature totalement nouvelle et inimitable. *Le Shah* naîtra, quant à lui, de voyages dans l'univers volatile de la littérature plutôt que de l'habileté d'un maître exploitant une expérience vécue.

*

Revenons à l'ouvrage *La guerre du foot*. Avant d'écrire ces deux chefs-d'œuvre, Kapuściński va devoir se plonger dans des textes antérieurs. Les responsables de la collection « Biblioteka literatury faktu » (la Bibliothèque de la non-fiction) – à l'initiative commune des maisons d'édition Wydawnictwo Literackie, Iskry et Czytelnik –, décident de placer, à côté d'une sélection de reportages de neuf autres auteurs, un choix de textes de Ryszard Kapuściński. Or cette idée d'un recueil aléatoire de textes est profondément étrangère à l'écrivain ; il craint que même une sélection limitée de ses reportages étrangers ne permette pas d'éviter l'effet d'un assemblage hasardeux. Il procède donc à un tri, mais il est convaincu que ces textes ne s'intègrent pas dans un ensemble logique[153]. Il ne faut pas oublier que Kapuściński, dès le début, dès ses premiers voyages à l'étranger, est obsédé par l'idée de recueillir de la matière pour ses livres, autrement dit pour des textes littéraires authentiques, ambitieux, et il traite tout le reste comme un moyen destiné à atteindre ce but. La planification de ses livres constitue une trame importante dans son évolution créatrice. La qualité littéraire, la globalité de la présentation est dans sa conception une garantie du niveau, de l'ambition, de la valeur et de la continuité de son écriture. En 1978, quand il se définit comme un partisan du « nouveau journalisme » américain qu'il entend comme « la description d'un événement avec l'utilisation de moyens d'expression littéraire »[154], le concept de « journalisme littéraire » reste pour lui fondamental. Il n'est donc pas étonnant qu'il ne puisse accepter que les textes littéraires qu'il a écrits jusqu'alors fassent l'objet d'un « recueil mécanique de textes ».

Mais pourquoi un choix de reportages issus des trois continents où il a été entraîné dans l'espoir de participer à « l'œuvre continuellement renouvelée de la libération du monde » (pour reprendre les propos de l'écrivain dans un article de jeunesse intitulé *Acte de naissance de notre génération*) devrait-il produire l'effet d'un recueil mécanique ? N'est-il vraiment pas possible de trouver suffisamment de textes unis par une idée, une croyance ou du moins un thème

---

153 Commentaires sur *La guerre du foot* que l'on peut trouver sur la page www.kapuscinski.info/page/ksiazki/9/txt/237.

154 *Czarne i białe. Z Ryszardem Kapuścińskim rozmawia J. Snopkiewicz* (Noir et blanc. Entretien avec Ryszard Kapuścińskim mené par J. Snopkiewicz), Radar 1978, n 7.

commun ? Le fait qu'il ne trouve plus de continuité entre ses propres textes imprégnés de l'idée de solidarité avec les révolutionnaires de tous les continents et qu'il soit confronté à la nécessité de les lier à une autre unité de sens constitue la preuve la plus éloquente du divorce de Kapuściński avec le mythe de la révolution. C'est sa nouvelle conscience d'écrivain, désormais attestée par des livres (homogènes) tels que *Le Christ à la carabine* et *D'une guerre l'autre*, qui lui fait découvrir l'importance de sa présence personnelle dans le texte : ses aventures de reporter, sa sensibilité, son point de vue, son bagage intellectuel et spirituel et sa propension à comprendre l'expérience d'autrui. Cette conscience lui suggère que la seule possibilité de trouver dans l'ensemble de ses textes une « unité logique », c'est de faire appel à la logique de sa propre évolution professionnelle, de journaliste et d'écrivain. Qui étais-je quand j'ai écrit ce texte ? Comment me suis-je retrouvé dans ce lieu concerné par ce texte ? Que m'a appris le séjour dans ce lieu et de quelle manière m'a-t-il préparé aux voyages et aux étapes ultérieures de ma connaissance du monde ? Telles sont les questions que doit se poser l'auteur quand il écrit les auto-commentaires sur son choix de reportages de *La guerre du foot*. Les commentaires, insérés entre des textes ou, le plus souvent, entre des blocs de textes liés à ses voyages successifs (Ghana, Congo, Afrique, URSS, Amérique du Sud, voyages d'« envoyé spécial de la PAP » au Proche-Orient, en Angola, à Chypre etc.) sont une description des circonstances de ces voyages et de ces séjours dans différentes parties du globe, il se mêlent aux autres textes et forment avec eux une sorte de journal sur son rapport au monde.

Il faut toutefois souligner que ce texte ajouté, en italique, – une cinquantaine de pages (sur un peu plus de deux cent en tout), avec des chapitres, des divisions et des sous-divisions – qui alterne avec un choix de reportages écrits sur une période de vingt ans environ, n'est pas un simple écrit rétrospectif commentant ces reportages. Ce texte ajouté est la trame peut-être la plus importante de l'ensemble de l'ouvrage. Kapuściński parle de fragments ou d'un plan de deux livres non écrits. Le premier, placé entre un voyage au Ghana et un voyage au Congo est intitulé *Plan d'un livre qui aurait pu commencer à cet endroit (ou petits soucis dont je n'ai jamais parlé)*. Le second, se situant après son retour d'URSS et de la publication du livre *Le Kirghize…*, mais avant ses premiers reportages sur l'Amérique du Sud, s'intitule *Il est grand temps de commencer à écrire le livre suivant jamais écrit*. Il ne faut pas en conclure que ce livre non écrit, et même ces deux livres non écrits – qui se retrouvent maintenant sous la même couverture – ne sont pas moins importants que les textes écrits jadis.

En réalité, ils sont importants car ils contribuent à remodeler, en accord avec le nouveau savoir de Kapuściński sur lui-même et sur son écriture, sa perspective cognitive antérieure. C'est particulièrement visible dans le premier livre non écrit car il concerne l'Afrique, or les reportages africains que nous connaissons déjà nécessitent de manière évidente, à la lumière de la nouvelle conscience de l'écrivain, une réévaluation de son expérience personnelle et un dévoilement de la dimension de sa participation aux événements décrits. Les expériences du reporter sont tellement diverses, universelles et riches qu'il lui en restera suffisamment pour nourrir des livres ultérieurs comme *Ébène* et une grande partie de *Mes voyages avec Hérodote*. Elles sont tellement importantes pour la biographie de Kapuściński qu'à un moment donné nous avons dû évoquer tant les maladies mortelles que les moments où l'écrivain a risqué sa vie lors de son voyage au Congo en citant entre autres des fragments de ce « livre non écrit ». Souvenons-nous donc seulement que le récit le plus révélateur parmi ces reportages sur le Congo racontant les aventures de l'auteur pendant les jours qui ont suivi l'assassinat du guide légendaire du pays, Lumumba (et surtout pendant les quelques heures où il attend la mort), apporte non seulement de nouvelles informations sur l'expérience de l'écrivain, mais aussi sur la situation de l'époque en Afrique : des informations sur l'entrelacement des traditions tribales et des structures d'État que la société africaine n'a pas assimilées, sur le rôle des services de renseignements étrangers, des troupes africaines et des troupes de l'ONU. Les aventures effroyables de Kapuściński vues comme le fruit d'un hasard aveugle sont aussi plus éloquentes que d'autres descriptions sur le chaos de la réalité africaine de l'époque où le hasard décidait non seulement de la vie ou de la mort de l'individu, mais aussi du cours des événements à une échelle plus large, militaire ou politique.

La reconstruction des expériences dramatiques personnelles est, comme dans les textes des années 1970, consciente de sa valeur créative, de la possibilité d'atteindre des sens littéraires à valeur universelle. Dans le récit *Barrages de flammes*, évoqué plus haut, sur une folle expédition pendant le coup d'État au Nigéria en 1966, cette reconstruction est attestée par le déplacement d'un texte écrit de cette manière du livre « non écrit » au livre « écrit ». Il a été placé non pas dans les pages en italiques, mais dans la chronologie des anciens reportages.

Ce livre ajouté, ainsi maintenu, devra à un certain moment s'épuiser, car comme nous le savons, à son retour d'Amérique du Sud il cesse d'être un livre non écrit pour devenir justement un livre écrit sous la forme de reportages sur le Proche-Orient, Chypre, l'Ogaden, la guerre entre le Honduras et le Salvadore, le Venezuela qui se retrouveront au complet dans la *Guerre du foot*. Ils concernent des événements inattendus et imprévisibles, transformant des hommes en victimes impuissantes, contraintes de chercher un sens à leur vie et de défendre des valeurs élémentaires seuls – des événements peu compréhensibles et vraisemblables qui nécessitent d'être compris et crédibilisés par la présence personnelle ou par la participation de celui qui écrit. Toutefois ce n'est peut-être pas la seule raison qui incite l'écrivain à commencer un autre livre non écrit, même s'il n'est pas à exclure qu'il commence à le mettre en forme parce qu'il a terminé le premier et que la conception du volume exige que ces paroles de liaison soient menées à terme. Kapuściński lui-même ne s'explique pas clairement là-dessus : « Quand j'ai commencé à écrire de cette manière et à lier ces textes écrits et non écrits, à un moment donné j'ai compris que j'avais encore un troisième livre à écrire, mais ce livre n'a pas été écrit. (…) Et cela a donné un tout quand je me suis mis à agencer, à monter »[155].

Il est fort possible que la conception du premier livre non écrit, intitulé livre « … des petits soucis dont je n'ai jamais parlé » n'englobe pas tous les objectifs littéraires que la nouvelle conscience de l'écrivain lui a soufflés. Le plan de ce deuxième livre qui se place au moment où l'écrivain part en Amérique du Sud traduit son intérêt – perceptible dans ses nouveaux textes – pour faire émerger les signes distinctifs des territoires pénétrés, pour saisir et mettre en valeur les différences entres eux, pour extraire de la réalité observée des événements et des phénomènes susceptibles de devenir des métaphores de la spécificité culturelle. Souvenons-nous que la naissance de l'idée de ce deuxième livre non écrit suit directement la publication du *Kirghiz…* – texte qui s'apparente à la littérature classique de voyage – et l'un des premiers textes de ce deuxième livre non écrit est consacré à la description du baroque latino-américain dans lequel l'écrivain perçoit une métaphore de la densité, de la cumulation et de la continuité de l'histoire dans cet espace du monde. Le projet d'une bonne partie de ce livre semble se référer à un journal de 1972 qui contient en germe des études sur la diversité des hommes et des coutumes en Amérique du Sud, avec une sorte de lexique sur les différences interculturelles : « J'ai pensé insérer dans ce livre un dictionnaire d'expressions qui, en fonction du degré de latitude où elles sont employées, prennent des significations différentes. Des expressions qui désignent des notions ayant le même nom mais recouvrant une autre réalité » (GF, 133). Ce journal est illustré par un échantillon de mots disposés en ordre alphabétique (ESPRITS, FORTERESSE, HIÉRARCHIE, INCARCÉRÉ, NOIR, SILENCE, VIE, VISITE), qui pourrait témoigner du désir croissant de l'écrivain de se consacrer à l'essai, de se libérer de la réflexion sur les événements politiques, d'universaliser sa vision. En même temps, il montre qu'il se rend

---

155 Commentaires sur *La guerre du foot* que l'on peut trouver sur la page www.kapuscinski.info/page/ksiazki/9/txt/237.

compte qu'il a commencé à se tourner vers ce type d'écriture bien avant, peut-être par hasard, peut-être inconsciemment. En effet, tous les mots-clés cités sont des extraits d'essais pris dans des reportages tant africains que sud-américains ; ce sont donc des signes avant-coureurs « écrits » de ce « livre non écrit ». Dans le plan lui-même on peut trouver plus d'indices montrant que, contrairement au premier, il est plutôt tourné vers l'avenir que vers le passé. À un endroit, par exemple, il annonce plusieurs thèmes, puis il en aborde trois d'entre eux, les autres devant être développés...

La conception des deux « livres non écrits » se complètent à merveille et transforment les textes choisis parmi l'ensemble des écrits du reporter en un tout homogène. Le premier débarrasse d'anciens essais africains de ses imbroglios idéologiques (sur Nkrumah, Lumumba, Boumédiène, les coups d'État en Algérie et en Nigéria) en y introduisant le témoignage participatif caractéristique des textes écrits au milieu des années 1970. Le deuxième qui reflète l'intérêt croissant de l'auteur pour la diversité culturelle du monde, confère à l'ouvrage la caractéristique d'un carnet de voyage, il met en évidence le mode de vie nomade de l'écrivain et du conteur voyageant dans des milieux culturels diversifiés et y découvrant l'identité fondamentale de l'homme. L'aspect de carnet de voyage domine surtout dans la seconde partie de *La guerre du foot* où l'image du monde change avec chaque texte à la fin l'auteur cite une phrase de *Moby Dick* de Melville, le livre sacré de tous les voyageurs, et rappelle que le héros de ce roman, le marin Ismael, en dépit de toutes les adversités, « vogue toujours » ...

La composition de *La guerre du foot* est un ouvrage exceptionnel et étonnant dans le paysage du reportage de l'époque, ce qui n'empêche pas pour autant les lecteurs d'apprécier l'homogénéité du livre qui tient tant à cœur à l'écrivain : « Cette approche, écrit Wojciech Giełżyński au sujet des « intermèdes » de la *guerre du foot*, donne au livre une autre valeur : il cesse d'être simplement un recueil mécanique de reportages, il se moule dans une structure cohérente composée d'éléments extraordinairement hétéroclites. Je n'ai pas le souvenir qu'un auteur ait avant lui appliqué un procédé formel aussi remarquable »[156]. En fait, il vaudrait mieux faire des recherches similaires non pas du côté des auteurs de reportages, mais du côté des romanciers qui renoncent de plus en plus souvent à la pureté formelle de leurs œuvres au profit de variantes de « documents personnels » ; chez Konwicki avec son livre *Kalendarz i klepsydra* (Le calendrier et la clepsydre), chez Różewicz avec son livre *Przygotowanie*

---

156 Wojciech Giełżyński., *Ogromniejący świat Kapuścińskiego* (Le monde grandissant de Kapuścińskiego), Kultura 1978, n 49, p.8.

do wieczoru autorskiego (Préparation à une soirée d'auteur). Des années plus tard, après la parution des „faux-journaux" de Konwicki, *Miesięcy* (Les mois) de Kazimierz Brandys, et aussi d'autres „silvae contemporaines", comme on a l'habitude de les appeler après Ryszard Nycz[157], – des textes qui rétablissent la subjectivité de l'énoncé, effacent les frontières entre l'enregistrement du „fait" et la création, dévoilent les circonstances de la naissances de fables anciennes et les germes des intentions créatrices non abouties –, il serait plus facile de voir que le livre de Kapuściński participe au grand effort de la prose de l'époque dans la recherche de nouveaux critères d'authenticité et de crédibilité. Cette démarche est ressentie comme une émancipation des schémas narratifs galvaudés, mais aussi comme une émancipation de différentes fictions intellectuelles et idéologiques livrées à l'épreuve de l'expérience individuelle à une époque, dans un lieu et dans un contexte défini. Lorsque Kapuściński extrait de dessous les textes de ses propres reportages les fantômes de livres non écrits, quand il considère le texte non écrit actuellement (et donc « non écrit au moment correspondant »), comme un texte écrit, et des passages de textes anciens comme le germe de ce qui n'a pas été écrit, il bouscule les conventions du reportage de l'époque, de même que les romanciers de l'époque bousculaient les conventions du roman, il libère ses écrits de leurs contextes journalistiques, il les soumet aux exigences de l'écrivain. Lorsqu'il regarde les reportages qu'il a écrits jusqu'à présent comme des documents fragmentaires où il exprime son rapport personnel au monde, lorsqu'il les sort de leur contexte confus et les place dans la chronologie de sa propre biographie créatrice, il se réapproprie, probablement comme les romanciers dont il a été question, la souveraineté de son point de vue, il reconstruit son identité : l'identité d'un voyageur infatigable, faisant l'apprentissage tout seul et à ses frais du monde tel qu'il est réellement.

La liberté avec laquelle l'écrivain va désormais utiliser toutes ces composantes de la convention du reportage va se refléter bientôt dans *Le Négus* et *Le Shah*. Quant à son émancipation de l'idéologisation du monde comprise d'une manière ou d'une autre, elle n'apparaîtra désormais que dans son écriture journalistique pragmatique.

En préparant *La guerre du foot*, Kapuściński est confronté pour la deuxième fois de manière aussi nette à des recherches simultanées sur la prose artistique. La première fois, il a été confronté à cette problématique en écrivant ses *Histoires fortuite*s, le fruit de ses voyages en Pologne qu'il a rassemblé dans son

---

157 Ryszard Nycz, *Sylwy współczesne. Problem konstrukcji tekstu* (Silvae contemporaines. Le problème de la construction d'un texte), Wrocław 1984.

premier livre, *Le bush à la polonaise*. Certes il n'y a là aucun hasard. En recouvrant sa perspective cognitive personnelle, Kapuściński revient en même temps à ses propres débuts qui se situent résolument à la frontière du reportage littéraire et de la littérature. La preuve de ce retour aux sources se trouve dans le fait qu'il commence *La guerre du foot* par le texte *L'hôtel Métropole* qui, à l'époque où il est écrit, en 1958, annonce que ses voyages en Afrique seront marqués par le hasard et des œuvres marquées littérairement, puis le fait de donner à son ouvrage *Czarne gwiazdy (Étoiles noires)* une coloration idéologique « antiimpérialiste » et anticolonisatrice illustre ce cheminement. Maintenant *L'Hôtel métropole* se trouve libéré du sous-chapitre *Le colon* et ce texte donne à un nouveau livre, *La guerre du foot,* sa tonalité d'origine.

Certes, il s'agit d'un retour vers un niveau, parmi tant d'autres, de sa connaissance sur le monde et sur l'écriture. Si *Le bush à la polonaise* peut être considéré comme une image assez sinistre du pays après la désintégration de l'utopie révolutionnaire d'une génération, on peut parler de la même désintégration de cette utopie mais cette fois, à l'échelle planétaire. Cette idée a été joliment formulée par P. Pawluczuk : « Jusqu'à présent, dans aucun des livres de Kapuściński le monde n'avait été encore perçu comme un ensemble homogène. Seule *La guerre du foot* nous fait voir qu'entre l'aspect d'une rue au Guatemala lors de l'enlèvement de Karl von Spreti, l'aspect de Kinshasa désertée, de Luanda enfermée dans des caisses ou d'une ruelle ensoleillée de Tbilissi, il existe quelque chose de commun. Et ce quelque chose de commun est si grand que parmi ces villes et ces pays se dévoile souvent à nos yeux un bourg, une rue, un bar familiers, le visage d'un ami ou d'un homme que nous connaissons bien »[158].

---

158 A.W. Pawluczuk, *Świat na stadionie* (Le monde au stade), Kontrasty 1979.

VI « … J'ai décidé de ne plus écrire ainsi »

D'une guerre l'autre annonce une nette rupture dans l'écriture de Kapuściński. *Le Négus,* publié deux ans plus tard, en 1978, en sera l'illustration parfaite. Il est intéressant de noter que l'écrivain se rend en Éthiopie – pour préparer la rédaction de ce chef-d'œuvre du reportage – avant de partir en Angola. Ainsi, Kapuściński visite le pays où vient de triompher la Révolution dans la première moitié de l'année 1975, juste après la destitution du « roi des rois » (le 12 septembre 1974), et ce n'est qu'en automne de cette année qu'il atterrit en Angola. Par ailleurs, avant son expédition à Luanda, Kapuściński a déjà planifié l'écriture du *Négus* ! Le 19 avril 1975, il confie à Katarzyna Meloch ses projets littéraires : « Dans mon livre sur l'Éthiopie je voudrais montrer ce que représente un système de pouvoir autocratique. Je voudrais monter comment le pouvoir entre les mains d'un seul homme mène à la dégénérescence du système » …[159] Peu après, toutefois il renonce à ce projet, car quelques mois plus tard – de manière inattendue pour lui – il se retrouve en Angola. À son retour, il publie aussitôt *D'une guerre l'autre,* et deux ans après seulement, *Le Négus.*

Pourquoi le livre sur l'Angola précède-t-il de deux ans le récit éthiopien ? Pourquoi ce décalage ? Pourquoi ce rabattage de cartes ? Kapuściński n'était-il pas encore prêt au changement radical qu'il allait infliger à son récit sur le « roi des rois » ? Cherchait-il à l'époque une nouvelle forme de narration ? En examinant de près les deux reportages, il est facile de voir que *D'une guerre l'autre* constitue un maillon logique entre la production littéraire antérieure de Kapuściński et *Le Négus.* Tout en annonçant clairement une nouvelle écriture, *D'une guerre l'autre* reste encore attaché à l'étape précédente de sa création. Qui sait ? Peut-être le reporter devait-il encore vivre sa dernière désillusion révolutionnaire, passer par les affres de la rédaction journalistique, se laisser décourager par l'ennuyeuse répétition de l'Histoire, avant de céder au désir d'approfondir la réflexion et de la transformer en matière littéraire ?

Ce changement important est marqué par une autre démarche qu'adopte Kapuściński pendant sa collecte de matériaux pour les deux livres. Souvenons-nous qu'il se rend à Luanda dans un but concret : envoyé spécial de la PAP, il est chargé de couvrir la Révolution en cours dans le pays. Il suit activement la guerre partisane, y participe concrètement en se battant en première ligne,

---

159 K. Meloch, *Afrykańczyk. Rzecz o Ryszardzie Kapuścińskim* (L'Africain. À propos de Ryszard Kapuściński), Kontrasty 1975, n 10, p.39.

sympathise clairement avec l'un des deux camps, relève des défis risqués. Dans l'épilogue, il présente un solide exposé sur la réalité politique et sociale de l'Angola dont il décrit le passé colonial en remontant plusieurs siècles en arrière. Il décrit les relations internationales de ce pays, précise les dates, parfois même les heures. Il cite des correspondances authentiques qu'il envoie à la PAP à Varsovie. Son récit fournit par ailleurs des informations détaillées sur les principaux protagonistes du combat et brosse des portraits nuancés des principaux acteurs de la scène angolaise.

Avec l'Éthiopie, c'est différent. La visite qu'il effectue dans le pays en 1975 n'est pas la première. Il y est déjà venu en mai 1963, lorsqu'il est invité par le souverain éthiopien en tant que correspondant permanent de la PAP, à l'occasion de la rencontre des présidents de l'Afrique indépendante. C'est justement à cette époque qu'il noue des liens précieux qui vont lui permettre, au milieu de années 1970, de contacter d'anciens courtisans du palais. Les quelques années qui se sont écoulées entre ces voyages successifs lui permettent d'avoir sur l'empereur un regard plus distant que celui d'un reporter ordinaire (Kapuściński se rend également en Éthiopie en novembre et en décembre 1976 puis en octobre et en novembre de l'année suivante). Aussi la décision de décrire la chute d'un souverain n'est-elle pas, cette fois, le fruit d'une impulsion, comme cela a été le cas pour la plupart de ses reportages précédents qui voyaient le jour, juste après son retour. Le reporter a observé le « roi des rois » durant de nombreuses années. Cette étude particulière s'est terminée après la destitution de l'empereur. Peut-être est-ce la raison pour laquelle les informations sur la révolution sont si avares ; nous apprenons peu de choses sur les vainqueurs, nous ne connaissons le nouveau dirigeant que par son nom, et les informations relatives au temps et à l'espace, essentielles pour un récit journalistique, se situent juste à la marge de l'intérêt de l'auteur. À la place de données concrètes, le lecteur est gratifié de remarques élégantes mais totalement inutiles pour connaître l'Éthiopie de l'époque : « Les époques, les lieux, le monde, tout a éclaté en morceaux impossibles à recoller » (N, 282). De même, les commentaires en italique, rédigés à la première personne et contenant des extraits de notes journalistiques, ne fournissent qu'une aide apparente.

Kapuściński, en tant qu'auteur du *Négus*, ne s'intéresse pas aux circonstances historiques de la chute de l'empereur. Après avoir observé des guerres, des révolutions et des coups d'État pendant une quinzaine d'années, il sait que tous ces bouleversements en général se ressemblent tous. Répétons-le une fois de plus : ce qui est important, c'est le moment où le journaliste arrive en Éthiopie, quelques mois après la chute de l'empereur. Il arrive dans un pays où la Révolution a triomphé : le tyran a été irrévocablement détrôné, les « Temps Nouveaux » tant attendus approchent. Pourtant la réalité postrévolutionnaire, à peine effleurée par Kapuściński, sert plutôt de décor sinistre à un récit sur un empereur grotesque. L'euphorie postrévolutionnaire passagère cède la place à la création d'un État policier où règne la terreur, où les fouilles personnelles et les exécutions deviennent le pain quotidien. Le reporter rencontre ses héros la nuit, ses interlocuteurs sont terrorisés, ils lui demandent de ne pas dévoiler leur identité. Aucune amélioration ne se produit dans le pays ; la cour sclérosée et archaïque du Négus est remplacée par un chaos[160] postrévolutionnaire spontané.

La période pendant laquelle est écrit le *Négus* correspond à un moment particulier dans la vie du reporter : lassitude face à la répétitivité harassante des mêmes scénarios de guerre, des espoirs révolutionnaires et de leurs désillusions inévitables. Cette remise en question de ses idées, née de l'échec de la révolution qu'il a observée dans de nombreux pays, trouve bientôt un reflet dans l'écriture de Kapuściński. Ce changement de direction dans sa création et dans sa vision du monde va générer une nouvelle forme de reportage. En 1987, dans un entretien passionnant avec Marek Miller qui se déroule dans la pénombre d'un studio de l'école de cinéma de Łódź, l'écrivain évoque cette crise et ses conséquences bénéfiques :

« C'était l'année 1976, j'avais à mon actif vingt années de voyages dans le monde, et quand je me suis mis à mettre ces histoires sur le papier, je me suis aperçu que je ne pouvais plus continuer à écrire ainsi (…), que cela m'ennuyait tout simplement. J'avais déjà étudié tout cela (…) des centaines de fois : j'avais assisté à une centaine de révolutions, traversé une centaine d'aéroports, subi des milliers de contrôles (…). C'est là que tout a commencé : car je me suis dit que je n'écrirais plus ainsi. Or je devais rendre mon texte le mardi suivant ! (…) Je m'enferme chez moi, je débranche le téléphone (…), je suis décidé : advienne que pourra ! Je joue en quelque sorte avec la mort. Et bien évidemment je n'écris pas le texte, je ne livre aucun reportage. Une semaine passe, une deuxième, une troisième… La patience de la rédaction s'épuise. (…) Et moi je suis tout simplement couché sur le plancher et j'attends…

Marek Miller : Mais pourquoi couché ? C'est déjà la deuxième fois que tu en parles…

Ryszard Kapuściński : (…) C'est une position assez inconfortable. (…) Il faut se mettre dans une situation difficile pour être sensible à sa propre voix

---

160 Le texte de M. Horodecka, *Narracja w « Cesarzu » Ryszarda Kapuścińskiego* (La narration dans le *Négus* de Ryszard Kapuściński), Pamiętnik Literacki 2007, n 3, pp.33–39, propose une analyse détaillée des mécanismes narratifs permettant de traduire le sentiment d'anomie sociale dans l'État de Hailé Sellasié.

et [mieux] se concentrer. À ce moment, peu m'importait d'être renvoyé de la rédaction, d'être enfermé ; donc (…) je commence à examiner la documentation, les papiers. (…) J'avais toute une bibliothèque sur l'Éthiopie. Mais qu'en faire ? Au bord du désespoir total, de cette dépression profonde, abyssale, sans issue, je cherche la phrase la plus simple, la chose la plus simple, car cela va me sauver. J'ai toujours su que seule la simplicité peut sauver. (…) Un gobelet d'eau sauve la vie à un homme. Il n'y a rien de plus simple qu'un gobelet d'eau (…) ou un morceau de pain, et pourtant ces choses sauvent la vie ! Je cherche donc dans toutes ces images et soudain je me souviens que l'empereur avait un petit chien (…) qu'il portait toujours (…) et il avait un serviteur qui tournait toujours autour de ce chien. (…) Qu'est-ce que ce serviteur peut bien raconter sur ce chien ? Voici les phrases les plus simples que l'on peut écrire à son sujet : 'C'était un petit chien de race japonaise. Il s'appelait Lulu'. Je me demande si l'on peut écrire quelque chose de plus simple. Non ! Il n'y a rien de plus simple à écrire ! Au moment où je l'ai écrit, j'ai su que je tenais le livre »[161].
Pourquoi ces deux phrases justes ont-elles pu servir de fondation au *Négus* ? Pour deux raisons au moins. Tout d'abord, l'image d'un courtisan qui essuie avec un chiffon en satin les chaussures des dignitaires, souillées par l'urine du chien, renvoie directement aux problèmes des relations entre le pouvoir et ses sujets, or c'est l'axe du livre tout entier. Deuxièmement, si l'on fait d'un petit chien bizarre de « race japonaise » (*sic !*), une excentricité du roi éthiopien, le héros principal du livre, et si l'on ajoute à cela que l'animal en question a un serviteur qui considère sa tâche ingrate comme un grand honneur, on comprend d'emblée qu'on se trouve dans un univers grotesque.

Le livre sur la révolution éthiopienne devient en fait un récit sur les mécanismes du pouvoir. Kapuściński décide d'observer à la loupe la cour de l'empereur, d'examiner la nature des relations hiérarchiques qui y règnent, de scruter les rapports entre le seigneur et son serviteur. Son analyse aboutit ainsi à une œuvre sur le pouvoir – autoritaire, anachronique, décadent. Comme le remarque Leszek Kołakowski dans son essai *Rewolucja jako piękna choroba*[162] écrit en 1979, et donc presque en même temps que *Le Négus*, l'auteur réussit à capter le moment où le pouvoir est le plus propice aux troubles révolutionnaires,

---

161 Cet enregistrement sur la génèse du *Négus* se trouve exclusivement dans l'enregistrement de l'émission télévisée de Marek Miller, réalisé à PWSFTivT (Państwowa Wyższa Szkoła Filmowa Telewizyjna i Teatralna/École nationale supérieure de cinéma, télévision et théâtre) de Łódź en en 1978.
162 L. Kołakowski, *Rewolucja jako piękna choroba*, in: *idem Cywilizacja na ławie oskarżonych*, Varsovie 1990, pp. 178–194.

un moment où apparaissent soudain des fêlures dans un système despotique compact, où apparaissent les premiers signaux d'humanité, des situations sporadiques dans lesquelles le pouvoir essaie de se montrer sous son meilleur jour, lorsqu'il essaie de lâcher du lest. C'est précisément ce moment-là que Kapuściński parvient à saisir et à décrire. *Le Négus* devient ainsi une parabole convaincante, exemplaire d'un pouvoir absolu, corrompu, impuissant, la réalité éthiopienne se transformant en décor idéal pour illustrer pleinement ce modèle.

Le reporter décrit un système construit sur la délation, la peur, la distribution des privilèges. Il montre un régime qui musele toute tentative de liberté de pensée, qui opprime ses citoyens, qui n'hésite pas à se servir d'une famine provoquée artificiellement comme mécanisme permettant de maintenir la stabilité dans l'État. L'écrivain souligne également l'image d'un pouvoir qui a perdu tout contact avec son peuple et vit dans un univers coupé de la réalité et artificiel, en se repaissant du mythe du progrès et de la conviction de son infaillibilité divine. Toutefois *Le Négus* n'est pas le simple inventaire des vices caractéristique d'une tyrannie. Kapuściński s'intéresse aussi aux effets de ce système morbide : une société de courtisans médiocres et serviles, à la moralité dénaturée, à la mentalité déshumanisée, des êtres se dégradant consciemment. C'est un récit sur la nature du pouvoir dont nous prenons connaissance d'après ses fruits.

Comment est construit *Le Négus* ? Il est écrit dans une langue ingénieuse, faite d'un mélange d'ancien polonais et de néologismes, une langue qui détonne par rapport à la fluidité caractéristique des textes antérieurs de l'auteur. D'ailleurs il est sans doute vain de chercher un équivalent de son livre dans le reportage en général ! Le livre est construit en trois parties : il se compose de trois chapitres et il repose sur trois perspectives littéraires[163]. La première est l'ensemble d'épigraphes introduisant chaque chapitre. La deuxième, ce sont les observations du reporter qui commentent les confessions des courtisans, donnent des informations supplémentaires sur le lieu et le temps de l'action et servent de didascalies. Enfin la troisième partie, la plus importante, est l'ensemble des monologues (ou plus exactement des pseudo-monologues) prononcés par les dignitaires de l'empereur.

Il convient de commencer par les épigraphes[164]. Kapuściński en fait volontiers usage dans son œuvre antérieure, mais ce n'est que dans *Le Négus* qu'il s'en sert comme d'une méthode de création consciente. En s'inspirant de sources

---

163 En fait, *Le Négus* contient une quatrième partie : des extraits d'articles de presse sur la mort de Hailé Sélassié, ajoutés en fin d'ouvrage.

164 M. Horodecka aborde de manière intéressante le thème des épigraphes (y compris ceux qui ne sont pas présents dans le livre mais que l'on trouve dans le cycle publié par Kultura), *Narracja w « Cesarzu » Ryszarda Kapuścińskiego, op. cit.*, p. 24–27.

diverses, l'auteur place son récit dans un large contexte historique et littéraire, il l'universalise, il offre des pistes d'interprétation. Quand on regarde de plus près l'ensemble des épigraphes, on remarque tout de suite que l'auteur ne se limite pas à la grande littérature. Il trouve la confirmation de ses intuitions à différents niveaux de réflexion. Il puise volontiers dans le corpus de la littérature populaire (une chanson d'avant-guerre varsovienne), il utilise des théories scientifiques (la psychanalyse, la science des mouvements corporels), il cite des extraits de la Bible (le Livre de Jérémie) et des citations d'hommes politiques (Cromwell).

Le premier chapitre, qui est une illustration du pouvoir en place, s'ouvre par un ensemble d'épigraphes significatifs. La citation de la première encyclopédie – rédigée par Benedykt Chmielowski, *La Nouvelle Athènes ou l'Académie de toutes les sciences* – qui passe pour une illustration de la dégénérescence sarmate et de l'obscurantisme de l'époque saxonne[165], mérite une attention particulière.

Cette encyclopédie donne une définition emblématique du dauphin : « quand il veut dormir, [le dauphin] flotte à la surface de la mer. Une fois assoupi, il coule lentement jusqu'au moment où il touche le fond et se réveille. Il remonte alors à la surface… » (N, 274). Cette définition est une métaphore d'un pouvoir faible et inefficace, qui ne dure que grâce à sa force d'inertie. L'épigraphe extraite d'un livre sur la vie des vertébrés permet de visualiser les mécanismes du pouvoir d'un autre point de vue, celui des courtisans, présentés comme la « communauté » des poules : « Dans l'absolu, il existe une pyramide, avec au sommet, la poule-reine qui donne des coups de becs à toutes les autres. En-dessous, les poules intermédiaires picotent leurs subalternes mais obéissent à leurs supérieures » (N, 274). Cette remarque permet de présumer que les actes des héros ne sortiront pas de la dimension élémentaire de leur existence (perception limitée aux sens élémentaires, activation des instincts primaires).

---

165 La langue du *Négus* mérite une attention particulière. (Fras, *O języku „Cezarza"* (Sur la langue du *Négus*), Język Polski 1981, nr 3–5, pp.255–258). *Le Négus* adopte le rythme de la rime saxonne et la période saxonne constitue le fond lexical du livre. Le choix de cette période est significatif ; dans la culture polonaise, cette époque est le plus souvent assimilée à une dégénérescence totale, à un obscurantisme complet, au summum de la bêtise. C'est M. Szpakowska (M. Szpakowska, *Saskie ostatki « Cesarza »* (Les vestiges saxons du *Négus*), Twórczość 1979, nr 6, p.106–110) qui a attiré l'attention sur le contexte saxon du *Négus*. Y retrouvant la phrase de Gombrowicz (*Transatlantique*), elle interprète le livre comme un récit sur le phénomène du déclin et sur le comportement humain face à la fin du monde. Cette stylisation, innovée par Gombrowicz, issue par ailleurs de l'époque saxonne – selon l'auteur de l'article – « suffit à caractériser la plupart des héros, constitue une description de leurs possibilités cognitives, délimite leur horizon intellectuel ».

Le deuxième chapitre commence par une citation sur l'art de la chute en patinage artistique. Il s'agit de la métaphore ingénieuse de la chute, comprise au sens le plus large. C'est une rationalisation ironique du phénomène, qui, considéré comme inéluctable, ne devrait pas faire peur. Au contraire, il est absolument évident, et on peut – il faut même – s'y préparer. Dans la troisième partie du livre, l'épigraphe anticipe de manière évidente la suite des événements. Les citations de textes d'Alexis de Tocqueville, de Joseph Conrad, de Marc-Aurèle, de Procope de Césarée et d'Ivo Andrić concernent des situations finales, annoncent la fin et l'extermination. Parmi les épigraphes qui, hélas, ne figurent pas dans le livre mais dans les épisodes publiés dans Kultura, il convient de citer un extrait du poème, *Aux Jeunes un avertissement parmi les Avertissements sur la mort inexorable,* de Józef Baka : « Tu n'atteindras pas la soirée avec ton attelage / Tu ne laboureras pas la matinée de ta charrue / Tout passe / Tout disparaît ». L'œuvre du prêtre Józef Baka, poète du XVIIIe siècle, qui pendant plus de cent ans a eu la réputation du plus illustre graphomane de la littérature polonaise, non seulement s'adapte admirablement – comme description poétique de la fuite inexorable du temps – au sens de la conclusion du troisième chapitre du *Négus*, mais constitue un contexte précieux au niveau stylistique et linguistique[166]. Les extraits puisés dans l'histoire universelle, dans l'histoire de la pensée sociologique, illustrent parfaitement certains comportements sociaux. En utilisant diverses sources, Kapuściński trouve un écho de la même pensée dans des époques historiques éloignées, sous des latitudes géographiques différentes, à travers des œuvres illustres et d'autres à la valeur douteuse. Ainsi, il construit une sorte de chœur des siècles qui, depuis la nuit des temps, observe l'humanité confrontée aux mêmes pièges.

La deuxième perspective littéraire ressemble à un journal de reporter. De ce fait, elle se rapproche davantage de la poétique du reportage ; Kapuściński y décrit les circonstances dans lesquelles il a rencontré ses héros, il insère des souvenirs de ses précédents séjours en Éthiopie, fait des comparaisons, familiarise le lecteur avec la mentalité des Éthiopiens, explique le contexte politico-social, donne des précisions sur le temps et le lieu de l'action. C'est beaucoup. Mais

---

166 Cet extrait du poème de Józef Baka paraît dans le douzième épisode du *Négus* publié dans la presse (Kultura, 28 mai 1978) et ouvre une partie du troisième chapitre. Cette citation aphoristique est considérée par Wacław Borowy comme une illustration des sentences morales de Baka, frappantes par leur « densité ». Cité par A. Nawarecki, *Czarny karnawał. « Uwagi o śmierci niechybnej » Księdza Baki. Poetyka i paradoksy recepcji* (Le carnaval noir. « Avertissements sur la mort inexorable » du prêtre Baka. Poétique du texte et paradoxes de sa réception), Wrocław-Varsovie 1991, p. 35.

ce n'est pas tout ! En prenant en compte l'importance que l'auteur accorde à l'incipit de ses livres, cela vaut la peine de se concentrer sur la première phrase inaugurant cette perspective littéraire : « Le soir, j'écoute ceux qui ont connu la Cour de l'Empereur » (N, 275). Si on prête attention à chaque mot, comme le fait Kapuściński, il faut reconnaître qu'il s'agit d'une phrase simple. Si l'on se demande si ces mots font partie d'un champ sémantique spécifique, on voit tout de suite que les expressions : « le soir », « j'écoute », « la Cour », « de l'Empereur » s'associent invariablement à l'activité du récit : l'écoute d'un conte. On y trouve une atmosphère qui lui est favorable : le soir. On y trouve la répétitivité de ce rituel, on y trouve aussi un décor exotique constitué du personnage de l'empereur et de sa cour. Une chose qui assurément ne s'y trouve pas, c'est l'atmosphère de paix et de soulagement liée à l'écoute du conte, le soir. Les récits des héros sont presque chuchotés, mais c'est un chuchotement discret, à peine audible, étouffé par la peur.

L'écoute de leurs histoires – comme dans *Les mille et une nuits* – constitue le cadre structurel de tout le recueil. L'utilisation des motifs du conte – comme technique narrative – est une approche ingénieuse et significative pour le message que nous livre cette œuvre. Le conte est en effet un genre universel – il existe partout où vivent les hommes ; ancien – il accompagne l'homme depuis sa préhistoire ; didactique – il présente de manière claire et abordable les principaux problèmes de notre existence. Si nous ajoutons à cela que les héros sont stylisés, que la fable n'a qu'une trame et qu'elle est saturée des motifs caractéristiques du conte – par exemple les pérégrinations du héros principal, la confrontation d'arguments contraires, l'imbrication du réel et du surnaturel – on voit tout de suite que *Le Négus* se lit aussi comme un conte. En examinant le livre sur la chute du « roi des rois », de ce point de vue, on est contraint d'y percevoir un message universel et non littéral, une valeur archétypale, une portée existentielle[167].

Le fait d'insérer le contenu des entretiens dans le cadre narratif a aussi un aspect pratique ; grâce à l'utilisation de cet outil, on n'a pas l'impression d'être en présence d'un chaos surréaliste en écoutant les innombrables confessions des courtisans. De plus, l'homogénéité du style de ces confessions, qui rappellent parfois les mauvaises rimes du baroque sarmate, peut donner le sentiment que les courtisans – bien qu'ils soient différenciés dans le texte par des initiales – parlent d'une seule voix. Ils sont le modèle parfait d'une société totalitaire illustrée par une chanson jadis connue : « Des milliers de mains, des

---

167 Dans un texte intitulé *The Lord of Flies*, Time Out, 13–19 octobre 1983, David Rose interprète *Le Négus* comme un conte.

mains par millions, mais un cœur à l'unisson ». Si on compte les initiales des prénoms et des noms, on s'aperçoit avec étonnement que ces personnes sont au nombre de trente-quatre – une bagatelle ! Seulement neuf d'entre elles (qui apparaissent dans le texte sous la forme de L.C., T.L., M., E., Z.S.K., P.M., D., L.M., A.W.) s'expriment deux ou trois fois. Pourtant on peut avoir le sentiment d'entendre un chœur harmonieux interprétant une chanson nostalgique sur un univers qui n'existe plus, chansons dont l'homogénéité des voix est étonnante.

Néanmoins, quelques fausses notes se font nettement entendre dans ce chœur harmonieux. Ainsi, le courtisan cité deux fois sous l'initiale E. prend la parole à des moments particuliers : au début et à la fin du livre. Sa première confession sur le souverain se caractérise par une vénération stéréotypée ; nous apprenons que Hailé Sélassié est « clément », « généreux », « miséricordieux », « bienveillant », « charitable ». Avec une estime sans bornes, le dignitaire évoque le plaisir particulier qu'éprouve le « roi des rois » à observer les mécanismes de la corruption parmi ses serviteurs loyaux, la façon dont il soutient les plus zélés au moyen de cadeaux généreux. Sa confession s'achève sur le souvenir d'un dirigeant illustre qui « refusait les cadeaux et les privilèges de sa très Généreuse Majesté » et qui « ne manifesta jamais aucun penchant pour la corruption, attitude qui lui valut des années d'emprisonnement et, pour finir, la décapitation » (N, 312). La seconde confession du même héros est significative : elle est débarrassée de tout ornement stylistique, le ton est concret, le contenu informatif, le registre de langue parfois oral : « On peut dire qu'on a eu de la chance d'avoir été tous mis à la porte… ». Le changement d'attitude à l'égard de l'empereur détrôné est symptomatique. Dans ce passage, l'empereur s'efface ; en effet un empereur privé de sa cour qui guette le moindre de ses gestes pour le servir n'est plus un empereur. L'oint du Seigneur n'est plus qu'un petit homme fourrant nerveusement des liasses de dollars sous un tapis. Sa chute définitive est également exprimée au niveau grammatical et lexical. L'ancien « roi des rois » n'a plus droit à des qualificatifs élogieux, il est, çà et là, remplacé par un pronom personnel : « Il passa ses dernières heures seul au Palais où les officiers l'avaient laissé avec son vieux valet ». La comparaison des deux confessions faites par le même serviteur permet d'approfondir la psychologie des courtisans. Cette analyse linguistique superficielle montre que les serviteurs de l'empereur soutenaient collectivement une certaine fiction, de manière tout à fait consciente, qui plus est…

Le fait d'adopter une stratégie narrative distanciée et dénuée de commentaire est une idée ingénieuse, non seulement parce que Kapuściński dénonce ainsi le mensonge universel, mais aussi parce qu'en donnant la parole aux courtisans, il décrit leur univers de l'intérieur, il dévoile les mécanismes internes de la politique. En fait, nous comprenons le fonctionnement du pouvoir à partir de ses fruits pourris. Et quand enfin arrive la chute, les serviteurs continuent de vivre dans un monde de chimères et de mensonges. Ils ne sont absolument pas préparés à la situation nouvelle ; jusqu'au bout ils sont incapables de voir que le Palais est devenu une création abstraite qui a perdu toute raison d'être. Aussi cette série de monologues archaïsants est-elle le meilleur moyen de traduire ce déclin. Par ailleurs, en faisant appel à une technique consistant à recueillir des entretiens enregistrés, Kapuściński s'inscrit totalement dans la convention du reportage. Pour le reporter, l'interview est en effet la méthode de base pour la collecte de matériaux et une technique couramment utilisée dans la construction d'un texte. Toutefois la dramatisation de ces confessions (qui du reste peuvent aussi parfaitement être interprétées comme des monologues scéniques), et leur traitement stylistique soigné font qu'ils accèdent au rang de la littérature. Sans renoncer aux exigences journalistiques, l'auteur sature son texte de littérarité.

Au prix de quelques acrobaties stylistiques, Kapuściński réussit à montrer le caractère anachronique du souverain en archaïsant son texte et à rendre l'exotisme qui environne le monarque dans une style soigneusement ciselé. Son travail rappelle celui d'un conservateur d'œuvres d'art qui observe avec la plus grande attention le moindre détail, redonne à des expressions vieillies et désuètes leur signification ancienne, met en lumière des mots depuis longtemps oubliés, pleins de puissance et de beauté. Grâce à cette virtuosité stylistique, il parvient à composer une magnifique „scénographie" orientale qui devient le décor du récit. Kapuściński nous introduit dans un monde marqué par une histoire imposante qui remonde aux temps bibliques, dans des palais fastueux, dans les contrées fabuleuses de Shéhérazade. Toutefois, l'atmosphère magique se volatilise lorsqu'à la dernière page l'auteur nous propose la lecture d'un extrait de presse très éloigné de l'univers des contes, puisé dans le journal The Ethiopian Herald : *Addis-Abeba, le 28 août 1975* (Ethiopian News Agency). – L'ex-empereur d'Éthiopie, Hailé I, est mort hier. Un accident vasculaire est à l'origine de son décès. *The Ethiopian Herald* (N, 415). Le dernier épisode du *Négus* publié dans les colonnes de Kultura sous le titre de *Un peu d'Éthiopie* se terminait non pas par ce communiqué mais par un extrait d'un conte d'Andersen : « Quel animal était en moi ? demanda l'âme errante. L'agneau de la Mort lui indiqua une silhouette fière auréolée de couleurs vives et scintillantes, mais le cœur de cet homme cachait des pattes de bête, des pattes de paon ; autour de sa tête l'auréole était une queue d'oiseau bariolée[168] ». L'abandon de cette citation dans la version éditée est éloquent : le choix de conclure sur un

---

168 J.Ch. Andersen, *Le Jour du Jugement Dernier, Contes.*

communiqué de presse apporte un contrepoint puissant à l'ambiance apaisante suscitée par le genre du conte adopté dans ce livre. Le texte laconique de cette dépêche de presse fait prendre conscience aux lecteurs étonnés que l'histoire qu'ils viennent d'écouter ne s'est pas passée « il y a longtemps, bien longtemps », mais dans la seconde moitié du XXe siècle[169].

L'image d'un pouvoir anachronique, incompétent et bourré de rituels bouffons transparaît dans chacune des perspectives littéraires commentées ici. Les épigraphes aussi bien que les autocommentaires et les monologues contiennent une vérité sur la nature du pouvoir. Ils renferment tous des bribes de la même idée, constituées d'images de l'inconscient collectif (pour utiliser la langue de la psychanalyse) – les archétypes primitifs étant l'héritage de l'humanité. L'écrivain qui met en mouvement ces modèles crée ainsi une passerelle entre l'ancien et le contemporain, il immerge des événements isolés et passagers dans la sphère de l'éternité. Les trois perspectives littéraires coexistant dans le texte s'intègrent dans une variation sur le thème du pouvoir, harmonieuse et cohérente. Dans *Le Négus*, Kapuściński écrit qu'il a voulu exhumer un monde qui n'existait plus, qu'il a voulu redécouvrir « des tableaux voués à l'oubli, afin de ressusciter une fresque sur l'art antique de gouverner » (N, 292). En fait, il va beaucoup plus loin ; il sauve ces tableaux, il les recouvre d'une patine stylistique et les place dans un cadre fabuleux. Il réussit de la sorte à capter leur puissance archétypale, il dévoile les empreintes des mêmes expériences laissées dans le psychisme de nombreuses générations, il atteint le cœur de l'idée du pouvoir absolu qui, hélas, n'a disparu ni avec la cour du « roi des rois », ni avec aucune autre.

Le 19 février 1978, Kultura commence à publier le nouveau texte de son meilleur reporter. Mais un problème apparaît aussitôt : « Quand j'ai porté mon premier puis mon deuxième épisode, tout le monde a dit : 'D'accord, d'accord, mais où sont les reportages sur l'Éthiopie ? Ça commence avec l'histoire d'un empereur, de son chien, de la manière dont il nourrit ses fauves, mais où est l'Éthiopie là-dedans ? Ce pays vient tout de même d'être le théâtre d'une grande révolution, d'événements majeurs, d'arrestations énormes !' J'ai répondu : 'Doucement. Attendez ! Ça va venir un peu après'. J'ai ensuite apporté le troisième épisode et le quatrième épisode, alors on a pensé que c'était une très bonne description de Gierek et de tout notre comité central. La rédaction s'est mise à redouter des désagréments et elle m'a demandé : 'Quel genre de texte est-ce donc ? Il est soi-disant question de l'Éthiopie, mais ce n'est pas vraiment le cas'. Elle a voulu que je termine au plus vite ces textes afin de ne plus avoir à redouter

---

169 D. Rose, *The lord of Flies*, op.cit.

(...) les conséquences qu'ils pouvaient occasionner. Après il est devenu clair pour tout le monde en Pologne qu'il s'agissait bien d'une allusion au régime en place. Mais heureusement il existait, à l'époque, une règle selon laquelle une fois qu'un texte avait été accepté, il ne pouvait plus être censuré. Étant donné que chacun de mes épisodes avaient reçu le cachet de la censure, l'éditeur n'avait plus de soucis à se faire, car tous les épisodes avaient été approuvés, et c'est ainsi que le livre a vu le jour »[170].

Particulièrement habiles à lire dans la langue d'Ésope, les lecteurs polonais découvrent rapidement que les épisodes publiés en l'espace d'une semaine et intitulés *Un peu d'Éthiopie* représentent non seulement un événement particulier dans l'œuvre de Kapuściński, mais aussi un cas sans précédent dans l'histoire du reportage. Cette publication a aussitôt un retentissement social. Les premiers à percevoir son importance sont les dramaturges qui comprennent que le texte est un matériau scénique « prêt à l'emploi ». Sa structure même rappelle celle du drame : elle est en effet constituée de trois parties dans lesquelles l'action, dessinée de manière expressive, évolue progressivement de l'exposition au dénouement en passant par un développement vers un point culminant. *Le Négus* est de surcroît un ensemble de monologues (ou plutôt de confessions adressées à Mr. Richard), dans lesquels les héros s'auto-analysent. Il contient également un texte secondaire : les commentaires faits par l'auteur qui viennent donner des précisions complémentaires sur le temps et le lieu de l'action et organisent la situation scénique[171]. Une avant-première du spectacle, dans une mise en scène de Jerzy Hutek, a lieu le 24 novembre 1978 au Théâtre Stefan Jaracz à Łódź[172], c'est-à-dire avant la parution du livre. Ce sont les épisodes publiés dans les colonnes de Kultura[173] qui servent de base à cette adaptation.

Le Négus paraît à la fin de l'année 1978, suscitant d'emblée un grand trouble au sein de la communauté littéraire. En effet, tandis que les critiques se cassent

---

170 Cette déclaration de Ryszard Kapuściński se trouve sur la page officielle du site internet : http://serwisy.gazeta.pl/kapuscinski/0,23552.html; accès 7.09.2007.

171 En 1995, *Le Négus* devient également le matériau du libretto de l'opéra *Le Palais* de l'illustre compositeur finlandais. Les auteurs du libretto sont Irena Dische et Hans Magnus Enzensberger. J. Kański, *Savonlinna – groteska i krwawy dramat* (Savonlinna- grotesque et drame sanglant), Ruch muzyczny, 01/10/1995.

172 Le spectacle mis en scène par Jerzy Hutek, certes avec une autre distribution des rôles, est présenté un peu plus tard à Varsovie, au Théâtre Powszechny (avril 1979), puis au Teatr Telewizji le 2 février 1981.

173 Bien que la page des mentions légales du livre indique que l'impression a été achevée en octobre 1978, *Le Négus* est sorti seulement fin 1978.

la tête pour savoir si le dernier livre de Kapuściński est un reportage ou une œuvre littéraire[174], les lecteurs, qui n'attendent pas le verdict des spécialistes, y perçoivent une allégorie sans équivoque. Manifestement le livre n'a jamais été exclusivement accueilli comme un récit sur les derniers jours du satrape abyssin, ce qui aurait permis de le rattacher à la poétique du reportage. Il a plutôt été perçu comme une parabole du pouvoir totalitaire ou comme une allusion claire (sinon possible) à la cour agonisante d'Edward Gierek. « C'était l'année 1978, et deux ans plus tard allaient exploser les grèves des Chantiers de Gdańsk, qui sonnèrent le glas du régime soviétique en Pologne. Malgré les apparences de normalité, les premiers signes de dysfonctionnements économiques étaient déjà présents. Les tickets de rationnement pour le sucre étaient une chose inhabituelle en Europe, même dans des pays socialistes plus pauvres que la Pologne. On disait : 'Cela ne peut pas continuer ainsi', 'Il faut qu'il y ait des changements fondamentaux'. Personne ne savait encore (ni même ne prévoyait) quelle forme concrète prendraient ces changements indispensables. On sentait toutefois que la tension sociale montait et que le pouvoir était de moins en moins enclin à la répression. (…) Dans un tel contexte *Le Négus* fit mouche ». C'est ainsi que des années plus tard, Andrzej Pawluczuk replace *Le Négus* dans son cadre historique[175].

Lire le *Négus* comme une parabole de la période Gierek – en faisant une lecture littérale et systématique du texte – apparaît d'emblée au lectorat littéraire comme une possibilité d'interprétation très séduisante. Le déchiffrage de paraboles codées, la recherche d'analogies attrayantes devient, à la fin des années 1970, un véritable engouement. Le livre ingénieux de Michał Smolorz, *Cysorz (wspomnienia kamerdynera)* (Le Négous (souvenirs d'un valet de chambre)), publié en 1988 sous le pseudonyme de Stefan Szulecki, montre clairement la persistance de cette interprétation. Rédigé entre 1981 et 1988, cet ouvrage décrit l'administration corrompue de Zdzisław Grudzień, premier secrétaire du PZPR de la Voïvodie de Katowice. Nous apprenons l'histoire de ce responsable – « souverain » bête, complexé, vindicatif et maladivement ambitieux – par l'intermédiaire de son secrétaire personnel (un personnage fictif). C'est lui aussi qui décrit le faste de la « cour » et l'aspect caricatural de ses « courtisans »

174　Cette question a, entre autres, été commentée par : Z. Umiński, *Cesarz* (Le Négus), Kierunki 1980, n 25, p. 10 ; A. W. Pawluczuk, *Traktat o upadaniu* (Traité sur la chute), Literatura 1979, n 9, p. 14 ; A. Zwaniecki, *Rozbieranie Cesarza* (Mise à nue du *Négus*), Tygodnik Kulturalny 1979, n 10, p.11.

175　A. W. Pawluczuk, *Reporter ginącego świata. Opowieść o Ryszardzie Kapuścińskim*, (Reporter d'un monde moribond. Récit sur Ryszard Kapuściński), Rzeczpospolita 1997, n 51, p. 16.

médiocres et dociles, occupés à combiner leurs petits stratagèmes abjects en coulisses[176].

L'exemple du livre de Smolorz illustre la pérennité et la pertinence de la parabole de la période de Gierek. Cette interprétation allusive a sans doute contribué au succès fulgurant du *Négus* à la fin des années 1970. Les lecteurs comprennent toutefois très vite qu'une grille de lecture aussi littérale n'épuise pas le sens de ce texte. Du reste, l'année 1979 apporte avec elle une autre interprétation du récit sur le négus éthiopien. À cette époque précisément apparaissent des articles importants qui fixent le modèle interprétatif du *Négus*. Les critiques ne se contentent pas d'y rechercher des significations relatives à l'actualité politique, elles affirment aussi qu'en réalité, le dernier reportage de Kapuściński n'est pas un récit sur le « roi des rois » éthiopien. C'est plutôt – selon Zbigniew Bauer – « un livre sur (…) ce que représente n'importe quel pouvoir impérial et n'importe quelle révolution (…). Un livre sur la manière dont le peuple s'affranchit peu à peu de sa peur, comment peu à peu les habits de l'empereur tombent, comment peu à peu la révolution s'émancipe de la malédiction »[177]. Andrzej Pawluczuk propose lui aussi une interprétation universelle du récit éthiopien en le qualifiant de « traité sur la chute ». « Le reportage de Kapuściński dépasse en effet largement le monde de l'Éthiopie et constitue l'un des maillons à partir desquels l'auteur construit laborieusement sa vision du monde. Nous observons aussi dans *Le Négus* la décomposition, le crépuscule, la chute d'une certaine forme considérée par beaucoup comme durable et intouchable. Il s'agit d'une chute radicale et totale, car ce n'est que de cette manière que prennent fin les pouvoir absolus et autoritaires. Mais avant d'en arriver à la chute, ces pouvoirs existent, ils sont soutenus, encensés dans les journaux qui considèrent leurs décisions comme sages. Ils règnent dans le silence et le calme (…). Et le livre de Kapuściński parle de ce mécanisme, il le met à jour, il le démasque, il déchire le rideau du silence, non pas celui qui enveloppe l'empereur qui est déjà mort et ne nuit plus à personne, mais celui du système qui n'est pas mort avec lui. Si ce n'est pas en Éthiopie, ce système surgira ailleurs, partout où sa nécessité se fera

---

176 M. Smolorz, *Cysorz (wspomnienia kamerdynera)*, Katowice 1991.

177 Z. Bauer, *Izmael płynie dalej* (Ishmael vogue toujours), Życie Literackie 1979, n 46, p. 6. Le thème des mécanismes du pouvoir ont également été traités par : W. Giełżyński, *Cesarz co miał fajne życie* (L'empereur qui avait une belle vie), Nowe książki 1979, n 2, p.60 ; A. Zwaniecki, *Rozbieranie Cesarza, op. cit.* ; J. Zatorski, *Cesarz, czyli wielka inercja* (L'empereur ou la grande inertie), Kierunki 1979, n 12, p.11.

ressentir, partout où le silence et la corruption seront nécessaires. Il servira tous ceux qui voudront violenter et humilier »[178], écrit Pawluczuk.

Une fois que le reportage sur la lointaine Éthiopie se met à vivre sa propre vie – gagnant une renommée sociale de plus en plus large et devenant l'objet d'évaluations critiques littéraires pertinentes et sérieuses qui le placent parmi les œuvres les plus éminentes de la littérature polonaise – son auteur se prépare à un autre voyage. En janvier 1979, la révolution contre le shah d'Iran, qui dirige le pays depuis 1941, entre dans une phase décisive. Fasciné par la technique et par l'armée, Mohammed Reza Pahlawi envisageait de créer un Iran moderne et puissant. Au lieu de cela, il construisit un système brutal dans lequel les droits de l'homme fondamentaux étaient foulés. Kapuściński considérait le shah comme un souverain impuissant qui n'avait pas réussi à apprécier le rôle joué par la religion dans la société sur laquelle il régnait. Obnubilé par l'Occident, Reza laissa se laissa doubler par un adversaire digne de ce nom, l'ayatollah Khomeini ; l'homme de la providence que le shah aurait voulu incarner, le guide adoré des foules, le vieillard qui revendiquait le respect des hommes. L'inverse complet du souverain de l'Iran qui, lui, était soucieux de son apparence, était entouré de belles femmes, amoureux de gadgets techniques coûteux achetés à l'Ouest pour des milliards de dollars. La Révolution iranienne commença au début de l'année 1978, après la parution d'un article publié dans la presse du régime, qui calomniait le nom du guide spirituel des Iraniens. Les habitants de la ville sainte de Qom protestèrent alors contre ce texte. La police réagit par un massacre de la population. Dès lors, des heurts avec le pouvoir se produisirent régulièrement, un mois plus tard il y eut une manifestation à Tabriz, puis à Téhéran. Pour finir, le shah perdit totalement le contrôle du pays et le 16 janvier 1979, il fut contraint à l'émigration. Le 1er février, l'ayatollah Khomeini rentrait d'un exil d'une quinzaine d'années, et deux mois après (le 1er avril) il proclamait la République islamique d'Iran.

Lorsque les nouvelles sur la révolution en Iran parviennent en Europe, la direction de la PAP décide d'y envoyer un correspondant. C'est Stanisław Zembrzuski qui est pressenti. Mais ce spécialiste des pays d'Amérique latine redoute d'y aller. Il en touche un mot à Kapuściński dans un couloir de l'agence. Ce dernier décide aussitôt de partir à Téhéran à la place de son collègue[179]. Plus ou moins à la même époque arrive en Iran un autre reporter connu, Wojciech Giełżyński. Les deux journalistes habitent dans le même hôtel ils observent donc

---

178 A. W. Pawluczuk, *Traktat o upadaniu*, op. cit.
179 Extrait d'un entretien (non publié) des auteurs avec Ryszard Kapuściński.

la révolution ensemble. Mais en observant les mêmes événements, ils en font une description complètement différente. C'est ainsi que paraissent deux livres sur la révolution iranienne diamétralement opposés. Dans le texte de Kapuściński, on sent nettement une attirance pour la littérature, alors que le récit de Giełżyński est un solide travail de reporter. L'auteur de *Rewolucja w imię Allah* (La Révolution au nom d'Allah) date soigneusement ses notes, il donne des informations sur ce qui s'est passé en amont de son départ en Iran, sur ce qui s'y passe lors de son séjour et après son retour. Kapuściński fait le contraire. Il cite des dates avec parcimonie. En classant ses notes avant son retour en Pologne, il évoque la fin de la révolution, mais il ne précise pas à partir de quel moment il se met à la couvrir. C'est grâce au livre de Giełżyński que nous apprenons que l'auteur du *Négus* se trouvait à Téhéran avant son arrivée, et donc avant le 20 mars 1979. Le reporter qui s'envole vers l'Iran note : « À l'aéroport je suis accueilli par le consul, Mazurek, et par Rysiek Kapuściński qui vient de couvrir la chute de l'empereur d'Éthiopie et maintenant observe l'enterrement suivant. Il ne lui reste plus beaucoup d'empereurs, il va sûrement passer aux rois »[180]. Dans son livre *Byłem gościem Chomeiniego* (J'étais l'invité de Khomeini) – décrivant un autre voyage en Iran – il écrira : « Et comme il y a neuf mois, je retrouve Rysiek Kapuściński qui s'est incrusté dans le paysage iranien et est noyé sous une tonne de papiers amassés dans sa chambre »[181].

Kapuściński parle peu de lui-même. On ignore combien de temps il demeure en Iran après la victoire de Khomeini. Dans *Le Shah*, il dit seulement qu'il se rend à l'ambassade américaine la nuit du Nouvel An 1979. Il ajoute que pour l'anniversaire du renversement du shah il se trouve encore en Iran, puis qu'il revient en Pologne. Y est-il resté toute l'année ? Ou alors ses récits sont-ils issus de deux voyages : l'un après la Révolution, l'autre pour l'anniversaire de la Révolution ? La lecture de son texte ne nous l'apprendra pas. On peut même avoir l'impression que Kapuściński efface les traces susceptibles de témoigner de son retour en Pologne, qu'il n'aurait rien contre le fait que son livre soit perçu comme l'enregistrement d'un séjour de près d'un an en Iran : des premières semaines après la Révolution à l'approche de son anniversaire. Si l'on trouve dans le livre quelques précisions temporelles plus précises, c'est seulement sous la forme de vagues signaux qui s'apparentent davantage à l'écriture romanesque

---

180 W. Giełżyński, *Rewolucja w imię Allacha* (La révolution au nom d'Allah), Varsovie 1979, p.173.
181 W. Giełżyński, *Byłem gościem Chomeiniego* (J'étais l'invité de Khomeini), Varsovie 1981, pp. 8–9.

qu'à celle du reportage : « Une nuit, au début du mois de janvier… » (Sh, 534), « J'ai passé le mois de décembre à errer dans la ville… » (Sh, 553), « L'anniversaire du départ du shah et de la chute de la monarchie approche… » (Sh, 554).

Les informations précises sur le temps et l'espace ne font donc pas l'objet d'une attention particulière de la part de l'auteur. Et la Révolution iranienne elle-même ? De nouveau, l'auteur ne facilite pas la tâche du lecteur : dès la première page, suivant la même logique, il efface les contours, réduit les noms propres, multiplie les énigmes. Ainsi, le livre commence par la confrontation suivante : parmi les journaux éparpillés dans sa chambre, le reporter en remarque deux sur lesquels deux verbes imprimés en lettres capitales ressortent : « IL EST PARTI » et « IL EST REVENU » (Sh, 425). Les deux publications sont séparées par un laps de temps peu important, elles sont unies par la même typographie et par une grande photo d'un homme en première page. Le premier a « un visage long, émacié… » (Sh, 425) et s'efforce de ne pas montrer ses sentiments. Le second a « un visage patriarcal, sévère et fermé, qui ne manifeste aucun désir de se livrer » (Sh, 425). Le lecteur désemparé ne sait pas que la première photo représente le Shah qui, au milieu du mois de janvier, est contraint d'émigrer, et que la seconde photographie, publiée deux semaines plus tard, représente le Guide spirituel des Iraniens revenant d'exil.

Le reporter passe sous silence les étapes-clé de la Révolution. Le 28 octobre 1979, Kultura publie le dernier épisode intitulé *Katharsis* (Catharsis) (qui se termine d'ailleurs par la mention « À suivre »). Six jours plus tard à Téhéran se produit un incident diplomatique important : le 4 novembre 1979 un groupe d'étudiants, partisans fanatiques de Khomeini, occupe l'ambassade américaine. Plusieurs dizaines d'otages vont passer quatre cent quarante-quatre jours dans l'isolement. C'est le début de l'une des crises internationales les plus graves que le monde ait connu. Les terroristes exigent du Président américain, Jimmy Carter, l'extradition du Shah qui séjourne à cette époque aux États-Unis, ainsi que des excuses officielles pour leur soutien au régime. La libération des otages n'interviendra que le 20 janvier 1979, le jour où le nouveau Président des États-Unis, Ronald Reagan, prêtera serment. La détention du personnel de l'ambassade entraîne le retour immédiat de Kapuściński en Iran[182] ; le reporter

---

182 Le 8 décembre Kapuściński écrit dans une correspondance : « J'ai atterri à Téhéran le samedi précédent. (…) J'ai regagné mon ancien hôtel Keyan, situé au centre ville près de l'hôtel Intercontinental, où logent tous les correspondants étrangers, mais qui est trop coûteux pour nos indemnités ». *Na konferencji u studentów. Notatnik irański Ryszarda Kapuścińskiego* (À une conférence avec des étudiants. Journal iranien de Ryszard Kapuściński), Życie Warszawy, 8–9 décembre 1979, n 289, pp. 1, 4.

commente au jour le jour les événements pour la PAP, il participe à des conférences de presse organisées par des étudiants et envoie régulièrement des analyses approfondies sur la crise[183].

Cet événement crucial, qui – répétons-le – entraîne son retour en Iran, n'apparaît pas vraiment dans le livre. Il constitue tout juste le fond discret d'une nuit de réveillon, d'une promenade un peu absurde dans la ville de Téhéran désertée. Le reporter passe devant « un cinéma et une banque incendiés, un hôtel vide et les bureaux tout noircis d'une compagnie aérienne » (Sh, 553), il achète un sachet d'arachides à un homme qu'il croise sur son chemin et s'arrête un moment devant l'ambassade américaine. Devant la porte d'entrée, il voit deux gardes transis de froid, il aperçoit au fond un bâtiment éclairé dans lequel il espère voir les otages. « J'ai beau scruter toutes les fenêtres, je n'ai vu personne, pas une silhouette, pas une ombre » (Sh, 554), écrit-il résigné. L'événement est décrit de telle façon qu'il est dominé par un sentiment de vide, de solitude et de désarroi, tandis que les principaux acteurs du drame iranien sont presque passés sous silence…

Pourquoi Kapuściński n'évoque-t-il pas, dans son livre, l'événement qui a directement suscité son retour en Iran ? D'autant plus que cet événement domine nettement les correspondances qu'il envoie jusqu'à la fin du mois de février à la PAP. On voit là nettement que sa réflexion sur la révolution iranienne donne lieu à deux formes indépendantes : l'une relève de l'écriture pragmatique, avec des dépêches et des correspondances qui ordonnent de manière analytique les informations sur la réalité décrite. Dans l'autre, en revanche, les faits sont traités de manière littéraire. Il est évident que nous avons affaire à une création tout à fait consciente d'une situation narrative. Si l'auteur du reportage renonce de manière aussi démonstrative à donner des précisions sur le temps, le lieu

---

183 Pendant la période qui va du début du mois de décembre à la fin du mois de février, lorsque Kapuściński séjourne en Iran, l'affaire des otages constitue le thème priincipal de ses correspondances envoyées à la PAP. La seule lecture des titres de ces correspondances se trouvant dans le « Bulletin spécial hebdomadaire » (BSH), de décembre à février, donne la mesure de son intérêt pour ce thème : *Iran. Bilan de quatre semaines* (BSH, 8 décembre 1979, n 2124) ; *Danger de guerre civile en Iran* (BSH, 12 décembre 1979, n 2125) ; *Crise entre les États-Unis et l'Iran. L'affaire des otages* (TBS, 19 décembre 1979, n 2127) ; *Crise entre les États-Unis et l'Iran. Controverses au sujet de l'occupation de l'ambassade des États-Unis* (TBS, 29 décembre 1979, n 2129) ; *L'enjeu iranien* (TBS, 12 janvier 1980, n 2132); *Crise entre les États-Unis et l'Iran* (TBS, 19 janvier 1980, n 2134) ; *Iran. L'activité des étudiants islamiques* (TBS, 13 février 1980, n 2141) ; *L'affaire des otages et la situation politique en Iran* (TBS, 16 février 1980, n 2142) ; *Iran. Le problème des otages* (TBS, 20 février 1980, n 2149).

et les faits, cela veut dire que la dominante du récit est désormais la réflexion sur sa conception du reportage, sur les techniques littéraires. La manière dont sont présentés les matériaux, le traitement non pas des faits mais des sources de connaissance, la démonstration de leur caractère fragmentaire et le besoin de tisser les conjectures deviennent ainsi l'axe du livre. *Le Shah* est donc une structure auto-thématique, un récit sur le reporter. Il montre les problèmes contre lesquels se débat le journaliste qui veut interpréter l'histoire en cours.

La richesse des sources – tantôt authentiques, tantôt douteuses, falsifiées, toujours fragmentaires – constitue la première difficulté. Tel un artisan modèle, le reporter expose sous nos yeux son atelier : « photos de formats divers, cassettes vidéo, bobines 8 mm, bulletins, photocopies de tracts. Tout est pêle-mêle, entassé, mélangé, comme dans un marché aux puces. Affiches, albums, disques, livres achetés ou offerts, archives d'une époque qui vient de se terminer mais que l'on peut encore voir ou entendre sur des films ; rivières humaines houleuses ; sur des cassettes : lamentations de muezzins, ordres militaires secs, conversations, monologues ; sur des photos : visages béats, extatiques » (Sh, 426). Dès les premiers mots, on a une impression de provisoire, de désordre, de chaos général. Sa chambre d'hôtel semble avoir subi une perquisition, des journaux recouvrent le sol : « Le plancher, les chaises, la table, le bureau sont couverts de feuilles, de boulettes de papier, de notes écrites à la hâte et de manière si confuse… » (Sh, 425). Le héros lui-même se sent perdu, épuisé, désemparé. Ce découragement se fait même sentir dans la syntaxe qu'il ne contrôle pas : « je peine à mettre de l'ordre dans mes idées qui… » (Sh, 426), dit le reporter, peut-être frappé par une photo ou une coupure de presse trouvée soudain sur une grande table ronde où s'entasse toute la documentation de son futur reportage dans un désordre monstrueux. Cette phrase interrompue, sans le moindre souci de son sens global, sans le moindre signe de ponctuation, est un exemple intéressant de narration affranchie des règles grammaticales, en symbiose avec l'état psychique et physique du narrateur.

Ces difficultés insupportables renforcent encore le sentiment de solitude absolue qui – Kapuściński insiste sur ce point – est bien plus sensible dans un pays exotique. Mais le problème du caractère hermétique de l'Iran ne se réduit pas à l'exotisme. Le reporter est arrivé dans une ville qui récemment encore bouillonnait de vie ; le commerce international y fleurissait, partout résonnait un brouhaha de langues étrangères. Kapuściński se sert d'une métonymie pour décrire la situation qui prévaut à Téhéran, devenu l'arène de la Révolution islamique : « La ville (…) n'a plus besoin d'étrangers, elle n'a plus besoin du monde. » (Sh, 427). Il ne fait aucun doute que l'Iran est dès lors un pays où l'Autre est un Étranger. Le nouveau guide ne laisse aucune illusion sur ce point. Avant son retour d'exil, Khomeini répond aux journalistes qui l'interrogent : « Les étrangers seront autorisés à séjourner chez nous seulement si leur comportement est correct »[184] Dans la bouche d'un fondamentaliste, ces paroles innocentes résonnent funestement.

Le reporter veut passer à travers le mur de l'altérité. Mais quand il essaie de nouer des contacts avec les habitants, les uns interrompent la conversation, les autres parlent un anglais balbutiant, d'autres enfin ne parlent que le farsi qui, du reste, commence à dominer dans les médias. S'escrimant à scruter l'écran de télévision, le reporter essaie de reconstruire les significations fondamentales, il veut comprendre le message. Sans succès.

Il fait donc appel à un autre outil : l'empathie. Il cherche des arguments lui permettant d'expliquer l'isolationnisme iranien. Il parle des petits peuples pour lesquels la séparation est parfois la seule défense contre l'absorption, la standardisation, la privation d'identité. Il remarque alors l'importance croissante des langues locales dont les sociétés du Tiers-monde se servent pour s'isoler de l'univers agressif et puissant des civilisations prétendument supérieures. Le poste de radio de poche qu'il trimballait toujours avec lui est désormais un poids inutile. « Quand je parcours les modulations de fréquence, je tombe sur une dizaine de stations qui émettent toutes dans une dizaine de langues différentes dont je ne comprends pas un traître mot » (Sh, 431). Le reporter essaie toutefois de pénétrer les mystères de la culture étrangère, sachant qu'on ne peut pas l'évaluer à la légère. Ainsi, lorsqu'il voit un homme qui a acheté une voiture de luxe, puis qui la baptise avec du sang de poulet tout juste égorgés, il est dérouté : « Quand j'essaie de les comprendre, je m'embourbe dans une zone obscure » (Sh, 571).

Pourtant il continue de creuser, il cherche d'autres outils ; lorsqu'il n'est pas en mesure de lier un contact avec les habitants, quand la langue lui fait défaut et que les gestes amicaux sont repoussés, il active d'autres sens : il lit des signes. Ainsi s'informe-t-il sur les manifestations à venir en se fiant à la réaction d'un marchand qui étale ses épices à même le trottoir quand la journée promet d'être calme. L'absence de marchandise augure infailliblement d'événements violents ; le commerçant iranien sait avec certitude qu'une manifestation susceptible de détruire son bien va passer par sa rue. Elżbieta Lisowska, étudiante à la section d'iranologie à Cracovie, qui séjourne à Téhéran en 1979 dans le cadre d'une bourse, confirme cette méthode d'accumulation de matériaux décrite dans *Le Shah*. À l'époque, elle a l'occasion unique d'observer Kapuściński lors de ses missions journalistiques : « C'était un immense plaisir de le regarder travailler. Pour les reporters arrivant du monde entier en Iran, ce qui importait

---

184 J. Dul, *Rewolucja Chomeiniego* (La Révolution de Khomeini), Varsovie 1990, p. 41

le plus, c'étaient les news, 'la chair journalistique'. Lui faisait attention au détail. Aux forsythias qui fleurissaient dans un parc, à un homme qui promenait tous les jours son chien dans une ruelle près de l'université... »[185].

Lisowska qui a non seulement rencontré Kapuściński à Téhéran en mars 1979 mais qui assurait aussi de temps à autre la fonction de traductrice, surtout lors de meetings politiques ou de rencontres avec des dirigeants de la Révolution, n'a pas gardé l'impression qu'à cette époque le reporter ait été perdu dans le labyrinthe de la politique iranienne. Au contraire, elle estime que l'auteur du *Shah* se repérait à la perfection dans le contexte révolutionnaire, identifiait avec pertinence les éléments de ce casse-tête exotique, avait une connaissance approfondie en matière politique. Cette opinion d'un témoin visuel est confirmée par les correspondances envoyées par Kapuściński depuis l'Iran, dans lesquelles on ne trouve nulle trace de désarroi[186].

On peut par conséquent présumer que l'image du journaliste peinant à reconstruire l'image de la réalité iranienne à partir de détails insignifiants, la complétant par des lectures et des documents, agrémentant l'ensemble de son intuition, est simplement une création littéraire. Assumant clairement le caractère fragmentaire de son récit, Kapuściński accorde une importance exagérée à l'inconnu et renforce le sentiment de chaos. Son apparent désarroi est communiqué au lecteur qui dès lors, de manière presque tactile, ressent l'incertitude du reporter, trébuche sur les énigmes qui se succèdent, ressent « à ses dépens » les émotions qui accompagnent généralement la rencontre avec un univers étranger. En attendant, le reporter s'enferme dans sa chambre encombrée où « plus personne ne viendra, plus rien ne se passera », il consulte de nouveau ses notes, les photographies, il réécoute les cassettes et commence à tisser un récit fascinant.

C'est ainsi que débute la deuxième partie – fondamentale – du livre. On y trouve la description de treize photographies, un ensemble de huit notes, deux extraits de livres et un enregistrement sur bande magnétique. Les photos sont sans nul doute le matériau essentiel ; elles sont les plus nombreuses, elles sont également mises en avant dans le titre du chapitre (*Daguéréotypes*). En

---

185 E. Lisowska, *Zabrakło mistrza* (Disparition du maître), http://poznajswiat.com.pl/art/1028; accès 18/10/2007. Les informations concernant les circonstances de la rencontre d'Elżbieta Lisowska avec Rysard Kapuściński à Téhéran sont issues de notre entretien avec la documentariste daté du 23 janvier 2008.

186 Les correspondances depuis l'Iran qui commentent en détail la situation politique en cours, les problèmes économiques, mais expliquent aussi les méandres de cette culture (par exemple la différence entre le hidjab et le tchador), sont envoyées à la rédaction de la PAP, du 24 mars au 14 avril 1979.

revanche, les notes, les citations et la cassette servent surtout de commentaire aux photographies, elles les complètent, les détaillent. Il ne fait aucun doute que *Le Shah* est un récit en images, sans avoir toutefois rien à voir avec une bande dessinée ! Kapuściński choisit avec un soin particulier les photos. Il procède à une sélection d'après leur valeur historique particulière. C'est ainsi qu'il retrace l'histoire de la dynastie Pahlavi (description des photos du grand-père, du père et du fils), il présente les moments de rupture dans l'histoire de l'Iran (la conférence de Téhéran en 1943, la nationalisation de l'industrie pétrolière sous Mossadegh en 1953, la fuite de Reza à Rome en 1953, l'annonce du prix du baril en 1973 annonçant le début de la construction de la Grande Civilisation de l'Iran), il décrit l'atmosphère qui règne dans les rues iraniennes : la destruction des monuments du shah, les opérations de la police politique, la Savak, des photos de victimes du régime.

Maître de la description, Kapuściński dépeint les photographies de manière plastique, crée des images visuelles, en extrait le maximum de contenu. Il ne se limite toutefois pas à la description en tant que telle, il explique les circonstances de leur apparition, il procède à des rétrospectives et des anticipations, tente de pénétrer les pensées des personnages. Statiques jusque-là, les clichés deviennent soudain des séquences filmiques, comme figés pour un instant par la technique de l'arrêt sur image. Désormais mis en mouvement par la narration de l'auteur, ils se dynamisent, prennent vie, défilent avec fluidité sous nos yeux. C'est ainsi que de manière étonnante et fascinante, se déroule sous les yeux du lecteur l'histoire de la dernière dynastie d'Iran.

Le mouvement n'est toutefois pas seulement donné par le défilement des cadres. Tous les matériaux sont disposés chronologiquement, ce qui confère à l'ensemble du récit cohérence, logique, et lisibilité. C'est le mérite du montage. Kapuściński recourt volontiers aux prérogatives de l'art cinématographique. Nombreux sont les exemples de montage linéaire, dans son livre, qui assurent l'unité du temps et du lieu des séquences consécutives ; mais on trouve aussi des éléments de montage parallèle soudant les deux fils narrateurs du livre qui évoluent l'un à côté de l'autre, le récit auto thématique et le récit de la Révolution. La technique du montage synchronique, appliquée lorsque l'action se déroule simultanément dans deux endroits, est aussi présente dans le livre : « L'Europe se repose, prend du bon temps, visite les monuments (…). Téhéran, toutefois, ne connaît ni trêve ni repos » (Sh, 450). Autre exemple particulier de l'utilisation de l'outil cinématographique : le montage antithétique. Kapuściński confronte deux photographies, l'une sur laquelle les élites au pouvoir s'envolent quotidiennement dans un avion luxueux pour aller déjeuner dans des restaurants élégants de Munich, l'autre qui reproduit une caricature populaire tournant en dérision le slogan : « À chacun sa Peykan ! » (marque de voiture bon marché en Iran), et les gens déçus qui se retrouvent avec des pièces de la voiture tant convoitée : « Chaque passant tient à la main une pièce détachée ; qui une poignée de porte, qui une courroie de ventilateur, qui un levier de vitesse » (Sh, 499). La juxtaposition directe de deux images si contrastées permet au lecteur de tirer aisément une conclusion sur la situation politique du pays. Les techniques de prise de vue appliquées dans le livre méritent également d'être observées. Les clichés sont pris de différents points de vue : tandis qu'une image stylisée du Shah montre ce dernier comme un grand dirigeant, autrement dit de la perspective d'une grenouille, conformément aux modèles panégyriques classiques, une scène à un arrêt d'autobus, où un agent de la Savak en civil fait son travail de surveillance, est filmée différemment, le cliché étant pris en cachette. L'utilisation de l'outil cinématographique a pour le récit de la révolution islamique une importance fondamentale : elle permet de gérer avec ingéniosité un riche matériau factographique en introduisant des raccourcis narratifs qui dynamisent par ailleurs l'action.

La poétique du film domine également dans l'organisation de ce matériau. Kapuściński se sert de différents plans de narration ; depuis des vues à distance qui rappellent tout à fait les plans d'ensemble utilisés au cinéma jusqu'à des gros plans sur des détails soigneusement sélectionnés en passant par des effets de zoom. Le double récit du massacre dans la ville sainte de Qom, qui déclencha la révolution en est le meilleur exemple. Nous observons tout d'abord cet événement dans un plan d'ensemble. L'un des héros, Mahmud, raconte sa visite chez son frère qui est venu l'informer sur la tragédie de Qom. Son récit correspond à un format journalistique classique : il répond à cinq questions : qui, quand, où, comment, pourquoi. Nous apprenons qu'au début du mois de janvier 1978, dans la ville sainte des chiites, la police a tiré sur des gens qui manifestaient contre un article mettant en cause Khomeini. Mahmud évoque cinq cents victimes, dont un grand nombre de femmes et d'enfants. Ce passage occupe un peu plus d'une demi-page, il est court, concret et rappelle au fond un communiqué journalistique laconique.

Néanmoins, dans ce récit relativement court sur la révolution islamique, Kapuściński économise la place pour revenir plus tard à la description du même événement. Pourquoi cette prodigalité dans la composition chez un auteur qui apprécie tant l'école du raccourci et la condensation du contenu ? De plus, cette brève histoire contenue dans un paragraphe va soudain occuper plusieurs pages. En quoi se distinguent les deux récits ? Kapuściński explique dans les détails les connotations du mot « étranger » parmi les musulmans, il explique pourquoi son utilisation à l'égard de Khomeini a provoqué une réaction aussi vive chez ses adeptes. L'auteur examine avec attention les étapes cruciales de cet événement ; il donne des explications, enchaîne des réflexions, tire des conclusions. Cette fois, c'est le moment du début du massacre qui devient le plus important. La description ne commence pas – comme c'est le cas pour le récit de Mahmud – par la confrontation entre la foule et le pouvoir. Nous sommes maintenant témoins d'une rencontre particulière : son but n'est pas une tentative de faire connaissance, de se comprendre, c'est exclusivement une épreuve de force, un affrontement : un policier s'approche d'un manifestant et d'un ton péremptoire lui ordonne de rentrer chez lui. Le représentant du pouvoir est conscient de sa supériorité sur l'homme de la foule. Il ne se doute pas toutefois qu'une détermination puissante va faire place à la peur paralysante qui habitait ce sujet du Shah jusqu'à présent. Nous observons la tension croissante d'un homme qui pour la première fois décide de s'opposer au pouvoir. Nous voyons un policier qui ne comprend pas encore qu'il est en position de faiblesse, que les rôles sont sur le point de s'inverser. Pour le moment, il contemple avec assurance le visage de son adversaire ; le point culminant de leur confrontation mentale approche… C'est alors que le manifestant refuse d'exécuter l'ordre du policier. Ce moment précis difficile à saisir – celui où se produit le changement de rapport de forces entre le pouvoir et le subordonné – est interprété par Kapuściński comme le présage d'une révolution inéluctable.

La répétition du même motif montre clairement que l'auteur tient à le mettre en valeur. Pourquoi ? La confrontation des deux extraits fait nettement apparaître qu'ils sont d'une essence totalement différente. Dans le premier récit, c'est l'événement qui prime, sa description est conforme au fait, le style est celui du compte rendu. Dans le second extrait, c'est l'homme qui se trouve résolument au premier plan : ses émotions, ses choix difficiles, enfin ses tragédies. Finis les chiffres, les statistiques lugubres sur le massacre de centaines de femmes et d'enfants anonymes. La seconde description du massacre de Qom, qui a toutes les caractéristiques de la création littéraire, illustre la manière dont le texte bascule dans l'œuvre d'art. Dans *Le Shah*, le lecteur assiste en quelque sorte à la création de la littérature. C'est un reportage en laboratoire, ou – pour reprendre la formulation élégante de Marek Miller – un laboratoire du reportage. À ce moment précis et peut-être de la manière la plus complète, Kapuściński nous dévoile les secrets de son atelier : il nous montre comme faire de l'art à partir d'un fait.

Le sens général du *Shah* ne se réduit pas au champ auto-thématique. C'est avant tout un ouvrage sur la révolution dans lequel Kapuściński fait le bilan de plusieurs années de pratique de ce phénomène. L'auteur, ne l'oublions pas, nous informe qu'il en est à son vingt-septième coup d'État. La description de cet événement historique majeur n'est pas seulement la vision d'un bouleversement isolé se produisant en Iran, c'est aussi une tentative de faire un rapprochement entre les images vivantes de cet événement et d'autres processus historiques durables qui se cristallisent à ce moment. *Le Shah* se distingue du *Négus* et *D'une guerre l'autre* par le fait que le livre sur l'Iran présente non seulement la désintégration d'une ancienne structure prise dans l'étau des forces d'un nouvel ordre (ou d'un nouveau désordre), mais aussi l'évolution du conflit des deux côtés et leur collision, leur point culminant. L'histoire de la dynastie et la formation de l'opposition. L'histoire de la répression et de la résistance. Kapuściński tente de les présenter à l'aide d'attributs permanents de la révolution ; on trouve dans son ouvrage des vues panoramiques d'un meeting, des drapeaux, des slogans, des tirs, du sang, des places jonchées de cadavres. Le rythme et la dynamique donnent le tempo à la narration. Mais si l'on regarde de plus près cette fresque iranienne vibrante, on peut y percevoir des lambeaux d'autres expériences révolutionnaires qui semblent remonter à la surface ; des expériences dont l'auteur a été témoin, et d'autres encore qui se sont déroulées un jour, dans l'histoire de l'humanité.

En effet, *Le Shah* est une analyse profonde de la structure de la révolution en tant que telle. Kapuściński démontre que ces coups d'État s'accompagnent toujours des mêmes mécanismes : des espoirs illusoires, des promesses trompeuses et enfin la répression. Aux revendications habituelles et toujours naïves que toute révolution promet de satisfaire, l'auteur ajoute des épigraphes en début de chaque chapitre. Cette fois, il a choisi des citations des *Lettres d'enfants au bon Dieu*, qui expriment des désirs simples : « Je voudrais que les vilaines choses n'existent pas » (Sh, 423), « Pourquoi ne laisses-tu pas le soleil briller la nuit quand nous en avons le plus besoin » (Sh, 537). *Le Shah* est la description universelle et multiforme de la révolution considérée comme un phénomène accompagnant l'homme depuis des siècles. Toutefois l'expérience iranienne apporte une nouvelle dimension à cette image. C'est, semble-t-il, la première révolution qui utilise de manière aussi radicale la religion comme bélier pour détruire l'ancien régime, qui se sert de la tradition comme levier d'action, qui invoque avec tant de ferveur la dignité de l'homme simple. En décrivant ce coup d'État, Kapuściński perçoit déjà du coin de l'œil la naissance du fondamentalisme religieux qui, pour l'heure, se manifeste sous la forme d'une prière disciplinée d'un million d'hommes, d'une fascination pour le sang incompréhensible pour un Occidental, d'une disposition immédiate de chacun à sacrifier sa propre vie. C'est cette image qui lui inspire maintenant la terreur. Non pas la révolution.

Dans la structure palimpsestique de ce reportage, on trouve encore une autre couche : le tournant historique que vit la Pologne et qui se déroule presqu'en même temps que les événements iraniens. En effet, *Le Shah* est rédigé en deux étapes que sépare une interruption de près de deux ans. Les premiers épisodes du reportage intitulés *Catharsis* sont publiés dans Kultura en 1979, entre le 29 juillet et le 28 octobre[187], tandis que la dernière partie intitulée *La flamme morte* ne paraît qu'en été 1981. Les deux parties du *Shah* sont donc liées à l'expérience du mois d'août polonais que le reporter vit de manière très personnelle. Au printemps 1980, juste après son retour d'Iran, Kapuściński replonge dans l'histoire de son pays pour la première fois depuis plus de douze ans. Il se sent d'emblée partie prenante de ce grand élan patriotique qui lui apparaît comme un retour symbolique aux espoirs d'octobre 1956. Ces dates, qui nous renseignent sur le temps que l'auteur a consacré à la collecte de matériaux et celui qu'il a consacré à la transformation de ces matériaux en livre, ont une signification fondamentale pour le message de ce dernier. L'influence du « carnaval polonais de la liberté » (les années 1980–1981) sur la vision finale du *Shah* est indéniable.

C'est justement cette perspective polonaise et cet investissement intense dans l'expérience historique de son pays qui permettent à Kapuściński de saisir certaines nuances de la révolution iranienne : rôle de la religion dans la destruction d'un système honni, répression des acteurs culturels et encensement de médiocrités littéraires fidèles au régime, enfin désarroi de ceux qui se retrouvent avec le pouvoir entre les mains. Ayant vécu cette expérience dans son pays, Kapuściński l'observe avec d'autant plus d'acuité en Iran. Le contexte polonais laisse aussi une empreinte décisive dans le dernier chapitre. La tristesse émouvante de *La flamme morte* montre clairement sa désillusion face à la révolution polonaise. Et bien que l'auteur gomme la distance qui sépare ce chapitre des parties précédentes, le changement de style est toutefois nettement sensible. L'action enlevée obtenue par une cascade de clichés cède la place au ton de la réflexion, à des digressions relevant de l'essai, à des séries de considérations générales. Une fois de plus, le reporter observe l'épilogue douloureux d'une révolution victorieuse : épuisement idéologique et détresse des héros, mais surtout perfidie du nouveau pouvoir qui a peut-être changé les accessoires mais non les méthodes.

La dernière scène du *Shah* laisse toutefois espérer qu'il existe une autre catégorie permettant de mettre de l'ordre dans la réalité menaçante, chaotique et incompréhensible du monde, une autre forme de compréhension ; c'est le moment où se produit la simple rencontre entre des hommes, le moment où des cultures entrent en contact, mais ce n'est pas celui de la raison politique. Ainsi, le livre se termine par une belle description de tapis iraniens qu'un vendeur

---

187 Les épisodes publiés dans Kultura et regroupés sous le titre *Catharsis* sont repris dans le livre, après l'introduction de quelques petits correctifs et compléments, et ils prennent la forme des deux premiers chapitres : *Feuilles, visages et champs de fleurs* et *Daguérréotypes*.

mystérieux montre au reporter. Ce n'est sans doute pas un hasard si ce marchand porte le même nom que le plus illustre poète iranien ayant vécu au Xe siècle, l'Homère persan, l'auteur du *Livre des Rois*, une épopée qui depuis des siècle forme la conscience nationale des Perses, glorifie ses grands chefs et ses héros de l'Antiquité, mais témoigne aussi de la richesse de cette culture, de la force de la tradition et de la beauté de la langue. Pour ce marchand atypique, le tapis n'est pas seulement un objet d'utilisation quotidienne. Voulant faire sentir à son interlocuteur son caractère exceptionnel, monsieur Ferdousi demande au reporter ce qui a permis aux Perses de préserver leur identité pendant deux mille cinq cents ans. Et il donne aussitôt la réponse : « … c'est notre force spirituelle, et non pas notre force matérielle ; notre poésie, et non pas notre technique ; notre religion, et non pas nos usines » (Sh, 575). Dans le récit du marchand, le tapis accède au rang de l'art. Or l'art est justement la clé indispensable pour pénétrer la culture des Perses et donc les comprendre.

Dès lors, la réalité iranienne, étrangère et menaçante, devient plus limpide par le truchement de l'art. En effet, si l'essence de cette réalité cesse d'être l'histoire d'un peuple, embrouillée et complexe, pour devenir la contemplation d'une beauté accessible à tous et désintéressée, alors la rencontre entre les cultures se place à un tout autre niveau épistémologique. Nous trouvons d'ailleurs des arguments correspondants sur la valeur triomphatrice de l'art vis-à-vis de la tragédie du destin humain dans la pensée européenne. Dans son *opus magnum*, *Le Monde comme volonté et comme représentation*, Arthur Schopenhauer écrit au sujet des inestimables valeurs palliatives et cognitives de l'art : « L'art reproduit les idées éternelles qu'il a conçues par le moyen de la contemplation pure, c'est-à-dire l'essentiel et le permanent de tous les phénomènes du monde ; d'ailleurs, selon la matière qu'il emploie pour cette reproduction, il prend le nom d'art plastique, de poésie ou de musique. Son origine unique est la connaissance des Idées ; son but unique, la communication de cette connaissance. (…) En effet, il arrache l'objet de sa contemplation au courant fugitif des phénomènes ; il le possède isolé devant lui; et cet objet particulier, qui n'était dans le courant des phénomènes qu'une partie insignifiante et fugitive, devient pour l'art le représentant du tout, l'équivalent de cette pluralité infinie qui remplit le temps et l'espace. L'art s'en tient par suite à cet objet particulier ; il arrête la roue du temps, les relations disparaissent pour lui ; ce n'est que l'essentiel, ce n'est que l'Idée qui constitue son objet[188]. » La pensée du philosophe allemand

---

188 A. Schopenhauer, *Le monde comme volonté et représentation*, traduit par A. Burdeau, PUF 1966, pp. 190–191.

est un commentaire admirable de la philosophie de monsieur Ferdousi qui « a passé sa vie entière à côtoyer l'art et la beauté, qui regarde la réalité qui l'entoure comme un film de série B dans un cinéma minable et sale. » Il apparaît donc que pour approcher les Iraniens, il ne faut pas se perdre dans les labyrinthes de la politique et de l'idéologie en cours. Une autre voie mène au cœur de leur identité : « Qu'avons-nous donné au monde, demande Ferdousi. La poésie, les miniatures et les tapis. (…) c'est à travers cela que nous nous sommes exprimés » (Sh, 575). Grâce à un changement de perspective cognitive et l'utilisation de nouveaux outils d'interprétation du monde, l'intraduisible réalité iranienne peut être décrite de la manière suivante : les dictateurs arrivent et partent, l'art est éternel. C'est peut-être une piètre consolation, mais il n'y en a guère d'autre.

La clé de l'art ne rend pas d'emblée le monde iranien plus simple et limpide. Certes, la contemplation du beau permet la rencontre avec d'autres cultures, mais ce rapprochement ne met pas seulement à jour nos points communs. Il met aussi à jour d'indicibles différences. Pour reprendre l'image du tapis qui accompagne l'Iranien tout au long de sa vie dans ses différentes manifestations (familiales, politiques, sociales), dans les moments cruciaux comme dans la vie quotidienne, l'auteur apporte sa pierre à la description de la mentalité des habitants de ce pays. En donnant à un objet ordinaire un rang aussi élevé, l'écrivain dévoile également aux Occidentaux habitués aux objets à usage unique, le gouffre insondable qui sépare ces deux cultures. Car le récit sur la révolution iranienne est un livre sur les dilemmes de la rencontre, sur l'altérité difficilement acceptable, sur l'étrangeté, mais aussi sur les bienfaits de la compréhension mutuelle.

Dans une recension sur *Le Shah*, Wojciech Giełżyński écrit que Kapuściński a réussi à atteindre le cœur des événements et à créer un livre faisant le bilan de sa longue expérience[189]. L'auteur de *La révolution au nom d'Allah* a raison ; en décrivant le vingt-septième coup d'État auquel il participe, le reporter parvient aussi bien à saisir le sens général de la révolution qu'à comprendre la spécificité de la variante iranienne. Cela paraît évident si l'on regarde *Le Shah* avec le recul d'un quart de siècle. Les analyses écrites à chaud par Kapuściński n'ont en rien perdu de leur actualité. Le temps qui s'est écoulé depuis confirme leur pertinence ; les craintes du reporter qui observe le fondamentalisme naissant à l'époque sont devenues les plus grandes peurs de notre civilisation.

Giełżyński a également raison lorsqu'il écrit que le livre de Kapuściński s'intègre à merveille dans sa biographie. Grâce à sa participation directe, le reporter

---

189 W. Giełżyński, *Dlaczego odszedł szach ?* (Pourquoi le shah est parti ?), Kontynenty 1982, n 7, p. 35.

attelle pour ainsi dire sa biographie au matériau de son ouvrage. Dans le livre, cette proximité se retrouve à trois niveaux différents : professionnel, littéraire et philosophique. *Le Shah* est ainsi une réflexion précieuse sur les arcanes du travail de reporter, sur la tentative de comprendre ce qui résiste à la connaissance, sur le débroussaillage de montagnes de matériaux, sur la recherche désespérée d'y mettre de l'ordre et enfin, sur leur laborieuse refonte dans la littérature. *Le Shah* est aussi une création littéraire consciente, un complément et une suite créative de l'expérience décrite dans *Le Négus*. S'inscrivant sans réserve dans cette nouvelle forme journalistique initiée par le récit sur le Négus, l'écrivain poursuit la rupture sans doute la plus importante dans son œuvre. Le livre sur la chute de Pahlavi montre aussi comment la vision du monde de Kapuściński continue de changer ; la révolution y est exclusivement un objet d'analyse, et sa démarche s'accompagne d'une recherche de nouvelles catégories permettant d'évaluer et de classifier la réalité.

*

Le Shah est paru en 1982, c'est-à-dire quatre ans après *Le Négus* qui est considéré comme le meilleur livre-reportage de Kapuściński ; un livre n'ayant aucun précédent dans le reportage polonais et jouissant d'une popularité invraisemblable. Il est difficile de s'étonner que le récit sur la révolution iranienne ait souvent été analysé à travers le prisme du livre sur « le roi des rois », l'ouvrage sur l'Éthiopie étant jugé plus brillant d'un point de vue littéraire, plus lisse par rapport au livre sur le shah plus austère[190]. Certains critiques ont cependant réussi à percevoir dans la stylistique plus économique de ce dernier une inspiration latino-américaine[191]. Ryszard Ciemiński remarquait ainsi que le chapitre intitulé *Daguérréotpyes* rappelait les essais-récits de Jorge Luis Borges ; l'art de déceler dans une photographie un détail apparemment insignifiant pour y découvrir ensuite « la vérité, morte depuis longtemps, d'un détail, un geste figé comme sur une photographie ancienne »[192].

Jerzy Surdykowski défendait la même conception stylistique : « *Le Négus* était d'une douce causticité, d'une ironie taquine, et si par moments cette Byzance en déclin écrasait les hommes et faisait couler le sang, elle relevait davantage du macabre et de la tragi-comédie. Cette cour byzantine richement décorée, tous ces préposés au vestiaire, aux coussins, à la bourse, ces foules d'opérette

---

190 R. Pietrzak, *Tyrania i rewolucja* (Tyrannie et révolution), Trybuna Ludu 1982, n 74, p. 5.

191 *Ibidem.*

192 R. Ciemiński, *Szachinszah* (Le Shah), Fakty 1982, n 16.

de chambellans cupides et de majordomes corrompus suscitaient moins la peur que le ricanement, dans le meilleur des cas, un rire amer tout au plus. Là, c'est différent : la chute du *Shah* est terrifiante, sanglante, cruelle, sans rire ni moquerie, monumentale et tragique, comme le monument renversé qui écrase la foule en révolte rassemblée sur une place »[193].

Le livre sur l'Iran est parfois considéré comme l'œuvre majeure de Kapuściński. Wojciech Giełżyński écrivait que si, dans *Le Négus*, on sent « une tendance de synthèse intellectuelle du monde vécu », synthèse « encore dissimulée dans des figures rhétoriques, des sous-entendus, la langue d'Esope », dans *Le Shah* l'auteur réussit à aller au cœur de l'événement et à écrire un livre récapitulant plusieurs années d'expérience[194]. Un critique littéraire du mensuel Radar[195] émettait un avis similaire, estimant que le degré de généralisation appliqué par Kapuściński dans ces deux livres permettait de les lire comme des allégories. Présenté sous cette perspective, *Le Négus* serait – comme cela a déjà été écrit – « une allégorie politique et morale », car à partir d'un détail ou d'une vision globale du monde, l'auteur « détectait et montrait des ressemblances, des traits communs entre l'Éthiopie et n'importe quelle autre latitude géographique ». Quant a*u Shah*, il ne serait pas un récit sur la révolution en Iran, mais « un livre sur l'altérité, l'impénétrabilité du monde décrit ».

Le Négus et *Le Shah*. Quatre ans à peine séparent la parution de ces deux ouvrages (1978 -1982). L'intensité de la vie politique dans la Pologne de cette époque a un impact décisif sur leur réception. Aucun des deux n'est accueilli comme l'histoire de la chute d'un empire lointain. Le premier est souvent lu comme une allégorie de la Pologne de la fin des années 1970, le second comme un message universel sur la tyrannie. Zbigniew Bauer écrivait en 1982 : « Si on cherche dans *Le Shah* un autre fond, une histoire avec une clé, donc si on suit la piste stylistique et poétique du *Négus*, on se demande en fin de compte si Kapuściński n'aurait pas pu dire tout cela directement ? En effet, ce qu'il dit dans *Le Shah* sur la Pologne des années 1970 a déjà été intégralement décrit. De manière plus percutante. Plus cruelle. Plus brutale »[196].

---

193 J. Surdykowski, *Zawód : Kassandra* (Profession : Cassandre), Zdanie 1982 (Opinion), n 5.

194 W. Giełżyński, *Dlaczego odszedl szach ?* (Pourquoi le Shah est parti), *op. cit.*, p. 35.

195 K. Pysiak, *Dla ludzi na rozdrożu* (Pour les hommes à la croisée des chemins), Radar 1982, n 3, p. 13. Citations suivantes : *ibid.*

196 Z. Bauer, *Pomnik płomienia* (Le monument de la flamme), Nowe Książki 1982, n 3, p. 65.

Effectivement, *Le Shah* est complètement différent du récit sur l'Éthiopie. Les effets stylistiques des deux reportages illustrent bien cette différence : aux ornements du premier correspond la rigueur de l'autre. Mais derrière la carapace stylistique on trouve la même thématique, abordée sous deux angles de vue diamétralement opposés. Les deux livres forment un diptyque sur le pouvoir[197]. Et chacun examine cette énigme d'une perspective différente. Le récit sur l'Éthiopie sollicite notre ouïe ; il est construit comme une pièce radiophonique sous-tendue par une tension sonore multiforme : récits précis murmurés, monologues théâtraux (par exemple, la réplique commençant ainsi : « Germane ! Monsieur Richard, Germane faisait partie de ces gens déloyaux qui… »). C'est souvent un assemblage lexical bizarre, fait de néologismes, d'archaïsmes dépoussiérés, d'apostrophes pleines d'emphase, qui ne laisse pas le lecteur indifférent. Car ici le mot remplit le même rôle que dans *Trans-Atlantique* de Witold Gombrowicz : il s'impose, il absorbe toute notre attention, il ne se laisse pas oublier.

Le Négus est la métaphore d'un palais vu de l'intérieur, d'un lieu où le pouvoir, quel qu'il soit, est bâti sur la délation, où le succès se mesure à l'aune des accès à l'oreille de l'empereur. C'est un type de gouvernement consistant à diriger un chœur de médiocrités glorifiant son seigneur. C'est un système où toute aptitude intellectuelle est immédiatement perçue comme une dissonance et donc éradiquée. Le récit sur la cour du « roi des rois » est une analyse du théâtre du pouvoir vu depuis ses coulisses, c'est une description d'un univers auquel n'ont accès que les acteurs du spectacle. Et c'est à ses acteurs de premier et de second plan que le reporter s'adresse lors de ses pérégrinations éthiopiennes.

Pour *Le Shah*, c'est complètement différent ; le pouvoir nous est seulement présenté depuis sa façade, nous n'apprenons rien sur les intrigues des coulisses, sur la vie de la cour. Nous ne recevons que les informations visibles de l'extérieur, un savoir que le palais livre lui-même à son propre sujet (par exemple en vulgarisant des photographies du shah dans une posture napoléonienne). Autant le *Négus* pourrait être assimilé à une pièce radiophonique, autant *Le Shah* est dominé par le sens de la vue. Cela n'a rien d'étonnant ; en recueillant

---

197 Kapuściński avait commencé à rédiger la troisième partie du cycle sur les dictateurs. Mais le volume sur Idi Amin, le dirigeant sanglant de l'Ouganda, n'est jamais paru (l'auteur consacra au tyran un chapitre dans *Ébène*). C'est son voyage en URSS qui fit obstacle à la réalisation de cette idée. Par la suite, l'auteur ne revint pas à son projet initial sur la rédaction d'une trilogie, estimant que le régime d'Amin se caractérisait seulement par une cruauté insensée et particulièrement brutale, et qu'il ne représentait pas un défi réel pour l'écrivain.

des informations sur l'Éthiopie, Kapuściński se sert du mot, il discute avec des courtisans de l'empereur, il utilise la même langue que ses informateurs. En revanche, dans son reportage sur l'Iran, l'ouïe lui est moins utile ; le héros du *Shah* se plaint de ne pas connaître la langue farsi, il peine à trouver des interlocuteurs, il ne peut se fier qu'à sa vue. Peut-être est-ce la raison pour laquelle l'histoire de l'Iran, de sa dynastie et de sa révolution est montrée à l'aide de photographies assemblées par la technique de la narration cinématographique, et que les échos des luttes nous parviennent par le biais des médias : les journaux qui décrivent la situation en Iran, la télévision qui diffuse des informations courantes et des films documentaires. L'agrandissement de certains détails de la réalité montre clairement la différence entre le reportage littéraire et une œuvre relevant de la fiction. Dans les deux livres, ce qui reste de la démarche journalistique – grâce à des images sur « l'infirmité » des sens – montre que la forme définitive d'un reportage dépend de la manière dont le reporter communique avec la réalité.

Les différences entre les deux modèles de pouvoir pourraient être multipliés – le monde présenté dans *Le Négus* est sclérosé, archaïque, apparemment éloigné de la réalité à l'image des fables exotiques. C'est le contraire pour le monde du *Shah* : l'Iran a les ambitions d'une grande puissance, veut se transformer rapidement en un État moderne en tous points et s'apprête à dépasser de manière fulgurante les plus grands pays du monde. La manière dont nous prenons connaissance de son histoire est différente de celle dont avons pris connaissance de la réalité éthiopienne, non plus sous une forme connue depuis la nuit des temps – chuchotements, discussions discrètes –, mais à voix haute, à l'aide de médias modernes. Néanmoins les analyses du phénomène du pouvoir, présentées sous différentes perspectives et à l'aide d'outils variés, mènent malheureusement à des résultats similaires, effroyablement tristes. *Le Shah* et *Le Négus* sont tout simplement complémentaires, les deux ouvrages sont un exposé rimé sur le thème de l'essence du pouvoir. Ils sont également la réalisation la plus brillante du reportage polonais et, de surcroît, des chefs-d'œuvre incontestés de la littérature polonaise. Il convient d'ajouter que Kapuściński embrasse cette entreprise gigantesque et riche en deux volumes de quatre cents pages à peine.

VII « C'étaient des journées d'émotions permanentes » … La révolution polonaise

« Quand je revenais de l'étranger, je demandais toujours ce qui s'était passé au pays. Les récits étaient de plus en plus empreints de désespoir, du sentiment que la Pologne s'enfonçait dans un marais, qu'elle était absorbée par lui. Autre phénomène qui ne cessait de se renforcer au fil du temps : l'impression que quelque chose devait arriver. La conviction que ce peuple – étouffé, écrasé, privé de voix, privé de toute chance de s'autoréaliser – allait exploser. C'étaient des visions de massacre sanglant, de vengeance sanglante »[198].

On est au milieu de l'année 1980. L'Août polonais approche. Kapuściński est persuadé qu'il va inéluctablement se passer quelque chose. Il sait qu'en même temps ce sera un événement grand, important et incontournable, il interrompt donc aussitôt ses voyages à l'étranger. Il veut être dans son pays à ce moment précis. À la rédaction de Kultura, il apprend que Stefan Kozicki, un correspondant de l'hebdomadaire, s'est déjà rendu sur le Littoral. Il y va également ; d'abord à Szczecin, car il a de la famille là-bas. Mais il comprend vite que les choses les plus importantes se passent désormais à Gdańsk. Il va donc sur le chantier, et de nouveau – exactement comme vingt ans plus tôt – il s'enferme avec les ouvriers.

Pour Kapuściński, ce séjour sur le chantier est un retour évident à la situation remontant à un quart de siècle. Après avoir arpenté pendant plus de deux décennies les coins les plus reculés de la planète, il revient à la problématique de son pays. Par ailleurs, sa participation active aux événements de l'Août polonais lui redonne le rôle qu'il joua en 1955, alors qu'il recueillait du matériau pour l'illustre texte sur Nowa Huta. Le parallèle s'impose de lui-même : dans les deux situations, Kapuściński – en tant que représentant de la presse – entre dans le milieu des travailleurs, se solidarise aussitôt avec eux, évoque le respect de leurs droits à une vie digne, cherche querelle au pouvoir. Ce retour inattendu à la vie polonaise, vingt-cinq ans plus tard, met en évidence l'ampleur de l'évolution suivie par le jeune homme de vingt-trois ans qui avait débarqué

---

198 M. Miller, *Kto tu wpuścił dziennikarzy. 25 lat później* (Qui a laissé passer les journalistes ici. 25 ans après), Varsovie 2005, p.15. Le titre du présent chapitre, qui est une citation d'une déclaration de Kapuściński, provient également de cette publication, p. 244. Toutes les citations des journalistes ayant séjourné sur le chantier de Gdańsk en août 1980 – sauf indication contraire – proviennent de ce livre. Le numéro des pages est indiqué entre parenthèses.

à Nowa Huta pour son premier grand reportage. Le journaliste débutant de l'époque est maintenant le meilleur reporter polonais, l'auteur du *Négus* désormais légendaire. Kapuściński lui-même est déjà une légende ! Son arrivée au chantier devient un événement. Il y rencontre des ouvriers qui ont ses livres avec eux : *Le bush à la polonaise*, *Le Christ à la carabine* et, bien évidemment, *Le Négus*. « Quand je suis arrivé sur les chantiers en grève de Szczecin à Gdańsk, se souvient-il, on venait me voir pour des autographes. C'est alors que je me suis rendu compte que mes livres faisaient souvent partie des affaires indispensables que l'on prend avec soi en de telles occasions. Les ouvriers ne savaient d'ailleurs pas que je serais là-bas, et moi je ne savais pas non plus que mes livres étaient importants pour eux. Pour moi, c'était très émouvant et sympathique »[199].

Gratifié de la confiance sociale, l'écrivain occupe d'emblée une position très différente de celle des autres journalistes qui tentent de franchir les grilles du chantier. Les représentants des médias doivent d'abord se faire accepter par les grévistes. Ils sont toutefois traités avec malveillance, voire avec hostilité. Les ouvriers lisent la presse, regardent les journaux télévisés, sont irrités par la servilité des médias, par leur cynisme et leur désinvolture. Tel est le tableau du quatrième pouvoir que brosse Tadeusz Mazowiecki au début des années 1980 : « La presse quotidienne écrivait au sujet des événements d'août 80 de manière offensante pour les hommes qui y participaient (…), de la même manière qu'en 1968, 1970, 1976. C'était effrayant. Sous Gierek, le milieu journalistique était celui qui était le plus atteint par la dévastation morale, c'était un milieu privilégié, protégé et manipulé, vénal pourrait-on dire. En Pologne, les gens le sentaient, le savaient. (…) Dans la presse officielle, les articles socio-politiques étaient inexistants. De nombreux journaux, qui auparavant avaient un niveau correct, étaient devenus complètement illisibles. Les meilleurs journalistes se réfugiaient dans des thèmes portant sur l'étranger » (p. 290, 291). Il est difficile de s'étonner que les grévistes n'aient pas accueilli les représentants des médias à bras ouverts. Ces derniers avaient du mal à entrer sur le chantier puis à obtenir une accréditation. En revanche, ils ne firent aucune difficulté à accueillir Kapuściński. Il franchit immédiatement les grilles du chantier, il reçut immédiatement une accréditation. Celle-ci pouvait être valable pour un jour ou permanente. Il reçut une accréditation permanente.

À ce moment-là, la plupart des journalistes logeaient à l'hôtel Monopol. « Là-bas, à l'hôtel Monopol, se souvient Kapuściński, une fois rentrés du

---

199 J. Wolska, *Przecieranie szlaków* (L'effacement des traces), Polish Weekly. Australia, 8 décembre 1995, p. 8.

chantier, nous discutions jusque tard dans la nuit. Parfois même jusqu'au petit matin. Généralement cela se passait chez des collègues de la Polska Kronika Filmowa (Chronique Polonaise du Film), chez Piotr Halbersztat, car il logeait dans une grande chambre pour cinq ou six personnes » (p. 230). Les gens réunis écoutaient des bandes magnétiques, les commentaient, discutaient, spéculaient. Celui chez qui se déroulaient ces rencontres évoque le rôle particulier qu'y jouait Kapuściński : « C'était impressionnant. Moi-même j'observais un pan de l'histoire polonaise. J'essayais de mettre de l'ordre dans ma tête et de commenter ce qui se passait. Mais quand, le soir à l'hôtel, on discutait avec Rysiek sur ce qui s'était passé dans la journée, son analyse politique était tout simplement magnifique. C'était fascinant, il avait le sens de la synthèse, de l'observation, ses commentaires avaient des points de référence infaillibles. Outre son expérience et son talent indéniables, c'est un homme exceptionnellement intelligent, avec un savoir immense » [200].

La plupart des journalistes sont convaincus de la position de force de Kapuściński. Tadeusz Knade de Słowo Powszechne se souvient : « Pour moi, la présence de reporters connus de Varsovie (Adamiecki, Doboszowa, Jagiełło, Kapuściński, Kozicki) sur le territoire du chantier était une preuve de l'importance des événements en cours » (p. 227). Lech Stefański de Polityka ajoute : « J'ai constaté que nous notions tous dans un carnet ce que chacun de nous disait. Quand, par exemple, Rysio Kapuściński racontait quelque chose, nous prenions des notes exactement comme si c'était notre référent. Pourtant nous savions que ce n'était pas nécessaire, que nous n'avions pas besoin d'un intermédiaire, car au bout du compte nous étions tous là-bas pour nous-mêmes » (p.259). « J'avais l'impression, peut-être à tort, ajoute le journaliste de Kronika Filmowa, qu'il était le seul parmi nous tous à être pleinement serein. À la différence de nous tous – nous étions tout de même assez excités, surtout aux moments de crise, par exemple lorsque furent arrêtés une partie des conseillers, notamment les membres du KOR (Komitet Obrony Robotniczej, Comité de Défense des Travailleurs). (…) Rysiek occupait une position – je peux me tromper – que je qualifierais d'exceptionnelle. Peut-être pas pour les ouvriers de base du chantier, mais pour le présidium : Gwiazda, Borusewicz… tous, savaient qui était Kapuściński, ils essayaient de lui rendre la vie facile, ils avaient confiance en lui. J'avais l'impression qu'il était heureux de cette considération et de ce respect inhabituel. Je crois qu'il avait des tas d'informations que, de notre côté, nous n'obtenions qu'en catimini par des amis. J'avais par exemple mené une interview avec Gwiazda qui

---

200 Extrait d'un entretien avec Piotr Halbersztat mené par les auteurs le 31 janvier 2005.

m'avait livré une information avec une certaine réserve en me demandant de ne pas la divulguer, car les négociations étaient encore en cours ; j'avais donc tenu ma langue. Un jour, nous étions à l'hôtel avec Rysiek et nous réfléchissions à ce qui allait se passer le lendemain : allaient-ils entrer, oui ou non ? Je me suis risqué à dire que d'après moi, il y avait certaines données indiquant que les choses se passeraient autrement. Rysiek a alors dit tranquillement : je sais. Il était vraiment très bien informé. Si le comité donnait une information, c'était à Rysiek en premier lieu. Tout d'abord grâce à son nom et à son autorité ; les membres du comité les plus importants et les plus intelligents savaient qu'on pouvait discuter avec lui sérieusement. Ils n'éprouvaient pas les craintes qu'ils pouvaient avoir à l'égard d'autres journalistes, qui ne restaient pas sur le chantier et risquaient de divulguer des informations là où il ne fallait pas. Ils pouvaient lui dire en toute confiance ce qu'ils ne nous disaient pas à nous »[201].

Mais Kapuściński savait aussi davantage de choses parce qu'il comprenait mieux la situation ; il avait une expérience unique, acquise à l'issue de plusieurs dizaines de coups d'État dont il avait été témoin. « On lui tirait les vers du nez, raconte le photographe Zbigniew Trybek, car avant il avait été à Szczecin…, on l'interrogeait aussi sur la situation à Varsovie, sur les hommes qui quittaient le pouvoir et sur les nouveaux qui commençaient à faire parler d'eux. Il répondait. Il était le plus informé. Ce qui me frappait, c'était son calme et la conviction du bien-fondé de ce qui se passait » (p. 230).

Le rôle de Kapuściński prend plus d'ampleur encore lorsque la nouvelle de la grève se répand dans le monde et qu'une foule de journalistes étrangers et diverses délégations affluent sur le chantier, notamment un groupe de trotskistes espagnols, évoqués dans *Lapidarium*, qui cherchent en vain leur révolution à Gdańsk. Kapuściński, qui maîtrise plusieurs langues, assume alors le rôle de traducteur. Halbersztat écrivait sur le ton de la plaisanterie : « Dans les chantiers se trouvait un polyglotte ; arrivait une délégation du Portugal, on appelait Kapuściński, arrivait une délégation d'Espagne, on appellait Kapuściński, arrivait quelqu'un d'Italie, on appelait Kapuściński. C'était plutôt drôle »[202].

Le 25 août, les journalistes polonais présents sur le chantier débattent d'une déclaration, destinée au pouvoir, sur le droit d'informer les citoyens au sujet de tout ce qui se passe dans le pays. Le débat sur la nécessité d'une telle déclaration divise les journalistes. Ils sont nombreux à craindre une provocation. Ceux qui militent en faveur d'une position claire convoquent tous les représentants

---

201 *Ibidem.*
202 *Ibidem.*

des médias dans le hall d'exposition pour une conférence de presse. « J'y suis allé avec méfiance, raconte Tadeusz Woźniak. J'ai aussitôt parcouru la salle des yeux pour voir qui était présent, déceler des signes d'orientation, comprendre à quoi je participais. Tout va bien : il y a Giełżyński, Kapuściński, Henia Dobosz. C'est bon… » (p. 180). Le fait que Kapuściński signe cette déclaration est, à n'en pas douter, un signal lisible pour certains journalistes. L'un d'eux évoque ses doutes : « J'hésitais à signer cette déclaration, non pas par crainte de l'avenir, mais je savais que l'un des organisateurs de cet appel collaborait avec les services secrets. Je n'avais aucun doute sur le fond, et du reste je n'en ai toujours pas aujourd'hui. Le contenu de l'appel était bien évidemment au-dessus de tout soupçon, ce qui n'était pas le cas des gens réunis là. Mais quand j'ai vu que Rysiek avait signé, j'ai signé »[203].

La déclaration est lue par les ouvriers et elle est même accueillie assez chaleureusement par certains. « Applaudissements légers. Je guettais la réaction de la salle. Difficile de parler d'enthousiasme. (…) Elle fut accueillie selon le principe : (…) 'Mieux vaut tard que jamais, mais c'est déjà ça' » (p. 192), résume l'un des signataires. Les journalistes ne surestiment pas le rôle de cette déclaration : « Des piaillements à genoux » (Ewa-Juńczyk, p. 192). Effectivement cet événement n'a pas eu beaucoup d'écho sur le territoire du chantier ni même en dehors. Il semble toutefois que ce geste ait eu plus d'importance pour les journalistes eux-mêmes. Ce fut un moment clé pour leur évolution. « Pour beaucoup de journalistes, cette signature a toutefois été une décision importante dans leur vie. Nous nous demandions s'il y aurait des répressions. (…) Finalement, c'était une protestation contre toute la ligne de propagande à l'égard du Littoral » (p. 194), conclut Kapuściński.

Après la signature d'accords avec le gouvernement, les journalistes sont retournés dans leurs rédactions. Du dossier exceptionnel et riche qu'ils avaient apporté avec eux, il ne restait pas grand-chose dans le texte publié. « Les ciseaux du censeur avaient opéré des coupes sombres dans les articles sur les événements du mois d'août » (p. 272), note Jerzy Surdykowski. Publié dès 1980, l'édition spéciale du magazine Ekspres Reporterów est assurément une publication cruciale et un témoignage fondamental sur cette époque[204]. Elle réunit des textes écrits à chaud par des reporters polonais connus, travaillant pour des quotidiens et

---

203 *Ibidem.*

204 *Osiemnaście długich dni* (Dix-huit longues journées), Ekspres Reporterów, édition spéciale, S.Kozicki, A. Rowiński, Varsovie 1980. Citations suivantes : *ibidem*. Première édition : Kultura 1980, n 37, p.1, 8.

des revues importantes, qui ont participé à la grève. Ce petit volume contient six textes écrits par Wojciech Giełżyński (Polityka), Ewa Juńczyk (Panorama), Jacek Poprzeczko (Polityka), Cezary Rudziński (Trybuna Ludu), Ernest Skalski (Polityka), Lech Stefański (Polityka), Małgorzata Szejnert (Literatura), Mariusz Ziomecki (Kultura) et Ryszard Kapuściński (Kultura).

Dans la préface, les auteurs préviennent que les textes rassemblés ont été écrits « à chaud, sans distance », d'où leur spontanéité. Celle-ci explique justement que « les coauteurs du volume ont généralement adopté un style simple, celui de la chronique, ils laissent parler les faits, ils font directement entendre des enregistrements de conversations sur bandes magnétiques ». Sur les six reportages, cinq sont assez volumineux : plusieurs dizaines de pages contenant une quantité de détails, de noms, de larges extraits de textes rédigés à partir d'enregistrements. C'est le ton du compte rendu qui domine. Le texte de Kapuściński se distingue nettement de l'ensemble : ces *Notes du Littoral*, fruit d'un séjour de douze jours sur les chantiers où ont pourtant eu lieu les événements les plus importants dans l'histoire de la Pologne d'après-guerre, ne contient pas plus de cinq pages. Sans états d'âme, il fait l'impasse sur son savoir immense et absolument unique au sujet de la grève, savoir qu'il doit à la confiance exceptionnelle des membres du MKS (Międzyzakładowy Komitet Strajkowy, Comité de Grève inter-établissements). Le reportage ne contient presque pas de dates, de noms d'organisations engagées dans la grève ou de faits importants.

Qu'en est-il au juste ?

Il s'agit d'une galerie de héros sans nom : des femmes revendiquant le respect de la part de leur supérieur, des ouvriers luttant contre le mensonge de la langue du pouvoir, des meneurs de la grève veillant à la pureté de l'idée de solidarité. Tous ces petits tableaux ressemblent à des paraboles : les personnages et les événements sont stylisés, la fable schématique, la narration minimaliste. Leur sens premier est évidemment caché dans un espace extérieur à l'art, il se situe en dehors de la sphère de la sensation esthétique. C'est une illustration de vérités universelles sur l'existence humaine, un recueil d'attitudes de vie, un enregistrement littéraire de valeurs. Les *Notes du Littoral* ressortent des catégories élémentaires de l'anthropologie philosophique, elles donnent à voir la vérité sur la supériorité de l'être humain face aux valeurs sociales, historiques et économiques, elles font prendre conscience du fait que le sentiment de dignité est ontologiquement inhérent à l'homme et qu'en tant que tel, ce sentiment est un droit inaliénable de l'être humain, ce droit étant un but et jamais un moyen pour sa réalisation.

En accordant une importance extrême à ces voix en provenance du Littoral, Kapuściński dit des grèves d'août qu'elles sont « Une Revendication de l'être humain pour Ses Droits et une Fête de Bras Redressés, de Têtes Levées ».

Puissants, les mots commençant par une majuscule ressemblent à un défi, un appel, un cri de guerre. Cela n'a rien d'étonnant ; les chantiers navals furent le théâtre d'une véritable bataille pour la langue ! Les ouvriers engagèrent un combat sans compromis pour la purification de la langue polonaise, pour le retour de la monosémie, pour la liquidation du « fléau des non-dits ». La langue – outil de base dans la formation des relations sociales, facteur indispensable dans la maîtrise du savoir sur le monde – devient ici le premier messager de la nouvelle réalité. Le changement inéluctable de la situation sociale et politique est justement codé en elle : le texte bref de Kapuściński fourmille littéralement de phrases suggérant la fraîcheur de cet événement, le début d'un grand changement: « c'est la première fois que cette conviction, cette certitude et cette volonté inébranlable se sont manifestées avec une telle force », « de nombreux mots soudain se sont mis à revivre », « un fleuve qui change le paysage et le climat du pays », « une nouvelle valeur », « la création de nouveaux rapports entre les hommes », « le jeune visage de la nouvelle génération de travailleurs » etc.

La langue met à jour le caractère inéluctable du changement, devenant un personnage à part entière de ce mini-reportage. Elle est forte, catégorique, évidente, elle a parfois la force d'une prophétie. La conviction inébranlable de la fin d'une époque, du caractère totalement nouveau de ce qui est en train de naître, se trouve dans la phrase suivante : « Depuis 1980 nous vivons dans une autre Pologne. (…) Nul ne peut pas ne pas le comprendre ». Le caractère alambiqué de la dernière phrase incite le lecteur à la concentration, l'oblige à approfondir son sens. La phrase est construite sur une double négation, alors qu'elle pourrait logiquement être formulée de manière beaucoup plus simple, univoque, sans nécessiter de commentaire : « Chacun doit le comprendre ». La compréhension de ces deux phrases est toutefois différente, chacune reflétant une autre réalité. La phrase simplifiée émane d'un monde harmonieux dans lequel les valeurs – notamment l'entente – sont des catégories supérieures, si évidentes que « chacun doit le comprendre ». En revanche, la formulation basée sur une négation multiple est le constat d'un univers dans lequel le mensonge, l'incompréhension et les arrière-pensées sont généralisés. L'interprétation de Kapuściński est claire : les grèves d'août ont invalidé l'ancienne réalité ; le monde qui arrive ne peut pas être « incompréhensible ». Un homme nouveau, une langue nouvelle, des valeurs nouvelles – ce sont là trois catégories liées entre elles et interdépendantes. Pour apporter le résultat voulu, elles doivent être assimilées, sinon apprises. C'est la raison pour laquelle Kapuściński qualifie l'expérience d'août de « nouvelle leçon de polonais ». Pour lui il s'agit d'une « leçon difficile, pénible, nécessitant un œil sévère et attentif qui n'autorise aucune anti-sèche. Certes il y aura des zéros. Mais la cloche a sonné et nous prenons tous place sur les bancs ».

Une question se pose : d'où vient la force de ce reportage grâce auquel Kapuściński réussit à déceler de manière infaillible la spécificité de ces douze journées brûlantes passées sur les chantiers ? Cela ne fait aucun doute que les *Notes
du Littoral* sont un texte auquel le reporter s'est préparé pendant toute sa vie.
Lorsque ces événements arrivent enfin, il est déjà prêt, il sait pertinemment
ce qu'il faut en tirer, il dispose d'un savoir unique pour percevoir les signes
d'un grand changement, il connaît l'importance de la dignité humaine, il se
rend compte de la force d'un millier d'hommes qui, en un instant, comme
sur un ordre, relèvent la tête. Cette force, ce sentiment de dignité retrouvée,
Kapuściński peut le comprendre grâce à la richesse de ses expériences et de
ses analyses personnelles : sa rencontre avec les ouvriers de Nowa Huta, son
admiration pour la gravité de ces Ouzbeks tournant le visage vers leur ancienne
mosquée, la détermination de ces partisans latino-américains prêts à sacrifier
leur vie, son désarroi face à ces Somaliens agonisants qui renoncent à l'aide
humanitaire pour préserver leur identité de nomade. Kapuściński a observé
des dizaines de fois des héros se battant avec détermination pour leur dignité,
mais il n'a pas eu l'occasion, depuis longtemps, de voir cette combativité chez
ses compatriotes… Lorsque le mouvement de solidarité éclate sur le littoral, le
reporter peut regarder l'expérience polonaise dans une perspective globale, à
un niveau épistémologique incomparablement plus élevé que les autres reporters. C'est la raison pour laquelle il ignore toutes les informations pour ainsi
dire factographiques. Il est plutôt intéressé par la spécificité des événements
d'août, où il décèle un bouleversement historique qu'il observe de près et qui
lui permet de percevoir les conséquences inéluctables de choix courageux et de
prévoir de manière infaillible l'effondrement d'un monde ancien.

Vingt-cinq ans après la publication des *Notes du Littoral*, il commente ainsi
son objectif : « Août 80 a mis à jour une autre Pologne, une autre société –
une société plus mûre qui savait s'organiser, qui se caractérisait par une grande
détermination et qui avait la conscience du moment qu'elle était en train de
vivre. Cette société décida de dire définitivement 'non' et de commencer une
nouvelle vie dont la forme n'était pas encore tout à fait claire à l'époque. C'est
cela dont je voulais parler dans le numéro de septembre de Kultura, dans le
texte *Notes du Littoral*. Je pensais que si j'écrivais un reportage du genre : 'tel
ouvrier du chantier naval a dit ceci, tel autre cela', la vérité serait diluée. Il fallait
que ce soit un texte-coup-de-poing, un texte-choc. Un texte qui bouleverse-
rait, qui secouerait. Je l'ai écrit avec une immense passion, avec un immense
désir de dévoiler quelque chose d'extraordinairement important, d'historique.
Il s'agissait de montrer un autre homme, un autre Polonais, une autre réalité.
Montrer que nous prenions l'histoire en mains, qu'à partir de ce moment tout

serait différent » (p. 320). Un texte publié à l'occasion du vingt-cinquième anniversaire des événements d'août 80 dans une édition spéciale de Polityka, place le reportage de Kapuściński à un très haut niveau et montre que son but s'est réalisé. Les *Notes du Littoral* sont ainsi commentées : « L'image de ces journées… Comment raconter de la manière la plus concise l'essence de ces journées, comme rendre leur saveur, leur couleur, avant de plonger dans les faits ? Rappelons-nous le texte-manifeste écrit par Ryszard Kapuściński et publié à la une de l'hebdomadaire varsovien Kultura au début du mois de septembre 1980. Cet article est devenu une véritable légende »[205].

Toutefois l'auteur du reportage-phare sur les chantiers note que l'essence de l'Août polonais, ce ne sont ni les récits qui ont paru dans les médias ni ceux qui ont été censurés. Il raconte que la majorité des journalistes ne se rendaient pas sur les chantiers pour travailler : « Il ne s'agissait pas d'écrire. C'était inutile, car on savait de toute façon que rien ne paraîtrait. Tout consistait plutôt à partager ces moments de destin commun. Il s'agissait d'une position plus citoyenne que journalistique » (289). Le besoin qu'éprouvèrent tous les journalistes à ce moment-là d'échanger leurs points de vue sur le monde fut la conquête la plus précieuse des événements d'août. Adam Kinaszewski de la Télévision de Gdańsk se souvient : « Avant les grèves, le milieu journalistique était un magma total. Maintenant l'image est plus claire, plus transparente. Avant on ne savait pas qui pensait quoi, qui disait quoi, ce qu'on voulait dire, quel était le rapport entre ce qu'on disait et ce qu'on pensait » (p. 284). Piotr Halbersztat dit qu'après les événements d'août, on ne pouvait plus faire comme avant, on ne voulait plus écrire des textes insipides, ne suscitant aucune émotion ni aucun intérêt pour la société : « Tout cela a cessé de m'intéresser naturellement… » (287). Krystyna Jagiełło de Literatura constate le caractère anachronique du reportage de l'époque fondé sur des non-dits, des allusions et des silences. À partir de cette époque, elle décide de renoncer aux « petites figures de style … » et de parler à pleine voix, d'elle-même. Sans craindre de dire tout ce qu'elle a sur le cœur (p. 288). Kapuściński résume ainsi cet état d'esprit : « Nous sommes tous revenus de là-bas différents de ce que nous étions lors de notre arrivée. Ce n'était pas un voyage exclusivement professionnel. Les changements qui se sont produits dans notre conscience, dans notre jugement sur le pays, dans notre regard sur la Pologne en sont l'effet majeur » (289).

---

205 *Rewolucja « Solidarności ». Polska od sierpnia 1980 do grudnia 1981* (La Révolution de « Solidarité ». La Pologne d'août 1980 à décembre 1981), Polityka (édition spéciale) 2005, n 4, p.7.

En effet, le changement de l'auteur du *Négus* est manifeste. Il est inauguré par un retour catégorique à la thématique du pays, pour la première fois depuis vingt ans. Une journaliste qui participait aux grèves des chantiers navals, Nina Rasz, se souvient : « Je me souviens que Kapuściński disait qu'après avoir vécu tant de guerres, de coups d'État, il se passait enfin quelque chose d'important dans le pays » (230). Effectivement, lorsque le vent de l'histoire s'est mis à souffler sur la Pologne, il a abandonné, sans hésiter, ses pérégrinations à travers le monde, il s'est plongé dans la nouvelle réalité, il s'est autorisé à la prendre à bras-le-corps. Cette nouvelle expérience s'est toutefois révélée plus profonde qu'il ne le croyait ; non seulement elle a fondamentalement changé sa vie professionnelle, mais elle a transformé son regard sur le monde. Les années 1980 furent pour lui un retour à une vision générationnelle de l'histoire, un retour aux espoirs d'Octobre, des retrouvailles avec les hommes qui se trouvaient à cette époque à ses côtés.

Sa participation active à l'expérience de l'Août polonais permet à Kapuściński de porter un autre regard sur son écriture. C'est à ce moment-là qu'il se rend compte qu'il est résolument « polonocentrique ». À la question d'un journaliste de Sztandar Ludu: « Vous êtes rentré au pays ? »[206], il répond avec conviction : « Dans un certain sens je ne l'ai jamais quitté. Au sens où, lorsque j'écrivais, j'avais toujours en tête la situation de notre pays et le lecteur polonais. Je cherchais des choses susceptibles d'avoir à ses yeux une signification, une valeur quand je parcourais le monde ». Il donne aussi deux motivations de son écriture. La première : donner aux Polonais un savoir sur le monde dans lequel ils vivent. Le deuxième : lui fournir des modèles de figures actives dans l'histoire. Il dit : « Étant et me sentant un reporter polonais, je cherchais et j'écrivais sur des gens jeunes qui se battaient pour l'indépendance, pour leur dignité. Sur ceux qui étaient capables de se consacrer à une grande cause. C'est le thème du *Christ à la carabine*, de *La guerre du foot*. Mon dessein ne consistait donc pas à livrer un savoir abstrait sur le monde, mais un savoir utile, selon moi, à notre lecteur, au jeune lecteur surtout. Car ce savoir suscitait une action, un engagement ».

Cette focalisation sur la Pologne montre à quel point Kapuściński prend à cœur son retour à la réalité de son pays. À partir d'août 1980, cet engagement se manifeste par une intense activité sociale. Le reporter commence par adhérer à Solidarność, comme presque toute la rédaction de Kultura, puis il entame une série de voyages en Pologne. Dans une interview pour Kontrasty, Andrzej

---

206 *Wyjście z kostiumu. Z Ryszardem Kapuścińskim rozmawia Z. Miazga* (Sortir de son costume. Z. Miazga s'entretient avec Ryszard Kapuściński, Sztandar Ludu, 11 mars 1981. Citations suivantes – *ibidem*.

W. Pawluczuk fait le bilan de cette période : « De septembre à décembre il visita près de trente voïevodies, il discuta avec des ouvriers de grandes et de petites entreprises, avec des militants de Solidarność et avec des fonctionnaires de l'appareil du pouvoir, il assista à des réunions et des débats[207] ». Par ailleurs il participe à des cours, des conférences, il fonde des comités de syndicats indépendants autogérés de Solidarność (NSZZ) dans des entreprises à travers tout la Pologne.

Kapuściński devient aussi un fervent intercesseur au sein du PZPR (POUP). Ce mouvement de rénovation à la base, dont le but consiste globalement à tenter de démocratiser le parti au pouvoir s'oppose au centralisme de l'appareil et est soutenu dans de nombreuses entreprises. Pour l'auteur du *Négus*, il est néanmoins fondamental ; parmi les différents mouvements qui éclosent après août 1980, celui-ci était le plus proche des changements attendus en 1956 : il était en accord parfait avec les espoirs d'Octobre, avec les événements que Kapuściński avait vécus à l'époque avec passion et soutenu avec ardeur (dans un cycle d'articles en 1956 sur la nécessité de la démocratie ouvrière). Et de nouveau il s'engage à fond dans le mouvement de rénovation du parti, de nouveau il rencontre ceux qui vingt-cinq ans plus tôt se battaient pour la même cause. Sa participation aux débats sur la classe ouvrière et sa participation au film documentaire de Marcel Łoziński sur Lechosław Goździk (meneur d'ouvriers à Varsovie en 1956[208]), montrent son attachement à la tradition d'Octobre 1956. Ces rencontres avec des représentants de cette génération lui font toutefois prendre conscience de la différence profonde entre elle et celle des années 1980. En fait, les héros d'Octobre sont aujourd'hui opposés les uns aux autres, ils se trouvent des deux côtés de la barricade…

L'activité sociale de Kapuściński se poursuit jusqu'à la moitié de 1981. Pendant cette période, il ne publie certes pas beaucoup. À un journaliste de Sztandar Ludu qui lui demande : « Pourquoi vous taisez-vous en tant que reporter ? », il donne l'explication suivante : « J'ai décidé de me plonger dans la Pologne. Pendant de nombreuses années je n'ai pas voyagé dans le pays, je veux rattraper

---

207 A.W. Pawluczuk, *Rzeczy, których nie można cofnąć* (Des choses irrévocables), Kontrasty 1981, n 2, p.4.

208 Voir le dossier du débat organisé par la rédaction de Miesięcznik Literacki au début de l'année 1981. Y prirent part, à côté de Kapuściński, d'autres journalistes ayant participé aux événements des chantiers de Gdańsk, entre autres : Tadeusz Strumff (Trybuna Ludu), Janina Jankowska (Polskie Radio), Wojciech Giełżynski (Kontynenty), Krystyna Jagiełło (Literatura), Wojchiec Adamiecki (Literatura) et Jerzy Surdykowski (Życie Literackie). *Etos klasy robotniczej* (La classe ouvrière) Miesięcznik Literacki 1981, n 4.

ce retard. J'ai consciemment décidé de regarder, d'observer, et pour le moment de moins écrire »[209]. Ainsi, une fois de plus, le choix entre voyage et écriture se fait au détriment de l'écriture. Toutefois ces voyages sont censés aboutir à un nouveau livre sur la Pologne, un livre d'ailleurs très attendu. Kapuściński semble croire à la réalisation de ce projet. Optimiste, il est convaincu qu'il va enfin écrire son grand reportage sur la Pologne, un livre tant promis aux lecteurs. Il a même un titre provisoire : « Postulats ». « Les postulats, explique-il, c'est l'expression des attentes, des aspirations des travailleurs, des grévistes. Je pensais recueillir de la matière sur le sujet. Or il s'avéra que c'était complètement impossible. Les zones de tension se succédaient les unes aux autres. Je me suis mis à circuler dans le pays tout entier. J'ai été absorbé par l'aspect organisationnel de ce grand mouvement. Je peux dire que j'ai passé toute l'année 1980 et la moitié de l'année 1981 à voyager à travers la Pologne, je me laissais engloutir par ce qui s'y passait » (p. 313). Les conséquences de l'Août polonais appelé par Timothy Garton Ash 1983 « la Révolution polonaise de 1980–1982 » est pour Kapuściński la vingt-huitième révolution à laquelle il participe, sans doute celle qu'il souhaite décrire le plus ardemment.

Mais le livre sur la Pologne, sur l'émergence de Solidarność, sur la génération de 1956 ne sera jamais écrit. Kapuściński se rend soudain compte qu'il ne peut plus travailler dans son pays comme reporter. Devenu immensément populaire, il a perdu tout anonymat, condition indispensable à la pratique de sa profession. Il n'est plus en mesure d'obtenir de l'information, il ne peut plus se faire passer pour quelqu'un qu'il n'est pas, il ne peut plus compter sur la crédibilité des témoignages de ses héros. Sa présence est désormais devenue un événement. Certes, ce n'est pas une raison pour abandonner son idée d'écrire *Postulats*. Mais son activité sociale qui dure près de deux ans constitue un obstacle sérieux à l'écriture de ce livre, en outre l'évolution historique, notamment l'instauration de l'état de guerre, vont changer la situation de l'auteur et invalider définitivement la réalisation de son projet. Comme le montre la suite des événements, le 13 décembre 1981 et les répressions des années 1980 freinent définitivement la vague de mouvements réformateurs issus des expériences de l'Octobre polonais, notamment ceux qui se situent dans la ligne de la formation idéologique de Kapuściński. L'échec des initiatives politiques de l'ancien groupe de « Po prostu » et la tentative de ressusciter la revue après 1989 en sont la preuve[210]. Pour finir, ce livre non écrit, qui devait signer le grand retour de l'auteur sur le front de son pays, va être emporté par une dynamique inattendue

---

209 *Wyjście z kostiumu, op. cit.*
210 Voir B.N. Łopieńska, E. Szymanska, *Stare numery* (Vieux numéros), Londres 1986.

dans la carrière internationale de Kapuściński et cela va durablement changer sa vie après 1983.

Fort heureusement le reporter ne renonce pas à un autre projet ; au milieu de l'année 1981, il revient au *Shah* qu'il a laissé de côté pendant près de deux ans. D'emblée, on voit que les extraits publiés dans les colonnes de Kultura sous le titre de *La flamme morte* se distinguent singulièrement des deux parties précédentes. Autant les *Daguerréotypes* sont une sorte de féérie narrative dévoilant la spécificité de la révolution iranienne, autant le dernier chapitre ressemble à un essai sur le phénomène de la révolution en tant que telle, à la description d'un théâtre peuplé des mêmes héros, débattant des mêmes questions, se servant des mêmes accessoires. Il ne fait aucun doute que dans la dernière partie du *Shah*, Kapuściński évoque des réminiscences de la Révolution polonaise. Il a d'ailleurs toujours insisté sur les points communs existant entre ces deux explosions sociales : le temps historique proche mais aussi des traits caractéristiques tels que le rôle dominant de la religion utilisé comme bélier détruisant le système politique oppressif, l'accent mis sur la dignité de l'homme simple et la bataille pour la langue. Mais écrit dans l'année qui suit l'Août polonais, *Le Shah* exprime aussi l'amertume de la déception : Kapuściński décrit la fin de la Révolution, le moment où l'enthousiasme s'éteint, où la solidarité se dissout, où l'apathie s'insinue dans les esprits lassés par une tension constante. Lorsqu'il visite les comités devenus les organes du nouveau pouvoir, il n'y trouve pas les acteurs de la révolution victorieuse. Des hommes totalement étrangers, qui passent leur temps en délibérations interminables et stériles, occupent désormais les bureaux. Ils n'ont aucune idée de la manière dont il faut gouverner. Ils sont désemparés. Ce tableau ne fait-il pas écho à l'expérience que le reporter vient de vivre dans les comités polonais ? Cette pointe de tristesse ne correspond-elle pas à l'expérience qui a suivi l'Août polonais ? Dès 1981, Kapuściński n'essaie-t-il pas de nous mettre en garde contre quelque chose ? Ces deux expériences révolutionnaires s'imbriquent l'une dans l'autre de manière inattendue. Et il est vraiment difficile de considérer ce signe de découragement – exprimé la veille de l'instauration de l'état de guerre – comme un concours de circonstances.

Le 13 décembre 1981 interrompt brutalement le « carnaval polonais de la liberté ». Avec d'autres collègues de Kultura membres du PZPR (POUP), Kapuściński décide de quitter le Parti si les pouvoir tire sur les hommes. Lorsque des mineurs de la mine Wujek périssent, presque tous les journalistes de l'hebdomadaire rendent leur carte et l'organisation du parti de Kultura est aussitôt dissoute. Pourquoi Kapuściński décide-t-il seulement à ce moment-là de quitter le Parti ? En effet il aurait pu le faire bien avant, ne serait-ce qu'à l'occasion des crises politiques de 1956, 1968, 1970 ou 1976. Interrogé à ce sujet, il répond : « Je n'étais pas en Pologne lors de ces crises. J'étais alors correspondant au bout du monde. J'étais en Inde en octobre 1956, en Amérique latine en 1968, et au fin fond de l'Afrique en 1976. Tous les événements survenant en Pologne me parvenaient comme des échos très lointains. J'étais un peu comme un parti ne comptant qu'un seul membre. Me trouvant, par exemple, au Mozambique, pendant des années je n'ai participé à aucune réunion, à aucune délibération. Même si je l'avais voulu, je n'aurais pas pu rendre ma carte depuis l'Afrique, car avant de partir il fallait en premier lieu se rendre au département des postes à l'étranger pour récupérer son billet et son passeport et pour mettre en dépôt tous les autres documents. On n'avait pas le droit de prendre avec soi ni sa carte d'identité, ni sa carte du parti, ni son permis de conduire »[211].

Dès les premiers jours de l'état de guerre, Kultura est fermé et au début de l'année suivante ses employés sont soumis à une « vérification ». Voici comme le secrétaire de rédaction de la revue décrit cette procédure : « Deux gars de Żołnierz Wolności et une ou deux personnes du comité central, parmi lesquels Paweł Łąkowski du Département scientifique, étaient assis en face de moi. Ils attendaient que je critique Kultura. L'entretien n'a pas duré plus de dix minutes. 'Que pensez-vous du sujet abordé par tel feuilletoniste dans tel texte ?' Ma réponse : 'Il est formidable'. 'Et vous partagez ses idées ?' 'Tout à fait. Si je ne les partageais pas, je n'aurais pas publié ce texte'. 'Nous vous remercions'. Il s'agissait d'articles critiquant le parti et prenant la défense des travailleurs. C'est ainsi que 90% des employés de Kultura n'ont pas été 'vérifiés' positivement » (326).

Kapuściński refuse de se soumettre à la « vérification ». Il déclare que c'est une absurdité totale et décide de ne pas passer devant la commission. Les contestataires étaient immédiatement renvoyés. La revue cesse d'ailleurs d'exister ; parmi les hebdomadaires généralistes suspendus pendant l'état de guerre, c'est la seule à ne pas être republiée. À partir de ce moment, le reporter n'a plus de poste. Il reçoit certes des propositions de mission à l'étranger, mais il décide toutefois que tant que des collègues seront internés, il ne partira nulle part. Jerzy Urban évoque l'une de ces propositions dans un entretien avec Tereza Torańska : « J'ai également invité Rysio Kapuściński à cet entretien, car lui aussi avait été viré. Je lui ai dit qu'il pouvait avoir un poste dans la rédaction de son choix, et qu'il pourrait partir comme correspondant où il voudrait. Dans n'importe quel pays du Tiers-monde. Mais il a refusé. (…) Il m'a écouté avec

---

211 M. Miller, *3 x K : Kąkolewski, Krall, Kapuściński. Polska szkoła reportażu* (Kąkolewski, Krall, Kapuściński. L'École polonaise du reportage), Institut du Journalisme de l'Université de Varsovie, Laboratoire du Reportage (manuscrit), p.36.

gentillesse, comme Rysio savait le faire, et il a dit non, non merci. Il n'a pas voulu de ma proposition. C'était son affaire »[212].

Au lieu de cela, il s'engage dans les activités clandestines de Solidarność. « J'ai participé activement à des actions pédagogiques organisées par Solidarność, racontera-t-il par la suite. J'avais beaucoup de rencontres. On y abordait des sujets sur la situation dans le pays comme sur la situation internationale. La presse officielle avait alors perdu toute crédibilité. Beaucoup de collègues étaient partis, beaucoup étaient internés, ces conférences jouissaient par conséquent d'une énorme demande. Elles se tenaient dans des presbytères, dans des églises. Parfois aussi dans des maisons privées, mais c'était plutôt rare, car c'était dangereux. La surveillance restait extrêmement rigoureuse. Ces rencontres avaient beaucoup d'importance pour les gens, car non seulement elles les informaient mais elles permettaient aussi de se retrouver. C'était important d'être ensemble » (342).

Les événements de la Révolution polonaise de 1980–1982 auxquels Kapuściński participe activement changent radicalement sa vie professionnelle, et par voie de conséquence, son style d'écriture. Le reporter a perdu un emploi fixe, il doit donc recourir à un plan B qu'il n'a pas …: « Je ne savais pas quoi faire, confie-t-il à Marek Miller. Jusqu'à présent mon rythme de vie ressemblait au schéma suivant : je pars, je reviens, j'écris un livre ou un cycle de reportages et je repars. Ce rythme a été interrompu par l'état de guerre. Je réfléchissais à une solution. Je vais écrire mes réflexions. Je fais écrire mes pensées sur le système, sur la vie, sur tout, me suis-je dit. Et c'est ainsi que je me suis mis à écrire *Lapidarium* » (p. 333).

---

212 T. Torańska. *On. Rozmowa z Jerzym Urbanem* (Lui. Entretien avec Jerzy Urban), Gazeta Wyborcza, 11 décembre 2002.

VIII « REE-shard-Kah-poosh-CHIN-skee ». Kapuściński en anglais

Apparemment les années 1980 sont une période de faible activité littéraire pour Ryszard Kapuściński. Elles n'ont pas laissé beaucoup de traces, il n'existe pratiquement pas de documentation sur sa création pendant cette période. Cela n'a rien d'étonnant ; en 1981 les voyages à l'étranger sous l'égide de la PAP sont terminés, Kultura cesse de paraître, les publications dans la presse et l'édition sont interrompues. Le reportage sur la Pologne pour lequel Ryszard Kapuściński avait accumulé de la documentation pendant plus d'un an n'est jamais paru. Le premier tome de *Lapidarium* – recueil de réflexions, de pensées, de souvenirs – censé devenir son refuge littéraire, restera dans les tiroirs de la maison d'édition Czytelnik pendant plusieurs années et ne sera publié qu'en 1990. Certes, en 1982, quatre années après la parution du *Négus*, *Le Shah*, un nouveau chef-d'œuvre, voit le jour. Il faut toutefois se souvenir que le livre a vu le jour dans la décennie précédente. En 1986, l'écrivain offrira encore à ses lecteurs un recueil de poésie, *Notes*, et deux ans après, à l'issue une longue interruption éditoriale, le cycle *Wrzenie świata* (L'effervescence du monde), une réédition de huit livres majeurs (avec de légères modifications).

Mais pour Kapuściński, ce ne sont certainement pas des années perdues. Au contraire, c'est à cette période que commence la grande carrière internationale de son œuvre ; ses livres vont entrer dans le circuit éditorial mondial grâce à la traduction du *Négus* en anglais. *The Emperor* n'est toutefois pas le premier livre du reporter à être présent sur le marché étranger. L'année 1977 inaugure la traduction de son œuvre dans des langues étrangères. À peine un an après la parution en Pologne de *Jeszcze dzień życia* (*D'une guerre l'autre*) paraît la traduction du reportage sur l'Angola en espagnol (*La guerra de Angola*) par Maria Dembowska (Mexique) et en hongrois (*Golyózáporban Angola földjén*) par Gábor Hárs Gábor (Hongrie). En 1980, c'est-à-dire trois ans après le début de la carrière internationale de son œuvre, *Le Négus* est publié au Mexique (en coédition avec les filiales espagnole, argentine et colombienne de la maison d'édition Siglo XXI), dans une traduction de Maria Dembovska (*El Emperador : la historia del extrañísimo señor de Etiopía*). La même année, Gustaw Koliński et Mario Muñoz traduisent en espagnol *La guerre du foot* (*Las botas*) qui paraît au Mexique. Mais la première traduction du *Négus* est l'œuvre du Tchèque, Dušan

Provazník, (*Na dvoře krále králů*), qui traduit un an après *Le Shah* (*Na dvoře šáha šáhů*)[213], donc un an avant la parution du livre en Pologne[214]! Au même moment sort aussi la version hongroise du *Shah*, *A Császár* traduit par István Nemere. Mais c'est l'année 1983 qui sera capitale pour la carrière internationale de Kapuściński ; cette année-là, *The Emperor* connut un succès phénoménal des deux côtés de l'océan.

Mais auparavant a lieu en mars 1979, et une lecture insolite du *Négus*... Une jeune femme de vingt-neuf ans, Katarzyna Mroczkowska, la fille de l'éminent angliciste Przemysław Mroczkowski, revenait en avion aux États-Unis où elle préparait son doctorat à l'université de Rochester. Juste avant son départ, on lui avait remis un livre apparemment très populaire alors à Varsovie. Elle en entreprit aussitôt la lecture et découvrit avec stupéfaction qu'elle tenait entre les mains un texte universel ayant sa place parmi les œuvres majeures de la littérature mondiale : « Cette impression, écrivait-elle des années après, était doublée d'un sentiment d'excitation née d'une découverte inattendue : celle d'un trésor rarissime à l'existence duquel on ne croyait plus, d'un livre traduisible et porteur d'un message universel »[215].

---

213 Sur la page de titre du livre on trouve le nom de son épouse, Pavla Provazníkova ; en fait, du fait de son engagement politique au moment du Printemps de Prague, Provazník ne pouvait pas signer ses traductions, car il faisait l'objet d'une interdiction de traduire de la littérature. Les coulisses de cette histoire ont été révélées à Bożena Dudko dans un entretien : *Podroże z Ryszardem Kapuścińskim. Opowieści trzynastu tłumaczy* (Voyages avec Ryszard Kapuściński. Récits de treize traducteurs), réd. Bożena Dudko, Cracovie 2007, pp. 109–111.

214 La traduction tchèque du *Shah* a été effectuée presqu'en même temps que la parution du reportage dans Kultura (avec un décalage de deux semaines) et publiée dans l'hebdomadaire Svět práce. Parallèlement, les feuilletons du reportage étaient mis en composition dans la maison d'édition Panorama qui s'apprêtait à publier la totalité du reportage. Lorsque Kapuściński interrompit l'écriture de son reportage en s'arrêtant au chapitre *Katharsis*, le traducteur se trouva dans une situation embarrassante. La maison d'édition décida alors de publier le livre tel qu'il avait été publié dans Kultura (sans le chapitre *La flamme morte*). En 1982 Ryszard Kapuściński envoya à son ami la version complète du livre avec la dédicace suivante : « Cher Duszan ! Je t'envoie mon nouveau livre dont LA PREMIÈRE ÉDITION MONDIALE est parue à Prague grâce à toi ! Je te remercie infiniment (...) Rysiek ». Les informations ci-dessus ainsi que la citation proviennent du livre *Podroże z Ryszardem Kapuścińskim...*, *op. cit.*, pp. 112–115.

215 *Ibidem*, p. 27. Les informations sur les coulisses de la première traduction du *Négus*, sauf indication contraire, sont indiquées par la mention *ibidem*.

En avril 1980, elle envoya une lettre à la maison d'édition Czytelnik, dans laquelle elle faisait part de son enchantement pour le livre et de son idée de le traduire en anglais avec son mari Bill Brand. Elle signala en toute honnêteté que ce livre serait leur première expérience de traduction. Peu de temps après, elle reçut une réponse de Ryszard Kapuściński qui accédait à leur demande avec enthousiasme et leur souhaitait de réussir. William Brand se mit donc en quête d'un éditeur susceptible d'être intéressé par l'édition du livre de l'écrivain polonais. L'un de ses collègues, apprenant que Brand voulait publier un reportage sur un lointain pays d'Afrique dont l'auteur était un illustre inconnu polonais, lui donna un conseil amical : « Bon, nous avons donc affaire à un livre écrit par un journaliste polonais. Sur l'Éthiopie. Et tu me demandes si à mon avis mon agent new-yorkais serait intéressé par sa publication. Laisse-moi un peu t'expliquer comment fonctionne le monde de l'édition »[216].

Les essais de traduction envoyés à de nombreux éditeurs revinrent, dans le meilleur des cas, avec des refus polis. Pour finir, désespéré, Brand tomba par hasard sur le nom de Helen Wolff. Avec son mari (l'éditeur de Franz Kafka avant la guerre), cette émigrante allemande avait créé une collection prestigieuse proposant des textes majeurs de la littérature mondiale : Helen & Kurt Wolff Books. Elle était, entre autres, l'éditrice de Boris Pasternak, Günter Grass, Georges Simenon, Max Frisch et Italo Calvino. Peu après, le premier chapitre du *Négus* atterrit au siège de la maison d'édition américaine Harcourt Brace Jovanovich, directement sur son bureau. Kapuściński évoque la rencontre qu'il eut par la suite avec Helen Wolff : « C'était son dernier jour de travail dans la maison d'édition, car elle partait à la retraite et elle passait en revue sa correspondance. À un moment donné, elle est tombée sur une lettre, avec l'extrait d'un livre qui lui a plu d'emblée. Elle a décidé de contacter les traducteurs et leur a dit qu'elle voulait ce texte. (...) Mais au moment où le livre devait paraître, la Pologne était en état de guerre : les aéroports étaient fermés, et les premiers avions avec des étrangers n'ont pu atterrir en Pologne qu'au bout d'un certain temps. À cette époque je n'allais nulle part, la poste ne fonctionnait d'ailleurs pas pendant l'état de guerre. William Brand a signé en mon nom le contrat avec la maison d'édition. Le livre a ainsi pu être publié »[217].

Toutefois, d'après le récit du traducteur, nous apprenons que la signature de l'accord ne fut pas le dernier obstacle sur la route du *Négus* vers le marché occidental. Effectivement, peu de temps après la signature, un juriste de la maison

---

216 *Ibidem*, pp. 41–42.
217 Extrait d'un entretien, non publié, avec Ryszard Kapuściński mené à Varsovie par les auteurs le 16 mars 2006.

d'édition HBJ lui téléphona pour exiger... des attestations de la part de tous les courtisans cités dans le livre. Ces documents devaient fournir leurs données personnelles détaillées et être certifiés par un notaire. Bill Brand essaya en vain d'expliquer au juriste que dans un pays dirigé par le régime de Mengistu, la seule tentative de prendre contact avec d'anciens fonctionnaires de l'empire pouvait se terminer tragiquement pour eux. Le juriste resta inflexible ; l'absence de ces documents risquait d'entraîner des pertes de plusieurs millions de dollars au cas où l'un des personnages interrogés dans le livre traduirait en justice la maison d'édition. Que faire ? Bill Brand contacta l'éditeur et lui assura que « l'auteur et son représentant étaient prêts à endosser la responsabilité pour toute revendication émanant d'Éthiopie »[218]. Et le problème fut réglé.

Le Négus existe donc en Occident dès 1983. La première édition dispose de la mise en page graphique exclusive, « caractéristique de ce qu'on appelle *first edition* dans une grande maison d'édition ; si le livre est remarqué par la critique, ce qui n'est pas évident, étant donné la masse de titres paraissant chaque mois, l'éditeur le publiera dans une édition de poche, moins coûteuse et avec un tirage plus important »[219]. *Le Négus* paraît ainsi dans une série prestigieuse qui a édité les œuvres de Max Frisch, Günter Grass et Italo Calvino. Sur le rabat, on peut lire un commentaire d'Alvin Toffler : « *Le Négus* est le cauchemar des souverains au moment où ils se sentent le plus seuls. C'est une fable, effroyable et brillante, écrite dans un style cristallin et avec une perspicacité politique remarquable ».

Le récit sur le « lion de Judah » devient immédiatement un événement dans le monde littéraire, occupant la première place sur la liste des bestsellers de Time Out et distançant *Le nom de la rose* dans le classement de Newsweek (les dix meilleurs livres de l'années 1983)[220]. Dans la presse paraissent des recensions enthousiastes. On y compare Kapuściński à Albert Camus, Franz Kafka, Italo Calvino, Egon Erwin Kisch, Truman Capote, Graham Green, Norman Mailer, Hannah Arendt, Jan Potocki, Hans Magnus Enzensberger, Gabriel García Márquez, Jonathan Swift, Denis Diderot, Voltaire, Dante... Les revues les plus prestigieuses publient, quant à elles, des articles signés par des critiques de renommée internationale. La première recension est celle de John Updike dans The New Yorker[221].

---

218 *Podróże z Ryszardem Kapuścińskim...*, *op. cit.*, p. 49.

219 J. Waloch, *Dlaczego świat czyta « Cesarza » ?* (Pourquoi le monde lit *Le Négus* ?), Radar 1983, n 39, p. 17.

220 *Imperator wśrod książek,* (*Le Négus* parmi d'autres livres), Literatura na Świecie 1984, n 7, p. 367.

221 J. Updike, *Empire's End,* The New Yorker, 16 mai 1983, réimpression dans : *idem, Odd jobs. Essays and Criticism*, New York 1991, p. 742–751.

L'écrivain reconnaît le haut niveau artistique du livre, « qui dépasse le document en accédant à la poétique et au mystère de Kafka »[222]. Salman Rushdie, en remplissant le formulaire du Sunday Times, estime que *Le Négus* est le livre de l'année 1983 et il justifie son choix ainsi : « L'écriture de Kapuściński, toujours merveilleusement concrète et pleine d'observations pertinentes, crée des miracles sémantiques à partir de détails infimes. C'est un livre qui dépasse le cadre du reportage en devenant le cauchemar du pouvoir abandonné par l'Histoire. *Le Négus* se lit comme si on lisait une nouvelle version de Machiavel écrite par Italo Calvino (…). Cette Éthiopie, c'est la Ruritania en version meurtrière (…), où des hommes réels meurent de faim par milliers »[223].

Toutefois la lecture du livre suscite surtout l'étonnement. Dans les colonnes du même journal, Philip Knightley s'interroge : « Ryszard Kapuściński arrive demain en Grande-Bretagne pour promouvoir son livre. Ryszard comment ? D'accord. Mettons un moment de côté nos préjugés sur les écrivains ne venant pas de l'un ou de l'autre bord de l'Atlantique, et reconnaissons que la surprise littéraire peut être surprenante[224] ». Richard Gott lui fait écho dans The Guardian : « C'est un livre merveilleusement bien écrit, drôle et très humain, qui montre que l'Europe de l'Est peut être informée sur le Tiers-monde aussi bien que nous, si ce n'est mieux »[225]. Selon un autre critique, l'auteur « n'a rien à envier à personne, même pas à Fleet Street, hélas, autrement dit aux meilleurs journalistes britanniques … »[226].

C'est l'hebdomadaire américain Newsweek qui publie l'une des premières recensions au début du mois d'avril. On y trouve quelques comparaisons heureuses, qui seront souvent reprises par la suite : « L'humour caustique de ce livre flotte au-dessus de ses pages comme la brume au-dessus d'un marécage. C'est comme si Kafka décrivait son *Château* de l'intérieur »[227]. Le critique de

---

222 *Ibidem*, p. 368.

223 A. Krzemiński, *Stara sztuka pisania* (L'art ancien d'écrire), Polityka 1985, n 20, p. 7.

224 P. Knightley, *Travels of Polish Prophet* (le texte provient d'archives personnelles de Ryszard Kapuściński). Avec le temps, lorsque le nom de Kapuściński cessera de susciter l'étonnement, la presse anglo-saxonne introduira sa transcription phonétique (REE-shard Kah-poosh-CHIN-skee), afin de faciliter sa prononciation pour les lecteurs. Voir S. Schiff, *The Years of Living Dangerously*, Vanity Fair, mars 1991 ; I Parker, *The reporter As a Poet*, The Independent on Sunday, 18 septembre 1994.

225 R. Gott, *Third World through Second Word Eyes*, The Guardian, 14 octobre 1983.

226 T. Ali, *Absolutely*, The New Statesman (le texte provient des archives personnelles de Ryszard Kapuściński).

227 Les deux citations proviennent du texte de Peter Prescott, *His clement Highness*, Newsweek, 11 avril 1983.

Newsweek, Peter Prescott propose aussi une interprétation du livre qui fixera pendant un certain temps le modèle de lecture du *Négus*. « Que nous a donné Kapuściński ? Un morceau de récit concret ? Pas tout à fait : tous ses informateurs sont des poètes qui parlent d'une seule voix (…). À moins que ce ne soit une fiction ? Peut-être, mais j'espère que non… Une allégorie des systèmes totalitaires d'aujourd'hui ? Presque à coup sûr. Hailié Sélassié remplace ici Staline, le Grand Frère, le souverain qui mène son pays à un état de stagnation quasi idéale. Un livre fascinant, merveilleusement écrit et traduit comme s'il n'existait pas de barrières linguistiques ».

À l'Ouest, *Le Négus* est souvent d'abord perçu à travers la parabole de la période Gierek. Ce n'est pas étonnant. On est en 1983, à une époque où la « vague polonaise » fait déferler nos artistes dans le monde. Beaucoup d'entre deux n'y deviennent que des stars d'une saison. L'Occident capricieux s'ennuie vite des récits sur la pression du système, sur les répressions politiques… Avec le temps, la découverte de la langue d'Ésope perd sa magie. Et le cliché « Gierek », qui a été repris dans de nombreux articles, cesse d'être une clé efficace pour la compréhension du livre de Kapuściński. En 1985, dans les colonnes de Polityka, Adam Krzemiński écrit de nombreux articles sur l'évolution de la parabole Gierek à l'Ouest ; il montre entre autres comment « la polonité superficielle » du *Négus* cède peu à peu la place à une analyse plus profonde[228] : « *Le Négus* est-il un livre à clé sur la période Gierek ? Ce débat agite aussi la presse occidentale et débouche sur une polémique dans l'émigration tchèque et polonaise. Tadeusz Nowakowski, dans Frankfurter Allgemeine Zeitung, réduit *Le Négus* à un pamphlet politique : 'Ce règlement de comptes avec un dieu qui n'est pas un dieu est, pour les lecteurs polonais, source d'une joie immense mais triste. Tout cela leur semble familier. Effectivement deux éléments rentrent en ligne de compte dans le culte de la personnalité : l'objet de ce culte et ses enfants de chœur zélés (…)' ».

Toutefois deux Tchèques qui analysent le livre de Kapuściński dans des revues renommées comme Der Spiegel et Die Zeit tentent de sortir de cette antithèse schématique. Ils s'approchent ainsi des études les plus pertinentes des Anglo-Saxons et des Français pour lesquels le contexte polonais du *Négus* n'est qu'une attraction exotique ajoutant de la couleur à des problèmes ô combien plus fondamentaux. Werner Paul écrit dans Der Spiegel : « *Le Négus* n'est pas un livre à clé sur la Pologne, et le sous-titre « Parabole sur le pouvoir » est un ajout de l'édition allemande. Ce qui est polonais dans le livre, c'est le sentiment de l'absurdité de l'activité humaine et du jeu du pouvoir avec l'individu. Quant à la

---

228 A. Krzemiński, *Stara sztuka pisania, op. cit.* Citations suivantes, *ibidem.*

flagornerie des courtisans, la déshumanisation des souverains et la propension du pouvoir à cesser d'être un instrument pour devenir un sujet, ce sont là des thèmes universels (…) ».

Gabriel Laub, à son tour (…), tire son interprétation vers des significations universelles et abstraites : « Ce que Kapuściński nous montre, c'est un pouvoir autocratique en tant que tel, des mécanismes de pouvoir au sens strict du terme, dont on peut aussi voir des éléments importants dans un système démocratique … (…). Le modèle impérial éthiopien était anachronique et donc limpide. Mais le pouvoir autocratique est archaïque, même s'il revêt les habits de la modernité. C'est un vestige préhistorique d'un système grégaire ». Krzemiński cite enfin le commentaire pertinent d'un critique français du Nouvel Observateur : « Edward Gierek n'est pas Hailé Sélassié, et le bâtiment du comité central à Varsovie n'est pas le palais de l'empereur à Addis-Abeba ».

Le Négus est rapidement perçu comme une étude classique sur le pouvoir. David Rose[229] décèle dans les mécanismes décrits par Kapuściński un modèle de pouvoir archétypal issu d'une fable, et donc un modèle universel. Il commence ainsi son commentaire : « Il y a longtemps, fort longtemps, vivait un très vieil Empereur. Il avait un immense pouvoir sur ses sujets qui le vénéraient comme un dieu. Ses espions lui rapportaient tout ce qui se passait dans son merveilleux palais, et dans son royaume l'Empereur détenait la clé de toute la sagesse et des espèces sonnantes et trébuchantes. L'Empereur ne pouvait pas se tromper : si dans le pays régnait la famine, c'étaient ses serviteurs qui en étaient responsables. Et lorsqu'il en fut ainsi, tous firent en sorte que l'Empereur n'en sût rien.

Il y a longtemps, fort longtemps… En fait il n'y a pas si longtemps que cela, car d'après *Le Négus* écrit par le journaliste polonais Ryszard Kapuściński, tout cela s'est passé en Éthiopie sous le règne de Hailié Sélassié, avant la révolution de 1975. »

Le même critique découvre dans le livre trois autres interprétations possibles. « Premièrement, c'est un récit exceptionnellement sensible et éclairant sur la Révolution en Éthiopie, sur un souverain aux abois et sur les événements exceptionnels qui ont mené à la chute du régime. *Le Négus* fonctionne aussi comme une métaphore pouvant s'appliquer à n'importe quelle structure – celle de la Pologne de Gierek notamment – où le pouvoir n'appartient qu'à une personne et où la politique se réduit à des changements de cliques et d'alliances se nouant sous l'œil vigilant du souverain qui n'y participe pas de manière directe. Il est possible que cette interprétation corresponde aux intentions de Kapuściński.

---

229 D. Rose, *The lord of Flies*, Time Our, 13–19 octobre 1983. Citation suivante, *ibidem*.

Mais on peut encore voir *Le Négus* sous une autre lumière, plus intéressante sans doute. *Le Négus* peut en effet être lu comme un modèle d'autocratie médiévale, de pouvoir royal sacré ancien. Les similitudes entre la société pré-germanique – celle qui prévalait dans la Grande-Bretagne anglo-saxonne – et le monde que Kapuściński découvre en Éthiopie sont étonnantes : dichotomie entre la vénération sacrée des courtisans à l'égard du souverain et leur attitude conspiratrice ; coexistence d'une immense richesse et d'une misère noire, due à une corruption effrénée et une vision du monde dans laquelle les paysans sont considérés comme des sous-hommes ».

Le Négus est donc devenu une métaphore universelle du pouvoir absolu. Cette interprétation correspond d'ailleurs à l'intention de Kapuściński qui confessait dans une interview : « J'ai écrit un livre contre un certain modèle de pouvoir, un livre polémique, et c'est ainsi qu'il a été accueilli. Dans mon livre je stigmatise le pouvoir absolu, corrompu, dépravé, impuissant. Ce qui m'intéressait, c'étaient les mécanismes de ce pouvoir, et la réalité éthiopienne m'a servi de paravent. Aujourd'hui *Le Négus* est publié dans plusieurs langues et chaque lecteur y puise ce qui est universel ou ce qui correspond au contexte de son pays »[230].

Le livre sur le « roi des rois » poursuit sa carrière internationale fulgurante, bien que depuis 1983 – date à laquelle l'Occident prend connaissance du *Négus* – le monde se soit radicalement transformé. Par ailleurs, jamais les changements ne se sont produits à un rythme aussi accéléré. Malgré la division anachronique du monde en deux parties, les goûts littéraires du public ont changé et la littérature aussi. *Le Négus,* qu'on lisait naguère sous un angle politico-historique, s'est chargé de nouvelles significations. On découvre que l'ouvrage fait un diagnostic excellent des relations en vigueur dans les grandes institutions. On entend dire que le livre sur le « lion de Judah » est devenu la lecture favorite des Suisses qui y trouvent une description pertinente des mécanismes à l'œuvre dans les grandes sociétés où ils travaillent[231]. Vingt-trois ans après son lancement sensationnel sur le marché occidental, dans la traduction de Katarzyna Morczkowska-Brand et Bill Brand, *Le Négus* est réédité par les éditions Penguin Books dans la

---

230 E. Banaszkiewicz, *Zaangażować najlepszych. Rozmowa z Ryszardem Kapuścińskim* (Engager les meilleurs. Entretien avec Ryszard Kapuściński), Radio i Telewizja 1980, n 52, pp. 1–2.

231 Entretien avec Ryszard Kapuściński avec Chris Miller, Edinburgh Review (le texte est issu des archives personnelles de cc Ryszard Kapuściński). Sur les nouveaux contextes dans lesquels fonctionne *Le Négus* voir B. Nowacka, *Parabola władzy* (La parabole du pouvoir), Res Publica Nowa 2001, n 4 pp. 57–58.

collection prestigieuse Modern Classics, étant désormais considéré comme un classique de la littérature mondiale contemporaine.

Après le succès du *Négus*, les éditeurs occidentaux décident de poursuivre l'aventure en publiant deux ans plus tard, en 1985, *Shah of shahs*[232]. Cette fois-ci, les critiques ne sont plus étonnés, ils trouvent désormais légitime qu'un Polonais du nom de Kapuściński ait pris la décision de décrire le régime moribond du shah. D'abord parce que c'est la vingt-septième révolution que le reporter vit, expérience qui lui donne l'autorité de créer un livre unique sur le caractère répétitif de certains processus et comportements sous toutes les latitudes. De plus, son expérience lui permet de saisir l'essence de cette révolution, à savoir le rôle du puissant mouvement religieux dans certains bouleversements politiques. Le commentaire publié par London Review of Books (4 juillet 1985) est symptomatique à cet égard : « Qui avant 1978 avait entendu parler de l'ayatollah Khomeini, ou même qui connaissait la signification du mot ayatollah ? Le fait que cette Révolution – la première depuis le XVIIe siècle – ait été inspirée par la religion et ait utilisé la langue de la religion pour exprimer ses aspirations prime sur les données personnelles des dirigeants. Le but de liberté et de fraternité, commun à toutes les révolutions, a ici été brandi sous la bannière du Royaume de Dieu, étrangère et anachronique aux yeux des Occidentaux. (…) Comment en est-on arrivé à un tel renversement apparent de l'histoire ? Européen de l'Est, correspondant étranger de l'Agence de Presse Polonaise, couvrant l'actualité des coups d'État dans le Tiers-monde (…) et citoyen d'un pays dont la doctrine officielle reconnaît que le Progrès accompagne inéluctablement les révolutions, Ryszard Kapuściński est on ne peut plus compétent pour nous fournir une réponse à cette question » [233].

Certes, pour Kapuściński, il est évident depuis le début que derrière la révolution iranienne se tient un puissant mouvement religieux, non pas une organisation efficace qui sponsorise et gère tout (comme on l'a souvent entendu dire en Occident). L'expérience polonaise – il le reconnaît lui-même – a contribué à la pertinence de son analyse : « En Iran, j'ai vu des foules qui se rassemblaient

---

232 Katarzyna Morczkowska-Brand et William Brand ont aussi traduit en anglais *Szachinszah* (Le Shah) (1985), *Jeszcze dzień życia* (D'une guerre l'autre) (1986). Quant à *Wojna futbolowa* (La guerre du foot) (1990), elle a été traduite par William Brand seulement.

233 A. W. Pawluczuk, *Propozycje* (Propositions), Nowe Książki 1997, n 1, p. 74 ; voir aussi : C. Miller, *Images and Revolutions. Ryszard Kapuściński* (texte publié dans Edinburgh Review en 1985, la copie que nous utilisons provient des archives familiales de Ryszard Kapuściński ; R. Eder, *Shah of Shahs,* Los Angeles Times, 4 mars 1985 ; E. Fox, *The Peacock,* The Nation, 22 juin 1985.

dans les mosquées. Elles en sortaient pour aller manifester, et c'est précisément cela qui m'a fait penser à la situation polonaise. Je me suis senti chez moi. Je me rendais dans les mosquées pour y recueillir de l'information, conscient que c'était là que se trouvait le centre de la Révolution. Mes collègues ouest-européens, même si c'étaient de bons journalistes, n'avaient pas à leur actif la même expérience »[234], raconte le reporter. Il peut paraître étonnant que – si l'on en croit Kapuściński – de nombreux reportages occidentaux sur la révolution iranienne n'évoquent pas le mouvement chiite ni Khomeini…

Deux ans après, la réception à l'étranger de ces deux livres se trouve au cœur d'un événement particulier. En mars, une première du *Négus* est jouée sur les planches du théâtre The Royal Court Theater à Londres, dans une mise en scène de Michael Hastings et de Jonathan Miller. Voici comment Kapuściński dévoile par la suite les coulisses de cette adaptation scénique : « J'ai fait la connaissance de Miller au printemps 1986 à Oxford lors d'une réception que le poète anglais, James Fenton, avait organisée à l'occasion de la sortie de son dernier livre. Un homme grand, souriant, se fraya un passage dans la foule d'invités, il se présenta et m'informa que Susan Sontag lui avait suggéré de faire du *Négus* une représentation théâtrale. Il me dit aussi qu'il avait lu le livre et que cette idée l'enthousiasmait. Sachant que Miller était l'un des plus grands metteurs en scène britanniques (avec Peter Brook), j'ai répondu que je me réjouissais de la réalisation de ce projet. Or il y avait un problème : Miller, qui faisait des mises en scène dans le monde entier, n'avait pas son propre théâtre »[235]. Peu de temps après, le célèbre dramaturge anglais, Michael Hastings, envisage aussi d'adapter *Le Négus*. « En lisant ce livre, devait-il confier par la suite, je savais qu'il était fait pour être adapté à la scène. J'ignorais seulement que Jonathan Miller avait eu la même idée »[236]. Le directeur artistique du théâtre The Royal Court Theatre, Max Stafford-Clark, lui propose alors une collaboration avec Jonathan Miller[237]. Le premier est censé se charger de l'adaptation scénique de la pièce, le second de la distribution et de la mise en scène. Finalement tous les deux s'occupent de l'ensemble.

C'est ainsi que commence la deuxième vie du *Négus*. Le livre, publié à l'Ouest en 1983, est déjà solidement implanté en Grande-Bretagne où il est considéré

---

234 C. Czapliński, *Kariery w Ameryce* (Carrières en Amérique), Varsovie 1994.
235 Ce texte se trouve dans le programme théâtral édité à l'occasion du transfert du spectacle britannique sur la scène du Teatr Studio à Varsovie. Il convient de noter que les Polonais ont pu voir *Le Négus* londonien à peine six mois après la première anglaise.
236 H. Rose, *Decline and Fall*, Time Out, 11 mars 1987.
237 D'après : M. Hastings, *Three Political Plays* : « *The Emperor* » *(with Jonathan Miller)*, « *For The West* » *(Uganda)*, « *Lee Harveu Oswald* », London 1990, pp. 14–15.

comme une étude classique sur le pouvoir. Comment s'étonner que Ryszard Kapuściński se soit rendu à Londres pour la première avec un trac immense ? Il raconte : « Un mauvais livre meurt dans le silence, il disparaît des yeux dans la discrétion, il se volatilise. Une pièce qui fait un four, elle, ne passe pas inaperçue, elle fait du bruit, elle est spectaculaire »[238]. Les organisateurs ne sont probablement pas non plus convaincus qu'un récit sur le renversement d'un souverain qui s'est produit quelques années plus tôt attirera des foules. Ils prennent donc la prudente décision de monter le spectacle tout d'abord sur la petite scène (The royal Court Theatre Upstairs). Mais *Le Négus* britannique est un franc succès. Les billets sont vendus les deux premiers jours de la représentation[239]. Face à l'intérêt persistant du public, la pièce est rapidement transférée sur la grande scène. Peu après, les droits de diffusion sont achetés par la BBC Television, et la presse londonienne réserve aux créateurs un accueil enthousiaste. *Le Négus* est qualifié de « mélange intrigant de journalisme et d'art dans lequel le détail prend un caractère universel »[240]. On peut lire également : « C'est un récit fascinant, magnifiquement adapté et présenté. (…) L'art de la mise en scène de Miller n'a jamais atteint un résultat aussi émouvant et bouleversant »[241]. Les critiques rivalisent de louanges : « Hypnotisant » (London Daily News), « Étonnamment drôle » (Time Out), « Indiscutablement brillant » (The Independent)[242].

L'adaptation théâtrale du *Négus* à Londres, reconnue par la critique comme « irréprochable[243] », doit son succès à la rencontre de trois personnalités : un reporter spécialisé dans la description du Tiers-monde, un adaptateur passionné par l'histoire de la culture africaine[244] et un metteur en scène captivé par le mystère du pouvoir[245]. Le succès du spectacle est également assuré par sa cohésion dramaturgique qui repose sur l'association d'une interprétation lisible et universelle (la métaphore du pouvoir fondé sur la peur) avec l'ensemble des

---

238 Cette citation provient du programme théâtral publié à l'occasion de la représentation au théâtre Teatr Studio à Varsovie.

239 J. Kingston, *The emperor*, The Times, 11 septembre 1987.

240 *Ibidem.*

241 P. Kemp, *The Empire Writes Back*, The Independant, 17 mars 1987.

242 D'après le programme théâtral, The Royal Court Theatre.

243 P. Strathern, *Faultless production*, Kensington News and Post, 17 septembre 1987.

244 Michael Hastings a entre autres mis en scène une pièce sur le président de l'Ouganda, Idi Amin *For the West*. La première s'est tenue le 18 mai 1977. D'après M. Hastings, *Three political plays…*, *op. cit.*, p. 90.

245 Jonathan Miller a, entre autres, mis en scène les pièces : *Hamlet, Mesure pour mesure et Tosca*. D'après : M. Conveney, *The Emperor*, Financial Times, 17 mars 1987. Dans l'adaptation scénique du *Négus*, les critiques ont également décelé l'intérêt de Miller

moyens théâtraux mis en œuvre dans le décor : une scénographie claustrophobe, étouffante, donnant l'impression d'un labyrinthe (Richard Hudson) avec un jeu de lumières astucieux (Ace McCarron). Les héros grotesques, anonymes, se déplacent dans cet espace. Ils portent en fait des noms exotiques : Und, Fost, Hulet, Arat et Amset, qui sont les chiffres de un à cinq en langue amharique. L'effet obtenu est étonnant : les acteurs qui ne sont porteurs d'aucun caractère, qui abordent des sujets communs à différents personnages, sont l'incarnation parfaite de l'absence de style, masque le plus sûr pour un courtisan de Hailé Sélassié. Le meilleur moyen de se cacher, c'est derrière un masque anonyme. L'anonymat, c'est aussi un trait caractéristique du prototype littéraire. D'ailleurs, dans le livre les personnages sont également cachés derrière des initiales peu éloquentes. Dans la pièce, les acteurs sont vêtus de gris, leurs costumes de fonctionnaires sont la personnification du « labyrinthe de la bureaucratie » anonyme qui entoure le pouvoir.

Mais le succès artistique n'est qu'une partie – aussi importante soit-elle – de la réception phénoménale de cet événement théâtral en Grande-Bretagne. Il faut en effet ajouter que les premiers spectacles sont accompagnés d'une atmosphère de scandale : lors de la première, le théâtre est entouré d'un cordon de police, et les spectateurs en sortent sous escorte. L'adoption de mesures de sécurité exceptionnelles s'explique par la situation régnant à l'extérieur du bâtiment. Il se trouve qu'une association de monarchistes éthiopiens et des groupes de rastafaris[246]demandent la tête du reporter polonais, de l'auteur de l'adaptation Michael Hastings et du metteur en scène Jonathan Miller. Kapuściński se souvient : « Ils criaient 'mort, mort, mort ! Mort à Miller ! Mort à Kapuściński !

---

pour les détails de l'histoire sociale et pour le théâtre de la mémoire (*Memory Theatre*). D'après : I. Wardle, *Bearding the Lion*, The Times, 18 mars 1987.

246 Les Rastafaris (leur nom provient du nom Ras Tafari que Hailié Sélassié prit en tant qu'empereur) estiment que « les Africains noirs sont le peuple élu. En outre, tous sont profondément convaincus que la Bible raconte leur histoire, mais que celle-ci a été déformée par les Blancs afin de maintenir les Africains dans une ignorance éternelle, dans la soumission et l'esclavage. Les Rastafaris croient dans un Roi Noir, le sauveur des opprimés noirs, qui va les sortir de Babylone, la Maison de l'Esclavage, et les accompagner dans leur Voyage, leur Exode à Sion. Ils considèrent l'empereur éthiopien (…), Hailé Sélassié, comme ce Dieu Vivant, Jah, et ils réfutent les récits selon lesquels ce dernier serait mort (officiellement renversé en 1974 par ses propres officiers, l'empereur est décédé en 1975, et en 2000 il a été enterré avec les honneurs militaires dans la cathédrale de la Sainte-Trinité à Addis-Abeba). Les Rastafaris croient aussi à la communion de l'homme avec la nature (raison pour laquelle, atteint d'un cancer, Marley refusa de se faire opérer et mourut en 1981 alors que la tumeur

Mort, mort, mort !' L'atmosphère était très tendue. Ils nous menaçaient d'un attentat à la bombe. Pendant la représentation, dans la salle de théâtre, on entendait des cris en provenance de la rue. Cela créait une ambiance étrange pendant la représentation »[247].

Les protestataires rédigent des manifestes, distribuent des tracts, exigent l'annulation du spectacle et de la promotion médiatique des auteurs. Dans leurs tracts ils évoquent les services « du grand dirigeant pendant la période de guerre et de paix où l'Éthiopie est passé, rapidement pour un pays du Tiers-monde, du féodalisme à la modernité »[248]. Le Négus est comparé à Gandhi, à de Gaulle, à Churchill et à Kennedy. Le spectacle est qualifié de propagande grotesque du Kremlin rouge. Le livre est critiqué pour son manque de sérieux, car comment une biographie sérieuse du « roi des rois » peut-elle commencer par des propos sur le petit chien de l'empereur pissant sur les chaussures des dignitaires ? Les critiques littéraires ne restent pas indifférents à ces manifestations[249]. Ils soulignent que la pièce doit être comprise d'un point de vue universel, comme une allégorie du pouvoir totalitaire tandis qu'il se fossilise entre les mains de vieillards. Aussi son héros est-il assimilé à Mao, à Brejnev, au général Franco, à Salazar, à Husák, Reagan et Khomeini[250]. Michael Billington du quotidien The Guardian écrit que les reproches des monarchistes ne sont pas justifiés, car la pièce n'est pas une propagande émanant du Kremlin. C'est un récit émouvant,

---

avait atteint le cerveau) ainsi qu'à la puissance d'une herbe sacrée, la marihuana ». Source : W. Jagielski, *Wdowa po Marleyu chce pochować go w Etiopi* (La veuve de Marley veut l'enterrer en Éthiopie), Gazeta Wyborcza, 13 janvier 2005.

247 S. Salisbury, *Nie igrać Szatanem* (Ne pas jouer avec Satan), Forum, 19 mars 1988. David Shanon (ainsi qu'un critique littéraire du Morning Star, 23 mars 1987) évoque la menace d'un attentat à la bombe et l'évacuation forcée dans *High Drama at Teatime*, Today, 11 septembre 1987.

248 Cette citation et les affirmations suivantes proviennent de manifestes authentiques, distribués devant le théâtre et rédigés par des Éthiopiens ; ces textes se trouvent dans les archives personnelles de Ryszard Kapuściński.

249 À côté d'opinions de divers critiques, solidaires sans réserve des auteurs de la pièce, on tombe sur un article dont l'auteur, Milton Shulman, prend plutôt la défense des protestataires. Il écrit notamment : « La mort d'un personnage illustre donne-t-elle le droit de le salir ? (...) Mais si la vérité n'est pas importante, il faut reconnaître que *Le Négus* est une pièce charmante et émouvante ». M. Shulman, *Riddle of Emperor's New Foes*, The London Evening Standard, 17 mars 1987.

250 Ces observations se trouvent dans un article publié par The Sunday Times, 23 mars 1987. La copie du texte provient des archives de The Royal Court Theatre et ne précise pas les noms de son auteur.

précis, parfois comique sur les rites de l'autocratie et de la mélancolie du pouvoir »[251].

La même année, quelques mois à peine après la première du *Négus* dans le théâtre londonien, paraît la traduction en anglais de *D'une guerre l'autre*. Ce livre, comme le précédent, suscite un grand retentissement dans la littérature mondiale. Kapuściński est comparé à des écrivains illustres tels que Camus, Conrad, Greene, Orwell, Hemingway, Naipaul, et son talent littéraire faut l'objet d'analyses éloquentes. Lorenzo W. Milam : « Un journaliste remarquable doit avoir, comme Shakespeare, la maîtrise du cœur humain. Il doit avoir la fluidité narrative de Dickens. Il doit avoir la distance existentielle de Camus. Et il doit avoir le style simple et imaginatif d'Edward R. Murrow, de George Orell, d'Ernest Hemingway. (…) R. Kapuściński est le roi des journalistes »[252].

Il ne fait aucun doute que la recension la plus importante paraît dans The Guardian. Voici ce que son auteur, Salman Rushdie, écrit sur l'œuvre de l'auteur du *Négus* : « Dans les livres sur Hailié Sélassié, sur le Shah et maintenant dans l'ouvrage *D'une guerre l'autre*, les descriptions de Kapuściński (non, ses réactions) accomplissent ce que seul l'art est en mesure de faire : elles donnent des ailes à notre imagination. Les milliers de littérateurs qui jappent et divaguent n'arrivent pas à la cheville de Kapuściński. Grâce à l'insolite association du reportage et de l'art, nous touchons enfin ce que Kapuściński lui-même appelle l'intransmissible image de la guerre »[253]. Salman Rushdie retrouve cette association du reportage et de l'art dans la métaphore magnifiquement ciselée de la ville moribonde : « Son ode à la ville de Luanda, ville de bois, est peut-être un tout petit peu trop longue, mais elle contient une étincelle de génie. Parmi tous les journalistes qui ont décrit la ville, Kapuściński est le seul à y avoir perçu la ville de bois. Tous l'avaient toutefois sous les yeux, mais tout le monde n'a pas des yeux pour voir ».

Habitués à la conception anglo-saxonne du reportage, d'autres critiques se réfèrent à certaines déclarations de Kapuściński. Sa remarque – « je ne comprenais pas » – qui suit la description de la pause que s'accordent de concert les soldats des deux camps, le samedi et le dimanche, suscite chez un critique la réflexion suivante : « Nos correspondants (…) auraient-ils dit : 'J'étais incapable de m'expliquer ce qui se passait ?' Peut-être est-ce justement pour cette raison que Kapuściński est aussi passionnant – il est honnête et humain, et

---

251 M. Billington, *Charades of Power*, The Guardian, 17 mars 1987.

252 L. W. Milam, *Another Day of Life*, The Fessenden Review, 5 février 1987.

253 S. Rushdie, *Reportaż z koszmaru*, Literatura na Świecie 1987, n 12, p. 301. La première impression de cet article a paru sous le titre de *Reporting a Nightmare*, The Guardian, 13 février 1987. La citation suivante : *ibidem*.

nous commençons à le comprendre, à comprendre sa colère, sa peur et ses sentiments. Il ne nous parle pas de la dépression qu'il a dû éprouver face au non-sens des tueries et des guerres. Mais nous savons qu'il y était constamment présent, au sens où Orwell était présent en décrivant les Républicains mourant sur le champ de bataille, leurs armes défectueuses, l'abominable froid des tranchées. Et comme chez Orwell, rien n'échappe à Kapuściński, ni la lâcheté, ni la puanteur, ni les cadavres, ni les obstacles pour transmettre ses télex en Pologne, ni la beauté d'une femme soldat »[254].

La réception occidentale de ce livre se distingue fondamentalement de celle que les critiques polonais lui ont réservée vingt ans plus tôt. Ces derniers s'étaient arrêtés à la surface du texte, ils avaient souligné son contenu idéologique. En effet, il n'existe pas d'articles polonais approfondis sur l'évolution littéraire de l'auteur. Les critiques, semble-t-il, n'avaient pas encore l'audace de sentir le tissu philosophique de ce livre. Comment expliquer cette différence qui n'est certes pas due à l'absence de spécialistes pertinents dans le domaine de la critique littéraire polonaise ? C'est que les livres de Kapuściński étaient, à l'époque, plus souvent analysés par des collègues journalistes que par des experts littéraires. De plus, les critiques occidentaux ont eu la tâche plus facile, dans la mesure où ils ont eu entre les mains *D'une guerre l'autre* après avoir lu *Le Négus* et *Le Shah*. Il n'est donc pas étonnant qu'ils aient perçu ce livre comme une œuvre littéraire, qu'ils n'aient eu aucune peine à détecter son caractère universel, son arrière-plan philosophique et surtout ses qualités littéraires.

Le même phénomène se produit en 1990 avec *La guerre du foot*[255]. Lorsque *The Soccer War* paraît sur le marché occidental, son auteur y est déjà considéré comme « un correspondant étranger légendaire »[256]. La réception de ce livre, outre les réactions enthousiastes de la critique, s'accompagne toutefois d'un autre phénomène : les spécialistes se réfèrent désormais à des icônes de la culture de masse. Kapuściński est comparé à James Bond[257], Indiana Jones[258] ainsi qu'à d'autres héros de films joués par Humphrey Bogart et Robert Mitchum[259]. Mais

---

254 L. W. Milam, *Another day of life, op. cit.*

255 Le livre a d'abord été publié en Grande-Bretagne, aux éditions Grant Books, en 1990 ; la première édition américaine (éditions Alfred A. Knopf) a paru sur le marché un an plus tard.

256 M. Tresidder, *A Man of War, a Man of Words*, The Sunday Telegraph, 4 novembre 1990.

257 N. Marston, *Books*, GQ, octobre 1990.

258 G. Joyce, *Indiana Jones with a Note Pad.* The Orlando Sentinel, 2 juin 1991 ; T. Fishlock, *Entering Sombre and Untrodden Recesses*, Sunday Telegraph, 25 novembre 1990.

259 I. Walker, *Playing Away*, New Statesman and Society, 2 novembre 1990.

il est aussi qualifié de « philosophe et poète écrivant en prose »[260]. On attire l'attention sur le caractère exceptionnel de son écriture : « De manière extrêmement rare, une fois tous les dix ans, disons une ou deux fois par génération, apparaît un écrivain si puissant, si doué, qu'en lisant ses livres, on se sent non seulement heureux mais honoré. Le journaliste polonais, Ryszard Kapuściński est l'un de ces écrivains, et *La guerre du foot* (…) est l'un de ces livres »[261]. The Wall Street Journal écrit que les textes de Kapuściński, dans l'excellente traduction de William Brand, sont tout simplement parfaits. Le critique Joe Queenan constate : « En fait, traduit en anglais, Kapuściński est plus envoûtant, plus intelligent, plus brillant que presque tous les autres écrivains qui me viennent à l'esprit[262] ».

Les excellentes traductions du tandem Brand ont également eu des conséquences imprévues. Par exemple, la traduction du Négus a été considérée comme si parfaite que pendant un certain temps elle a servi de base à la traduction de différentes versions linguistiques. Les éditeurs ignoraient totalement le fait que Kapuściński était un écrivain polonais. Paul Nathan écrivait dans Publisher Weekly : « Le polonais est l'une des langues les moins connues, c'est la raison pour laquelle si peu de livres sont traduits de cette langue… L'actuelle édition américaine de Harcourt Brace Jovanovich, dans la collection de Helen et de Kurt Wolff, a donné aux éditeurs européens une version accessible sur la base de laquelle six éditeurs ont établi leur traduction »[263]. Kapuściński – à titre

---

260 J. Weisberg, *Years of Living Dangerously*, Washington Post Book World, 31 mars 1991.

261 M. Hoelterhoff, *Almost Better than Being Ther*, Traveller, mai 1991.

262 J. Queenan, *A Pole Apart*, The Wall Street Journal, 25 avril 1991.

263 D'après : *Imperator wśród książek* (L'empereur parmi les livres), Literatura na Świece 1984, n 7, p. 367. L'auteur de cette note cite les éditeurs qui – d'après ses sources –ont utilisé la version anglaise du *Négus* : « Parmi eux Flammarion en France, Feltrinelli en Italie, Tammi en Finlande, Kiepenheuer&Witsh en République fédérale d'Allemagne, Siglo XXI en Espagne. Les éditions Quartet en Grande-Bretagne ont également signé un contrat pour ce livre ». Paul Nathan commet toutefois plusieurs erreurs. En effet, la première traduction finnoise du *Négus* a paru seulement en 2006 aux éditions Like dans la traduction de Tapani Kärkkäinen. En 1986 a paru la version norvégienne du livre sur le Négus (dans une traduction d'Ole Michael Selberg aux éditions Det Norske Samlaget, Oslo). La maison d'édition Kiepenheuer&Witsch a finalement édité sa version d'après l'original (il en sera question par la suite). Il n'y a pas eu non plus de version espagnole d'après la traduction de Brand car en 1980 – la maison d'édition Siglo XXI justement – a publié *Le Négus* dans une traduction de Maria Dembowska. En revanche, l'auteur ne mentionne pas la traduction danoise de 1984 par Ib Lindberg, la traduction suédoise de 1985 par Britt Arenander, la traduction japonaise de 1986 par Yamada Kuzuhiro et la traduction perse par H. Kamshad de 1988, établies d'après la version anglaise du livre.

d'écrivain débutant sa carrière à l'Ouest – a dû accepter que les éditeurs fassent appel à la version anglaise plus commode pour eux. Dans le cas du *Négus*, cette règle draconienne du marché occidental était toutefois très désagréable à l'auteur : « J'en étais très contrarié, car dans ce livre précisément la langue est très importante. Mais c'est toutefois la version brésilienne qui a été la plus guignolesque : tout d'abord le livre a été traduit de l'anglais en italien puis de l'italien en portugais, ce qui a engendré des combinaisons en cascades dans lesquelles la langue du *Négus* s'est complètement perdue. Cela étant, ces traductions-relais ont ouvert la voie aux livres suivants. Ce n'est que lorsque ma position s'est renforcée que j'ai pu dire : 'Écoutez les amis, je suis un écrivain polonais, le texte original est en polonais, je souhaiterais donc que mes livres soient traduits du polonais' »[264].

Ce sont parfois les traducteurs eux-mêmes qui ont lutté contre cette stratégie éditoriale désinvolte. Ainsi, la journaliste autrichienne Erika Fischer, qui collaborait avec la maison d'édition Kiepenheuer & Wisch, a reçu un jour la proposition de traduire de l'anglais le livre d'un écrivain ayant remporté un succès foudroyant dans le monde. Il s'agissait du *Négus*. La traductrice a été enthousiasmée par l'ouvrage, mais elle était intriguée par le nom de l'auteur. Elle a vite compris qu'elle tenait entre les mains un livre génial, mais non pas un texte original. Considérant que l'ignorance de la langue originale était inadmissible, elle a proposé à l'éditeur de confier cette tâche à Martin Pollack, correspondant de longue date de Der Spiegel en Pologne.

Mais ce n'étaient que le début des soucis de Kapuściński sur le marché allemand. Martin Pollack, qui a traduit tous les livres importants de Kapuściński, s'est plaint pendant plus de dix ans, dans les colonnes de Literatura na Świecie, de problèmes éditoriaux de tout ordre[265]. Ainsi, le premier livre traduit en allemand (*König der König. Eine Parabel der Macht*, 1984) a été superbement accueilli par la critique. Dans d'innombrables articles publiés entre autres dans les colonnes de Der Spiegel, Die Zeit, Die Süddeutsche Zeitung, Die Frankfurter Allgemeine Zeitung, Kapuściński était comparé au légendaire reporter Egon Erwin Kisch, le niveau de la traduction était loué. Néanmoins l'enthousiasme de la critique ne s'est pas transformé en succès commercial. Ajoutons

---

264 Extrait d'un entretien non publié avec Ryszard Kapuściński, mené à Varsovie le 16 mars 2006.

265 M. Pollack, *Ryszarda Kapuścińskiego przypadki* (Ryszard Kapuściński – cas), Literatura na Świecie 1995, n 1/2, pp.355–360. Citations suivantes : *ibidem*.

qu'exactement à cette époque, Kapuściński jouissait déjà d'une position solide dans d'autres pays d'Europe (Grande-Bretagne, France et Italie). Mais il ne parvenait pas à percer en Allemagne, bien qu'il fût considéré comme un reporter de premier rang. Pourquoi ? Martin Pollack considère que certains ressentiments refoulés à l'égard des littératures de l'Europe de l'Est en sont peut-être la cause, car le lancement d'auteurs du bloc de l'Est est particulièrement difficile selon lui : « Le concept d'"Europe de l'Est' s'associait à un arrière-goût amer d'esclavage, à une odeur nauséabonde de peur, il suscitait une image lugubre d'économie déficiente, de planification centralisée, de censure généralisée (…). Cet état d'esprit ne favorisait pas vraiment la compréhension de ces pays, de leurs habitants et de leur littérature ». Mais Kapuściński a fini par captiver le lecteur allemand. Après la deuxième édition du *Négus* sont parues deux éditions du *Shah* (*Schah-in-Schah*, 1968, 1988), puis le livre suivant, *Der Fußballkrieg Berichte aus der Dritten Welt,* paru en 1990 chez Eichborn[266] a été enfin un succès commercial. Son tirage a été rapidement épuisé, et il a été réédité un an après. En revanche *Imperium,* publié deux ans plus tard, est sorti presque en même temps en Pologne qu'en Allemagne (1993).

Les livres de Kapuściński ont également eu du mal à conquérir une position solide sur le marché scandinave[267]. La vague d'intérêt pour son œuvre, qui avait touché une partie du monde dans les années 1980, déferla également dans le nord de l'Europe. Mais pour peu de temps et de manière assez superficielle. En Norvège, *Le Négus* fut publié en 1986 par Det Norske Samlaget, maison relativement modeste, en nynorsk (langue parlée par 10% de la population à peine). Grâce à des articles très positifs et la présence du livre dans le programme du club de la maison d'édition, il bénéficia toutefois d'un tirage important. Mais son succès n'eut aucun impact sur le destin du *Shah*, publié deux années plus tard par la même maison, dans une traduction du même traducteur expérimenté, Ole Michael Selberg. Les ventes du livre furent à ce point confidentielles qu'au bout d'un an, l'éditeur renonça à publier *D'une guerre l'autre* déjà traduit. La deuxième vague d'intérêt pour l'œuvre de Kapuściński se répandit quelques

---

266 La maison d'édition Kiepenheuer&Witsch a renoncé à publier les livres de Kapuściński (au moment ou Martin Pollack travaillait déjà sur la traduction d'*Une guerre l'autre*). Les livres suivants ont principalement été publiés par Eichborn à Francfort-sur-le-Main. Voir M. Pollack, *Ryszarda Kapuścińskiego przypadki, op. cit.*

267 Les informations sur la réception de l'œuvre de Kapuściński en Scandinavie nous ont été données par les traducteurs : Ole Michael Selberg, Anders Bodegård et Tapani Kärkkäinen.

années plus tard, aboutissant cette fois-ci à des résultats durables. En 1992, l'une des plus grandes maisons d'édition norvégiennes, Aschehoug, publia *La guerre du* foot traduite en bokmål/riksmål (langue littéraire de près de 90% pour cent des Norvégiens) par Jan Brodal (Selberg étant alors accaparé par la traduction du roman en plusieurs volumes de Musil, *L'homme sans qualités*). Puis furent tour à tour publiés *Imperium* (1994), *Heban* (2001) et *Mes voyages avec Hérodote* (2006), juste après leur parution en Pologne, dans la traduction de Selberg. En 2008, la maison d'édition Aschehoug publia enfin *D'une guerre l'autre* (*Atte rein dag*) traduit par Selberhg exactement vingt ans auparavant.

Les premières traductions des livres de Kapuściński en suédois parurent dès le milieu des années 1970. La maison d'édition Alba publia alors successivement *Le Négus*, *Le Shah*, *D'une guerre l'autre*, dans une traduction, à partir de l'anglais, de Britt Arenander. Les trois livres connurent un grand succès, mais le véritable décollage eut lieu après l'achat de cette maison d'édition par les Bonniers. C'est à ce moment-là que furent commandées à l'illustre traducteur Anders Bodegård les traductions des livres de Kapuściński à partir du polonais. *Imperium*, publié en 1993, eut autant de succès que les livres publiés après : *La guerre du foot*, *Ébène* et *Mes voyages avec Hérodote*. Tous ces titres furent réédités et l'un d'eux fut publié en livre de poche.

Le cas de la Finlande est symptomatique. La vague de popularité que connut Kapuściński dans les années 1980 épargna le pays, la seule exception étant *Imperium*, le premier livre de Kapuściński à être traduit en finnois et édité par Like (maison d'édition modeste mais dynamique) ; le livre fut favorablement accueilli et réédité trois fois[268]. Il ouvrit également la voie à deux éditions de *Ébène* et à des traductions d'autres reportages polonais (Hanna Krall, Wojciech Tochman).

En ce qui concerne l'œuvre de Kapuściński en français, on peut dire que l'histoire de sa traduction a connu deux étapes. Dès les années 1980, ses trois livres majeurs furent traduits en français : en 1984 *Cesarz* (*Le Négus*, dans une traduction d'Évelyne Pieiller), en 1986 *Szachinszach* (*Le Shah*, dans une traduction de Dennis Collins) et deux ans plus tard, en 1988 *Jeszcze dzień życia* (*D'une guerre l'autre*, dans une traduction de Dennis Collins). Les ouvrages furent publiés par Flammarion, mais, hélas, ils furent, tous les trois, traduits de l'anglais.

---

268 Le jeune traducteur finlandais, Tapani Kärkkäinen, raconte l'histoire de la parution de cette première traduction dans le livre *Podróże z Ryszardem Kapuścińskim…*, *op. cit.*, PP. 139–151.

En 1994, les Éditions Plon décident de publier le livre de Kapuściński sur la chute de l'URSS qui vient de paraître en Pologne, *Imperium*. La traduction est alors confiée à Veronique Patte, Eustachy Rylski, traductrice de littérature polonaise et russe, notamment des œuvres de Sławomir Mrożek, Jarosław Marek Rymkiewicz, Aleksandre Ścibor-Rylski, Eustachy Rylski… Pendant une quinzaine d'années, les Éditions Plon vont publier les six livres suivants de Ryszard Kapuściński, toujours dans la traduction de Véronique Patte : *Ébène* (*Heban*) w 2000, *La guerre du foot* (*Wojna futbolowa*) w 2003, *Mes voyages avec Hérodote* (*Podróże z Herodotem)* w 2006, *Autoportrait d'un reporter* (*Autoportret reportera*) w 2008, *Cet autre* (*Ten Inny*) w 2009, *Le Christ à la carabine* (*Chrystus z karabinem na ramieniu*) w 2010.

Ryszard Kapuściński regrettait beaucoup et se plaignait souvent que *Le Négus*, *Le Shah* et *D'une guerre l'autre* existent toujours sur le marché français dans une traduction relais, autrement dit de l'anglais et non de l'original. Il pria Véronique Patte en qui il avait une entière confiance de traduire ces ouvrages à partir du polonais. Celle-ci s'est longtemps battue pour finir par convaincre les Éditions Flammarion de retraduire les trois livres. La première traduction du *Shah* à partir de l'anglais comportait d'ailleurs de nombreuses coupes et le texte a été rétabli dans son intégralité dans la version française. Malheureusement les trois ouvrages parurent après la mort de l'écrivains (*Le Négus* et *Le Shah* en 2010, *D'une guerre l'autre* en 2011). En 2014, Véronique Patte parvint à convaincre les Éditions Flammarion de publier également les œuvres choisies de Ryszard Kapuściński (8 ouvrages) avec *Le bush à la polonaise* inédit jusque-là en France.

Ryszard Kapuściński a reçu plusieurs prix littéraires importants : en 1995 le Prix Astrolabe décerné par le Festival des Étonnants voyageurs pour *Imperium*. En 2000, *Ébène* a été élu Meilleur Livre de l'Année 2000 par la rédaction de la revue Lire, et en 2002 *Ébène* a reçu le prix Tropiques décerné par le Sénat.

Malgré toutes ces péripéties « internationales », les années 1980 inaugurèrent la grande carrière internationale de Kapuściński, avec onze nouvelles traductions du *Négus*. En 1983 parut la traduction italienne, un an plus tard les versions allemande, française, néerlandaise et danoise, en 1985 la version suédoise, une année plus tard les version norvégienne et japonaise. En 1987 parut la version russe, en 1988 la version perse, et en 1989 la version hébraïque. À la fin des années 1980 parurent également les versions en anglais, en espagnol et en hongrois ainsi que les traductions d'autres reportages dans toutes ces langues et quelques autres encore, tel que le serbo-croate.

À partir de 1983 – date de parution de *The Emperor* – la vie professionnelle de l'écrivain connaît de profonds changements : avec le succès littéraire de ses livres commence une période de grande popularité en Occident. Désormais, les œuvres de Kapuściński sont mises en scène avec plus d'audace, l'écrivain est invité à d'importants débats sur les problèmes du monde contemporain, il devient le héros de documentaires, il reçoit des prix et des distinctions, il est invité à de grandes opérations de promotion, il est présent dans les périodiques internationaux les plus influents et dans les médias. Quant aux voyages qu'il faisait jusqu'à présent, ils prennent une autre dimension que l'on pourrait qualifier de promotionnels, pour s'exprimer dans le jargon professionnel. Le reporter qui – comme il le disait lui-même – se sentait le mieux dans les régions les plus pauvres du monde, se rend maintenant aussi dans les centres mondiaux de la civilisation : aux États-Unis, en Grande-Bretagne, en Europe de l'Ouest. L'homme qui appréciait particulièrement les rencontres avec des hommes simples fait maintenant son entrée dans le cercle mondial de l'élite intellectuelle ; il rencontre Salman Rushdie, Heidi et Alvin Toffler, Susan Sontag, Gabriel García Márquez, Hans Magnus Enzensbergen et bien d'autres.

Et en Pologne ? Curieusement la paralysie éditoriale se révèle plus forte que le succès étourdissant à l'Ouest. En 1986, un recueil de poésie intitulé *Notes* est certes publié, mais *Lapidarium* – le seul nouveau livre de l'auteur – continue de croupir chez l'éditeur Czytelnik jusqu'au début des années 1990 alors que, dès 1985, la maison d'édition britannique Granta avait déjà publié, à deux reprises, des fragments de cet ouvrage[269]. Kapuściński lui-même se souvient d'un employé de la maison d'édition qui se plaignait constamment : « Monsieur, combien de temps les tomes de *Lapidarium* vont-ils rester dans nos tiroirs ! »[270]. Ryszard Marek Groński tente de rompre le silence des éditeurs en écrivant dans les colonnes de Polityka que les Polonais sont incapables de gérer leur patrimoine littéraire. Utilisant l'argument du succès occidental de l'écrivain, il demande que les livres de Kapuściński soient rendus aux lecteurs. Il écrit : « Après le succès qu'il a remporté, un éditeur débrouillard pourrait même publier les rédactions qu'il rédigeait dans son école de Pińsk. Mais voyez ce qui se passe chez nous ! Demandez dans les librairies *Le Négus* et *Le Shah, Le bush à la polonaise, Le Christ à la carabine*… Ce sont les problèmes de papier, c'est bien connu, qui font obstacle »[271].

---

269 R. Kapuściński, *The Warsaw Diary*, Granta 15 : *The Fall of Saigon*, mars 1985 (le volume contient entre autres des textes de G. Grass, N. Chomski, J. Fenton, S. Rushdie) ; et R. Kapuściński, *The Warsaw Diary*, Granta 16 : *Science,* Juin 1985 (le volume contient aussi des textes de S.J. Gould, O. Sacks, P. Levi, I. Calvino, D. Mamet, Ch. Hitchens).

270 Enregistrement en possession des auteurs du présent ouvrage.

271 R.M. Groński, *Hierarchia* (Hiérarchie), Polityka 1986, n 6, p. 11.

Les échos de la popularité de Kapuściński en Occident finissent toutefois par arriver en Pologne. Diverses revues, surtout Literatura na Świecie, reproduisent les recensions les plus remarquables de la presse occidentale[272]. Des journalistes vivant en Pologne comme à l'étranger prennent également la plume. Dans de longs articles, Adam Krzemiński, Andrzej W. Pawluczuk, Jacek Waloch et Elżbieta Sajenczuk tentent d'expliquer pourquoi le monde lit *Le Négus*[273]. Andrzej Brycht écrit depuis l'autre côté de l'océan : « Nombreux sont les compatriotes à ne pas se rendre compte qui est ce Kapuściński sur le marché mondial. Il semble tout à fait invraisemblable qu'un reporter polonais puisse acquérir un statut aussi exceptionnel dans le monde, mais c'est pourtant la vérité. En Amérique et au Canada, *Le Négus* est considéré comme un classique de la non-fiction. Kapuściński est étudié dans les universités et dans les ateliers d'écriture. Au Canada, j'ai assisté à des réunions importantes auxquelles prenaient part des écrivains spécialistes du monde contemporain, des personnalités illustres. Pour eux, l'écriture de Kapuściński est un modèle à suivre, un phénomène, qui associe le document à la grande littérature. Un art accessible seulement à des hommes extraordinairement doués »[274].

En revanche, quelques mois plus tôt, Jerzy Urban ironisait dans la revue Szpilki : « Selon certaines modestes autorités des bords de la Vistule, l'écrivain et reporter Kapuściński ferait une carrière internationale. Trois de ses bouquins ont été publiés en langues occidentales. Çà et là, un théâtre non polonais propose une adaptation du *Négus*. Dans les congrès du Pen Club, c'est l'unique Polonais à être salué avec estime. Une conjoncture prometteuse pour Kapuściński, bien qu'il y ait peu de chances qu'un homme écrivant en polonais rejoigne le gratin littéraire mondial. Le Polonais conserve toujours un statut de singe grattant un violon. Certes, c'est une révélation pour les fines-bouches du grattage, mais

---

272 Voir, entre autres, S. Rushdie, *Reportaż z koszmaru, op. cit.*, pp. 300–303 ; T. Rafferty, *Portret reportera z czasów młodości* (Portrait d'un reporter du temps de la jeunesse), traduit par E. Don, P. Siemion, Literatura na Świecie 1987, n 12, pp. 304–309 ; Z. Biro, *Kapuścińskiego dwie książki o tyranii* (Deux livres sur la tyrannie de Kapuściński), traduit par J. Snopek, Literatura na Świecie 1989, n &, pp. 295–304 ; *Imperator wśród książek, op. cit.*

273 J. Waloch, *Dlaczego świat czyta « Cesarza »* ? (Pourquoi le monde lit *le Négus*), Radar 1983, n 39, p. 17 ; A. Krzemiński, *Stara sztuka pisania, op. cit.* ; E. Sajenczuk, *Kapuściński łamie szyfr* (Kapuściński brise les codes), Prasa Polska 1988, n 7, pp. 13–16 ; A. W. Pawluczuk, *Zdumiewająca przygoda literacka* (Étonnante aventure littéraire), Życie Warszawy 1990, n 28.

274 A. Brycht, *Azyl polityczny* (Asile politique), Odgłosy 1989, n 17.

dans la catégorie des attractions de foire »[275]. La renommée internationale de Kapuściński était probablement devenue l'obsession du porte-parole du gouvernement de l'époque, car lors de l'une de ses conférences de presse, il tenta de discréditer l'auteur de *La guerre du foot* en l'accusant de vouloir se faire passer, dans les médias occidentaux, pour une victime opprimée par le système. Jerzy Urban faisait allusion à un film connu sur Kapuściński, diffusé par la BBC le 29 janvier 1988[276]. On y voit une scène où le héros arrive en voiture avec l'équipe de télévision près du Palais des Mostowski, le siège du ministère des Affaires intérieures. D'un air entendu, le reporter dit à ce moment-là au caméraman d'arrêter de filmer. Cette demande, tout à fait évidente, inspire au porte-parole du gouvernement l'interprétation suivante : « Il veut faire croire aux Britanniques que la police interdit de filmer Kapuściński, donnant ainsi une dimension héroïque au travail des réalisateurs de la télévision britannique. C'est un enfantillage. Kapuściński n'est ni un objectif militaire ni l'objet d'un secret d'État. On peut le filmer n'importe où et n'importe comment. Faire de la Pologne un lieu de terreur induit en erreur les spectateurs britanniques »[277].

L'auteur du *Shah* n'avait plus à se soucier de pareilles moqueries. Grâce à son succès mondial, il avait désormais acquis l'indépendance, et le haut niveau littéraire de ses livres de reportages était enfin définitivement confirmé en Pologne. Aussi est-il difficile de croire qu'à peine quatre ans avant le succès international du *Négus*, l'illustre feuilletoniste de Polityka, Daniel Passent, ait pu mettre en doute la valeur de cet ouvrage. Répondant à une enquête de Prasa Polska sur le meilleur reportage de l'année 1978, il écrivait : « Les reportages de Ryszard Kapuściński sur l'Éthiopie publiés dans les colonnes de Kultura ont également fait l'événement, toutefois le fait que d'un point de vue thématique ces textes soient éloignés de nos affaires et que l'auteur profite de ses longs voyages sensationnels, inaccessibles à d'autres journalistes, tout cela m'incite à m'interroger sur les mérites de cet ouvrage »[278]. L'ampleur de l'intérêt dont jouissent les livres de Kapuściński à la fin des années 1980 dans le monde – notamment grâce aux

---

275 Klakson, *Rynek* (Le marché), Szpilki 1988, n 10.

276 *Your Man Who is There*, film d'une heure mis en scène par Adam Low dans la prestigieuses série ARENA, auteur de films sur Salvador Dali et Jorge Luis Borges.

277 J. Urban, *Konferencja prasowa rzecznika rządu* (Conférence de presse du porte-parole du gouvernement), Trybuna Ludu 1988, n 45.

278 D. Passent, *Naszym zdaniem… Ankieta « Prasy Polskiej »* (À notre avis… Enquête de Prasa Polska) 1979, n 1, p. 10. Voir aussi la polémique de T. Sas, *Dlaczego Passent nie kocha Kapuścińskiego ?* (Pourquoi Passent n'aime pas Kapuściński ?), Prasa Polska 1979, n 4, p. 32.

analyses approfondies et universalistes de différents sommités littéraires occidentales – devient un argument de poids dans le débat sur le statut de l'auteur du *Shah* : journaliste talentueux ou écrivain de grande stature ?

Mais il était temps que les livres de Kapuściński soient enfin rendus au lecteur polonais. Malgré l'importance des tirages, les éditions précédentes étaient toujours déficitaires en Pologne : elles disparaissaient des rayons des librairies à la vitesse de l'éclair. Le travail des critiques rappelait les recensions sur les œuvres introuvables de Lem ou de Borges, car avant que les commentaires ne paraissent dans la presse, les livres s'étaient déjà volatilisés. Les critiques se plaignaient : « Telle une météorite, le 'nouveau' Kapuściński a paru et disparu, rendant tous les articles à son sujet évidemment obsolètes et sans aucune valeur informative, car à quoi bon informer le lecteur sur un livre qu'on ne pourra se procurer nulle part ? Sans doute est-il même difficile de l'emprunter en privé »[279]. Mais en 1988 eut enfin lieu la réédition des huit titres les plus importants de Kapuściński. Quatre tomes parurent cette année-là, chacun comportant deux ouvrages : *Le bush à la polonaise* (édition complétée*), Le Kirghize descend de son cheval, Le Christ à la carabine, D'une guerre l'autre, La guerre du foot, Le Négus, Le Shah, Notes*. Le titre du cycle, *L'effervescence du monde*, était vraisemblablement une création de Marek Nowakowski[280]. Le hasard fit que ce titre convenait parfaitement. Préparé par les éditions Czytelnik, l'ensemble regroupait en effet des livres qui tentaient de rendre la nature vibrante et parfois explosive du monde. Ils montraient les révolutions, les coups d'État, les chutes d'anciens systèmes politiques. Par la suite, Kapuściński n'est jamais revenu à ces sujets. Le cycle, *L'effervescence du monde* – nous le savons seulement maintenant – est devenu l'adieu symbolique et définitif de l'auteur à cette thématique.

---

279 S. Głąbiński, « *Nowy* » *Kapuściński* (Le « nouveau » Kapuściński), Nowe Książki 1977, n 3, p. 53.

280 Nous tenons cette information de Ryszard Kapuściński.

IX « Il est grand temps de commencer à écrire le livre suivant jamais écrit »

Les années 1980 constituent non seulement une rupture dans la carrière de Kapuściński, mais elles transforment aussi son écriture. C'est à cette période qu'inter-
viennent trois événements majeurs dans la vie du reporter : en 1986, il publie son
premier recueil de poésie *Notes* ; en 1988, il adhère à l'Union des Artistes Photographes polonais ; et deux ans plus tard, il annonce la parution de son premier
volume de Notes. Quelles peuvent être les motivations qui ont poussé l'auteur de
bestsellers de reportages et le légendaire « virtuose de récits de guerre » – comme
on l'appelle dans le monde – à risquer un triple redémarrage professionnel, à cinquante ans largement passés ? En fait, ce n'est pas l'existence de ces trois domaines
dans sa vie active de l'auteur qui est étonnante – les notes, les photos et la sensibilité
poétique font depuis toujours partie de sa palette de reporter. Ce qui est étonnant,
en revanche, c'est l'articulation presque simultanée de ces trois options, leur nette
cristallisation et leur distinction sous forme de trois réalisations différentes. Leur
influence incontestable sur l'évolution de son écriture est un atout supplémentaire
qui témoigne de l'importance de ce moment dans la biographie de l'écrivain. Il y a
quelque chose de révélateur dans cette volonté de s'affranchir des outils de reporter
et de donner à chacun d'eux le rang d'œuvre artistique. L'écrivain prend conscience
de leur intégralité, de leur capacité communicative et de leur potentiel artistique.

Ryszard Kapuściński est l'auteur de milliers de photographies rapportées de
ses innombrables voyages pendant plus de quarante ans. Au point de départ,
elles servaient essentiellement d'illustration à ses reportages publiés dans la
presse, puis, de manière sporadique, à ses livres, parfois elles faisaient l'objet
d'une exposition ou d'un album. Le début de son aventure photographique
remonte à la lointaine préhistoire professionnelle du reporter qui a commencé
à développer sa passion à l'âge de vingt ans et quelques, lors de son premier
voyage en Inde. Il acheta alors une appareil compact 24 X 36 Zorka et s'initia à
la photographie sous la tutelle d'un aîné, Janusz Zarzycki. Avec le temps, sa passion évolua vers une expression artistique de plus en plus consciente. Nous ne
savons pas exactement quand commença ce processus, nous savons toutefois –
d'après la lecture de ses textes postérieurs – que l'évolution de Kapuściński
photographe commença à tendre « vers une philosophie de la photographie »[281]

---

281 V. Flusser, *Vers une philosophie de la photographie*, traduit par J. Maniecki, préface et rédaction de P. Zawojski, Katowice 2004. On retrouve des informations

pour reprendre l'expression de Flusser. Le reporter est de plus en plus fasciné par les possibilités épistémologiques de cet art, par son pouvoir unique de faire vivre et disparaître de nouvelles existences qui deviennent des copies de la réalité, restant plus passionné par la question de la relation entre l'appareil et l'homme que par l'enregistrement scrupuleux de la réalité.

On retrouve des bribes de réflexion sur la photographie dans un compte rendu d'une exposition réalisée en 1980 sur les événements d'août. « La photographie – art du concret, des choses visibles et palpables par excellence – peut-elle transmettre un phénomène aussi flou sur le plan plastique, aussi privé de littéralité optique que le climat, l'atmosphère, l'ambiance d'un événement ? »[282] Et il répond aussitôt qu'une photographie digne de ce nom, non seulement peut, mais doit avoir cette capacité, car c'est la condition *sine qua non* pour pénétrer le sens profond des événements, « pour vaincre la contradiction entre (…) la richesse intérieure de l'expérience humaine et l'abstraction sèche et impersonnelle de la ligne graphique censée la fixer ». Quelles doivent donc être les qualités du photographe ? « Il doit savoir évaluer l'ouverture du diaphragme et le temps d'exposition, mais il doit en plus être doté d'une passion, d'une sensibilité, d'un cœur qui transmet, à travers les photogrammes fixés par lui, une particule de sa propre personnalité ». C'est cette particule de vérité sur lui-même, révélée dans la photographie, que Kapuściński a décidé de dévoiler en présentant des expositions de ses photos, d'abord dans différentes villes de Pologne, puis dans le monde[283]. Elles jouissent d'un immense succès, surtout en Italie où – grâce à Magdalena Szymków, son agente – dans un laps de temps relativement court, entre 2003 et 2008, les photos du reporter sont accueillies au moins dans huit villes (Milan, Gênes, Bologne, Bolzano, Rome, Catane, Riccione et Venise), accompagnant souvent des événements culturels importants (le Festival international du Film à Milan, l'inauguration de la Bibliothèque européenne à Rome…)[284]. Dans la plupart des expositions en Pologne et en

---

fondamentales sur l'évolution de l'aventure photographique de Kapuściński dans la préface de son album *Z Afryki* (Depuis l'Afrique), Bielsko-Biała 2000, pp. 5–7 intitulée *Moja przygoda z fotografią* (Mon aventure avec l'Afrique).

282 R. Kapuściński, *Wystawa-dokument. Sierpień 1980* (Exposition-document. Août 1980), Kultura 1980, n 46, p. 11. Les citations suivantes contenues dans le paragraphe – *ibidem*.

283 D'après Bożena Dudko, la première exposition de photographies en Pologne (*Etiopia'75*) eut lieu au centre empik « Mur Oriental » de Varsovie, du 23 septembre au 8 octobre 1975, et la première exposition à l'étranger au Eötvös-Klub de Budapest, du 24 novembre au 6 décembre 1986.

284 Les informations sur les expositions en Italie proviennent de Magdalena Szymków.

Italie, ce sont les photos sur l'Afrique qui dominent (2003, Milan, Piccolo Teatro di Milano: « Depuis l'Afrique. Images et poésie du reportage » ; 2004, Varsovie, Green Gallery: « Ryszard Kapuściński – photographies d'Afrique » ; 2006, Rome, Bibliothèque européenne; 2007, Varsovie, Palais royal, « Les gens que j'ai rencontrés en Afrique », etc.).

Il paraît évident que les photos sur les voyages du reporter représentent la part du lion de ces expositions. Si l'on essaie de s'imaginer le portfolio d'un reporter tel que Kapuściński, on pense naturellement à des photos fixant des moments uniques de « l'effervescence du monde », des photos contenant un message humanitaire, des photos représentant des images émouvantes de l'Autre. Et effectivement, les archives photographiques de l'auteur d'*Ébène* contiennent des milliers de clichés de ce type. Mais parmi les innombrables expositions de Kapuściński, l'une attire particulièrement l'attention : il s'agit du cycle des *Portillons* représentant exclusivement de vieux portillons de jardins ouvriers dans le parc de Pole Mokotowskie, tout près de là où habitait le reporter. Que pouvait bien voir Kapuściński dans des objets devant lesquels les autres passaient avec indifférence tous les jours ? Quel nouveau visage de l'auteur des *Droits de la nature* nous dévoile cette exposition insolite ? Elle a été présentée la première fois dans le cadre des « Vernissages d'un soir »[285], en 1996, dans l'atelier de photographie publicitaire de Chris Niedenthal et de Woody Ochnio, situé rue Noakowski à Varsovie. Nous avons interrogé l'un des protagonistes de ce projet sur les circonstances de la genèse de ce cycle : « Le 'Vernissage d'un soir', nous a expliqué Chris Niedenthal, c'est un concept très simple. Autrement dit, c'est un vernissage, point final. Si on ne vient pas, on ne voit pas ! Nous montrions une œuvre de personnalités connues ; peu importait ce qu'ils montraient, mais qui le montrait. Nous avons commencé par Czesław et Małgorzata Niemen, puis il y a eu Beata Tyszkiewicz, Magda Umer, Pola Raksa, Wiesław

---

285 Pour en savoir plus sur les « Vernissages d'un soir » : http://www.magicmedia.com.pl/imprezy.htm ; accès 20.06.2008. À l'occasion de chaque vernissage, le héros de la soirée était traditionnellement photographié, assis dans une baignoire. Chris Niedenthal nous a raconté l'histoire de cette idée : « Dans notre studio nous avions une vieille baignoire en fonte de plus de cent ans dont nous ne voulions pas nous débarrasser. Elle était encombrante mais belle. Chaque artiste devait être photographié par nous avant le vernissage, et lors de la première session avec les Niemen, Czesław eut l'idée de se faire photographier avec Małgorzata dans cette baignoire. Après, c'est devenu une tradition ». Soit dit entre parenthèses, c'est cette photo qui a servi à la couverture de Newsweek (n 21, mai 2007) d'unique illustration au « Dossier de l'écrivain ». Voir à ce sujet la note 86, pp. 88–89 du chapitre IV du présent livre.

Ochman, Janusz Gajos. Et nous avons aussi invité Ryszard Kapuściński. Voulant le convaincre d'exposer ses photos chez nous, Woody et moi nous sommes rendus chez lui pour lui faire cette modeste proposition. Kapuściński a accepté de bon cœur, mais il nous a dit qu'il n'avait malheureusement pas le temps de chercher des négatifs ou des tirages, et que par conséquent il ne savait pas ce que nous pourrions exposer… Cela nous a interloqués : c'était bien, mais mal en même temps ! À ce moment-là, nous avons jeté un coup d'œil sur son bureau où traînaient une pellicule en noir et blanc ainsi qu'une planche-contact. Kapuściński nous a timidement dit qu'il s'agissait de photographies de portillons de jardins ouvriers situés tout près de l'immeuble où il avait habité jadis et où il se promenait souvent. Woody et moi nous sommes regardés et avons dit ensemble que c'était parfait : ces portillons nous suffisaient ! Nous prenons les négatifs et nous faisons l'exposition. Il s'est trouvé qu'Iza Wojchiechowska, à l'époque directrice de l'Agence centrale photographique, s'est chargée de faire des tirages grand-format sur du papier pour photos couleur, et cela a donné un résultat bleuté. Ce n'était pas gênant et cela donnait même du charme à l'ensemble de cette exposition inhabituelle. Kapuściński nous a montré qu'il était un photographe sensible, car il ne s'agissait pas de photographies ordinaires de vieux portillons. C'étaient ses photographies de portillons à lui. Et bien que fermés, ces portillons nous disaient qu'au-delà, se trouvait un monde captivant, que si nous les ouvrions, nous pouvions découvrir un autre univers. Exactement comme il l'avait fait toute sa vie »[286].

L'exposition des *Portillons* dévoile la richesse de l'imagination artistique de Kapuściński. En se servant d'un détail spatial ostensiblement modeste, le reporter révèle diverses valeurs de la réalité ; ces vieux portillons peuvent non seulement fonctionner comme une métaphore de la désintégration et l'érosion du monde, mais elles sont une ouverture sur l'inconnu, elles sont aussi une invitation à la rencontre. Cette exposition pleine de simplicité naturelle touche à l'essence de l'identité artistique de Kapuściński – elle est la transcription unique du travail incessant de son imagination, de sa subtile sensibilité, de la réceptivité de ses sens qui n'ont besoin d'aucun décor exotique pour découvrir la magie du quotidien. L'événement artistique mis en scène par Chris Niedenthal et Woody Ochnio est ainsi un témoignage précieux de la conscience artistique de l'auteur du *Négus* et un argument de poids en faveur de sa cohérence créative. En extrayant du quotidien un détail signifiant, en découvrant dans des portillons bancals des éléments de magie, en donnant des preuves de sa

---

286 Récit de Chris Niedental du 19 juin 2008 (correspondance en possession des auteurs).

perception sensible de la réalité, Kapuściński – comme dans ses livres et ses poèmes – est un véritable artiste qui marque toutes ses œuvres de son inimitable signature.

L'année 2000 inaugure une entreprise nouvelle et incomparablement plus durable que les vernissages éphémères ; plus de cent photographies du reporter sont éditées dans son premier album photographique *Z Afryki* (Depuis l'Afrique). Dans l'une de ses recensions, Roman Pawłowski écrivait : « *Z Afryki*, ce n'est pas seulement la première œuvre photographique de Kapuściński, c'est surtout la parfaite illustration d'*Ébène*, un portrait-reportage de l'Afrique »[287]. Justement, s'agit-il seulement d'une illustration ? Interrogé en 1994 par M. Miller sur ce que signifie pour lui la photographie, Ryszard Kapuściński répond : « La photographie, c'est une autre vision du monde, autre que l'écriture, autre que celle du reporter. Lorsque je photographie, je ne prends pas de matériel pour écrire, et vice-versa. Quand je pars à la chasse aux photos, je laisse de côté mon carnet de notes et mon crayon. En recueillant de la matière pour un livre, je m'imprègne d'atmosphères, l'image est alors une image de synthèse. Je vois une rue tout entière, un paysage tout entier, des montagnes tout entières. Souvent je ne vois pas, car ma pensée est absorbée par la réflexion. En revanche, la photographie change mon optique sur la réalité. Car dès que je m'empare de mon appareil, je me mets à regarder tout ce qui m'entoure autrement. Je me mets à observer, à pénétrer la plastique de la réalité. Elle devient multidimensionnelle[288]. Ainsi Kapuściński séparait-il nettement deux manières de décrire le monde : le mot et l'image. La photographie était pour lui un instrument autonome qui éclairait la réalité d'un autre point de vue, dévoilait d'autres aspects du monde.

En examinant toutefois les photographies de l'album, il est difficile de ne pas remarquer qu'elles sont, dans un certain sens, une anticipation d'*Ébène*. L'album est certes publié deux ans plus tard, mais il contient des photographes antérieures au livre sur l'Afrique. Et justement – comme le papier de tournesol – elles dévoilent un changement qui va bientôt affecter l'écriture du reporter. Les images réunies dans l'album passent pratiquement à côté de la grande histoire. Si celle-ci parvient à toucher la conscience du lecteur, ce n'est que sous la forme de ses effets tragiques. Les photos bouleversantes d'enfants armés ne sont pas une chronique habituelle de la guerre. Leur impact est beaucoup plus profond ; elles mettent en accusation un monde qui oblige un enfant à tuer

---

287 http://serwisy.gazeta.pl/kapuscinski/1,23085,458437.htlm ; accès 21.09.2008.
288 M. Miller, *3 x K : Kąkolewski, Krall, Kapuściński. Polska szkoła reportażu* (Kąkolewski, Krall, Kapuściński. L'École polonaise du reportage), Institut du Journalisme de l'Université de Varsovie, Laboratoire du Reportage (manuscrit), p.10.

d'autres enfants, elles mettent en garde contre la banalisation du mal. On peut parfois avoir l'impression que les photographies réunies dans l'album dessinent non seulement une carte du Continent noir mais brossent aussi un panorama miroitant de l'humanité. Effectivement, à la surface de la réalité africaine en affleure une autre, qui surgit par contraste en devenant son verso. Cette diversité fascinante se révèle dans les oppositions. Commentant une série de photos représentant des gens portant sur la tête des récipients imposants, remplis de marchandises, l'auteur écrit : « À la rubrique : 'Que portons-nous sur la tête ?', les revues de mode européennes présentent différents modèles de chapeaux, de bérets, de foulards. En Afrique, la réponse à cette question sera différente : nous portons sur la tête tout ce qui constitue notre patrimoine, tout ce que nous prenons avec nous au marché et que nous en rapportons, tout ce que nous emportons avec nous quand nous devons fuir la famine, la guerre, une épidémie » (ZA, 81). Le défilé de chefs de tribus marchant fièrement en brandissant des parapluies, symboles « d'autorité, de prestige et de pouvoir » n'est pas moins étonnant pour un Européen. Ces photos sur l'Afrique interrogent de manière subtile la relation d'un monde repus aux problèmes du continent noir.

Toutefois l'album est avant tout un récit sur l'Afrique au quotidien ; nous rencontrons ses héros en route pour le marché, au travail, à l'école, à l'ombre d'un arbre. Leur sérénité est stupéfiante ; la majorité des personnages fixe l'objectif en souriant, avec confiance et dignité. Les hommes qui nous regardent depuis la photo deviennent vivants, nous sentons presque leurs émotions. Le reporter réussit parfaitement à capter leur personnalité. Ainsi, la photo d'un magnifique couple somalien de Hargeisa qui représente une jeune fille enthousiaste et radieuse et un jeune homme concentré : « Lui, toujours pensif, silencieux ; elle, éternellement militante, enflammée, engagée » (ZA, 12), écrit l'auteur à leur sujet. Sur la page d'à côté, les photographies de trois femmes différentes à maints égards : habit, âge, nationalité. La seule chose qui les unit, c'est leur rapport à la vie : « Que de paix sur ces visages, que d'harmonie dans leur destin de misère » (ZA, 13), lisons-nous dans le commentaire. D'où leur vient cette sensibilité, d'où leur vient tant de compréhension ? Dans la préface, Kapuściński dévoile son secret : « Selon moi, la photographie (…) est un acte collectif, nous créons des photos ensemble ; moi qui appuie sur le déclencheur, et le sujet de la photo que j'ai devant moi. Ce n'est que de cette entente, de cette communauté que peut naître la photo qui me tient à cœur » (p. 6). La photographie est donc une rencontre pleine d'intimité, dans laquelle le héros se dévoile devant celui qui dirige son appareil sur lui, il lui confie avec confiance une particule de lui-même : sa copie fidèle.

Le lien qui unit la photographie au reportage semble évident. Kapuściński attire toutefois l'attention sur une dépendance bien moins évidente, mais tout aussi fondamentale à ses yeux, entre la photographie et la poésie : « L'exécution d'un photogramme réussi exige le même effort et la même épreuve que l'écriture d'un bon poème. Cela demande la même concentration, la même persévérance, la même imagination. Ainsi, de même qu'un poète reconnaît ses vers, de même un photographe reconnaît ses clichés » (ZA, 5). Et lui-même d'avouer : « Bien que par la suite, j'aie fait des milliers et des milliers de photos, il m'est rarement arrivé de ne pas savoir, des années après, si la photo avait été prise par mon appareil » (ZA, 5). En effet, les photos de Kapuściński ont une intensité qui leur est propre, parfois une force purement poétique. La photo représentant un groupe de femmes soudanaises sveltes, vêtues de sacs de jute (récupérés après une distribution de produits alimentaires par une organisation humanitaire), illustre à merveille ce point de contact entre la photographie et la poésie. Ces femmes soudanaises ont des yeux pleins de tristesse, leurs visages tournés vers l'objectif sont indifférents. Le commentaire nous apprend qu'elles ont fui une guerre cruelle vers un camp de réfugiés, où « elles souffrent de la faim, vivent dans un abominable dénuement ; épuisées et malades elles ne tardent pas à mourir » (ZA, 60). Maintenant nous comprenons clairement leur détermination ; ces femmes ne posent pas devant l'objectif pour éterniser leur image ; elles ne sourient pas, elles ne minaudent pas, elles n'essaient pas d'attirer l'attention sur elles. Elles sont là pour témoigner, pour ébranler la conscience du monde, pour susciter un sentiment de responsabilité à l'égard des victimes. Magdalena Szymków, la commissaire des expositions de photos de Kapuściński en Italie fait preuve d'une remarquable sensibilité en accompagnant cette photographie d'un extrait du poème *Souffrance et culpabilité* du recueil *Prawa natury* (Droits de la nature)[289] :

> Couverts d'un sac de jute
> ils ouvrent leur cœur
> à la souffrance de l'autre
> ils partagent sa douleur
> (…)
> ils disent :
> évite celui qui souffre
> mais à ton corps défendant
> pénètre en toi l'épine –
> sentiment de culpabilité (PN, 24)

---

289 R. Kapuściński, *Solo chi indossa tela grezza… Immagini dall'Africa*, catalogue de l'exposition de photographies à l'occasion de l'inauguration de la Bibliothèque européenne, Institut polonais, Rome, 2006, p. 20.

Comment la poésie se situe-t-elle toutefois par rapport à la prose du reportage, langue de base du récit de Kapuściński ? « Écrire de la prose, c'est bombarder une cible, dit-il à Marek Miller. On tire à droite, on tire à gauche, là on tombe sur le deux, là sur le six, là sur le huit. Puis la cible est criblée de flèches, telle est l'image de la prose. Un bon poème c'est une seule flèche qui tombe dans le mille. Elle vise juste et vibre »[290]. On peut ajouter à cela une étonnante constatation du « journaliste du siècle » qui, juste avant de mourir, avouait dans un entretien avec Francesco Cataluccio « qu'il voudrait rester dans les mémoires comme un poète et un auteur d'aphorismes : quelqu'un qui décrit le monde en quelques mots »[291]. La poésie était donc pour lui la forme littéraire la plus noble, le moyen de décrire la réalité la plus intense, mais aussi – comme il le disait – un luxe rare ; un repos permettant au « reporter fou » de se réjouir de la fugacité du moment, de la richesse de la langue, de la polysémie de l'image. Elle était un garde-fou contre un monde hors d'haleine, une aide inappréciable dans la recherche de sa propre identité et dans la quête de son authenticité. Elle ne nécessitait pas d'immédiates expertises, explications, recommandations, elle permettait d'écrire de la manière la plus sincère sur l'intime : la douleur, le découragement, l'expérience de la mort. Elle était aussi un contrepoint expressif aux grandes questions, elle était la poésie des « droits de la nature » – droits premiers et irrévocables ne se soumettant pas à la dictature de l'histoire[292]. D'où, dans ces poèmes (mais aussi dans les derniers tomes des *Lapidarium*) autant d'inclination pour les choses menues, le détail, le concret. La présence vivante de miettes devient une chance de renverser les proportions de son propre monde : « Les petites choses sont peut-être belles, écrit Tadeusz Sławek – mais elles se trouvent avant tout près de

---

290 M. Miller, *3 x K : Kąkolewski, Krall, Kapuściński…op; Cit.*, p. 77.

291 F. M. Cataluccio, *Godność faktów* (La dignité des faits), Książki w Tygodniku (4 février 2007, n 5, p. 11.

292 L'auteur a finalement décidé d'appeler son recueil *Prawa natury* en renonçant à lui donner le titre de *Nastroje* (Atmosphères). Interrogé par Tomasz Fijałkowski sur le choix de ce titre, lors d'une soirée organisée à Cracovie pour la promotion du recueil *Prawa natury*, Kapuściński répondit : « Je suis incapable de répondre à cette question. Cela m'est simplement apparu naturel. Au début je voulais donner à mon recueil le titre de *Nastroje*, ce qui aurait correspondu au contenu de certains poèmes. Puis je me suis rendu compte qu'il existait un groupe de musique qui portait un nom semblable, « Nas troje », donc je n'ai pas voulu faire de plagiat… Cité d'après : http:// www.kapuscinski.info/page/ksiazki/24/txt/63 ; accès 17.06.2008.

ce qui est éthique, et de ce qui suit – c'est dans les petites choses que l'homme défend sa dignité »[293].

Le patrimoine poétique de Kapuściński, réuni dans deux minuscules volumes – *Notes* (1986) et *Prawa natury* (2006), publiés après la mort de l'écrivain, avec sept autres poèmes inédits dans un recueil intitulé *Wiersze zebrane* (Poèmes complets), compte en tout près de quatre-vingt-dix œuvres, parmi lesquelles dominent les miniatures poétiques. Dans une étude intéressante sur cette œuvre lyrique, Joanna Kisiel propose quelques pistes de lecture fondamentales[294]. Les interprétations suggestives, érudites, pour ne pas dire virtuoses (surtout *** *inc. Le Professeur Kant…* et *Le sculpteur d'Ashanti*) permettent de percevoir la création poétique de Kapuściński comme un élément faisant partie intégrante de son univers littéraire : « La poésie de l'auteur de *Prawa natury*, écrit la chercheuse, est un modeste complément, un addendum, une marge spécifique de l'œuvre principale de l'écrivain, mais en même temps fondamentale, soigneusement préparée, mûrie et sage, elle augure un autre visage de l'auteur de *Mes voyages avec Hérodote* ». L'auteure cite quelques « pistes thématiques » dans cet espace lyrique : « incertitude des mots », « fragilité du monde », « mystère de l'arbre », « essor et chute » et « autoportrait avec la mort en toile de fond ». La seule possibilité d'isoler ces champs sémantiques montre la variété immanente de l'univers des reportages de Kapuściński et l'envergure de sa poésie. Ces deux réalisations artistiques sont tissées à partir d'un matériau différent, parfois on peut même avoir l'impression qu'elles sont l'œuvre d'une autre main. Ainsi, l'infatigable chroniqueur de « l'effervescence du monde », dont il décrit les violents changements à l'aide d'une langue puissante, sûre et imagée, dévoile dans sa *poésie* ses doutes, voire sa méfiance à l'égard du mot (****inc. Trouver le mot adéquat…*). Les recherches métapoétiques mènent l'auteur de *Notes* à un mot qui apparaît bivalent : d'un côté, il est le gardien de valeurs éthiques (« le mot pur / étranger à la diffamation / à la délation / à la chasse aux sorcières » ; ****inc. Trouver le mot adéquat…* N, 162) ; d'un autre côté, ce

---

293 T. Sławek, *Przyjaźń ze światem* (Amitié avec le monde), Książki w Tygodniku, 4 février 2007, n 5, p. 15.

294 J. Kisiel, *Ja – Inny. O poezji Ryszarda Kapuścińskiego* (Moi – l'Autre. Sur la poésie de Ryszard Kapuściński). Texte qui paraîtra par la suite dans le recueil *Życie jest z przenikania… Szkice o tworczosci Ryszarda Kapuścińskiego* (La vie doit être pénétrée… Essais sur l'œuvre de Ryszard Kapuściński). Toutes les citations – sauf indication contraire – proviennent du manuscrit de cet article. Le paragraphe sur la poésie de l'auteur du *Négus* doit beaucoup à ce travail.

mot a une nature trompeuse (« ils mettent de faux indicateurs / mènent à des impasses / conduisent à la tentation » ; ****inc.* Peut-être est-ce le plus grand…, PN, 5). Ce sont justement ces mots poétiques – instables, branlants – qui traduisent à merveille « la fragilité du monde » où « l'instant qui fuit » et « la feuille / arrachée à la branche (*** *inc.* La feuille…, PN, 18) pèsent plus lourd que « la dure racine des événements ». Dans la poésie de Kapuściński, cette fragilité précieuse montre aussi un autre visage ; elle est la trace inamovible de la perte (« Pourquoi / le monde / m'a esquivé / si vite (…) / a chassé / un point de fuite / dans le feu et la fumée » ; ****inc.* Pourquoi…, N. 163). La bipolarité du moment imprègne cette œuvre lyrique d'un message pessimiste : « Le contact de l'homme avec le monde s'accomplit en un clin d'œil, il est douloureusement marqué du sceau de la perte ».

Dans la réflexion poétique de Kapuściński, « la fragilité de l'instant » se heurte à une forte opposition, elle est contrebalancée par « le mystère de l'arbre » : la légèreté sensuelle s'oppose à la métaphore de la dureté, à l'envol aérien de la feuille correspond la pénétration laborieuse des racines. L'image de l'arbre est d'ailleurs l'un des motifs expressifs de ce monde, et elle aussi est bivalente. D'un côté, l'arbre est la métaphore de l'abri (« Puis ils seront là-bas à l'ombre d'un arbre / Adam et Ève » ; ****inc.* Mars les arbres attendent la sève les feuilles…, PN, 58), mais il est aussi l'image de la cruauté du monde (« échardes / enfoncées sous l'ongle / de la terre » ; ****inc.* … lorsqu'ils méditent… N, 134). « L'expérience des enfants d'Ève est déterminée par la dualité et la polyvalence douloureuses d'un monde déchiré qui depuis la nuit des temps a cessé d'être un jardin » : voilà à quoi aboutit cette claire dichotomie.

Mais dans le monde poétique de Kapuściński, la nature de l'arbre est beaucoup plus impénétrable, comme le montre l'aventure stupéfiante du sculpteur d'Ashanti qui arrache péniblement des couches successives de bois de teck résistant pour finir par apercevoir, au bout de ses peines, une paire d'yeux fixés sur lui. Le bois est donc un mystère insondable, une matière dure, une réalité dont la connaissance recèle un danger. Joanna Kisiel, l'auteure de l'étude, sait que les efforts du sculpteur d'Ashanti ne sont pas vains : « Les actes créateurs et cognitifs du sculpteur africain, ses efforts obstinément renouvelés, qui rappellent le labeur des héros inflexibles de *La jeune fille* de Leśmian, sont une leçon d'héroïsme existentiel, sans promesse, sans joie, sans récompense ». L'auteur exprime la même idée de vie héroïque en se servant de la métaphore des racines qui ne vivent vraiment que lorsqu'elles pénètrent, vrillent, perforent en profondeur, « abandonnées à la surface / inactives / elles se dessèchent » (****inc.* Les racines suivent une direction verticale…, PN, 22). L'image poétique a le poids d'un message : « la vie doit être pénétrée ». Dans le monde poétique de Kapuściński, il n'y a toutefois pas de place pour les solutions définitives, de sorte que cette constatation puissante attire aussitôt sa contrepartie : « Autant le devoir de la vie consiste à « pénétrer en profondeur », écrit Joanna Kisiel, autant l'essence des moments de bonheur est indissociable de l'envol. L'expérience de la racine et l'expérience des ailes, dans la poésie de Ryszard Kapuściński, se complètent mutuellement ». Le rêve éternel de l'envol dévoile ici aussi son autre face : il est en même temps le récit de la chute et de la tension permanente entre l'un et l'autre (***inc. *Le Professeur Kant...*, N. 156). La dynamique de cette tension donne naissance à une autre métaphore existentielle, ingénieusement codée dans l'image de l'arc. Celui-ci d'ailleurs – d'après l'auteure de l'étude – a la même racine que le mot « vie », *bios* (*Po dwóch stronach oceanu*, PN, 9). La ligne de l'arc recouvre toujours celle de la vie humaine qui émerge de l'infini et y retourne...

Vue dans sa diversité intrinsèque et à travers ses images finement contrastées, la poésie de Kapuściński révèle sa dynamique profonde. Qu'on se laisse porter par l'instant ou qu'on s'escrime à pénétrer l'essence des choses, les tentatives obstinées d'assujettir la réalité sont vouées à l'échec. Joanna Kisiel écrit : « Mais chaque fois, le monde demeure un adversaire insaisissable et impénétrable (…). Le mystère de la réalité demeure hors (…) de portée. À la différence de sa prose, la poésie de Ryszard Kapuściński aboutit à une capitulation dramatique devant l'impossibilité de connaître et de pénétrer le monde. Maître du reportage et chroniqueur méticuleux des événements, doué d'une rare capacité d'expliquer le monde de manière cristalline, Kapuściński avoue dans sa poésie son désarroi face au monde ».

Les poèmes de Kapuściński dévoilent ainsi un nouveau visage du reporter héroïque, nouveau pour lui également. L'écrivain a confié un jour à Jarosław Mikołajewski : « En écrivant un poème, nous découvrons en nous une autre facette que nous ignorions avant de nous asseoir devant la feuille de papier. Écrire des poèmes, c'est en effet une découverte étonnamment précieuse, en soi et de soi. C'est un sentiment étrange et beau »[295]. Dans le dernier poème de *Prawa natury* – qui parut en Pologne en 2006, exactement vingt ans après la publication de son premier recueil de poésie *Notes*[296]- l'auteur exprime cet étonnement.

---

295 J. Mikołajewski, *Poeta Kapuściński*, Gazeta Wyborcza, 21 février 2006.

296 Le recueil *Prawa natury* est paru deux ans plus tôt en Italie, dans une édition bilingue, italo-polonaise, sous le titre de *Taccuino d'appunti*, traduit et adapté par Silvano De Fanti, Udine 2004. Peu de temps après il reçut le prestigieux prix « Premio Napoli », et ce n'est qu'en 2006 que *Prawa natury* fut publié pour la première fois en Pologne.

> Je me suis tant éloigné de moi-même
> que je ne sais plus rien dire
> à mon propre sujet
> ni ce que je sens
> quand je suis trempé par la pluie
> ni quand je me transforme
> en un brin d'herbe sèche
> brûlé par le soleil
> je ne sais plus me retrouver
> moi-même
> décrire cette personne
> la nommer
> assurer
> qu'elle existe (PN, 63)

L'agencement original du poème rappelle la partie supérieure d'un sablier. La forme expressive de l'objet est perturbée par un mot, rejeté au-delà de la forme du sablier et exprimé après une longue pause, avec hésitation semble-t-il : « existe ». Ce verbe, séparé graphiquement, qui passe à la troisième personne du singulier, est donc doublement abstrait ; il crée l'illusion de l'étrangeté, de l'inadaptation, il semble venir d'ailleurs. Et le sablier ? Privé de sa partie inférieure, il change radicalement de propriété ; le sable qui coule de la partie supérieure ne viendra pas frapper en cadence le fond dur de la structure, il ne s'écoulera pas dans la partie inférieure du bulbe de verre, on ne pourra plus désormais retourner le sablier. Le mouvement du sable est donc unilatéral, irréversible, définitif. Vers le néant ? Dans cette perturbation, le « moi » lyrique se perd, emporté avec les autres grains de sable par une puissante force centripète, il se dirige inéluctablement vers la sortie. La phrase « je ne sais plus me retrouver / moi-même /, est le dernier écho, plein de désespoir, d'un être encore conscient de son identité » (****inc.* Je me suis tant éloigné…, PN, 63). Le vers suivant invalide toutefois cette unique certitude. Lorsque le « je » lyrique se mettra à exister de nouveau, il sera désormais privé de sa propre subjectivité – il réapparaîtra comme une « personne » étrangère, objectivée, éprouvant le besoin d'être rassurée qu'elle… existe.

Dans l'analyse du poème *Moi – L'Autre*, Joanna Kisiel propose des pistes d'interprétation intéressantes. Émettant certaines réserves, elle soumet une possibilité de lecture qui annexe l'expérience biographique. Le poème se lit alors comme « un contrepoint étonnant aux vastes tentatives d'expliquer les changements complexes du monde entreprises dans la prose. Vu à travers le prisme de la passion du reporter de connaître et de décrire la réalité, son geste de désarroi face à la question 'ce que je sens / quand je suis trempé par la pluie', prend une force particulière. La supposition que ce sentiment de détresse est autant lié à la course derrière le monde qu'à la course derrière le mot mérite réflexion. L'histoire d'un amour passionné avec une réalité complexe et diverse a certainement son prix. Éparpillé dans le voyage, le « je » – comme « l'autre » –, lointain et impénétrable, devient plus exotique que les terres d'outre-mer les plus lointaines ».

Les conclusions étonnantes découlant de la lecture de ce poème ne laissent aucun doute que la poésie –modeste complément à la création en prose d'un point de vue quantitatif – demeure toutefois un espace auquel le lecteur attentif ne peut pas rester indifférent. Ce maillon poétique est fondamental dans la biographie de l'œuvre de Kapuściński, non seulement comme initiation littéraire, mais aussi comme composante importante de sa personnalité, qui, en même temps qu'un culte du mot réellement poétique, a développé un nouveau type de reportage[297].

*

Lapidarium constitue une nouvelle articulation artistique – à côté de la photographie et de la poésie. Publié en 1990, le livre est annoncé comme une éphéméride, un complément en un volume de l'œuvre du reporter. Aujourd'hui, nous savons que cet ouvrage comporte six livres écrits pendant seize ans et édités régulièrement. La parution de la première partie est toutefois accueillie avec la même stupéfaction que l'a été le premier recueil de poésie du reporter. Elle est ostensiblement différente de tout ce qu'il a écrit jusqu'alors. À la place d'une synthèse elle propose une esthétique du fragment, à la place d'une narration alerte – un commentaire, à la place d'histoires émouvantes – une idée brillante, une citation pertinente et des bribes d'entretiens. Ryszard Kapuściński a évidemment conscience qu'en abandonnant la narration vivante au profit d'une « silva » – pour paraphraser l'idée de Krzysztof Karasek au sujet de *Notes* – il expose au péril son prestige et inaugure une fois de plus un autre genre[298].

En publiant ses notes, l'auteur s'inscrit dans un courant d'écriture plus large, marqué précédemment par des noms tels que Przyboś, Kuncewiczowa, Bobkowski, Breza, Stempowski, Irzykowski, Herling-Grudziński, Miłosz. « De quel genre s'agit-il ? demande-t-il dans les pages de *Lapidarium*. Reportages ? Essais ? L'un et l'autre, mais en même temps quelque chose de plus. C'est de la

---

297 J'ai besoin de la poésie comme exercice linguistique, avouait-il dans *Lapidarium*, je ne peux pas renoncer à la poésie. Elle exige une profonde concentration sur la langue, et cela bénéficie à la prose. La prose doit avoir la musique, or la poésie c'est le rythme » (L, 211).

298 K. Karasek (note éditoriale), dans : Ryszard Kapuściński, *Notes*, Varsovie 1986, rabat de la couverture.

nouvelle littérature. Elle repose sur la construction de réflexions, d'ambiances, de scènes, à la place de personnages et d'intrigues. La construction de grands personnages (importants, nouveaux) est aujourd'hui de plus en plus difficile. Mais cette nouvelle littérature est-elle quelque chose « à la place de » ou « à côté de » – l'avenir nous le dira » (L, 88). Dans un entretien avec Stanisław Bereś il ajoute : « En général je ne me demande pas quel genre ce sera. Je veux simplement écrire un texte qui, d'après ma conviction et mon expérience, est le plus proche et le plus fidèle de ce qui m'entoure. Et comment sera-t-il qualifié et appelé, c'est l'affaire des critiques et des chercheurs, pas la mienne »[299].

Toutefois, la question de la forme de *Lapidarium* – comme jamais – divise la critique, jusqu'à présent plutôt favorable à la création littéraire de Kapuściński. Et bien que ce débat – qui émane de goûts et d'attentes littéraires individuels – ne puisse être résolu, cela vaut sans doute la peine de citer au moins quelques positions cruciales qui jalonnent les réflexions critiques sur *Lapidarium*. Pour certains, cette forme témoigne du désarroi de l'auteur, qui essaie de saisir un monde disloqué par une pensée dispersée (Paweł Rodak)[300], pour d'autres, la technique du collage qui permet d'éviter la généralisation est l'unique possibilité crédible de décrire un « monde opaque » (Tadeusz Szkołut)[301]. Les uns considèrent que *Lapidarium* est « un ramassis de clichés »[302] (Wiesław Kot), d'autres sont d'avis que « la prose de la 'silva rerum' a trouvé chez Kapuściński un virtuose » (Leszek Żuliński)[303]. Enfin, certains reprochent au livre sa confusion et son caractère poseur (Marek Zaleski : « l'idée prend la pose d'un aphorisme, la description – celle d'une métaphore, l'épisode – celle d'une parabole, et la narration – celle d'une fable »[304]), d'autres tels que Zbigniew Bauer voient dans le livre « une philosophie du fragment. La philosophie d'un lapidarium, d'une collection de pierres, dans laquelle un morceau trouvé par hasard contient la vision d'une construction »[305].

---

299 S. Bereś, *Lapidarium czyli « nowy tekst »* (Lapidarium ou un « nouveau texte »), Odra 1996, n 6, p. 85.

300 P. Rodak, *Tylko kamyki* (Des petits cailloux c'est tout), Życie Warszawy 1996, n 57 ; p. 12.

301 T. Szkołut, *Świat według Kapuścińskiego* (Le monde selon Kapuściński), Akcent 1996, n 3, pp. 14–20. ; et *idem, Świat w końcu stuleciu,* (Le monde à la fin du siècle) Res Humana 1996, n 2, pp. 7–10.

302 W. Kot, *Szczątki* (Épaves), Wprost 1990, n 30, Voir aussi la polémique suscitée par ce texte : Tapir, *The best of…,* Gazeta Poznańska 1990, n 191.

303 L. Żulinski, *Eseje w pigułce* (Essais en pillule), Wiadomości Kulturalne 1997, n 26.

304 M. Zaleski, *Więcej świata* (Plus de monde), Życie Warszawy 1990, n 149.

305 Z. Bauer, *W lapidarium* (Dans Lapidarium), Nowe Książki 1990, n 6, p. 5.

Dans les critiques apparaissent aussi des commentaires sur la banalité de certaines thèses contenues dans le volume[306]. Anticipant probablement ces remarques, Ryszard Kapuściński a placé dans son livre une définition significative : « Concept de la banalité : 'propos sans profondeur, généralement connu, expression commune, rebattue, banale ; lieu commun, poncif, slogan' (*Dictionnaire de la langue polonaise*, t. 1).

Cette définition soulève deux réserves. D'abord, qui est juge ici ? À qui donnons-nous le droit et le pouvoir de juger ? (…) Ensuite, la formulation concernée est-elle une banalité, dépend-elle du contexte, de la situation ? » (L, 241). La pertinence de ces propos est confirmée par des commentaires dans lesquels les mêmes extraits de *Lapidarium* sont pour les uns une découverte, une idée bien tournée méritant d'être notée, un aphorisme précieux ; et pour d'autres, ni plus ni moins qu'une banalité. En voici un exemple : « Aujourd'hui il n'y a ni gauche ni droite, il n'y a que des gens à la mentalité ouverte, libérale, réceptive, tournée vers l'avenir, ou des gens à la mentalité fermée, sectaire, étroite, tournée vers le passé » (L, 246–247). Pour Tomasz Jastrun, cette formulation est une « perle », une idée qui lui est très proche : « La géographie des déceptions et des effrois de Kapuściński ressemble comme deux gouttes d'eau à la mienne »[307]. Cette idée mérite qu'on s'y arrête, qu'on y réfléchisse, qu'on la développe, qu'on émette des réserves à son sujet. En revanche, la même remarque sur la mentalité humaine est pour Paweł Rodak « une banalité et un stéréotype qui, dans le cahier d'un lycéen, pourrait être une pensée en or, mais dans le journal d'un grand écrivain n'est qu'une fioriture ennuyeuse »[308]. Janusz Drzewucki[309] écrit, quant à lui, que la présence de la banalité dans le livre est justifiée, voire nécessaire ! C'est un élément constitutif du monde, qui n'est rien d'autre qu'un mélange de grandeur et de petitesse, d'excellence et de médiocrité, de beauté sublime et de laideur vulgaire. Ainsi, *Lapidarium* – conçu comme une tentative de description de la nature du monde – ne peut faire l'impasse sur la banalité. Une opinion qui correspond vraisemblablement à la conception de l'auteur. Kapuściński a écrit plus

---

306 Au sujet des banalités voir, entre autres, T. Jastrun, *Zbieracz rewolucji, okruszków i kamieni* (Le collectionneur de révolutions, de miettes et de cailloux), Polityka 1998, n 8, pp. 50–51 ; P. Rodak, *Tylko kamyki, op.cit.* ; H. Zaworska, *Co z tego ?* (Qu'en est-il ?), Literatura 1990, n 10, p. 55 ; L. Szydłowski, *W pobliżu wielkiej metafory* (À proximité d'une grande métaphore), Gazeta Lubuska 1990, n 255.

307 T. Jastrun, *Klątwa telefonów i lapidarne myśli* (Malédiction des téléphones et idées lapidaires), Rzeczpospolita 1996, n 65.

308 P. Rodak, *Tylko kamyki, op. cit.*

309 J. Drzewucki, *Całość i fragment* (Ensemble et fragment), Wiadomości Dnia 1991, n 16.

d'une fois qu'un livre ne contenant que des observations remarquables serait aussi indigeste qu'un gâteau ne contenant que des friandises : « Une prose exagérément essentielle est ennuyeuse et pénible. Une bonne prose exige des passages faibles, elle a besoin d'un peu de kitsch pour détendre, reposer, relâcher. l'attention, pour avancer sur un terrain égal et doux » (L IV, 85–86).

Relativement peu découragé par la réception critique de cette série, le reporter a passé plus de vingt ans à écrire les six volumes de *Lapidarium*. C'est indubitablement sa publication la plus volumineuse et la plus étendue dans le temps. La pratique consistant à noter des textes est au début une nécessité, lorsque la période des voyages intensifs financés par la PAP arrive à son terme, puis avec le temps elle devient une habitude. Si l'on regarde ces six tomes, ne serait-ce que de manière superficielle, on s'aperçoit qu'ils enregistrent les moments forts de la vie professionnelle de l'écrivain. Le premier commence comme un journal de reporter classique. L'auteur décrit ses expériences au Mexique en 1972, alors qu'il travaillait encore en Amérique latine comme correspondant de la PAP. Ces notes sont la preuve claire et nette que Kapuściński a commencé à expérimenter la forme du « lapidarium » dès le début des années 1970. Qui sait ? Ce premier chapitre de *Lapidarium* est peut-être une esquisse qui lui a permis de décrire la nature riche et chatoyante de l'Amérique latine au moyen d'une formule qui, quelques années plus tard, lui a servi à décrire le monde. Il en est de même avec le deuxième extrait du volume. Le texte intitulé *Depuis Gdańsk 1980* est également un texte professionnel du reporter de Kultura, envoyé sur les chantiers navals en grève. Ces notes qui constituent la deuxième entité du volume sont un reportage-légende, publié dans le numéro 37 de l'hebdomadaire, juste après les événements d'août. Les fragments suivants de *Lapidarium*, écrits à partir de 1982, sont le plus souvent une description d'événements actuels, doublée d'une réflexion de l'auteur. Le critère de sélection du matériau adopté par Kapuściński est la forme extérieure de cette « actualité ». Des précisions relatives au temps et au lieu (*De Varsovie 1982, De New York 1983, etc.*) ordonnent ainsi le texte. L'application de cette méthode s'explique par la situation professionnelle de l'écrivain ; on peut supposer que Kapuściński écrit à ce moment-là ces notes essentiellement pour maintenir sa vigilance créative, pour que « son atelier reste ouvert »[310]. Au début, le travail sur *Lapidarium* sert sans doute cet objectif. Ce premier tome est en quelque sorte un livre « à la place de » …

Les parties suivantes sont toutefois marquées par un net changement de composition : elles ne consistent plus en notation de considérations journalistiques

---

310 B. Łopieńska, *Warsztat musi byc czynny. Rozmowa z R. Kapuścińskim* (Un atelier doit être ouvert. Entretien avec R. Kapuściński), Res Publica Nowa 1995, n 9, pp. 51–53.

déployées dans un réseau spatio-temporel de corrélations. Certes, certaines sont munies d'une date et d'un nom de lieu, mais ce manque de conséquence apparent est en réalité un acte créatif conscient, censé donner l'impression d'une « silva » brute, sans élaboration[311]. Dès le deuxième tome de *Lapidarium*, Kapuściński adopte une stratégie différente : ses notes sont classées selon un critère thématique ; nature, création, art, politique etc. Autre différence : le deuxième tome, publié en 1995, est écrit presqu'en même temps qu'*Imperium* (1993), et les volumes suivants accompagnent la rédaction d'*Ébène* et de *Mes voyages avec Hérodote*. Aucun d'eux n'est plus désormais un livre « à la place de ». Ce sont des livres « à côté de ». Souvent ils sont une sorte d'arrière-plan de ces ouvrages, de polygone stylistique, pourrait-on dire. *Lapidarium* comporte des pensées, des essais et des citations notés en marge des reportages sur l'Asie et l'Afrique. Ce n'est que là-bas qu'ils se satureront de couleurs, qu'ils étincelleront de leur lumière intérieure, que la description banale du ciel atteindra la hauteur d'une vision. Zbigniew Bauer[312] note ces probables fluctuations. Il confronte les extraits suivants[313] :

Lapidarium :
« Le ciel, quand je vais quelque part en avion (quand et où ?), en bas est rouge grenat, au-dessus bleu d'azur, puis, encore plus haut orange, plus loin rose, et dans la couche supérieure couleur brique, pour virer au bout d'un certain temps au gris foncé, s'intensifier et finalement, tout à la fin, se renfermer et sombrer dans les ténèbres » (L, 194).

La même observation acquiert dans *Imperium* un autre cadre stylistique :
« Après avoir atteint une altitude de quelques milliers de mètres, l'avion disparaît soudain derrière les coulisses d'un grand théâtre cosmique. Nous ne voyons pas la scène, elle se noie dans les ténèbres de la terre. Nous ne voyons que des rideaux lumineux

---

311 Cet effet de « silva » non élaboré est également donné par l'évocation, de souvenirs, de pensées sans mention de leur auteur, par exemple : « La civilisation de la durée, et à côté, la civilisation du développement, autrement dit : l'âme existante (le paysan, la campagne) et l'âme éveillée (la ville et ses habitants). C'est de qui ? Qui a écrit cela ? Tadeusz Zieliński ? » (L VI, p. 49).

312 Z. Bauer, *Antymedialny reportaż Ryszarda Kapuścińskiego* (Le reportage anti médias de Ryszard Kapuściński), Varsovie 2001, p. 182.

313 Certes, le texte issu de *Lapidarium* a été publié deux ans après le texte issu d'*Imperium*, mais ce qui nous intéresse ce n'est pas le moment où les deux livres ont été publiés, mais le moment où ils ont été conçus. Il est tout à fait probable que le matériau du livre de notes a été recueilli au moment où était conçu le livre sur la Russie.

suspendus au ciel. Légers, couleur pastel, hauts de plusieurs centaines de kilomètres, avec des reflets mordorés.

Ils rayonnent d'une lumière palpitante, vibrante.

L'avion semble errer dans ces draperies lumineuses et colorées, comme s'il avait soudain perdu sa route, comme s'il était désorienté et qu'il se mettait soudain à tourner parmi les plis d'étoffes déployées dans le ciel. Le vert ! C'est la couleur la plus frappante ! » (I, 727-728).

La valeur de *Lapidarium* ne limite toutefois pas à sa fonction de servitude par rapport à des textes majeurs tels qu'*Imperium* ou *Ébène*. Ce livre se révèle indispensable dans l'évolution créatrice de Kapuściński lui-même. C'est ainsi que sous nos yeux s'effectue le changement de l'auteur qui, au fil des pages des tomes successifs, troque de manière de plus en plus audacieuse, la perspective du témoin des événements courants contre la posture de commentateur, de diagnostiqueur du monde contemporain, de philosophe. On peut même dire que si *Imperium*, *Ébène* et *Mes voyages avec Hérodote* sont écrits avec un tel souffle réflexif, c'est bien parce qu'ils ont été précédés par le travail sur les différents volumes de *Lapidarium*. Cette distinction fondamentale est très sensible dans le rythme d'écriture ; les textes penchent désormais nettement vers l'essai, la réflexion, ils englobent un large panorama thématique.

Autant, dans les livres précédents, Kapuściński manifestait un intérêt pour des continents, des régions, des États particuliers, autant, dans *Lapidarium*, il s'intéresse aux problèmes du monde. Dans les premières pages du deuxième volume, l'auteur évoque un grand rêve, inaccompli : une entreprise gigantesque qui consisterait à décrire « Une Journée dans le Monde » : « la manière dont le soleil se lève au-dessus du Tibet, du Sahara, de Florence et de Lima ; (…) la manière dont se répand l'odeur du café, du thé, de l'omelette, du sang d'une poule fraîchement égorgée, de la cassave ; la manière dont on écrase le manioc, dont on bute les pommes de terre, dont on pilote un navire et un avion (…), dont s'allument des feux, des lumières aux fenêtres, des réverbères et des néons, des vers luisants, des yeux de boas (…) » (L, 193–194). Il serait intéressant d'observer comment ce besoin d'embrasser le monde a évolué dans l'œuvre de Kapuściński. Dans le reportage *Les arbres contre nous* l'auteur écrit, alors qu'il a à peine plus de vingt ans, le destin commun du soldat : « Hommes de rang du monde entier, on se lève tous à la même heure, on fait la gymnastique sous toutes les latitudes, on s'exerce au tir en visant dans le mille ou en ratant la cible, on marche sans savoir ni où ni pourquoi, on fait son lit au carré, on nettoie les latrines, on attend la permission, on répond : 'À vos ordres !', et on rend les honneurs conformément aux consignes d'un règlement écrit dans les langues les plus diverses » (M, 110).

Mais avec le temps se produit un net changement de perspective dans l'écriture de Kapuściński. Le jeune homme d'une vingtaine d'années peut encore espérer réussir à englober par la pensée « tous les hommes de rang du monde entier » ; en revanche l'auteur de *Lapidarium* sait que le rêve de décrire ne serait-ce qu'une journée ne se réalisera jamais. « Connaître, embrasser notre planète, c'est aujourd'hui au-dessus des possibilités de l'homme », affirme-t-il catégoriquement (L, 307). Il change donc de perspective. Progressivement mûrit en lui le projet de créer une image de notre globe qui se concrétise sous la forme d'un collage annexant divers fragments de la réalité : phénomènes naturels, lectures, diagnostics sur la culture contemporaine, crise de la philosophie, évolution de l'art, profession de reporter, vie quotidienne. En observant la réalité qui lui est accessible, Kapuściński expérimente divers outils. Une fois, il construit son image à l'aide de bribes de pensées. Par exemple, il présente trois visions de la patrie, chacune sincère et crédible, mais menant à des définitions différentes : « Genet : 'Pour moi, une patrie ce serait vraiment trois ou quatre personnes'. Camus : 'Ma patrie, c'est la langue française'. Le Touareg : 'Ma patrie, c'est là où il pleut' » (L, 256). Une autre fois, il a recours à des lambeaux d'impressions qui, s'ils étaient convenablement polis, pourraient briller de la lumière de la métaphore. L'image d'Oxford Street, jadis si élégante, qui s'est transformée en un bazar bruyant, plein de kitsch et de camelote (L, 88–89) illustre cette approche. Mais dans *Lapidarium* apparaît aussi une autre passion du reporter : la tentative d'expliquer le monde contemporain. L'auteur diagnostique les crises mondiales actuelles, nomme les processus qui sont leur conséquence directe, émet des hypothèses sur l'avenir de notre planète.

D'où vient ce besoin d'expliquer les règles régissant le monde ? Kapuściński évoque une discussion avec le philosophe Łoziński : « Nous avons admis que, puisque nous ne pouvions pas changer le monde, nous devions au moins l'observer et tenter de le nommer, de créer une langue, créer les définitions de phénomènes qui, jusqu'à présent, n'existaient pas et n'étaient donc pas définis. Car on ne peut aborder le monde de manière rationnelle, le comprendre, avoir une influence sur sa forme et son ordre, que s'il est définissable et défini » (L IV, 54). Jerzy Pilch écrit qu'à la fin de sa vie, Kapuściński a abandonné la Grande Métaphore au profit de la Grande Explication[314]. Et ce sont les *Lapidarium* qui en sont le meilleur exemple. La réalité y est appréhendée de manière discursive, raisonnée, et elle est étayée par de solides lectures. Cette image constituée d'atomes ne produit toutefois pas l'effet d'une collection désordonnée. Les

---

314 J. Pilch, *Kapuściński*, Dziennik, 26 janvier 2007, p. 24.

fragments, les éclats, les brins isolés sont reliés entre eux par une perspective subjective nettement marquée. Les six volumes de *Lapidarium* sont en effet le récit d'une interprétation personnelle de la réalité, à travers les lectures, les rencontres, les voyages, les réflexions de l'auteur ; le récit d'une communication privée avec le monde, d'une observation de la nature telle qu'elle se dévoile à l'écrivain, telle qu'il la perçoit. Grâce à l'adoption d'une perspective subjectivisée, cet enregistrement acquiert une valeur indiscutable. À défaut d'être objectif, il est assurément authentique.

Les observations autoréférentielles qui jalonnent abondamment le texte sont extrêmement précieuses. L'auteur dévoile volontiers les secrets de sa profession, évoque les indispensables lectures préparatoires au voyage, les coulisses pour obtenir du matériau, et surtout les obligations du reporter. Pour lui, le travail de correspondant de guerre est une mission ; il considère la sympathie pour autrui comme une qualité indispensable et la capacité de se sacrifier, l'acceptation de la souffrance, de la faim, des arrestations, des molestations, comme des nécessités. Le titre italien de l'un de ses livres, *Ce n'est pas une profession pour les cyniques*, contient le fond de son message de reporter. Dans *Lapidarium,* « L'empereur du reportage », comme aiment l'appeler les journalistes du monde entier, définit avec précision le sens fondamental de son œuvre. « Mon thème central, c'est la vie des pauvres » (L, 306).

Les commentaires sur les médias contemporains – aujourd'hui monopolisés, selon Kapuściński, non pas par des journalistes dignes de ce nom, mais par des *media workers*, des équipes techniques plus intéressées par la recherche d'une prise électrique que par une véritable rencontre avec autrui – servent de contrepoint à ces remarques sur le journalisme conçu comme une mission. Les journalistes contemporains, obnubilés par leurs journaux électroniques, perdent fréquemment le contact avec la réalité qu'ils sont censés décrire, ils ne veulent pas (ou même n'ont pas la chance !) d'observer un thème comme il conviendrait. Ils n'ont pas le temps pour se préparer à des lectures et à des rencontres approfondies avec autrui. L'essentiel, c'est d'aller vite et de faire du bruit ! Ainsi, les médias essoufflés, qui passent leur temps à courir après les « news », offrent à leurs lecteurs un ramassis de bêtises.

De l'autre côté se trouvent les récepteurs déboussolés par l'excès de possibilités, qui surfent sans réfléchir sur les océans infinis de la stupidité et du kitsch, qui, en toute sécurité, changent de chaîne, où ils sombrent dans des fonds dangereux nécessitant réflexion. Dans ce monde nouveau et merveilleux, le spectateur devient un voyeur impuni. Kapuściński évoque les dangers émanant des médias qui nous assimilent à la souffrance des autres. « Ce trait de la nature humaine a été génialement saisi par Bolesław Miciński, qui s'insurgeait contre le jugement : 'En tout cas c'est intéressant !' Si nous réagissons au mal ainsi, par un 'En tout cas c'est intéressant !', nous commettons une faute éthique, car nous réduisons tout au spectacle, au théâtre » (L, 349).

Les médias contemporains sont un phénomène de masse dans lequel le reporter d'antan, cet individualiste déconnecté « qui parcourt le monde, se rend dans des pays lointains, écrit sur des gens qui ne le lisent pas pour d'autres qui ne s'intéressent pas à ses héros » (L, 405) a bien du mal à trouver ses repères. Or les médias, qui pourraient servir d'intermédiaire dans la communication entre les hommes, créent tout au plus une indifférence bienveillante à l'écart des Autres. Leur seul souci, c'est allécher le chaland. Dans un monde sans valeurs il n'y a pas de place pour le sacré. Ce sont les banques qui deviennent les temples contemporains, les seuls endroits où il n'y a pas de tintamarre, où règnent le silence, la discrétion et l'élégance. La consommation – aujourd'hui religion la plus importante – adore ses dieux fluorescents, miroitants, chatoyants : « C&A KAUFHALLE HANSEN BOECKER PARISCOP MALKOWSKY FOTOQUELLE » (L, 78). L'*homo sapiens* contemporain est prisonnier de la consommation : « Du matin au soir, dans les cafés, les bars, les clubs, les restaurants, ils mangent. Leur sujet de conversation : où allons-nous manger, qu'allons-nous manger, qu'avons-nous choisi sur la carte, qu'ont-ils servi, était-ce bon ? (…) Ils finissent par la conclusion : nous avons trop mangé » (L, 63). Puis ils sont obsédés par une seule chose : comment perdre les kilos en trop ? Alors « Les uns décident de courir, les autres étudient les revues consacrées à l'amaigrissement » (L, 63). Et tout cela en boucle. Comment s'étonner que, lorsqu'ils entendent parler de gens heureux qui sillonnent le bush, le désert ou des montagnes rocailleuses avec un bâton à la main et un peu d'eau dans leur outre, ils se tapotent le front du bout de l'index. *Lapidarium* met en évidence le grand paradoxe des médias : les outils prévus pour faciliter la communication mènent à une nouvelle évolution de notre espèce, qui ne cesse de creuser le fossé entre deux types complètement étrangers de la population mondiale : *homo informaticus* et *poor man*.

Dans les notes de Kapuściński apparaît l'opinion selon laquelle la crise des médias n'est que le reflet d'une pathologie plus grave affectant notre civilisation. Les symptômes de cette maladie, sont la précipitation permanente, la dictature de la camelote et du kitsch, la philosophie de la démesure, la consommation effrénée, l'atrophie de la spiritualité, le règne du pseudo-savoir et la crise du mot. Dans *Lapidarium*, les images d'une nature pauvre, modeste, chétive, forment un contrepoint à ces pathologies de la globalisation : « Il fait beau. Le ciel est clair. La nature verdit, mais cette verdure est timide, fragile, transparente, branlante » (L VI, 55). L'auteur n'est pas intéressé par les montagnes puissantes, imposantes, gigantesques. Celles-ci lui font peur… Dans le monde de la nature, ce qui le fascine, c'est la simplicité, le silence, la fragilité, la paix, qui constituent un contrepoids misérable (mais un poids quand même !) à l'accélération du monde vivant sous le dictat de la force, de l'excès et du bruit.

Kapuściński trouve un autre antidote aux maladies de notre civilisation dans ses efforts obstinés de dialoguer avec l'Autre. Le reporter est profondément convaincu qu'une conversation amicale est la meilleure alternative à une existence solitaire dans une réalité dépersonnalisée et indifférente. Pour Kapuściński, cette posture idéaliste a une dimension très personnelle. « J'ai besoin de la présence d'autrui, car j'ai besoin de l'énergie qui émane de lui et qui me renforce ; la proximité d'un autre homme me rend plus fort ». Le poids de ce message est corroboré par la dernière pensée enregistrée dans *Lapidarium VI*, un *memento* original adressé aux lecteurs : « Le sourire est un besoin vital – l'homme qui nous sourit nous donne des forces et de l'optimisme, il renforce notre sentiment de sécurité. Quand nous rencontrons un inconnu, nous lui sommes reconnaissants s'il nous a souri. Quel plaisir et quelle satisfaction nous retirons d'un visage souriant ! » Qu'a-t-il voulu nous dire en concluant son dernier livre par cette pointe ? Peut-être a-t-il voulu donner à la fin – comme le dit Kołakowski – une fragile anticipation d'une vie plus supportable sur cette nef des fous ?[315]

Justement, *Lapidarium*, récit d'une biographie non ordinaire, est avant tout l'histoire d'innombrables rencontres. Le livre enregistre les contacts de Kapuściński avec l'élite intellectuelle du monde (Susan Sontag, Francis Fukuyama, Gabriel García Márquez, Heidi et Alvin Toffler, Salman Rushdie, Joseph Brodski, Hans Magnus Enzensberger, Neal Ascherson, Allen Ginsberg, Zbigniew Brzeziński). Mais ces relations ont le même statut que les conversations ordinaires menées par l'auteur au quotidien, par exemple celle que l'auteur a avec sa voisine âgée de plus de quatre-vingt-dix ans, Madame Rogowska, pressée de rejoindre ses amis qui l'attendent dans l'au-delà. *Lapidarium* n'est pas une collection de rencontres avec des personnalités illustres – Kapuściński ne les convoque que lorsqu'elles représentent pour lui une idée importante, lorsqu'elles lui font prendre conscience de quelque chose, lorsqu'elles éclairent sa pensée, lorsqu'elles l'interpellent. Le même équilibre concerne les événements qu'il enregistre : parfois ce sont des journées pleines de débats intellectuels subtils dans les centres les plus prestigieux de la planète, parfois ce sont des

---

315 L. Kołakowski, *Cywilizacja na ławie oskarżonych* (La civilisation sur le banc des accusés), *Wychowanie do nienawiści, wychowanie do godności* (Éducation à la haine, éducation à la dignité), in : *idem, Cywilizacja na ławie oskarżonych*, Varsovie 1990, p. 100.

journées stériles, lamentables, perdues. Autre perspective : Kapuściński saisit simultanément la beauté élancée d'une cathédrale gothique et celle d'une jeune fille se reposant à proximité, son attention étant attirée par la cuisse mince de cette dernière, qui désormais occulte les réalisations les plus géniales des maîtres de l'architecture du Moyen Âge (L, 88). La vision du monde que propose *Lapidarium* est donc diversifiée, foisonnante, une vision dans laquelle les grandes questions, les problèmes graves et importants se trouvent sur un pied d'égalité avec les images de la vie quotidienne.

Avec le temps on peut avoir l'impression que cette quotidienneté devient l'objet de la fascination de l'auteur, la reine incontestée des volumes de *Lapidarium* ! De nombreuses notes viennent le confirmer : « Découvrir le sacré caché dans le quotidien » (L VI, 123) ; « La découverte de l'insolite dans les choses les plus ordinaires est la source de la plus grande joie » (L, 353) ; « Avant j'étais passionné par le front (…). Maintenant je m'intéresse davantage à autre aspect de la situation conflictuelle, notamment à la normalité dans la non-normalité, à l'attirance de l'homme, obstinée, presque instinctive et en même temps pleine d'initiative, d'ingéniosité et de détermination, à la normalité dans l'anormalité » (L, 231). Cet envoûtement suscité par le quotidien provient sans doute d'une autre manière de voir le monde. À la charnière des deux siècles, Kapuściński mène, il est vrai, une vie professionnelle très intense, mais il ne travaille plus comme correspondant. Il est désormais un observateur attentif de la quotidienneté dont il fait l'expérience avec tous ses sens. Il visite des galeries d'art, note ses idées quotidiennes ainsi que ses déceptions permanentes. Il déguste même le goût de l'air : « L'air n'a pas seulement une épaisseur et une odeur, il a aussi un goût. Il peut être sucré, salé, acide etc. » (L, 440). Le fait d'enregistrer dans les détails le quotidien éclaire aussi sa vision de la philosophie, de la politique, de l'art, de la nature. Les traces de cette communication intense avec le quotidien forment une image palpitante de sa carte privée du monde.

Mais ce ne sont pas là toutes les petites pierres dont se sert l'auteur pour créer son image du monde. Fidèle disciple d'Hérodote, il sait qu'il n'est pas permis de négliger les rêves. Dans *Lapidarium IV* il écrit : « En lisant Hérodote : rêves, prémonitions, présages, tout cela permet à ses héros de s'orienter dans leurs choix et leurs décisions. Ainsi, selon Hérodote, l'histoire est créée par le hasard, le flou, l'irrationnel » (L, IV, 76). Suivant cette piste, Kapuściński note ses rêves et de nouveau – toujours selon le principe de l'équilibre – il les confronte à des événements réels. Il est intéressant d'observer les filiations réciproques entre le monde du rêve et le monde réel. Ainsi, dans le bref chapitre concluant le deuxième tome de *Lapidarium* consacré à la mort, et au temps qui passe en général, l'auteur décrit un rêve surréaliste qu'il a fait et qui semble sorti tout droit du tableau de Salvador Dali, *La persistance de la mémoire* de 1931 (connu également sous le titre de *Montres collantes*). « J'ai fait un rêve : je tiens à la main une montre. Soudain les chiffres disparaissent de son cadran, les aiguilles aussi. Le cadran s'allonge, devient blanc. De l'intérieur de la montre sortent des roues dentées, des ressorts, des plaques.

Je suis désemparé, dans un vide total » (L, 325).

Il faut ajouter que quelques dizaines de pages auparavant, l'auteur a évoqué à deux reprises ses impressions sur différentes expositions de Salvador Dali. Se rappelant celle de la Citadelle de Spandau à Berlin, il réfléchit à la manière dont les jeunes perçoivent le monde étrange de ces tableaux. Il observe leurs réactions face à cette totale osmose du monde réel avec le monde surnaturel, par exemple le fait qu'« un cheval sculpté ait une roue à la place d'une patte, et un pare-choc de voiture à la place d'une aile (il s'agit de Pégase) » (L, 234). Les jeunes ne sont pas choqués par le monde excentrique de l'artiste catalan, car « Dali fait aujourd'hui partie de leur imaginaire, de leur manière de voir et de comprendre le monde. (…) Le monde pullule aujourd'hui de ces choses extraordinaires et surprenantes (L, 234–235) ». Comment donc expliquer ce désarroi manifesté dans le rêve ? Peut-être est-ce lié – comme cela a été suggéré plus tôt – à notre attitude à l'égard de la mort. On peut aussi diagnostiquer la situation dans laquelle s'est trouvé l'*homo sapiens* du XXIe siècle : il se sent perdu et abasourdi par l'excès d'impressions que lui offre la culture contemporaine, de plus en plus éloignée de la réalité accessible à ses sens. Ce commentaire vaut aussi pour un autre rêve décrit dans *Lapidarium* : un hélicoptère sans hélice horizontale, coiffé d'un clocher d'église, s'écrase au sol pendant un essai d'atterrissage. Kapuściński est témoin de cet événement. Il termine par cette pointe : « La veille, J. m'avait raconté en détail, une catastrophe aérienne : un Iliouchine II- 62 s'était écrasé dans la région de Varsovie » (L, 132). L'auteur de *Lapidarium* parvient à saisir les points de contact entre ces deux mondes qui s'imbriquent l'un dans l'autre, il parvient à les relier et ainsi à créer une image riche, chatoyante et sensuelle.

Mais où passe la frontière entre le monde réel et celui des rêves, autrement dit, entre le rêve et la réalité ? Cette question est fondamentale pour le reporter. D'après lui, le réel ne doit toutefois pas être réduit outre mesure. Il peut annexer des espaces qui ne sont pas identifiés comme appartenant au monde objectif et vérifiable : les ambiances, les rêves, les impressions. Et de là, il n'y a qu'un pas vers le réalisme magique. Des critiques polonais et étrangers ont déjà constaté cette convergence plutôt paradoxale entre le reportage de l'auteur du *Négus* et les œuvres des maîtres de la prose latino-américaine. L'illustre écrivain, John le Carré, a été vraisemblablement le premier à parler sans ambiguïté du caractère magique de la littérature de Kapuściński : « De même que Márquez est le grand sorcier du roman contemporain, Kapuściński est l'extraordinaire sorcier du reportage. *La guerre du foot* est un exemple parfait de cette magie littéraire »[316]. Un peu plus tard, dans les colonnes de The New York Times Review of Books, paraît un article développé sur *Imperium*, dans lequel Adam Hochschild qualifie cette œuvre de « journalisme magique. Il écrit : « The Chicago Tribune appelle Kapuściński 'le reporter des reporters, le meilleur de la profession'. Corriere della Sera écrit qu'il est 'le plus grand parmi les correspondants de guerre en vie'. Mais si le reporter est quelqu'un qui décrit consciencieusement des faits universellement considérés comme importants (…), Kapuściński n'est sans doute pas seulement un reporter. Il rédige beaucoup de notes. Dans ses rapports des coins les plus étonnants du monde, il fait souvent l'impasse sur les événements politiques majeurs. Donc si les œuvres des écrivains latino-américains contemporains – parsemées d'arbres qui se déplacent et d'oiseaux qui parlent – porte le nom de réalisme magique, il faut bien reconnaître que le Polonais Kapuściński nous a donné un genre de journalisme magique »[317].

En examinant de plus près *Lapidarium,* on peut y percevoir une lointaine parenté avec Borges. Cherchant une idée pour décrire « Une Journée dans le Monde », Kapuściński doit avoir à l'esprit un héros de Borges qui veut trouver son point Alfa d'où il pourrait contempler l'univers tout entier » : « une mer chargée, l'aube et le crépuscule, des foules peuplant l'Amérique, une toile d'araignée argentée au cœur d'une pyramide noire, le labyrinthe craquelé que fut jadis Londres (…), des grappes, de la neige, du tabac, des gisements de métal, de la vapeur d'eau (…) et en même temps chaque ligne de chaque côté, (…) le globe terrestre entre deux miroirs qui le multiplient à l'infini dans un cabinet d'Alkmaar… »[318]. Chez Kapuściński on trouve aussi le motif du labyrinthe – la métaphore spatiale préférée de Borges. La répétition de certains thèmes, trames ou réflexions, est particulièrement présente dans *Lapidarium,* mais elle s'égrène aussi tout au long de l'œuvre de notre reporter. Effectivement, comme le dit Zbigniew Bauer, « l'écriture de Kapuściński crée un système original d'images, de scènes, de pensées, d'observations, qui se complètent, se développent, s'imbriquent pour engendrer divers dialogues »[319]. Les reflets et les duplications, que l'auteur du *Négus* sollicite volontiers, trouvent aussi un terrain favorable sur le plan stylistique. Małgorzata Czermińska remarque à juste titre que l'énumération est le procédé favori de Kapuściński. Dans *Lapidarium* tout particulièrement, il a recours à « des feux d'artifice stylistiques, de splendides parades

---

316 J. Krawczyk, *Zawód : reporter* (Profession ; reporter), Dziennik Polski, 25 juin1993.
317 A. Hochschild, *Magic journalism*, The New York Review of Books, 3 novembre 1994.
318 U. Eco, *O literaturze* (De la littérature), Varsovie 2003, pp. 17, 25.
319 Z. Bauer, *Antymedialny reportaż Ryszarda Kapuścińskiego, op. cit.*, p. 182.

de mots dont les significations se complètent, qui nuancent un phénomène ou contrastent entre eux. L'écrivain joue avec les mots à la limite du non-sens, forme des séquences de substantifs qui riment entre eux, les regroupe dans des parallélismes syntaxique » [320]. Le monde décrit à l'aide d'un ingénieux labyrinthe de mots devient le reflet fascinant de la réalité, la Bibliothèque de Babel qui « promet l'infini » …

La proximité réelle entre le monde de Kapuściński et celui de Borges, par exemple, repose aussi sur la position privilégiée du livre. Des grands livres même ! Dans la théorie du genre littéraire, *Lapidarium* peut rappeler un centon, un recueil de citations, « le livre des livres »[321] en quelque sorte. Les six tomes de notes se lisent aussi comme la « suite » de l'un des nombreux ouvrages non écrits, dont on trouve déjà les débuts prometteurs dans *La guerre du foot*. Sur le plan de la biographie créatrice de l'écrivain, ils sont une somme d'autres possibilités de « vies de livres », une somme de recueils qui n'ont pas vu le jour mais restent présents dans la réflexion du créateur du *Négus*, sur l'écriture du reportage, les problèmes de la globalisation, les médias, la Pologne, Pińsk. Dans l'œuvre de Kapuściński, *Lapidarium* est également le livre incontournable si nous voulons savoir quel rôle jouent les livres dans sa vie et dans sa création. La lecture de *Lapidarium* donne une possibilité unique de reconstruire l'envoûtement que leur univers exerce sur l'écrivain, elle permet de suivre les passions littéraires du reporter et elle montre aussi l'image qu'il se fait de lui-même parmi les livres. En lisant ses notes, on peut avoir l'impression qu'ils sont pour Kapuściński une sorte d'obsession. Barbara Łopieńska dit carrément qu'il en est fou[322]. Elle écrit ainsi que depuis des années, il a une idée fixe : en réunir le plus

---

320 M. Czermińska, *Opinia w sprawie nadania Panu Ryszardowi* Kapuścińskiemu *doktoratu* honoris causa *Uniwersytetu Jagiellońskego* (Avis dans l'affaire de la remise du doctorat *honoris* causa de l'Université Jagellone à Monsieur Ryszard Kapuściński), Cracovie, 1ᵉʳ octobre 2004.

321 Quand on lui reprochait le fait que les citations occupaient trop de place dans ses livres, il répondait : « Je suis un grand amateur de citations. Lorsque nous approfondissons un domaine de la connaissance, nous nous apercevons que des quantités de livres ont déjà été écrits sur le sujet. Chacun d'eux contient au moins une idée fascinante. Le lecteur lambda n'aura pas accès à cette pensée. Il est donc du devoir de l'écrivain de trouver ces perles. Généralement elles sont perdues dans une masse de centaines de pages imprimées, et une fois extraites, elles revivent, reprennent de l'éclat. Les citations donnent au texte sa beauté plastique. Le texte se pare de valeurs cubistes ». D'après M. Szczygieł, *Fragment* (Fragment), Press 1999, n 12, p. 34.

322 B. Łopieńska, *Warsztat musi być czynny…*, *op. cit.*, p. 52. Les informations suivantes et la citation, *ibidem*.

possible. Lorsqu'après un séjour de plusieurs années en Afrique, il revient enfin en Pologne, un douanier à la gare de Gdańsk finit par lui demander où sont ses bagages, car il n'est en possession que d'une malle avec des livres, une poêle et un jeans... Une fois revenu, le reporter entasse ses trophées en papier dans les archives de sa maison, sinon il les trimballe avec lui à travers le monde (entre autres à Lagos, au Mexique, aux États-Unis, en Grande-Bretagne), où, comme il aime à le dire, il fonde ses bibliothèques privées : « Je traîne avec moi des livres sur un pays, des dictionnaires correspondants, et aussi des livres polonais pour la langue, par exemple, *Messire Thadée, Beniowski*, Nałkowska. Puis se pose le problème du retour, donc je laisse une partie de ses livres chez quelqu'un dans l'espoir d'y revenir. Parfois je reviens, parfois non. Cela dépend ».

Mais grâce à *Lapidarium*, nous apprenons que le livre n'a pas toujours accompagné sa vie ... L'auteur traverse l'enfance et l'adolescence – période des plus grandes fascinations littéraires – à une période où la lecture était un luxe rare. Rappelons-nous : tout d'abord – comme il le note dans *Imperium* – il apprend l'alphabet en commençant par la lettre « s », car c'est la première lettre du nom de l'auteur de l'unique livre à partir duquel les écoliers apprennent à lire : l'ouvrage de Staline, *Problèmes du léninisme*. En 1940, alors âgé de huit ans, il fuit la déportation avec sa mère et sa jeune sœur depuis les confins de la Pologne en direction de la capitale – les réfugiés prenaient avec eux le minimum vital, ils étaient parfois dépouillés en route. Ils trouvent Varsovie en ruines, il n'y a pas de logements, et encore moins de bibliothèques. Dans *Lapidarium*, il note avec tristesse : « James Joyce, à l'âge de douze ans, écrivait des lettres dignes d'attention ; au même âge, je courais derrière des vaches dans un pré et je n'avais pas encore lu un seul livre » (L, 222). Dans les années d'après-guerre, la situation change très peu, car dans la classe que fréquente Kapuściński, il n'y a qu'un seul vieil exemplaire déchiré d'un manuel d'histoire d'avant-guerre, à la disposition des élèves. « En quoi consistait la leçon ? Au début du cours, le maître, monsieur Markowski, faisait lire un extrait à un camarade, un certain Kubiak, puis il procédait à une interrogation. Il s'agissait de raconter avec ses propres mots ce qui venait d'être lu » (L, 279). C'est ainsi que l'auteur résume la triste expérience de la génération de la guerre : « Nous qui étions nés vers 1930 dans la fin fond de la misérable province polonaise, à la campagne ou dans de petites villes, dans des familles de paysans ou d'intellectuels déclassés, au lendemain de la guerre, nous nous distinguions essentiellement par un niveau de connaissances extrêmement bas, un manque total de culture, de connaissance de la littérature, de l'histoire, du monde, une ignorance totale de lectures enfantines (pendant ces années mes pitoyables lectures se limitaient à *L'histoire de la botte jaune* d'Antonina Domańska éditée en 1913 ou *Les souvenirs du petit uniforme bleu* de Wiktor Gomulicki publiée en

1906) » (L, 279). Ses premières années d'étudiant sont tout autant marquées par un manque de livres : « J'ai étudié l'histoire à partir de 1951, et comme toute l'histoire était niée par le pouvoir stalinien qui la considérait comme bourgeoise, nous utilisions exclusivement des manuels soviétiques traduits en polonais. Certains n'étaient pas encore édités, c'étaient souvent des manuscrits. Nous étions assis en groupe, un étudiant lisait, et les autres prenaient des notes »[323]. Il arrivait que les deux cents étudiants préparant l'examen d'histoire contemporaine n'aient à leur disposition qu'un seul exemplaire, écrit en russe de surcroît !

Il passe donc les premières années de son activité professionnelle à rattraper son retard en lectures. Lorsque le journaliste novice se voit proposer un voyage en Inde, il se sent perdu, et vite pris de panique. Il ne connaît en effet rien sur l'Inde ! Pire encore, il ne sait pas comment acquérir des connaissances sur ce continent. Il commence par s'adresser à un spécialiste, le journaliste Brodzki. « Je suis allé le voir timidement, avoua-t-il par la suite, car c'était un grand nom et moi j'étais débutant : ' Pourriez-vous me dire quelque chose au sujet de l'Inde ?' Il s'est mis à réfléchir : 'Euh ! L'Inde, hum, hum… c'est un pays énorme'. Et il ne m'a rien dit de plus. Ma formation professionnelle, c'est ça. En fait, j'ai appris sur le tas, j'ai fait mon chemin tout seul »[324]. Si l'on en croit Kapuściński, il a également appris l'anglais en lisant *For Whom the Bell Tolls* de Hemingway à l'aide d'un dictionnaire de poche anglais-polonais.

Très vite les livres ont donc commencé à jouer un rôle important dans sa vie – il a commencé à créer sa bibliothèque assez tôt. Il a découvert que les lectures pouvaient être la meilleure école de la profession de reporter. C'est donc le père de l'histoire, Hérodote, et les travaux de l'ethnologue et anthropologue, Malinowski, qui lui ont appris le reportage. Avec le temps, les livres se sont mis à remplir une fonction particulière dans sa vie : ils sont devenus son compagnon fidèle dans ses voyages à l'étranger. « Pour moi, c'était un camarade extrêmement important, proche. Quelqu'un à qui on peut imposer sa présence quand on en a envie, à n'importe quel moment, quel que soit notre état d'âme. L'homme est un camarade qui a ses caprices, ses humeurs etc., nous pouvons nous disputer, nous séparer, alors que le livre est incroyablement soumis, secourable. Il veut être avec nous, il veut se concentrer, se lier d'amitié, il veut qu'on soit proche de lui, le plus proche possible »[325].

---

323 W. Kass, *Dialog jest fundamentem kultury* (Le dialogue est la base de la culture) [Entretien avec Ryszard Kapuściński], *in : Opisać Ryszarda Kapuścińskiego* (Décrire Ryszard Kapuściński), Topos 2006, n 1–2, p. 15.
324 M. Miller, *3 x K : Kąkolewski, Krall, Kapuściński…, op. cit.*, p. 32.
325 W. Kass, *Dialog…, op. cit.* p. 16.

Kapuściński avoue qu'il a commencé à lire intensément au cours des deux ou trois dernières décennies. Dans les livres il cherche le savoir, l'inspiration et le style : « Je lis énormément. J'étudie l'histoire. Les grands historiens comme Gibbon, Mommsen, Ranke, Michelet, Burckhardt et Toynbee sont importants pour moi. Il en est de même pour ma passion, la philosophie. Je me sens très proche de l'existentialisme. En même temps, les écrivains-philosophes ont pour moi une importance immense. D'un côté, la tradition romantique avec Hemingway et Saint-Exupéry, Tchekhov et Conrad. De l'autre côté, des auteurs tels que Thomas Mann ou Marcel Proust, qui se sont approchés de la frontière où il devient difficile de distinguer philosophie et littérature » (L, 218). Kapuściński fait appel au livre lorsqu'il se sent désemparé par le monde, lorsqu'il cherche une réponse à des problèmes qui le rongent[326], mais aussi lorsque son écriture est au point mort : « Quand j'écris, je lis énormément. (…) Je me promène entre les rayonnages et je prends ce qui me tombe sous les yeux. (…) Cette bibliothèque m'est nécessaire, car elle est polyphonique. Si je n'arrive pas à écrire, je prends un deuxième livre, et s'il ne m'apporte rien, j'en prends un troisième jusqu'à ce que je sois inspiré » (A, 94).

La bibliothèque de Kapuściński n'est bien sûr pas aussi infinie et magique que la Bibliothèque de Babel de Borges. Elle a néanmoins sa magie à elle : ses livres se déplacent, par exemple les lectures en cours s'empilent en escalier dans l'entresol, lors d'un travail intense, des pyramides de papiers, de journaux, de textes multilingues recouvrent presque complètement le plancher. L'auteur utilise même une métaphore militaire pour décrire le moment où il met de l'ordre sur son bureau qui ressemble, à ce moment-là, à une « gigantesque forteresse de bois assiégée par des colonnes de livres qui attendent le moment de reprendre d'assaut le haut de la bastille » (L VI, 13–14). L'atelier de Kapuściński semble être en dehors du temps : il ne s'y trouve ni téléviseur, ni téléphone, en revanche à l'entrée sont accrochés des chaussons en osier. C'est un endroit très photogénique, et en même temps silencieux, discret intime : « derrière la fenêtre le crépuscule, le vent, un ciel nuageux, la pluie, le froid, la boue et les feuilles

---

326 Jarosław Abramow-Newerly qui a eu l'occasion de voyager avec Kapuściński en avion parle ainsi de son amour des livres : « En parlant du passé, j'ai remarqué que contrairement à moi, Ryszard ne perdait pas de temps. Il avait un sac bourré de livres, difficiles, spécialisés, en anglais, qu'il avalait littéralement, il soulignait des phrases. Il disait que cela ne lui serait que d'une utilité infime. En tout cas, il suivait attentivement la littérature traitant des problèmes qui le préoccupaient ». *Opisać Ryszarda Kapuścińskiego* [J. Abramow-Newerley], *op. cit.*, p. 56.

qui tombent, mais ici, dans l'atelier, chaleur, clarté, calme et livres, isolement, ambiance, mon coin, ma niche, mon *tao* » (L VI, 70).

Lapidarium, pour reprendre la formulation de Marek Miller, est un laboratoire. En fait, Kapuściński nous montre son atelier de reporter depuis ses coulisses. On peut même avoir l'impression qu'il nous promène dans sa bibliothèque privée, de temps en temps il prend un livre, cite un extrait, propose une réflexion. À l'occasion, il nous livre les secrets de sa profession, raconte des épisodes de sa vie, parle de ce qui le fascine ou l'irrite. Parfois il nous conduit vers une poutre en bois verticale soutenant le toit du local, et enfonçant la punaise qui fixe la photographie, il entame un récit fascinant, puis il s'approche d'un fil tendu entre deux poutres sur lesquelles des feuillets sont ingénieusement suspendus avec des pinces à linge, et il lit les citations, les maximes, les pensées qui y sont inscrites. Suspendu dans l'espace de sa bibliothèque privée, *Lapidarium* est l'occasion d'une exceptionnelle rencontre avec le lecteur. L'auteur l'invite à s'entretenir avec lui, il l'inspire, il lui laisse un espace vide entre des extraits de textes, il prend son temps… Il comprend parfaitement que les observations du lecteur sont des pièces indispensables à leur puzzle commun. *Lapidarium* est effectivement un *happening*, une improvisation programmée, un collage *in statu nascendi*. C'est une image inimitable, constamment en cours de création, toujours étonnante, une image découlant de pensées suggérées par l'auteur, commentées par le lecteur, réunies en un tout, grâce à des étincelles jaillissant à maints niveaux : entre les participants au jeu, entre eux et le texte, entre la réalité et leur interprétation. De la rencontre de différentes individualités naît une carte du monde unique, unique parce qu'elle existe dans une infinité de combinaisons.

Autant l'ouverture caractérise l'ensemble des six volumes, autant le type de communication de l'auteur avec le monde évolue au fil de leurs pages. Elle évolue selon le modèle suivant : depuis le grand rêve de décrire le monde entier (ou ne serait-ce qu'une seule journée dans le monde), en passant par une tentative d'appréhender la réalité telle qu'elle se dévoile au sujet, pour devenir avec le temps l'occasion de rencontres plus proches avec soi-même et enregistrer des expériences intimes. C'est là que *Lapidarium* rejoint la poésie de Kapuściński : on y lit des phrases lyriques, des métaphores élégantes, des pensées qui, écrites en vers, pourraient faire partie de l'un des deux recueils du reporter-poète. Par exemple, cet extrait : « Je sens le souffle d'un fauve qui me poursuit. C'est le temps qui fuit, rapace déchaîné. Je le sens s'approcher, se préparer à l'attaque, prêt à m'asséner le coup mortel » (L VI, 119), est sans doute un écho proche d'une miniature poétique de l'auteur :

Ma douleur
constamment brandit le couteau sur moi
constamment affute sa lame
où va-t-elle l'enfoncer ?
droit au cœur ? (PN, 47)

La rencontre de la poésie et de ces *silva rerum* sauvages est révélatrice. Dans ses derniers textes, cet inestimable traducteur du monde et connaisseur de l'Autre se tourne vers lui-même. Ryszard Kapuściński expose ici les trois facettes complémentaires de sa riche personnalité – naguère ancien reporter de guerre intrépide, expert universel détenant la clé d'innombrables énigmes du monde et poète sensible mettant en doute sa propre existence.

X Retours aux sources

Dans le deuxième tome de *Lapidarium*, Kapuściński évoque, entre autres, la fin de sa course après l'histoire vivante, l'histoire en cours, ainsi que son découragement face à l'impossibilité de suivre l'actualité : « Il est difficile d'écrire dans un monde qui change de manière aussi brutale et fondamentale. Tout bouge sous nos pieds, les symboles changent, les signes se déplacent, les points d'orientation n'ont pas de place fixe. Le regard de l'écrivain erre au milieu de paysages de plus en plus nouveaux et inconnus, et sa voix se perd dans le brouhaha de l'avalanche déchaînée de l'histoire » (L, 195). Le lecteur de Kapuściński des années 1990 et des premières années de notre siècle sait que ce découragement va se traduire par de nouveaux voyages, mais cette fois-ci il s'agira de voyages dans le temps, des voyages vers d'autres sources, et non plus dans l'espace du monde présent. Dans *Mes voyages avec Hérodote* (2004), les récits de l'antique historien et voyageur (lecture dont Kapuściński ne se sépare jamais dans sa jeunesse) vont permettre à l'écrivain de revenir aux premières étapes de sa biographie et aux sources de la culture européenne avec une ingéniosité exceptionnelle. Quant à *Ébène* écrit antérieurement (1998), ce sera un voyage aux sources de la culture, vers ce qu'elle a de plus élémentaire, de plus nécessaire, et donc de plus universel, un voyage sur les traces de ses propres mystères à travers une lecture nouvelle de la problématique du continent noir. Certes Kapuściński n'a pas eu le temps de réaliser son rêve de voyage aux sources de la pensée anthropologique contemporaine, aux sources de l'œuvre de Bronisław Malinowski qui reposait sur le respect des autres cultures et le « dialogue avec l'Autre », en se rendant sur le terrain où l'anthropologue polonais avait effectué ses recherches, les îles Trobriand, néanmoins Kapuściński a beaucoup écrit et parlé sur ce sujet.

Nous ne voulons pas dire évidemment que Kapuściński cessa complètement de s'intéresser à l'histoire en cours, cela lui était impossible. Mais son intérêt pour l'actualité ne se concrétisa plus par des livres, des constructions faisant appel à des « symboles », des « signes », des « points d'orientation » qui, pour lui, avaient perdu leur lisibilité. Son intérêt ne se reporta pas non plus sur l'écriture journalistique, car dans les années 1990 Kapuściński avait déjà renoncé aux formats de presse : articles, reportages… (dans Gazeta Wyborcza il ne publiera désormais plus que ses livres en épisodes). Son intérêt se cristallisa sur d'autres formes : notes de *Lapidarium*, conférences, exposés, et surtout, de plus en plus souvent, longues interviews publiées par les principaux titres de la presse polonaise et internationale, dans lesquels l'actualité occupera toujours une place dominante. Mais désormais il l'étudiera du point de vue du commentateur, de l'expert, autrement dit de quelqu'un qui se distingue nettement d'un auteur d'ouvrages sur ses voyages effectués dans le passé qui contenaient essentiellement des textes autobiographiques. Soit dit entre parenthèses, c'est dans les années 1990 que Kapuściński parvient vraiment à séparer son œuvre « pour lui » de ses écrits pragmatiques.

En se limitant au rôle de commentateur et d'expert, Kapuściński reste toutefois présent dans le monde des médias. Sa voix va même résonner de plus en plus souvent et devenir de plus en plus irremplaçable. Mais à la différence des experts classiques, il maîtrise de nombreux domaines de connaissance, et son avis sur d'innombrables questions devient indispensable, de même que ses conférences, ses exposés et ses entretiens riches et nuancés. Son expérience accumulée durant de nombreuses années de pratique journalistique et ses voyages dans le monde entier, complétée par d'innombrables lectures dans plusieurs langues, son sens du diagnostic et du pronostic, sa réflexion d'historien et de philosophe, font de lui l'une des plus grandes autorités dans le domaine de la connaissance sur le monde contemporain à l'échelle globale. Il devient ainsi l'objet de l'intérêt des médias, non seulement comme commentateur de l'évolution du monde et auteur d'ouvrages majeurs, mais aussi comme personnalité unique et passionnante à tous égards.

C'est ainsi qu'à côté des livres écrits et non écrits, apparaît un ouvrage « oral », comme l'auteur lui-même l'appelait. Aujourd'hui le lecteur a la possibilité de prendre partiellement connaissance du contenu exceptionnel de cette œuvre sans être contraint d'aller consulter la presse, polonaise ou étrangère, des quinze, dix ou cinq dernières années. Les lecteurs ont la possibilité de lire un choix d'extraits de plusieurs dizaines d'interviews de Kapuściński portant essentiellement sur lui-même : son histoire, ses écrits journalistiques et littéraires, sa relation avec ses lecteurs et sa relation avec les médias, interviews réunies par Krystyna Strączek. *Autoportrait d'un reporter*[327], dont le plan en cinq chapitres a été approuvé par Kapuściński, est un autocommentaire et en même temps une clé permettant de comprendre les œuvres les plus complexes de l'écrivain. Cet ouvrage est aussi souvent choisi comme lecture d'initiation à l'auteur. Espérons que le livre suivant intitulé *Rwący nurt historii. Zapiski o XX i XXI wieku* [328] (Le tourbillon de l'histoire. Notes sur le XXe et XXIe siècles)

---

327 R. Kapuściński, *Autoportrait d'un reporter*, textes choisis par Krystyna Strączek, Paris 2008.

328 R. Kapuściński, *Rwący nurt historii. Zapiski o XX i XXI wieku* (Le Tourbillon de l'histoire. Notes sur les XXe et XXIe siècles), choix et préface de K. Strączek, photographies de R. Kapuściński, Cracovie 2007.

remplira la même fonction. Le livre est paru après la mort de l'écrivain, mais il a été, entièrement ou presque, approuvé par lui. En parcourant les titres des chapitres, on comprend quels étaient les problèmes de l'histoire contemporaine qui passionnèrent l'écrivain pendant les dernières années de sa vie : la mémoire et son écriture, le Tiers-monde après la décolonisation, l'Afrique, l'Amérique latine, le monde de l'islam, la Russie et la civilisation du Pacifique, les relations de l'Europe avec le reste du globe, l'émancipation des anciennes cultures face aux problèmes de la globalisation…

Quelques interviews menées par Witold Bereś et Krzysztof Burnetko, pour la plupart publiées dans Tygodnik Powszechny ou son supplément Apokryf ont été utilisées par les deux journalistes dans leur livre *Kapuściński : nie ogarniam świata*[329] (Kapuściński : je n'embrasse pas le monde entier), livre conçu comme une reconstruction de leurs rencontres avec l'écrivain. On y trouve, entre autres, l'entretien sur l'Afrique le plus long de tous ceux qui ont été menés avec le grand reporter (il est regrettable toutefois qu'il ait été coupé et remanié !). On y trouve aussi des entretiens évoquant l'avenir du monde, d'une densité qu'on ne trouve dans aucune autre publication : l'Europe après la chute du mur de Berlin, les perspectives du troisième millénaire, l'avenir du globalisme, la Pologne après Solidarność, le rôle des médias dans leur manière de façonner l'image du monde et de créer des visions d'avenir. Cet ouvrage est toutefois lacunaire à propos des centres d'intérêts de Kapuściński, cette époque. Dans leurs entretiens avec l'écrivain, les deux auteurs n'évoquent à aucun moment les sujets qui lui tenaient alors le plus à cœur et qu'il aborde non pas dans ses textes journalistiques mais dans *Ébène,* son livre sur Hérodote, et dans *Imperium.*

Imperium, qui inaugure la renaissance de l'écriture littéraire de Kapuściński, après une interruption de dix ans, occupe une place tout à fait singulière dans l'évolution de l'écrivain au cours des années 1990. Fruit de plusieurs voyages en Russie pendant les années de Perestroïka, ce livre a été conçu comme une œuvre sur un grand tournant historique, mais ce thème est doublé, de manière inattendue, par un retour fondamental aux sources, autrement dit un voyage sur le lieu de naissance de l'écrivain, la Polésie, Pińsk plus exactement (premier et dernier chapitre). Le livre sur la chute de l'Union soviétique se transforme finalement en récit autobiographique, qui s'ouvre sur le départ de la maison natale et se termine par le retour sur les lieux de sa naissance. L'espace de ce récit permet à Kapuściński d'associer dans son écriture un retour à l'histoire en cours, à l'actualité brûlante et un retour aux sources.

---

329 W. Bereś et K. Burnetko, *Kapuściński : nie ogarniam świata,* Varsovie 2007.

En fait, cette rencontre avec le pays de son enfance a commencé bien plus tôt. Ce retour littéraire sur le lieu de sa naissance, qu'il a dû quitter à l'âge de huit ans pour échapper à une inévitable déportation, fait partie d'une des plus anciennes intentions créatrices de l'auteur. Il y pensait déjà dès la fin des années 1970, et il s'en fallut de peu qu'il ne rejoigne le courant, populaire à cette époque, de la littérature nostalgique des Confins. L'idée d'un livre sur l'enfance est vraisemblablement née peu après son premier voyage à Pińsk, bien après la guerre, en 1979, et juste après la publication de *La guerre du foot* (1978), premier recueil de reportages conçu comme un carnet de voyages. Dans la dernière page de *La guerre du foot* datée de 1976, se trouve d'ailleurs une citation intrigante de *Moby dick* de Melville qui fait écho à l'idée de « boucler la boucle » avec un livre sur son enfance à Pińsk[330]: « En avant ! Pour le tour du monde (…) Ces mots qui pourraient susciter de la fierté ; mais où ce voyage nous mène-t-il ? Il nous entraîne à travers des dangers innombrables pour nous ramener à la case départ… » (GF, 250).

Ce retour à « la case départ » restera toutefois inachevé. Certes, il se heurtait à divers obstacles, le plus important d'entre eux étant sans doute l'association de ce retour à Pińsk à un thème vieux comme le monde : celui du retour à la maison natale après la guerre, avec le rétablissement de l'ordre détruit et la réappropriation de sa place dans ce monde. En 1988, Kapuściński publie un texte abondamment cité dans le premier chapitre du *Busz à la polonaise*, sous le titre de *Exercices de mémoire*, où il utilise pour la deuxième fois la métaphore du « livre jamais écrit » : « Dans un sens, la guerre ne s'est vraiment jamais terminée pour moi, ni en 1945, ni juste après. À maints égards, il en restait quelque chose et il en reste encore quelque chose aujourd'hui (…) Je n'avais toujours pas de toit. Le retour du front à la maison est le symbole le plus sensible de la fin de la guerre. *Tutti a casa* ! Mais moi je ne pouvais pas rentrer chez moi, ma maison se trouvait maintenant à l'étranger, dans un autre pays » (B1, 14, 16).

Nous savons désormais que le thème du retour à Pińsk sert aujourd'hui exclusivement à montrer que ce retour est impossible pour de multiples raisons. Les maisons réelles et symboliques de l'enfance ont soit été détruites, soit elles se trouvent à l'étranger (personne n'attend là-bas ses anciens occupants), et les gens qui ont subi la guerre n'espèrent plus y retourner ou y chercher quelque

---

330 *Dotknąć Rosji. Fragmenty dyskusji, ktora odbyła się w warszawskim studiu Radia Wolna Europa z udziałem (…) Ryszarda Kapuścińskiego* (Atteindre la Russie. Extraits d'un entretien mené au studio de Radio Free Europe avec la participation (…) de Ryszard Kapuściński, Życie Warszawy 1993, n 103, p.2.

chose de relativement durable. Vu le temps qu'a duré ce retour, on pourrait croire que Kapuściński s'est résigné lui aussi à cette impossibilité. Après la lecture de ce texte, une hypothèse plus vraisemblable apparaît toutefois : l'écrivain n'a pas abordé le thème de son retour à Pińsk parce qu'il ne le pouvait pas, ou – pour être plus exact – il ne devait pas le faire, car la guerre n'était toujours pas terminée pour lui. Il n'a été confronté à cette possibilité – ou à cette nécessité – de retour, autrement dit à cette peine et à cette joie de reconstruire le lien avec lui-même avant le cataclysme, que lorsque la fin de la guerre est vraiment arrivée.

Évidemment, il ne peut s'agir que de cette fin, qui n'existait pas encore dans la moitié des années 1980, et de la disparition de ses durables séquelles. Ainsi comprise, la « fin de la guerre » est survenue au tournant des années 1980 et 1990 du siècle dernier, à la fin du « siècle le plus court » qui a commencé avec la Première Guerre mondiale, marqué par une multitude de révolutions, de coups d'État, de conflits sanglants, et qui a atteint son apogée pendant la Deuxième Guerre mondiale et les quelques dizaines d'années qui ont suivi. C'était en quelque sorte la « fin de l'histoire » pour reprendre la formulation de Francis Fukuyama qui a donné ce titre à l'un de ses livres célèbres.

Kapuściński n'a jamais été d'accord avec cette expression, et il a souvent polémiqué avec Fukuyama ; il considérait le passage entre les deux siècles de façon plus nuancée : « Les années 1989–1991 – écrivait-il en 2002 – ont tout changé, mais la fin du conflit Est-Ouest a été considéré à tort comme une victoire globale et définitive de la démocratie libérale. Dans les années 1990, on a assisté à une 'mise en congé de l'histoire de dix ans' (…) qui s'est violemment terminée par le 11 septembre »[331]. Lorsqu'on lui demande si, après ce « congé », nous sommes revenus à la même réalité historique, la réponse est bien évidemment négative : le monde est désormais régi par d'autres forces, qui n'avaient peut-être pas pu être identifiées ou définies avant, car nous étions concentrés sur les conséquences européennes de la Deuxième guerre, et qui, du fait de leur différence, justifient la thèse de la fin de ce qui est considéré comme l'histoire du XXe siècle, autrement dit, ce qui a été la conséquence des grandes catastrophes historiques inaugurées par la Première Guerre mondiale. Kapuściński n'a jamais cru en un monde sans conflits, il considérait en revanche que les conflits du XXIe siècle n'étaient plus une suite d'événements, au sens où les événements dramatiques ne peuvent être compris que si on les analyse en profondeur, que

---

331 Ryszard Kapuściński, *Wojna czy dialog* (Guerre ou dialogue), Plus-Minus (supplément de Rzeczpospolita), 3–4 mars 2002.

si on prend en considération les grands processus englobant toutes les formes civilisationnelles. Les lecteurs des expertises et des interviews de Kapuściński des dernières années savent que l'émancipation radicale des cultures extra européennes (émancipation qui s'est déroulée sous l'emblème de la « détronisation de l'Europe ») et l'importance prise par les grandes formations culturelles considérées comme des facteurs essentiels – et non secondaires ni accessoires – du développement historique sont un signe du temps. Ainsi, pour donner un exemple, l'attentat terroriste à New York au nom de l'islam a dévoilé un nouveau visage de l'histoire s'expliquant par le fait que l'organisation à l'origine de cet attentat (en mettant en pratique des mécanismes d'action d'une secte et d'une mafia) a – de manière monstrueuse – pu exploiter le sentiment d'identité et de souveraineté des Arabes (Kapuściński rejette la théorie du choc ou de la guerre des civilisations).

Quoi qu'il en soit, le XXIe siècle est pour Kapuściński le siècle de la renaissance des grandes anciennes formations culturelles (et de toutes les particularités ethniques et régionales), une renaissance accueillie – malgré les circonstances dramatiques de sa naissance – avec l'espoir que se développe un dialogue dans un monde de plus en plus intégré et de plus en plus communiquant. En caricaturant un peu le diagnostic de Kapuściński et en se servant de sa formulation[332], on peut dire qu'à la différence du XXe siècle, siècle de l'histoire, des grands événements marqués par des cataclysmes inattendus, le XXIe siècle est celui de la culture (de la force motrice des grandes forces civilisationnelles). En nous autorisant cette simplification, nous voyons plus clairement à quel point l'évolution créatrice de Kapuściński a été intéressante et symptomatique. Il existe en effet peu d'écrivains dont on peut dire, comme c'est le cas pour Kapuściński, qu'ils ont été des hommes de l'histoire pendant la majeure partie de leur vie d'écrivain.

Il était donc un homme de l'histoire en tant que reporter et écrivain, en tant que représentant exceptionnel de l'évolution du reportage au XXe siècle, qui a su suivre les événements, l'actualité en cours, et qui a été le témoin et l'acteur de ces processus. Il suffit de rappeler qu'il a assisté, entre autres, à la naissance et à la chute de la plupart des États africains dans les années 1960 et 1970, qu'il était présent en Amérique du Sud lors de l'exacerbation des conflits partisans et des conspirations contre des régimes criminels (essentiellement militaires),

---

332 Ryszard Kapuscinski, *Kultura narodowa w erze globalizacji* (Culture nationale à l'ère de la globalisation), Kongres Kultury Polskiej, Warszawa 2000, article se trouvant sur la page www.kapuscinski.info: accès 30.09.2008.

notamment sur le front de la guerre entre le Honduras et le Salvadore, qu'il était en Angola, en Éthiopie juste après le coup d'État militaire de 1974, en Iran pendant la révolution islamique, et enfin sur les chantiers de Gdańsk pendant les grandes grèves.

Par ailleurs, Kapuściński était un homme de l'histoire au sens où, historien de formation, il pouvait expliquer sa participation aux événements en cours en se référant à son travail dans les archives et les bibliothèques. Mais de manière de plus en plus nette, Kapuściński avait l'ambition de découvrir dans ces événements un sens plus large du processus historique. Ce n'est pas un hasard si trois de ses livres écrits à la même époque, livres qui sont encore des reportages – *D'une guerre l'autre, Le Négus, Le Shah* –, tout en racontant un événement concret, sont en même temps des études sur un changement profond aboutissant à la disparition de formations historiques de grande ampleur.

Enfin Kapuściński était – et c'est sans doute essentiel – un homme de l'histoire, car avant de devenir un reporter spécialiste de « l'effervescence du monde » et un explorateur à la recherche de structures profondes enfouies sous la couche des événements courants, il a eu l'occasion de se sentir co-créateur de l'histoire. Il appartenait à cette partie de la jeunesse d'après-guerre, cataloguée comme la génération ZMP (Union de la Jeunesse polonaise), qui éprouvait à l'égard de l'histoire un sentiment de responsabilité profond et puissant, car elle avait fait l'expérience de la guerre dans son enfance et était restée convaincue que l'avenir du monde dépendait d'elle. Comme journaliste de Sztandar Młodych (journal qui a contribué, avec l'hebdomadaire Po Prostu, à l'atmosphère intellectuelle d'Octobre), il avait également personnellement pris part à la révolution démocratique de 1956.

Ce sentiment de participer à l'histoire, qui s'est traduit par un besoin d'engagement, de lutte, de responsabilité partagée face à l'avenir du monde, et qui était apparu dès les premières années de la jeunesse héroïque de Kapuściński, a déterminé dans une grande mesure son identité d'homme et d'écrivain et a été extrêmement durable. C'est ce sentiment de responsabilité qui a permis à l'écrivain d'exporter ses reportages de Pologne, pays de la « petite stabilisation » et de l'Europe stabilisée, vers d'autres continents ; c'est ce sentiment qui l'a poussé à la recherche d'une histoire vivante, d'une histoire en cours, à s'engager avec passion, puis, au fur et à mesure que « s'éteignait le siècle des révolutions », à témoigner des drames et des sacrifices inutiles. « J'avais besoin de mouvement, de changements, disait encore Kapuściński en 1976. La simple description d'une guerre, d'un conflit ne me convient pas, j'aime être avec des gens qui luttent, je ne veux pas me contenter d'observer, je veux participer. Au fond, je suis monothématique. J'ai prolongé mon thème favori : des comportements en situation de conflit dans mon pays, je suis passé aux mêmes comportements dans le monde. Il y a donc une continuité. (…) Je cherche certains contextes, certaines attitudes, certains types d'hommes, de lieux où la lutte débouche sur une ouverture, où elle est politique, économique, idéologique, littérale. C'est pourquoi je suis là-bas. L'Europe est pour moi trop stabilisée, peu palpable »[333]. « En Europe, il n'y a pas d'énigmes authentiques, ajoutait-il. Nous avons à faire à un équilibre de forces stable, à une tradition de vie politique bien enracinée, coincée entre deux systèmes constitués (…) Cet état dure depuis longtemps et subit relativement peu d'évolutions »[334].

Kapuściński sentait de manière très intense qu'il avait sa place dans l'histoire, qu'il disposait d'un capital d'expériences et donc d'une distance pour penser et agir. Aussi, lorsqu'il n'a plus s pu bénéficier de cette distance (ce fut notamment le cas dès les premiers mois de l'état de guerre), il n'a pas pu faire autrement que de se libérer pour de bon de ce besoin, de cette contrainte personnelle de participer à la création de l'histoire. Progressivement il s'est réfugié dans l'écriture qui, du reste, dans le contexte des années 1980, ne pouvait pas s'ouvrir à l'extérieur. C'est peut-être la raison pour laquelle son écriture a pris aussi une forme plus personnelle en favorisant l'individualisation de sa personnalité créatrice et en s'émancipant de la thématique identitaire de sa génération. Il commence, comme nous le savons, à recueillir de manière systématique ses réflexions, collecte qui aboutira à la naissance de *Lapidarium*, et il renoue avec l'écriture de la poésie qu'il avait abandonnée dans sa jeunesse. Dans l'un de ses poèmes, nous pouvons lire : « Et une fois enlisé dans les ornières du chemin polonais /…/ autrement dit /…/ enlisé pour de bon dans les sables de l'histoire / …/ ne maudis ni le ciel ni la terre /…/ regarde / l'oiseau vole / la forêt bruisse / la vie continue /…/ » (*Écologie*, No 124).

Kapuściński cherche une distance par rapport à l'histoire et par rapport à sa participation à l'histoire. Il s'interroge désormais sur les raisons de son cheminement. Il écrit *Exercices de mémoire*, qui est un texte fondamental, sa première œuvre strictement autobiographique sur son enfance, dans laquelle les attributs du combat, du conflit entre deux causes radicalement opposées, sont désormais assimilés à l'héritage funeste et violent de la guerre : « Mais que signifie

---

333 « *Gdzieś kryje się większa racja* »… *Z Ryszardem Kapuścińskim rozmawia Andrzej Kantowicz* (« Où se cache la véritable raison »… Andrzej Kantowicz s'entretient avec Ryszard Kapuściński), Kultura 1976, n 31.

334 W. Giełżynski, *Czterokrotnie rozstrzelany* (Quatre fois fusillé), Ekspres Reporterów, Varsovie 1978.

penser avec des images de la guerre ? C'est voir le monde vivre dans une tension maximale, le voir respirer la cruauté et le danger. Car la réalité de la guerre est un monde de réduction extrême, manichéenne, qui élimine toutes les couleurs intermédiaires, douces, chaudes, et qui limite tout à un contrepoint aigu, agressif, au blanc et au noir, à la lutte la plus élémentaire de deux forces, le bien et le mal. Il n'y a rien d'autre sur le champ de bataille ! Seulement le bien, donc nous, et le mal, donc tout ce qui se trouve en travers de notre route, ce qui s'oppose, ce que nous fourrons dans la funeste catégorie de l'ennemi » (B1, 13–14).

Jusqu'à présent, la mémoire de la guerre accompagnait Kapuściński comme un élément de son éducation historique, comme une expérience qui lui permettait de comprendre et de faire comprendre les guerres contemporaines à ses lecteurs, et qui lui donnait aussi le droit d'écrire à leur sujet. Maintenant la guerre devient une épreuve qui lui explique ses propres choix et prises de position d'après-guerre, un héritage lourd qu'il convient de dompter définitivement.

Il ne faut pas toutefois en déduire qu'il s'agissait d'une tâche aisée. Une partie importante de l'expérience de Kapuściński s'était passée dans un monde où cette « réduction manichéenne » était devenue une réalité et où l'écrivain n'avait à aucun moment évité de s'engager « du bon côté ». Maintenant ce monde exigeait une description dans une perspective nouvelle, globale, qui, selon lui, n'avait pas été perçue et appréciée en son temps, parce que les conséquences de la guerre en Europe avaient accaparé son esprit. Kapuściński se trouvait confronté à une tâche colossale : il lui fallait réinterpréter et compléter l'image de la réalité qu'il avait construite jusque-là. Il n'avait pas à la recréer. Auteur de récits et de reportages écrits à partir du milieu des années 1950 presque exclusivement sur l'Asie, l'Afrique et l'Amérique latine, porte-parole reconnu de l'émancipation de ces régions du globe, il pouvait plus que quiconque se considérer comme un spécialiste-précurseur sur l'histoire de la « détronisation de l'Europe », comme un expert ayant anticipé la montée des grandes civilisations extra-européennes. Pourtant le but de ses premiers voyages n'avait pas consisté à connaître ni approfondir la diversité culturelle du monde ! Initialement il s'était intéressé aux événements politiques, il avait cherché une communauté idéologique ou simplement humaine avec des sociétés en lutte pour leur émancipation, il s'était engagé en exposant sa vie, voulant participer ou témoigner, et pas seulement observer l'histoire en cours. Toutes ces expériences décrites dans ses livres, depuis *Czarne gwiazdy* (1962), devaient désormais être approfondies et complétées par un savoir plus anthropologique que strictement journalistique.

Deux circonstances ont rendu possible cette réorientation. Ryszard Kapuściński appartenait à cette catégorie de journalistes qui étaient incapables de renoncer aux formes qu'ils pratiquaient. Ses débuts poétiques et le caractère littéraire de ses premiers écrits, ses « histoires fortuites » sur la Pologne réunies dans *Le bush à la polonaise* (1962) annonçaient un écrivain, et Kapuściński avait choisi la profession de correspondant de la PAP, parce que cela lui permettait de séjourner longuement en Afrique et en Amérique du Sud, chose qui aurait été tout à fait impossible sans cela. Souvenons-nous que pendant plus de dix ans, il avait essentiellement rédigé des dépêches, des correspondances et des bulletins sur l'actualité pour l'Agence de presse polonaise, que les quotidiens publiaient parfois ensuite. Ce n'est que dans les années 1970, grâce aux conditions avantageuses de sa collaboration avec la revue varsovienne Kultura et la PAP, qu'il avait commencé à parcourir le monde comme « envoyé spécial » et dès lors, il avait eu le temps d'écrire des reportages moins urgents. Cela avait immédiatement eu un impact sur le nombre et le genre de livres publiés au tournant des années 1970 et 1980 (*D'une guerre l'autre*, *La guerre du foot*, *Le Négus*, *Le Shah*). Cela avait permis à Kapuściński de « recharger ses accumulateurs » selon sa propre expression pour dix ans et voire davantage. Il avait engrangé une réserve d'aventures, d'impressions, d'expériences et de réflexions qu'il n'exploitait pas dans son écriture. Le jour où il se déciderait à revenir au passé avec un angle de vision différent, il aurait de quoi s'approvisionner, de quoi choisir.

L'autre circonstance qui a prédestiné Kapuściński à redécrire le monde issu du « siècle de l'histoire », a été son besoin, déjà mentionné, de régler son compte avec le legs dont il avait personnellement hérité. C'est peut-être plus encore un besoin de retrouver ou de reconstruire une nouvelle identité à la place de celle qui s'était épuisée dans les années 1980. Kapuściński était prêt à revoir l'image du monde qu'il avait créée, car pour lui, écrivain-reporter qui se découvrait et se réalisait au contact de la réalité décrite, cette réécriture lui permettait de découvrir d'autres couches de sa personnalité profonde. En tout cas, il ne fait aucun doute qu'à partir du début des années 1990, sa réflexion sur sa propre biographie joue un rôle croissant dans son écriture à tel point qu'on peut se demander dans quelle mesure son œuvre n'est pas en train de devenir une autobiographie camouflée.

Il ne faut évidemment pas en conclure que ce changement d'écriture après 1989 est le résultat d'un calcul intellectuel, d'un plan consciemment préparé et mis en œuvre. Ce qui est certain, c'est que ce changement est spontané, il est le fruit de la rencontre de projets et d'habitudes avec de nouveaux besoins, ainsi que d'innombrables contraintes littéraires et circonstances personnelles, primordiales pour un écrivain-voyageur, et dont nous ne savons presque rien. Comme nous l'avons mentionné, tout indique que dix ans plus tard Kapuściński entreprend son premier grand voyage, voyage qui va durer deux ans avec quelques interruptions, à travers l'URSS où la Perestroïka est en cours, avec le même appétit pour l'histoire nouvelle que jadis. Au début, il accueille la chute de l'Union soviétique comme la suite logique de la démocratisation du monde annoncée par la chute de toute une kyrielle de régimes autoritaires, comme un processus dont l'observation fait croire à une soudaine réactivation de l'« esprit du temps » (« Nous entendons tous le bruit de son vol… »), à une accélération de l'histoire. Mais malgré ses attentes, malgré l'envergure de son voyage (en plus de Moscou et de Saint-Pétersbourg, il décide d'aller prendre le pouls des quatre régions frontalières de l'empire), il ne retrouve pas en Russie l'esprit d'un grand changement historique comparable à celui qu'il a décrit, par exemple, dans son reportage sur l'Angola (*D'une guerre l'autre*), dans *Le Négus* ou dans *Le Shah*, un changement irrévocable mettant fin à un cycle de l'histoire. La décomposition du colosse russe protéiforme est diverse, inégale, inachevée, et en même temps elle est peu originale. Dans les lieux où l'histoire est la plus intense, aux frontières asiatiques de l'URSS, Kapuściński se heurte constamment à des phénomènes qu'il a déjà observés, analysés et décrits dans des récits relatifs à d'autres parties du monde. En effet, il a déjà vu ailleurs cet exode de colons blancs, ces troupes armées au petit bonheur la chance, sans uniforme, dont on ne sait si elles sont constituées de partisans ou de soldats réguliers. Il a déjà raconté comment une langue qui, récemment encore, était universelle, cesse soudain d'être compréhensible, et comment des dizaines de stations de radio et de télévision, des dizaines de journaux deviennent soudain inintelligibles pour un Européen. Le terrain de la Fédération de Russie est moins le théâtre du changement que celui de l'immobilité, de l'incapacité ou de l'impréparation de la société à modifier des formes de vie maintenues pendant des décennies, voire plus, par la peur et la terreur.

Ne voyant pas de changement net dans l'histoire de la Russie, Kapuściński met l'accent sur ce qui est durable et constant dans la culture russe. Il perçoit cet immobilisme partout, dès qu'il franchit la frontière, ce qui lui donne l'occasion d'introduire une métaphore filée sur les fils barbelés, symbole d'une civilisation où les libertés sont limitées et les interdits omniprésents. L'écrivain cherche, entre autres, la cause de cette immobilité dans la géographie de l'espace russe, décrit conformément aux canons traditionnels du récit de voyage européen et polonais. Il la cherche aussi dans la sacralisation du pouvoir qui a permis aux secrétaires généraux d'endosser le rôle des tsars et qui, pendant la période troublée de la démocratisation, au début des années 1990, a suscité une nostalgie du régime tsariste et stalinien. L'histoire de la construction, destruction et reconstruction de la cathédrale du Saint-Sauveur à Moscou – processus qui a duré près de deux cents ans – sert à Kapuściński de grande métaphore sur la civilisation russe.

C'est sans doute pendant son voyage en Russie que Kapuściński arrive à la conclusion que la clé du « grand changement » ne fonctionne pas pour le monde contemporain ; ce qui importe, c'est la puissance des grandes structures – structures séculaires des civilisations et des cultures – et dans le cas de la Russie, de la structure marquée par l'étatisme impérial. Aussi, tous les événements superficiels, les changements et les nouveautés, comme par exemple le souvenir même de la révolution et d'autres moments « dynamiques » du passé récent, l'intéressent relativement peu.

L'orientation de l'écriture de Kapuściński vers des constantes de la civilisation russe place l'auteur face à de nouveaux défis et complexifie sans doute son écriture. Comment en effet décrire ce colosse en proie à des changements confus, des changements qui sont loin d'être terminés et qui varient en fonction de la géographie de l'ancien empire ? Kapuściński comprend qu'il s'agit d'une mission impossible. Il se réfère volontiers à l'opinion, ancrée en Europe, selon laquelle la Russie est trop grande et mystérieuse pour être décrite. Il oppose à cette ambition et à cet objectif fous une méthode modeste qui consiste à se fier à sa compétence personnelle, à faire partager au lecteur le seul savoir retiré de ses rencontres personnelles avec des lieux et des hommes. Effectivement, bien davantage que ses livres précédents, *Imperium* est un montage de micro-récits, de « petites histoires », de merveilleux « petits tableaux » sur l'Arménie et la Kolyma, Moscou et Saint-Pétersbourg, Novgorod et Kiev, Iakoutsk et Vorkouta, ainsi que sur des gares et des aéroports bondés où l'écrivain est contraint de bivouaquer lors d'imprévisibles interruptions de voyages ou d'innombrables escales.

Cette insistance sur la vie quotidienne des habitants de l'empire en décomposition et sur des personnages rencontrés par hasard – plus marquée que dans les livres précédents où l'écrivain procédait à des synthèses d'importants tournants historiques – a déçu beaucoup de lecteurs et commentateurs du livre[335]. Mais il ne pouvait en être autrement ! En orientant son écriture vers une description non pas du changement mais de l'immuabilité, non pas de la nouveauté et de la différence mais de l'ancienneté et de la répétition, l'écrivain se

---

335 I. Sariusz-Skąpska, *Obrazki z życia Imperium* (Images de vies de l'empire), Znak 1994, n 3 ; Andrzej Mencwel, *Dokąd pędzi trojka* (Où file la troïka), Polityka 1993, n 21 ; Mariusz Wilk, *Le journal d'un loup*, Paris 1999. Wilk reproche à Kapuściński le côté hasardeux de ses observations et sa volonté de vouloir tout saisir, méthode qu'il juge incompréhensible et superficielle. Il lui oppose sa propre manière d'observer la vie russe, qui consiste à s'enraciner dans un lieu et à le connaître en profondeur.

condamnait en quelque sorte à un récit sur le quotidien et sur des personnages fortuits issus de cette réalité, l'unique méthode lui permettant de décoder la « rusticité » soviétique et postsoviétique. En effet, cette immuabilité est on ne peut plus éloquente lorsqu'elle se manifeste de manière imprévue, à travers des personnages rencontrés par hasard et des lieux visités tout aussi fortuitement. Certes, ces hasards sont plutôt des métaphores extraites de la réalité ou habilement incrustées en elle dans *Imperium*. C'est par exemple le cas du personnage de Tania (dans le chapitre « À cloche-pied par-dessus les flaques »), personnage si marquant qu'il est mentionné dans presque tous les articles écrits sur *Imperium* : il s'agit d'une fillette de dix ans, vivant dans le quartier Zalojnaïa à Iakoutsk que l'écrivain compare à un bidonville d'Amérique du Sud ; Tania apprend à l'écrivain ce qu'est vraiment le froid (« Le froid, (…), c'est quand une brume lumineuse et brillante flotte dans l'air. En la traversant, on sculpte un couloir dans cette brume. Ce couloir prend la forme de la silhouette de la personne qui vient de passer… », I, 763). Autrement dit elle lui fait comprendre qu'il existe des choses pires que le célèbre froid sibérien : la pauvreté, la saleté et la boue de vielles maisons en ruine qui, après l'hiver, ne peuvent être embellies par aucun récit magique. La rencontre avec la « babouchka » qui, « d'une voix empreinte à la fois de fierté, de détermination, de souffrance et de joie », répond à l'auteur « Nous respirons ! » (I, 766) procède de la même dimension métaphorique. Kapuściński évoque aussi une réunion de mineurs en grève qui doit être dirigée par un responsable de la direction, car ces derniers n'en sont pas capables. Il relate également des rencontres symptomatiques : celle avec Anna Andreevna, exténuée par le travail d'homme qu'elle a été contrainte d'assumer toute sa vie durant (« Regardez un peu (…) les mains d'homme qu'ils m'ont faites ! » (I, 875)). Ou encore celle du professeur Grekov de Novgorod qui, depuis vingt-cinq ans, avec un groupe d'enthousiastes, essaie de reconstruire, à partir de débris, les fresques d'une église détruite pendant la guerre.

Tous ces « petits tableaux » qui composent Imperium, issus des rencontres de l'écrivain avec la vie quotidienne des années 1989–1991 confèrent une dimension humaine à l'image hiératique de l'empire soviétique : résignation face au destin, impuissance devant l'arbitraire du pouvoir, peur de l'étranger, désarroi et impossibilité de trouver une tradition culturelle authentique. Cela ne suffisait pas toutefois à créer un ensemble homogène, cela ne permettait pas de regrouper toutes ces observations dans un tout cohérent. Que le nombre de réflexions et de pérégrinations fût augmenté ou réduit, le livre ne semblait pas avoir de fin. On sait que par manque de temps et pour des raisons de santé, l'écrivain n'utilisa pas toute la matière accumulée pendant son voyage, entre autres les documents et notes de son séjour dans les trois républiques baltes de l'époque : la Lituanie, la Lettonie et l'Estonie. Ce n'est donc pas en ajoutant d'autres expériences de voyages à travers l'espace russe de l'époque que Kapuściński trouva la solution pour unifier et clore son ouvrage, mais c'est en l'ouvrant à des « rencontres » antérieures avec l'empire, inaugurées, comme on le sait, en septembre 1939 et renouvelées plusieurs fois par la suite après la guerre. La série de voyages effectués de 1989 à 1990 s'insérait ainsi dans une logique originale d'expériences personnelles. Le livre prend finalement la forme d'un journal de différentes « rencontres » dans le temps ; il exploita même, à titre de document, de larges extraits de reportages écrits en 1967. Cela permet au lecteur de comparer l'image de la Russie d'aujourd'hui avec celle de l'empire qui « débarqua » à Pińsk, ville natale de l'auteur, en septembre 1939, puis avec celle de l'empire qu'il traversa en train, à son retour de Chine en hiver 1958, et enfin avec celle qu'il visita en 1967 et fut à l'origine du reportage intitulé *Kirgiz schodzi z konia* (Le Kirghize descend de son cheval).

La confrontation de ces rencontres n'a pas pour objectif d'attirer l'attention sur les changements en cours en URSS. Le fait qu'il ne mentionne que la Russie éternelle, la Russie impériale, au détriment de celle qui constitua un espoir illusoire pour une grande partie du monde de l'après-guerre, est à cet égard éloquent. Kapuściński, par exemple, ne mentionne pas sa participation au Festival de la Jeunesse et des Étudiants à Moscou en 1957 (immense manifestation qui rassembla la jeunesse du monde entier et en son temps fut très importante pour l'écrivain, car il y rencontra les principaux acteurs de l'émancipation africaine et fut contaminé par leur enthousiasme). La description du retour de Chine par le Transsibérien, en 1958, texte en harmonie avec le thème romantique polonais sur la Sibérie, vient, dans une certaine mesure, remplacer cet événement.

Le lecteur *d'Imperium* peut aussi considérer ce livre comme une sorte d'autobiographie dissimulée sous un reportage et adaptée au rapport personnel de l'auteur avec la Russie[336]. Cette vision est d'autant plus pertinente que le livre tout entier, à l'exception de l'épilogue à caractère journalistique, concerne la période entre l'exil de sa ville natale (*Pińsk, 39)* et le retour dans cette ville, cinquante ans plus tard (*Retour dans ma ville natale*) depuis l'ouest, comme s'il avait fait le tour de la planète et comme si c'était la première fois. Ce procédé, tout à fait conscient – il a visité Pińsk à plusieurs reprises depuis 1979 – permet à Kapuściński de poursuivre et de développer sa réinterprétation de sa

---

336 Jerzy Jarzębski fut le premier à interpréter le cararactère autobiographique *d'Imperium* dans son illustre essai *Wędrowki po Imperium* (Pérégrinations à travers l'Imperium), Tygodnik Powszechny 1993, n 20.

propre biographie, inaugurée dans *Ćwiczenia pamięci* (Exercices de mémoire). Dans le premier chapitre notre biographie, nous avons commenté en détail la manière dont l'auteur, dans les pages les plus belles et les plus cruelles de sa prose, reconstruit le processus de déracinement et de réappropriation de soi, enfant de la guerre, par le biais de l'Histoire. La conclusion d'*Imperium* par le chapitre *Retour...*, qui a lieu en 1990, et par conséquent à la fin de « ce plus court des siècles », montre de manière symbolique que l'auteur s'est affranchi des conséquences de la guerre – de sa participation, entre autres, à la création de l'histoire de l'après-guerre, sur le plan personnel y compris. En effet il revient de la guerre dans sa ville de naissance tardivement, il revient à la normalité – comme si la boucle était bouclée.

Pendant un moment il a pu sembler que le retour dans sa maison natale, censé libérer l'écrivain de l'étreinte de l'Histoire, serait vite remplacé par quelque chose de plus concret, au sens d'un retour littéraire à l'enfance d'avant-guerre, d'avant l'histoire. Parmi les futurs projets de l'auteur, cette intention semblait se confirmer : « Je veux écrire un livre sur mon enfance à Pińsk, disait Kapuściński en 1993. Ce serait une manière de boucler la boucle, car *Imperium* commence justement par une référence à ma ville natale »[337].

Pour le moment, Kapuściński remet ce rêve à plus tard et il revient à la description du monde. Il s'y prend néanmoins d'une manière tout à fait diffé-rente. Sa manière de voyager n'est plus la même. Son voyage à travers l'URSS en décomposition sera le dernier qu'il accomplira en suivant des événements commentés pratiquement à chaud ou juste après. Les voyages des années 1990 et les suivants, à l'exception de ceux qui sont liés à la promotion de traductions, à des conférences, à des ateliers de journalisme etc., relèvent plus de la recherche anthropologique que du journalisme et servent à rafraîchir, actualiser ou véri-fier le savoir acquis. Nous ne savons pas grand-chose sur ces voyages, mais nous savons que Kapuściński effectue de nouveau un long séjour en Afrique, qu'il se rend chaque année en Amérique du Sud, en Australie, dans le sous-continent indien.

Ébène (1998), ouvrage sur l'Afrique, est le premier fruit, après *Imperium*, de ce nouveau mode de voyage et de quête « non historisante », si l'on peut s'ex-primer ainsi, un mode orienté vers l'« esprit » des grandes formations cultu-relles. Ce qui dans *Imperium*, semblait être une découverte involontaire née de la nécessité, s'affine dans *Ébène*, devient une approche consciente, utilisée délibérément, qui permet à l'écrivain de créer une synthèse du continent.

---

337 *Dotknąć Rosji... op. cit.*

L'Afrique n'est assurément pas plus facile à décrire que la Russie, mais l'auteur entretient avec elle une relation plus intense, qui aura duré plus de quarante ans et qui se concrétisera par des années de séjour. L'écrivain aurait pu appliquer la même méthode : un processus de connaissance personnel, partiel, fondé sur des contacts, consistant à voyager en suivant à la trace des « rencontres » (des hommes et des lieux) puisées dans un réservoir d'expériences non décrites jusqu'à présent ou alors décrites sous un autre angle. Il suffisait de se fier à son échelle de mesure des affaires africaines, sur laquelle était basée jusqu'à présent pratiquement toute sa vie de reporter, et surtout de se fier à la logique naturelle de l'évolution de ses propres intérêts et de son initiation personnelle à l'Afrique. En effet, les centres d'intérêt de Kapuściński s'étaient éloignés de l'actualité politique et évènementielle pour se focaliser sur les grandes formations culturelles (avec ce qu'elles recouvrent d'élémentaire et d'éternel, de local et d'universel), en passant par de longues époques de stagnation. Fidèle à ce rythme de changements, l'écrivain accomplissait donc une « déshistorisation » naturelle de son image de l'Afrique, il découvrait, sous les yeux mêmes du lecteur, au-dessus et au-dessous de la couche de l'histoire courante, l'esprit de la pérennité et de la spécificité africaines.

Cette stratégie se traduit par une initiation au monde de l'Afrique réfléchie, habile et progressive et par l'élargissement des horizons du lecteur.

Le début, le choc, Ghana 58, tel est le titre du premier chapitre d'*Ébène*. Au début, c'est l'ignorance totale, le choc face à la différence climatique, la sensation d'une autre lumière, d'autres couleurs et d'autres odeurs. C'est le premier pas sur le continent africain, au sens littéral (il se retrouve à Accra sur la côte occidentale) et la première étape de l'histoire moderne de l'Afrique avec l'acquisition et la célébration de l'indépendance du Ghana. Après ce premier pas, vient le premier voyage, à vocation cognitive essentiellement. Une expédition en autobus de cinq cents kilomètres au fin fond du continent qui donne à l'auteur l'occasion de familiariser son lecteur avec la conception africaine du temps différente de celle de l'Européen, avec les buts et les moyens de déplacement de la population, avec la structure du clan dont la connaissance est indispensable pour comprendre le fonctionnement de la bureaucratie des États nouvellement créés, avec le phénomène des sortilèges.

Le chapitre *Moi, le Blanc* (« On est en 1962. Le Tanganyika a acquis son indépendance… ») reprend et prolonge les informations recueillies lors du premier contact de l'écrivain avec l'Afrique, tout en les élargissant et en les modifiant. C'est de nouveau une sorte de premier pas, mais maintenant de l'autre côté du continent : sur la côte orientale, depuis Dar es-Salaam. Le Tanganika est déjà indépendant et l'Ouganda, pays voisin, s'apprête à proclamer la sienne propre ;

c'est l'occasion d'un nouveau voyage au fin fond du continent, en véhicule tout-terrain cette fois, acheté au rabais à un Anglais quittant précipitamment l'Afrique. Cette expédition fournit à l'écrivain l'occasion d'aborder le thème des Blancs et des Noirs, de l'individualisme européen et du collectivisme africain, de l'apartheid et du racisme sur la côte orientale, différent de celui prévalant à l'ouest, car ce racisme concerne aussi les Indiens et leur rôle. Le plus important, toutefois, dans ce voyage entrepris de sa propre initiative, c'est la manière dont l'écrivain se laisse ensorceler par la beauté de la nature qu'il découvre et ses dangers mortels. On peut se perdre dans la savane, se faire terrasser par un troupeau de buffles, être mordu par un cobra, succomber à un coup de soleil, à la malaria ou ses séquelles, à la tuberculose. La familiarisation avec ces dangers divers et variés permet à l'écrivain de préparer sa réflexion ultérieure sur l'esprit individuel et collectif de l'Africain, contraint de faire face à ces éléments, mais aussi sur le rapport de l'Africain à l'histoire – dans sa conception européenne – qui s'apparente, aux yeux de l'écrivain, à un élément incompréhensible, inconcevable et menaçant. Puis il vérifie ses connaissances : coup d'État dans l'île de Zanzibar, qui offre au reporter l'occasion d'expérimenter une méthode – risquée et un peu insensée ! – pour obtenir des informations journalistiques sur des changements politiques sanglants et violents.

Sans surprise, les textes qui suivent, généralement datés, nous ramènent sur la côte ouest, nous entraînant plus loin dans la spirale de la connaissance et nous plongeant de plus en plus au cœur du continent. *L'anatomie d'un coup d'État* est un journal rédigé à chaud en janvier 1966 à Lagos, à l'époque capitale du Nigéria. Ce chapitre montre que l'écrivain a pris conscience que l'époque des espoirs naïfs et enthousiastes dans l'avenir de l'indépendance africaine était bel et bien révolue. Une indépendance tout autant menacée par un tourbillon de coups d'État militaires que par les cohortes de gens désœuvrés parmi lesquels l'auteur a habité dans des bidonvilles et qu'il décrit pour la première fois de manière aussi détaillée.

On ignore si c'est depuis le Nigéria que l'écrivain se rend en Mauritanie, mais c'est bien là-bas qu'il fait l'expérience des sables brûlants du désert, donnant à sentir au lecteur ce qu'est une oasis, l'attente d'un camion prêt à affronter les étendues impraticables du désert, puis des secours lorsque le véhicule tombe en panne.

Il n'est pas possible de rendre compte en détail de l'évolution de ce Livre sur l'Afrique. Disons seulement que le lecteur d'*Ébène* s'enfonce peu à peu au cœur du continent africain, après avoir suivi, au début, les voyages à partir de la côte occidentale ou de la côte orientale. Après le Nigéria en 1966 et 1967, nous nous retrouvons en Éthiopie en 1975, de là nous nous rendons en Ouganda où règne le sanglant Amin, nous effleurons le Soudan et le Zaïre, nous revenons en Somalie et en Ouganda en 1988 enfin, au début des années 1990, nous faisons un crochet par le Rwanda avec un exposé sur le pays au lendemain des massacres de sinistre mémoire et par le Congo. Mais nous nous trouvons aussi à l'Ouest du continent ; tout d'abord à la frontière de la Mauritanie et du Sénégal, puis nous allons au Mali en train, à Monrovia au Libéria et au Cameroun.

Ces voyages au cœur du continent, d'est en ouest en alternance, rappellent les anciennes expéditions, elles aussi entreprises depuis le littoral dans le but d'atteindre l'insondable vérité du continent. C'est en effet surtout à sa périphérie que s'est jouée la sinistre histoire des rapports de l'Afrique avec le monde. Lagos et Zanzibar étaient des îles pour esclaves, de gigantesques camps de concentration où étaient rassemblés les indigènes avant d'être transportés vendus dans les deux Amériques ou en Inde. Les côtes du continent africain ont été le point de départ du commerce mondial et de la colonisation qui n'a atteint le centre du continent qu'au lendemain du traité de 1884. C'est sur le littoral africain qu'est né le racisme de l'homme blanc et que s'est construite la réponse des Noirs, c'est là que se sont formés les stéréotypes mutuels. C'est aussi sur les côtes africaines que sont nés les premiers États indépendants qui, du fait de leur incapacité à gérer l'héritage du passé, ont exercé une influence néfaste sur l'histoire du reste du continent.

Ce n'est pas un hasard si d'emblée Kapuściński est attiré par le « centre ». C'est là qu'il fait l'expérience de la puissance menaçante des éléments naturels et qu'il tombe sur des paysages d'une beauté et d'une pureté éblouissantes. C'est là aussi qu'il trouve diverses réponses (en fonction des régions) aux grandes questions qui font la spécificité de la culture africaine : la vie et la mort, la maison et la famille, l'univers des morts et des êtres surnaturels, la mémoire et la tradition. Tous les épisodes ou presque reconstruisant la spiritualité africaine et son monde intérieur se déroulent dans un espace africain : dans des petits villages, dans des lieux de séjour fortuits, lors d'un voyage avec une caravane de nomades où l'écrivain se retrouve en queue, avec un marchand (derrière les chèvres et les brebis). Il s'agit notamment des chapitres *Perspective de fête*, *Une journée au village d'Abdallah Wallo*, *Les cristaux noirs de la nuit*. Le sentiment de s'enfoncer dans l'éternité s'accompagne de la disparition progressive des repères chronologiques. Les extraits du début du livre qui concernent les premiers séjours de l'écrivain en Afrique sont datés et situés avec précision, ceux de la seconde moitié, qui portent sur des voyages des années 1990 et révèlent des couches de plus en plus anciennes de la culture du continent, racontent l'univers africain. Ainsi, la plongée aux sources du temps accompagne l'élargissement du livre, conformément à la chronologie des quarante dernières années de vie de l'auteur.

L'effet extraordinaire produit par *Ébène* et qui consiste à ensorceler le lecteur, à l'attirer au cœur d'un univers créé par l'auteur – comparable seulement aux œuvres du « réalisme magique » – tient au fait que l'écrivain a puisé dans sa réserve d'expériences des épisodes qu'il n'avait pas décrits dans ses premiers textes sur l'Afrique et qu'il les a regardés d'un œil nouveau. Kapuściński suit fidèlement le sentier de ses propres secrets, mais soit il tombe sur des trouvailles, soit il exhume de ce qu'il avait à peine effleuré des strates inattendues et il les décrit du point de vue de l'écrivain-anthropologue. (Il élude toutefois certains terrains d'investigation comme l'Angola). Nous avons pu prendre connaissance de son premier voyage en autobus au cœur du continent grâce à ses reportages sur le Ghana en 1958, mais la découverte de la conception du temps des Africains ne nous parvient que maintenant. Nous savons qu'il a partagé la misère des Noirs à Lagos ; *Ébène* transforme cet épisode en une véritable étude anthropologique sur la manière de franchir les barrières et sur les préjugés qui séparent des autres, grâce à une identification patiente de leurs habitudes et à l'apprentissage du respect à leur égard. Ce qui auparavant était un décor, une marge, ou complètement masqué, se transforme désormais en une étude littéraire sur les rites du matin et du soir, sur un voyage avec une caravane de nomades et sur l'hospitalité. Et ainsi de suite jusqu'à la fin du livre, jusqu'à la description d'un arbre qui permet à Kapuściński de faire ses adieux à l'Afrique, et qu'on peut déchiffrer comme une parabole de toutes les anciennes cultures, y compris l'arbre du paradis.

Ébène constitue une nouvelle rupture de plus dans l'œuvre de Kapuściński, au sens où l'auteur peut désormais être considéré comme un écrivain-voyageur plutôt qu'un reporter, un écrivain par ailleurs spécialisé dans les analyses et les synthèses des civilisations, ainsi que dans l'études des racines culturelles des grandes formations historiques. D'un côté *Ébène* a ouvert la voie à d'autres synthèses du même type (les lecteurs attendent un livre correspondant sur l'Amérique du Sud, et pourquoi pas sur l'Asie sans que l'auteur ne démente leurs espoirs). De l'autre, il a permis à l'écrivain de porter sur lui-même un autre regard. Cette deuxième possibilité s'est révélée tellement fascinante qu'il a remis à plus tard ses travaux déjà bien avancés sur son livre sur l'Amérique du Sud. Et il entreprend l'écriture d'un ouvrage autobiographique, *Mes Voyages avec Hérodote*.

Que doit à *Ébène* ce livre qui raconte justement les premiers voyages de Kapuściński (jusqu'en 1965 à peu près) et pourrait s'intituler : « Comment je suis devenu écrivain-voyageur » ? La réponse est simple : grâce à lui, Kapuściński a pu extraire de son expérience biographique extrêmement variée le fil conducteur de sa formation cristallisée dans *Ébène* et de sa vie, du moins de sa vie d'écrivain. Sa fascination pour l'altérité culturelle, son acharnement à la connaître, à la comprendre et à l'accepter, sa volonté de découvrir et de franchir les frontières – physiques et mentales, celles qui existent en nous et entres les hommes –, la médiation dans le dialogue interculturel sont, à la lumière des *Voyages avec Hérodote*, la mission de vie de l'auteur, tout le reste servant de circonstances facilitant ou au contraire entravant la réalisation de cette mission. Les voyages en Inde, en Chine et enfin en Afrique, le rêve de franchir les frontières, et tout le travail de préparation à ces voyages, constituent les événements majeurs de la biographie de l'auteur. Les voyages, les confrontations et les conflits avec les autres cultures structurent sa vie et son écriture.

Émanciper sa biographie des circonstances historiques dans lesquelles elle s'est formée constitue l'une des conséquences de l'émergence et de l'autonomisation de ce courant souterrain. L'auteur nous persuade que la lecture des *Histoires* d'Hérodote – l'une des premiers ouvrages de l'historiographie européenne, fruit de lointaines expéditions personnelles, d'une « collecte de matériaux » journalistique, d'une écoute attentive et de la reproduction de points de vue divers, en un mot le prototype du reportage – ont eu une influence bien plus décisive sur son œuvre que n'importe quelle autre circonstance historique. Mais ce n'est pas pour cette seule raison que Kapuściński a choisi Hérodote comme patron de ses premiers voyages. Indépendamment du fait qu'il ait ou non réellement pris avec lui les *Histoires* dans chacun de ses voyages et que leur lecture l'ait vraiment plus absorbé que les événements auxquels il participait, la figure d'Hérodote sert à merveille les nouvelles exigences de l'auteur. Sa tâche consiste désormais à extraire l'écrivain du temps auquel il a réellement participé, à mettre de l'ordre dans les valeurs et les constantes de la formation culturelle européenne, à dépasser les frontières des époques historiques, à supprimer le temps historique.

Dans *Ébène*, l'auteur observait avec une certaine jalousie la facilité avec laquelle les Africains gardent le contact avec leurs racines et les sources de leur propre culture. Il expliquait cette capacité par l'arrêt dramatique de leur évolution, la pauvreté de leurs équipements qui se limitent, comme à l'époque de l'antiquité européenne, à des choses élémentaires et donc universelles et constantes, mais aussi par l'absence de l'écriture, tous ces facteurs créent la nécessité de maintenir la mémoire du passé dans un récit oral vivant, ininterrompu, transmis de génération en génération. En dépeignant Hérodote comme l'un des pères fondateurs de l'identité culturelle européenne, Kapuściński souligne à maintes reprises que l'historien grec est le premier, à cette échelle, à avoir fixé dans l'écriture tout ce qui, jusque-là vivait dans le récit, à avoir transformé la mémoire parlée en mémoire écrite. Dans la conception présente de l'écrivain, Hérodote est donc la source la plus lointaine à laquelle nous pouvons accéder et où nous pouvons puiser.

Le choix de s'inspirer d'Hérodote pour neutraliser le temps historique s'explique, certes, par la personnalité de l'historien, du voyageur et du conteur, mais aussi par le contenu de ses écrits, qui, comme on le sait, portent essentiellement sur les guerres médiques du Ve siècle avant notre ère (presque contemporaines de l'historien). Selon Kapuściński, qui exploite à profusion d'énormes citations, périphrases et interprétations venant s'entrelacer dans son texte de souvenirs autobiographiques, Hérodote voit dans ces guerres la collision d'une civilisation asiatique asservie et d'une culture de citoyens libres, de l'autocratie et de la démocratie, de l'agression impériale et de la défense des idéaux et des valeurs de liberté. Autrement dit, Kapuściński fournit à son lecteur tardif de la matière afin que celui-ci y décèle la préfiguration de l'histoire européenne, y compris la résistance du XXe siècle à l'agression totalitaire d'un empire oriental. Par là-même, il libère son lecteur de la terreur de l'histoire en cours. Car d'après *Mes Voyages avec Hérodote*, à la fin des années 1950 et au début des années 1960, alors que cette terreur était encore une actualité brûlante, le reporter encore débutant qu'était Ryszard Kapuściński découvrait la profonde continuité de l'histoire européenne, sans pour autant faire l'impasse sur ses folies, et cette découverte l'intéressait plus que la participation à l'actualité.

On pourrait penser que les souvenirs autobiographiques qui se transforment en voyage vers les sources lointaines de sa propre personnalité créatrice et de la formation historique européenne en même temps, couronnent d'une certaine manière le processus de libération de ce qu'a été l'histoire dans sa conception du XXe siècle. *Mes voyages avec Hérodote* se terminent au milieu des années 1960, pendant le premier long séjour de l'auteur en Algérie, c'est-à-dire au bord de la Méditerranée, après que Kapuściński a visité le lieu de naissance du héros de son livre, situé sur le territoire d'une ancienne colonie grecque en Asie mineure. Ils se terminent au moment où l'écrivain a compris et assimilé les leçons de son maître, apprentissage lié entre autres à ses doutes concernant la chasse aux événements actuels et spectaculaires. Kapuściński trouve aussi une réponse à ses questions sur le sens du voyage : « Hérodote voyage dans le but de répondre à l'enfant qui se demande d'où viennent les navires à l'horizon. D'où surgissent-ils ? D'où voguent-ils ? Ainsi, ce qu'il voit de ses propres yeux n'est pas la frontière du monde ? Il existe encore d'autres univers ? Lesquels ? Quand il sera grand, il voudra les connaître. (…) Et, avec l'ardeur et l'enthousiasme de l'enfant, Hérodote se lance à la découverte de ces mondes. Il voit alors – et c'est là sa plus grande révélation – qu'ils sont nombreux, différents les uns des autres. (…) Chacun mérite d'être connu, car ces cultures sont des miroirs dans lesquels nous nous regardons, dans lesquels notre culture se reflète » (H, 1453–1454).

Le fait d'avoir trouvé la réponse à sa question sur l'origine de sa soif de voyages dans la curiosité de l'enfant pour les mondes situés au-delà des mers donne toutefois à penser que Kapuściński va chercher une réponse à la question de sa nouvelle identité. Car si une partie de la réponse se trouve dans l'enfance d'Hérodote, pourquoi ne devrait-il pas chercher dans la sienne propre ? D'autant plus que les paysages des deux mondes de l'enfance ne sont séparés par aucune frontière. Dans les confessions de plus en plus nombreuses de l'écrivain sur le thème de son enfance à Pińsk (où, rappelons-le, ses parents faisaient partie d'une petite colonie polonaise), le motif des eaux devient récurrent : des inondations printanières coupaient la vielle du monde, les rivières de la Polésie étaient reliées à toutes les mers…

La frontière entre la conception du voyage de l'auteur et du héros de son livre disparaît aussi : les voyages permettent d'assouvir notre curiosité pour les autres mondes et notre besoin de s'y refléter avec notre propre identité. Hérodote qui initialement était pour de Kapuściński le maître à penser de sa passion pour le voyage et pour l'histoire pouvait donc se transformer aussi en maître pour sa passion de l'anthropologie ou alors céder cette place à quelqu'un qui s'y prêtait plus encore, Bronisław Malinowski, comme nous le savons. Après avoir fréquenté Hérodote des années durant, son chemin pouvait donc le mener non seulement à Pińsk mais dans le vaste monde, vers la compréhension de l'Autre et vers la problématique du dialogue.

Dans l'article intitulé *Ryszard Kapuściński et sa philosophie de « l'Autre »*, Tadeusz Sławek interprète de manière intéressante la phrase : « Ma maison est ailleurs », prononcée un jour par l'auteur d'*Ébène* à propos de la perte de sa patrie de Pińsk. « Le possessif 'mon', écrit l'illustre philologue, est marqué par la proximité ; ce qui est 'à moi' est 'ici', surtout lorsqu'il se rapporte à une 'maison'. Pourtant la philosophie de l'auteur de *Lapidarium* est une démystification de cette pensée : lorsque nous disons 'ma maison est ailleurs', nous exécutons un acte de relocalisation spécifique ; nous fixons notre 'maison' toujours ailleurs. Par conséquent, la 'maison' existe en tant qu'hypostase, projection, elle n'est rien de plus qu'un désir de maison. 'Ailleurs' suppose en effet 'jamais' ici ; il n'y a pas d''ici' suffisamment vaste dans le monde d'aujourd'hui pour être une 'maison'. Être curieux du monde, c'est habiter dans une maison éternellement 'projetée' et 'reconstruite', une maison se trouvant 'ailleurs', ce qui signifie par déduction que je suis dans la mesure où je suis en route »[338].

---

338 Tadeusz Sławek, *Ryszard Kapuściński i jego filozofia « Innego »* (Ryszard Kapuściński et sa philosophie de « l'Autre »), Śląski Wawrzyn Literacki 2006, réd. J. Malicki, M. Kisiel, Katowice 2007, p. 65.

La philosophie du dialogue selon Kapuściński s'applique parfaitement à sa biographie. En effet, sa vie, bien plus que ses livres, est une illustration de sa vision de l'Autre ; l'auteur a problématisé son concept en procédant à un réexamen de ses propres expériences, parmi lesquelles la perte de la maison familiale n'est que le premier maillon de sa chaîne biographique, et sans doute le plus douloureux. En fait, tout au long de sa vie, l'auteur d'*Ébène* a cherché diverses formes de communautés : idéologique, sociale, éthique. Avec le temps toutefois, c'est la « rencontre » – catégorie la plus large et sans limites – qui a couronné ce processus. Kapuściński a donc commencé par identifier « de sa propre initiative » la problématique de l'Autre pour découvrir seulement après une formule philosophique dans les textes des dialoguistes.

En décidant de suivre sa propre route vers l'Autre, Kapuściński s'est cherché des patrons et il a choisi ceux qui les premiers s'étaient intéressés à cette problématique, en avaient posé les fondements et en avait fixé l'horizon de recherche le plus large. Pour lui, Hérodote – voyageur, collectionneur de récits, qui part dans le vaste monde, poussé par une irrésistible curiosité – a été son premier guide de l'altérité. Le maître d'Halicarnasse abandonne sans hésitation ce qu'il a assimilé pour partir vers ce qu'il ne connaît pas, ce qui lui est étranger et souvent ce qui est dangereux. En arrivant dans des endroits lointains du globe – chez les Égyptiens, les Scythes, les Perses et les Lydiens – il devient le patron du rapprochement entre les cultures, les peuples, et enfin les Autres. L'auteur des *Histoires* nous apprend à nous comporter face à la différence ; il ne méprise pas les hommes qu'il rencontre, au contraire il les regarde avec attention, il essaie de les comprendre. Hérodote, qui a vécu il y a deux mille cinq cents ans, connaît parfaitement la valeur de la rencontre. Il sait que l'Autre est le miroir dans lequel nous pouvons voir la vérité sur nous-mêmes, que l'Autre nous préserve de notre présomption, fait éclater la bulle illusoire de notre exclusivité, nous arrache à la stagnation abrutissante. Ce n'est qu'en s'ouvrant à l'Autre que nous pouvons connaître le monde dans toute sa richesse.

Pour Kapuściński, la rencontre est « le plus grand défi du XXe siècle ». Pourquoi considère-t-il ce siècle comme particulièrement important ? La confrontation de l'Europe avec le reste du monde dure en effet depuis la nuit des temps. Dans la deuxième Conférence de Vienne, qui fait partie du recueil intitulé *Cet Autre*, l'auteur énumère les différentes étapes de cette rencontre : l'époque des marchands et des ambassadeurs qui dura plus ou moins jusqu'au XVe siècle, l'époque des grandes découvertes géographiques qui fut celle des massacres et des conquêtes, l'époque des Lumières qui fut celle de l'ouverture aux Autres et à leurs cultures, le XXe siècle qui fut celui de l'anthropologie et de la philosophie du dialogue et enfin l'époque d'aujourd'hui : l'ère du multiculturalisme.

Bronisław Malinowski devient dès lors le père de la rencontre avec les autres cultures. Cet antropologue éminent apparaît relativement tard dans la réflexion de l'auteur de *Lapidarium*. Dans les années 1990, ses idées deviennent pour Kapuściński, à côté de celles de Marcel Mauss, un véritable contrepoids à la conception populaire de Samuel Huntington[339]. En désignant l'auteur de la monographie sur les îles Trobiand comme le patron de l'idée de la coexistence pacifique entre les cultures, dont le but est l'échange et non la confrontation, Kapuściński se place comme médiateur entre des mondes éloignés : « Je définirais ma profession comme celle d'un traducteur, dit-il en recevant en 1997 son premier doctorat *honoris causa*. Non pas d'une langue à l'autre, mais d'une culture à l'autre ».

Kapuściński rencontre Malinowski de manière progressive. Initialement l'anthropologue n'était que l'une des innombrables figures fascinantes qui appréciaient la valeur du dialogue, tels que Emmanuel Levinas, Martin Buber, Franz Rosenzweig, Ferdinand Ebner, Gabriel García Marquez, le prêtre Joseph Tischner. Il citait son nom parmi d'autres, dans différents ouvrages, conférences et interviews. Mais avec le temps, l'écrivain commence à le distinguer nettement des autres. En recevant en 2004 un autre doctorat *honoris causa*, cette fois décerné par l'Université Jagellonne, Kapuściński prononce un discours où il accorde une attention particulière à la problématique de l'Autre, vue selon la perspective des recherches de Malinowski. Cet illustre exposé qui est une sorte d'hommage à Malinowski, éminent diplômé de l'Alma Mater de Cracovie, dépasse le cadre d'une simple révérence à ses hôtes. Il ne fait aucun doute qu'en évoquant cette figure, Kapuściński tend la main vers ses découvertes personnelles.

Dans les premières parties de son discours, c'est l'œuvre des dialoguistes, surtout celle de Levinas, qui domine. Le reporter évoque la philosophie de la rencontre qui considère l'Autre comme le sujet de ses recherches, en particulier l'Autre qui a été victime des expériences totalitaires et des expériences de masse. Il s'agit, en général, d'un individu doutant de sa propre identité, noyé dans un magma de civilisations et blessé par l'histoire. Toutefois Levinas ne peut patronner la conception de l'Autre forgé par Kapuściński que dans un domaine délimité. Sa philosophie concerne la relation Moi – l'Autre « dans le cadre d'une seule civilisation homogène sur le plan historique et ethnique » (CA, 103). Malinowski, lui, va plus loin : en observant la communauté des indigènes des îles Trobiand, il sort du cadre de la culture européenne, introduit de nouveau contextes, devenant ainsi le patron des rencontres avec les autres cultures. Les dernières années de la vie de

---

339 G. Łęcka, *Opisuję stany ducha* (Je décris les états d'âme), Salon literacki, Varsovie 1999, p. 194.

Kapuściński s'écoulent, pour ainsi dire, sous le signe de Malinowski : c'est l'époque de la fascination pour les œuvres du grand anthropologue, de la recherche de points communs entre le travail du spécialiste des cultures et celui du reporter, de la cristallisation d'une nouvelle forme d'écriture : le reportage anthropologique.

Les similitudes entre les deux « traducteurs d'autres cultures » sont si nombreuses que souvent la description de l'un pourrait être prêtée à l'autre. Ces ressemblances frappantes sont visibles dès le début de leur carrière : « Malinowski était intéressé par ce qu'on appelle l'histoire vivante »[340], écrit B. Olszewska-Dyoniziak. Comme l'auteur d'*Ébène*, il quitte sans regret son bureau et se lance sur le terrain afin d'expérimenter sur sa propre peau – à la différence d'un historien digne de ce nom – les événements au sujet desquels il s'apprête à écrire. De 1914 à 1918, l'auteur des *Argonautes du Pacifique Occidental* a vécu au nord-ouest de la Mélanésie. Il a planté sa tente au cœur d'un village et observé la vie quotidienne de Trobriandais. Se rendant compte du rôle de la langue dans la communication directe, rapidement, il apprend la langue des indigènes grâce à des compétences linguistiques extraordinaires. Ce besoin de contact avec l'Autre a contribué à la popularité des recherches de terrain nécessitant du chercheur un changement radical d'optique. Renonçant à la position d'outsider, utilisant essentiellement des outils classiques tels que l'observation, les interviews, les données statistiques etc., le nouvel anthropologue se transforme en acteur des événements. Avec le temps, cette approche scientifique novatrice a modelé l'anthropologie, qui de discipline académique, spéculative, théorique, s'est transformée en science vivante, fondée sur le contact entre les hommes. Edmund Leach, élève de Malinowski, écrivait des années après : « Aucun Européen avant lui n'avait jamais appliqué cette méthode et l'ethnographie, qui en est le fruit, s'est retrouvée complètement renouvelée »[341].

Le fondateur de l'anthropologie sociale moderne connaissait la valeur du contact direct dans lequel il voyait une chance de décrire la réalité de manière plus complète. En séjournant sur le terrain, il disposait non seulement d'informations sur les faits, mais surtout il avait sous la main un contexte psychologique approfondi des événements décrits et détenait un savoir unique au sujet des ambiances, des émotions, du climat ayant une influence sur les hommes. C'est grâce à cette présence directe qu'il a pu décrire – comme il l'a dit – le

---

340 B. Olszewska-Dyoniziak, *Bronisław Malinowski. Twórca nowoczesnej antropologii społecznej* (Bronisław Malinowski. Fondateur de l'anthropologie sociale), Zielona Góra 1996, p.45.

341 *Ibidem*, p. 18.

« squelette » d'une culture donnée (l'ensemble des règles et des normes de la vie tribale), mais aussi « sa chair et son sang » (les impondérables de la vie quotidienne : les vêtements, l'hygiène, l'alimentation) ainsi que – et c'est le plus important – « son esprit » (les idées, les opinions, les autocommentaires des indigènes). L'observation de l'Autre selon ce schéma permet d'atteindre le but final : « saisir le point de vue de l'indigène, son rapport à la vie, comprendre sa vision du monde »[342]. En essayant de comprendre l'Autre, Malinowski soulignait que les recherches devaient être menées dans une atmosphère d'ouverture et d'empathie. Sans cela, « toute recherche sur l'homme » perdait son sens. Mais les illustres chercheurs de l'altérité sont aussi confrontés au côté sombre de la confrontation avec l'Autre : tous les deux sont effectivement des Blancs vulnérables plongés dans une situation extrême, tous deux traversent une crise d'identité, tous deux ressentent douloureusement leur solitude, leurs obligations quotidiennes deviennent pour l'un comme pour l'autre un moyen d'échapper à la folie[343].

Les deux auteurs sont également convaincus de la richesse des cultures et de leur égalité. Malinowski affirmait : « Le problème de l'anthropologie consiste simplement à observer, décrire et classer cette diversité ». Au principe selon lequel « les hommes sont égaux, mais différents, et toutes les différences sont égales »[344] fait écho le propos de Kapuściński : « Je me considère comme un spécialiste de l'altérité, des autres cultures, des autres manières de penser ». L'Autre qui devient un locuteur à part entière du dialogue est dès lors une source de savoir sur nous-mêmes : en prenant connaissance de cultures lointaines, en les confrontant à la nôtre, nous pouvons voir cette dernière dans une autre dimension. Dans *Les Argonautes du Pacifique Occidental* Malinowski écrivait : « Peut-être la lecture de ces coutumes lointaines et étrangères éveillera-t-elle en nous un sentiment de solidarité pour les efforts et les ambitions des indigènes. Peut-être nous permettra-t-elle de redécouvrir la mentalité humaine, peut-être nous

---

342 Ibidem, p. 40 (citation tirée des *Argonautes du Pacifique Occidental*, Varsovie 1967).

343 En comparant *Le cœur de ténèbres* (Conrad) avec *Le journal d'ethnographe* (Malinowski), James Clifford analyse aussi le problème de la crise du « je » se trouvant aux antipodes de la civilisation occidentale, « à son point de navigation le plus éloigné ». Les deux livres parlent de Blancs se trouvant à la frontière, dans un lieu de danger et de désintégration ». Kapuściński-reporter a également connu ce sentiment de solitude. C'est dans *Une guerre l'autre* qu'il l'a ressenti avec le plus d'acuité. Le travail professionnel a aussi été pour lui l'antidote le plus efficace contre la solitude, notamment les correspondances qu'il envoyait régulièrement à la PAP.

344 B. Olszewska-Dyoniziak, *Bronisław Malinowski, op. cit.* p. 35.

indiquera-t-elle des domaines et des liens dont nous ignorions jusque-là l'existence. Peut-être la compréhension de la nature humaine, sous une forme pour nous lointaine et étrangère, éclairera-t-elle la nôtre propre »[345].

Ce qui relie sans aucun doute les deux spécialistes de l'altérité, c'est leur identité polonaise, un capital, mais aussi un problème bien souvent. Malinowski a certainement été souvent interrogé (tout comme Kapuściński) sur son faible intérêt pour les questions polonaises. Même son grand ami, Stanisław Ignacy Witkiewicz, dans une lettre qu'il lui écrit de Pologne, lui demande : « Es-tu devenu complètement anglais ? (...) Comme je voudrais que tu redeviennes polonais. C'est dommage de perdre à ce point son identité nationale. Souviens-toi de Conrad qui a été considéré comme un traître ? »[346]. G. Kubica, spécialiste de Malinowski, commente ainsi sa position : « Il considérait que l'exercice de l'anthropologie sociale exige un sentiment d'appartenance au monde entier, à l'humanité entière ainsi qu'une vision du monde d'un point de vue global et pas seulement à travers le prisme des intérêts particuliers de sa propre nationalité »[347]. Kapuściński n'aurait-il pas pu signer ces propos ?

*

Le dernier grand rêve du reporter est né de la découverte de sa « proximité » avec la figure de Malinowski. Il décide donc de partir sur les traces du grand anthropologue polonais dans les îles Trobriand. Cet archipel volcanique rattaché à la Papouasie-Nouvelle-Guinée est habité par une population autochtone possédant sa propre langue, le kiriwina. Grâce à Malinowski, la culture des Trobriandais – le sujet de ses recherches anthropologiques de 1914 à 1918 – est, parmi les cultures mélanésiennes, celle qui a fait l'objet de l'étude la plus exhaustive. Cette expédition devait être le couronnement de la série de voyages que Kapuściński effectua dans sa vie. Le reporter se sentait attiré par cet espace où était née l'anthropologie moderne et où avait débuté la brillante carrière du chercheur polonais, un espace où cent ans auparavant vivait une communauté inconnue de la civilisation occidentale. Les îles du Pacifique étaient un terrain idéal pour étudier les conséquences de cette rencontre qui avait eu lieu un siècle plus tôt... Mais ses principales motivations, c'étaient plutôt la découverte de la proximité de l'œuvre de Malinowski avec la sienne, la fascination qu'exerçait sur lui l'approche anthropologique du chercheur, la recherche d'analogies entre ses voyages et les

---

345 *Ibidem*, p. 8.

346 B. Malinowski, *Dziennik w ścisłym znaczeniu tego słowa* (Journal au sens propre du terme), préface et rédaction de G. Kubica, Cracovie, p. 459.

347 Olszewska-Dyoniziak, *Bronisław Malinowski...*, *op. cit.*, p. 22

siens propres et enfin le besoin de se rendre dans un lieu qui avait créé une personnalité telle que Malinowski, de même qu'auparavant il avait éprouvé le besoin de visiter les terres qui avaient forgé celle d'Hérodote.

Avec le temps, cette expédition devint le principal défi du reporter, son dernier grand rêve. Son état de santé qui se dégradait n'était pas une raison suffisante pour renoncer à ce projet périlleux. L'un de ses amis se souvient d'une conversation qu'il eut avec l'écrivain malade : « Il prononça tout doucement, avec son petit sourire timide : 'Je sais que je suis en train de mourir, mais j'ai très envie de me rendre dans cet endroit que je ne connais pas'. L'Océanie, encore l'Océanie[348] ». Mais progressivement et irrémédiablement, son rêve finit par disparaître de l'horizon des possibilités de l'écrivain. Toutefois la rencontre avec l'espace de Malinowski se concrétisa soudain, sous une forme inattendue.

En effet, trois mois avant sa mort, en octobre 2006, Kapuściński se rend dans un lieu beaucoup plus proche, à Bolzano, la capitale de la province autonome du Haut-Adige située dans les Alpes, à la frontière de l'Autriche, de l'Italie et de la Suisse. Cette région, source de conflits depuis la nuit des temps, aurait pu partager le sort tragique de l'ex-Yougoslavie. Mais ses habitants réussirent à trouver le moyen de vivre en préservant la coexistence pacifique des trois groupes ethniques qui la peuplaient : Allemands, Italiens, Ladins. Dès lors, Bolzano est devenu une sorte de « laboratoire de la paix et de l'entente entre les cultures »[349], « l'un des meilleurs exemples, dans le monde, du triomphe (…) de la paix ethnique après la Seconde Guerre mondiale »[350]. Le phénomène de la Haute-Adige a aussi été étudié par le Dalaï-lama qui a visité cette région afin de voir si ce modèle d'autonomie était applicable au Tibet.

Il n'est pas étonnant que Ryszard Kapuściński se soit laissé séduire par la magie de ce lieu. Dès qu'il reçut l'invitation du Centre pour la paix de Bolzano, il décida de s'y rendre : « J'étais intrigué par cette région où cohabitent

---

348 A. Lubowski, *Podróż marzeń z Pińska do Oceanii* (Le voyage des rêves de Pińsk en Océanie), Gazeta Wyborcza, 25 janvier 2007, p. 16.

349 Nous devons cette citation et les informations sur la visite du Dalaï-lama à Francesco Comina, coordinateur de Centro della Pace di Bolzano, l'organisation qui invita Kapuściński à Bolzano. Nous tenons également de nombreuses informations au sujet de ce voyage de Magdalena Szymków, commissaire des expositions de Kapuściński en Italie.

350 W. Misiuda-Rewera, *Włochy – republika autonomii* (L'Italie, la république de l'autonomie), Lublin 2005, p. 104.

trois groupes linguistiques. Je voulais voir de près comment les hommes s'entendent, se mélangent, sont directement confrontés à l'altérité »[351]. Ce voyage qui augurait une « bonne rencontre » était peut-être ressenti par lui comme un retour métaphysique à Pińsk, sa ville natale d'avant-guerre, synonyme de la multiculturalité, de la diversité et de la coexistence pacifique. Sans doute le voyait-il aussi comme l'illustration vivante d'un monde idéal où les différences, loin d'être un poids dont il faut se débarrasser, constituent une immense richesse.

Il apparaît toutefois que pour l'infatigable voyageur, cette ville vivant dans l'harmonie des cultures, avait une autre vertu inestimable : « Lorsque j'ai accepté l'invitation à la conférence de l'Université libre de Bolzano je ne le savais pas encore » ..., c'est ainsi que commence l'article publié dans le journal local, Corriere dell'Alto Adige, annonçant l'arrivée du « *candidato al Nobel* »[352]. Qu'ignorait-il à l'époque ? Il ignorait le fait qu'en se rendant dans cet endroit unique, il effectuait un voyage très particulier, qu'inconsciemment il réalisait symboliquement son dernier grand rêve : un voyage aux Trobriand. C'est en effet à Bolzano que Kapuściński « rencontra » de manière inattendue son dernier grand maître. Car cette région était non seulement le lieu de prédilection de Freud, Mahler et Kafka, mais aussi celui de l'anthropologue polonais qui y avait habité, dans une villa située en altitude (à Soprabolzano-Oberbozen) à partir de 1923 jusqu'au moment où il décida de quitter définitivement l'Europe en 1938[353]. Par ailleurs, c'est ici que se cristallisèrent sans doute ses idées avant de se transformer en critères de l'anthropologie sociale contemporaine. Ces seize années durant lesquelles Malinowski séjourna régulièrement à Bolzano

---

351 R. Kapuściński, *Dałem głos ubogim. Rozmowy z młodzieżą* (J'ai donné la parole aux pauvres. Conversations avec la jeunesse), Cracovie, 2005, p. 104.

352 S. Gelmini, *Kapuściński sulle tracce di Malinowski*, Corriere dell'Alto Adige, 10 octobre 2006, p. 13. Jarosław Mikołajewski écrit toutefois que l'information sur le séjour de Malinowski à Bolzano était connue de l'auteur avant son départ et constituait l'une de ses principales motivations pour répondre à cette invitation. J. Mikołajewski, *Bolzano, czyli chwila szczęścia* (Bolzano ou un moment de bonheur), dans : R. Kapuściński, *Dałem głos ubogim...*, *op. cit.*, pp. 82–83.

353 La villa est toujours la propriété de la famille. La fille de l'anthropologue, Helena Wayne, âgée de quatre-vingts ans, est née à Bolzano où elle passe généralement l'été, mais elle vit maintenant à Londres. Kapuściński a eu l'occasion de voir la maison de Malinowski pendant sa visite. Voir Gelmini, *Kapuściński sulle tracce di Malinowski*, *op. cit.*

afin de soigner sa santé fragile[354] sont en même temps la période la plus riche dans l'œuvre de l'anthropologue polonais[355].

La majorité des participants à la rencontre étaient des jeunes : des collégiens, des lycéens et des étudiants, qui assistèrent aux derniers ateliers menés par le « journaliste du siècle ». Kapuściński commença par discuter avec un groupe d'élèves et d'étudiants dans une auberge de montagne, quelques heures après, il prononça un discours devant un millier d'universitaires à l'Université libre de Bolzano, et le matin de son départ il rencontra des lycéens autour d'un petit-déjeuner. Les jeunes s'étaient sérieusement préparés pendant des mois à cet événement ; ils avaient lu tous les livres de Kapuściński, les avaient maintes fois discutés et avaient rédigé une liste de questions. Dévoilant volontiers les arcanes de son atelier de reporter, leur invité leur parla une fois de plus avec passion de la richesse de la culture mondiale, des dangers menaçants notre planète, des pièges des médias, de l'art difficile de la rencontre avec l'Autre, mais surtout du problème tant ignoré de la pauvreté. C'est ici, à Bolzano, que résonnèrent avec le plus de force ses propos sur la nécessité de s'intéresser aux pauvres, à ceux qui étaient privés de voix : « Vous ne pouvez pas les ignorer si vous rêvez de devenir journaliste. Les pauvres constituent quatre-vingts pour cent de la population de cette planète »[356]. La visite de Kapuściński à Bolzano devint un événement très important pour la ville. Francesco Comina, coordinateur du Centro della Pace, s'en souvient comme d'un moment historique qui laissa une trace durable dans la conscience de ses participants : « Aujourd'hui encore, nous écrivait-il un an après, beaucoup se souviennent d'un amphithéâtre universitaire bondé, de ses paroles pleines d'espoir et d'audace, de son invitation à

---

354 Dans une lettre adressée à un ami de la famille, Kazimierz Nitsch, Malinowski écrivait de Bolzano : « Comme vous ne l'ignorez sans doute pas, je suis venu ici pour me soigner de la tuberculose. Maintenant je me sens mieux, mais je vais devoir rester 4 ou 5 mois dans un climat de montagnes. (…) Je suis en train de rédiger un ouvrage sur la vie sexuelle des indigènes des îles Trobriand. J'avance lentement et avec peine, car je ne suis pas toujours en forme ». Voir G. Kubica-Klyszcz, *Listy Bronisława Malinowskiego* (correspondance de Bronislaw Malinowski), dans : *Antropologia społeczna Bronisława Malinowskiego* (anthropologie sociale de Bronislaw Malinowski), réd. M. Flis, A.K. Paluch, Varsovie 1985, pp. 281–282.

355 C'est probablement à cette époque qu'il mit en forme la matière qu'il avait accumulée lors de ses expéditions. Il publia, entre autres, durant ces années : *Crime et coutume dans la Société Primitive* (1929), *La sexualité et sa répression dans les Sociétés Primitives* (1927), *La vie sexuelle des sauvages du nord-ouest de la Mélanésie* (Payot, 1929), *Les jardins de corail* (La découverte, 2002).

356 R. Kapuściński, *Dałem głos ubogim…*, *op. cit.*, pp. 12–13.

rencontrer l'Autre. Les jeunes dirent après la rencontre que cet événement avait marqué leur vie à jamais »[357].

La bonne ambiance de Bolzano et cette rencontre métaphysique inattendue avec son dernier grand maître bouleversèrent le reporter. Alicja Kapuścińska écrivait par la suite que pour son mari, ce voyage fut l'un des plus beaux de sa vie[358]. À Bolzano, Kapuściński fut heureux, car à la fin de sa vie riche mais terriblement difficile, il arriva enfin dans un lieu dont rêvent tous les philosophes de la rencontre. Peut-être comprit-il là, en discutant avec des jeunes dans une auberge de montagne, qu'eux aussi – malgré tous les gadgets électroniques dont ils étaient équipés pour recueillir et enregistrer l'information – avaient la nostalgie d'une conversation normale, authentique et crédible, qu'eux aussi rêvaient d'un voyage dans « leurs » îles Trobriand, qu'eux aussi aspiraient à aller à la source du monde, à la vérité tout simplement. Peut-être comprit-il alors que son grand rêve ne disparaissait pas derrière la ligne de l'horizon, car d'autres partiraient au bout du monde. D'autres peut-être marcheraient sur ses traces...[359]

---

357 Correspondance avec Francesco Comina en possession des auteurs.
358 A. Kapuścińska, Préface, dans : R. Kapuściński, *Dałem głos ubogim...*, *op. cit.*, p. 8.
359 L'atelier de Marek Miller, le Laboratoire du Reportage, est en train de préparer une expédition aux îles Trobriand. Des informations détaillées sur l'avancement des travaux sont régulièrement postés sur la page Internet du projet : http://wyprawa-trobriandy.pl.

XI « Survivra celui qui aura créé son monde... »

I

« Il existe un vieux proverbe : 'Tous les chemins mènent à Rome', écrit Alicja Kapuścińska dans la préface du livre *J'ai donné la voix aux pauvres*.... Et cela s'est vérifié dans le cas de Ryszard : son premier voyage, cinquante ans plus tôt, et son dernier voyage, en 2006, l'ont mené à Rome[360] ». On ne peut s'empêcher de se demander si le reporter, qui était doué d'une intuition légendaire, avait pressenti que ce voyage en Italie serait le dernier. Francesco Cataluccio, qui l'a accompagné dans ses promenades à travers la capitale italienne, se souvient : « Lors de notre dernière rencontre à Rome, en octobre, profitant d'un après-midi de libre, nous sommes allés voir une exposition de dessins de Paul Klee. Dans une salle complètement sombre, un faisceau lumineux éclairait un tableau représentant un petit bonhomme rigolo se tenant en équilibre, grâce à une perche, sur une corde tendue entre les mâts d'un échafaudage branlant. Kapuściński l'a fixé avec enthousiasme et m'a dit : 'Je suis en train de mourir' »[361].

Paul Klee, « magicien du trait », « roi du dessin », peintre, enseignant, musicien et érudit illustre, est surtout considéré comme un poète « pensant par images »[362]. Sa sensibilité poétique au mot donne aux titres dont il gratifie ses œuvres une valeur fondamentale. H.W. Janson, l'auteur de *L'Histoire de l'art*, écrit : « Le titre devient une partie intégrante et indissociable de l'œuvre ; quel que soit l'attrait visuel du tableau, il ne dévoilera sa polysémie que lorsque l'artiste nous aura livré toutes ses significations. Telle est la caractéristique de l'art de Klee. Et inversement : le titre ne peut exister sans l'image (...) »[363].

L'œuvre qui attira l'attention de Kapuściński, dans cette exposition, s'intitule *Le funambule* (*Der Seiltänzer*). Elle a été peinte en 1923, pendant la période Bauhaus (nom de l'école d'art et d'architecture, fondée par l'Académie de Weimar où Paul Klee enseigna dans les années 1923–1933). À cette époque, l'artiste

---

360 A. Kapuścińska, Préface, dans : R. Kapuściński, *Dałem głos ubogim...*, *op. cit.*, p. 7.

361 F. M. Cataluccio, *Godność faktów* (La dignité des faits), Książka w Tygodniku (supplément de Tygodnik Powszechny), 4 février 2007, n 5, p.11.

362 J. Białostocki, *Sztuka cenniejsza niż złoto* (Un art plus précieux que l'or), Varsovie 2001, p. 670.

363 H.W. Janson, *Histoire de l'art : panorama des arts plastiques des origines à nos jours* Paris 1978.

avait déjà mis au point son « langage imagé », minimaliste et précis, issu de sa fascination pour le primitivisme et les dessins d'enfants. Que représente cette image un peu puérile ? Quelle signification supplémentaire nous dévoile son titre ? Et enfin, pourquoi cette image tracée à l'aide de quelques traits fins, a-t-elle si profondément bouleversé l'écrivain en extase ?

Une silhouette grotesque, brossée de manière un peu schématique, tient à la main une perche et marche sur un fil tendu entre les mâts d'un échafaudage extravagant. Légère est instable, elle ne s'appuie à rien, elle est suspendue dans le vide. Derrière les contours de la silhouette et d'autres formes se profile une croix beige clair qui se détache délicatement sur un fond rose pâle virant progressivement au gris brume. L'image dégage un sentiment de solitude, d'incertitude, de tristesse latente. Qui est donc le seul acteur de ce spectacle étonnant ? La silhouette du funambule qui marche sur un fil pour le bonheur des badauds peut être interprété comme la figure de la mort. Dans *Lapidarium VI*, Kapuściński évoque l'écrivain hongrois Sándor Márai qui, deux ans avant son suicide, notait dans son *Journal* : « Je marche comme un funambule qui peine à garder l'équilibre, chaque pas est une tentation de Dieu »[364]. Un autre écrivain apprécié de Kapuściński, Wacław Berent, évoque lui aussi, à deux reprises, cette métaphore de la mort : la première, dans son livre *Żywe kamienie* (Pierres vivantes),[365] lorsqu'il place la figure du funambule poursuivi par la personnification de la mort parmi les personnages de son ouvrage ; une autre fois, lorsqu'il traduit *Ainsi parlait Zarathoustra*, de Friedrich Nietzsche, qui donne une image émouvante de la chute et de la mort du funambule. La description est précédée par ce commentaire de Zarathoustra : « L'homme est une corde tendue entre la bête et le Surhumain, – une corde sur l'abîme. Il est dangereux de passer au-delà, dangereux de rester en route, dangereux de regarder en arrière, frisson et arrêt dangereux. Ce qu'il y a de grand dans l'homme, c'est qu'il est un pont et non un but… ».

Le funambule n'est toutefois pas le seul à symboliser le passeur aidant les âmes des morts à entrer dans l'au-delà ; dans de nombreuses religions, le pont représente la mort. Pour les musulmans, c'est *Al sirat* qui mène au ciel, un pont plus effilé qu'une lame de rasoir. Dans les mythes des Indiens d'Amérique du Nord, ce chemin prend la forme d'une poutre étroite en bois. Dans la symbolique de la Chine ancienne, le passage menant au monde des morts est extrêmement

---

364 S. Márai, *Dziennik* (Journal).

365 « Seul le funambule marche, comme une cigogne sur un toit. Le souffle de la mort, pour la deuxième fois dans la soirée, était passé … », W. Berent, *Pierres vivantes*, Wrocław 1992, p.165.

étroit, et les pécheurs qui l'empruntent sombrent dans un abîme de sang et de pus. Dans le zoroastrisme, l'âme doit traverser un pont aussi fin qu'un cheveu, *Chinvat*, pour être jugé. Le même genre de métaphore existe aussi dans l'iconographie médiévale chrétienne et dans la romance médiévale, notamment dans les mythes arthuriens où le passage prend la forme de la lame d'un sabre.

Le tableau de Paul Klee – artiste-peintre utilisant un trait minimaliste et la matière la plus élémentaire pour exprimer les expériences les plus complexes et dramatiques de l'activité humaine – s'inscrit avec force dans les lectures qui fascinaient le reporter et dans les réflexions qui accompagnèrent à la fin de sa vie. Sa poésie est clairement dominée par un ton funèbre, et elle imprègne également le dernier tome posthume de *Lapidarium* qui contient de nombreuses images relatives à la mort… Il y est notamment question d'une mort anonyme dans un désert, de la mort de souverains périssant après avoir bu une mixture censée prolonger la vie. On y trouve aussi des réflexions sur le décès de Jan Nowak-Jeziorański, une allusion à une lecture de *La fugue de mort* de Paul Celan – qui coïncide avec le jour de la mort de Jean Paul II –, et une référence au décès de Susan Sontag qu'il a ressenti de manière très personnelle. Ces dernières notes sont-elles une tentative de maîtriser la mort, de communiquer avec elle, ou alors traduisent-elles le pressentiment de son propre départ ? Son célèbre sixième sens ne s'est-il pas exprimé au moment ?

*

II

La mort de Ryszard Kapuściński a été un choc pour le monde entier. Quelques mois auparavant, son nom était cité pour le prix Nobel. Depuis plusieurs années, il figurait sur la liste non-officielle des éventuels lauréats, et en 2005, les médias polonais furent pris d'une véritable fièvre. C'est Horace Engdahl, secrétaire de l'Académie suédoise, qui l'avait suscitée en prononçant les mots suivants : « Dans l'histoire du Nobel des dernières années, c'est la littérature 'esthétique' qui a dominé. Mais la littérature évolue, et le prix Nobel avec elle. Peut-être l'heure de la non-fiction a-t-elle sonné pour le Nobel ? »[366]. Dès lors, l'auteur du *Négus* devint le candidat numéro 1 parmi les auteurs de ce genre littéraire. Quatre mois avant sa mort, selon les bookmakers de Ladbrokes – société britannique de paris la plus importante du monde –, il occupait la deuxième place *ex aequo* avec le poète syrien Adonis[367]. Mais cette fois, la décision

---

366 http://serwisy.gazeta.pl/wyborcza/1,68586,2951661.html ; accès 24.08.2007.
367 http://serwisy.gazeta.pl/kapuscinski/1,23090,36634463.htlm ; accès 24.08.2007.

du comité ne fut pas une surprise ; le prix fut décerné au premier du classement, l'écrivain turc Orhan Pamuk. Kapuściński accueillit le verdict de l'Académie, semble-t-il, … avec soulagement. Sławomir Popowski se souvient : « Une fois de plus, je croisais les doigts pour Ryszard. Je lui ai demandé s'il était ému. Il m'a répondu que bien sûr, il l'était. Mais il a ajouté que de nombreux écrivains méritant le Nobel ne l'avaient jamais reçu. Et il a dit aussi que la majorité des lauréats n'avaient pas écrit d'œuvre majeure après, par manque de temps. Lorsque le lendemain, le nom du lauréat a été proclamé, j'ai téléphoné à Ryszard qui m'a dit tout à fait sincèrement : 'Je suis soulagé. Maintenant je peux continuer à écrire' »[368].

Les commentaires sur le verdict de l'Académie traduisent une certaine déception : le prix Nobel pour le reporter polonais était non seulement attendu mais – et cela a été souvent souligné – mérité. Le célèbre poète lituanien, traducteur et enseignant de littérature slave à l'Université de Yale, Tomas Venclova, écrivit : « Ryszard Kapuściński méritait assurément le prix Nobel. (…) Et depuis plusieurs années, j'étais certain qu'il le recevrait. Chaque fois que j'apprenais que le prix était décerné à quelqu'un d'autre, j'étais déçu. C'était toujours une surprise désagréable. Je me disais que l'année suivante il le recevrait certainement. Je ne sais pas pourquoi il ne l'a jamais eu. Il se peut que le genre qu'il pratiquait y soit pour quelque chose, n'étant pas considéré comme de la littérature par certains. Force est de constater que les plus grands écrivains de l'histoire ne l'ont jamais reçu. Nombreux sont les écrivains, non lauréats, à avoir joué un rôle bien plus important pour la littérature mondiale que certains lauréats. Ni Tolstoï, ni Ibsen, ni Proust, ni Joyce, ni Kafka, ni Rilke, ni Mandelstam n'ont eu le prix Nobel. Et pourtant ils ont eu une influence immense sur la littérature. Ce sera la même chose avec Kapuściński »[369].

Pendant les derniers mois de sa vie, l'auteur du *Négus* travaillait intensément : le 25 novembre il se rendit à Poznań pour dévoiler une plaque commémorative en hommage Kazimierz Nowak, ce reporter d'avant-guerre, qui dans les années 1931–1936 avait parcouru l'Afrique à vélo en solitaire. En décembre, Kapuściński projetait de se rendre en Colombie. Il ne réalisa pas ce rêve, mais il se consacra au sixième tome de *Lapidarium*. Il amassait de la matière pour ses derniers grands projets : le livre sur Bronisław Malinowski qui devait anticiper son voyage aux îles Trobriand, un *Ébène* latino-américain apparemment

---

368 S. Popowski, *Goździki na śniegu* (Un œillet sur la neige), Plus-Minus (Supplément de Rzeczpospolita) 2007, n 23, p.8.

369 http://www.kapuscinski.info/page/po_smierci/jezyk/1/kat/27/txt/70 ; accès 24.08.2007.

« attendu du monde entier »[370], un essai sur la spiritualité de l'Inde et – en guise de conclusion – un récit nostalgique sur la ville de Pińsk, qui devait commencer par son tout premier souvenir : une souris, enfermée dans le garde-manger, batifolant dans une pâte de gâteau pascal.

Peu de gens savaient que sa vie était alors marquée par de graves pathologies nécessitant souvent une hospitalisation et une opération à laquelle les médecins renonçaient au dernier moment, craignant pour la vie de l'écrivain. Le monde n'était pas préparé à faire ses adieux au reporter, il s'apprêtait plutôt à célébrer son soixante-quinzième anniversaire. On peut dire sans exagération que dans maints endroits du globe, de nombreuses manifestations étaient sur le point de fêter l'événement. En Biélorussie, les amis de Kapuściński – des habitants de Pińsk pour la plupart – organisaient de multiples festivités. Dans différentes villes du monde, treize traducteurs de Kapuściński lui réservaient un cadeau-surprise : un livre plein d'amitié, de sincérité et d'émotion au sujet de leurs rencontres avec « leur auteur » – comme ils se plaisaient à l'appeler jalousement – où ils évoquaient son rayonnement, son charme, et surtout la manière dont il avait changé leur vie. Les Éditions Czytelnik préparaient une édition de son premier recueil, *Le bush à la polonaise*, avec une couverture d'Andrzej Heidrich, dans l'illustre « Série blanche ». Les journaux et les revues rédigeaient des numéros spéciaux, faisant appel aux amis les plus proches de l'écrivain, à ses disciples les plus connus, aux meilleurs spécialistes de son œuvre. Mais la mort – cette « perfection à tous égards » – comme il l'appelle dans l'un de ses poèmes (*Śmierć* (La Mort), PN, 54), le faucha à l'improviste : « Par un mois de janvier plein de douceur, à la veille des premières neiges tardives »[371]. « Quelle métaphore se cache-t-elle là-dedans ? Je l'ignore. Lui aurait su répondre à cette question (…) », s'interroge Jerzy Pilch.

Le 23 janvier 2007, la nouvelle du décès du « journaliste du siècle » fait le tour de la planète. Elle se retrouve aussitôt sur les portails web polonais et étrangers (c'est la première information que donne CNN sur l'Europe ce jour-là), des registres de condoléances, aussitôt remplis de milliers de messages, sont placés sur une multitude de sites. Le site non-officiel www.kapuscinski.info est littéralement assiégé : en moins d'une heure, plus de mille personnes le visitent, un message est posté toutes les deux ou trois minutes sur le forum. Le lendemain, la triste nouvelle fait la une de toutes les chaînes polonaises, la planification des programmes radiophoniques et télévisés est changée, les hommes politiques

---

370 A. Domosławski, *Kapumania, kapumafia*, Gazeta Wyborcza, 17 mai 2007.
371 J. Pilch, *Kapuściński*, Dziennik 2007, n 22, p. 24. Citation suivante : *ibidem*.

commencent leurs débats en demandant à leurs auditeurs de se recueillir, même la Diète respecte une minute de silence à la mémoire du défunt. De toute part résonnent les voix d'intellectuels qui expriment leur admiration pour l'œuvre de l'écrivain et leur tristesse face à son décès prématuré, les rois et les princes envoient leurs condoléances. La presse réagit également au quart de tour ; le 24 janvier, l'information sur la mort de l'écrivain est la plus importante du jour, les journaux et les hebdomadaires préparent des suppléments spéciaux, des interviews inédites, des photographies sont publiées, etc. Même les maisons d'édition qui avaient ralenti leur rythme de publication, éditent en l'espace de quatre mois à peine six nouveaux livres sur l'écrivain ou à son sujet[372], vendus à des dizaines de milliers d'exemplaires.

Les médias internationaux publient d'importants articles sur Kapuściński , rappelant son parcours professionnel, commentant ses livres majeurs, soulignant les services qu'il a rendus au journalisme. Partout l'accent est mis sur un immense sentiment de perte: « Addio, Maestro », c'est ainsi que le journal péruvien El Correo titre son hommage à l'écrivain, le journal mexicain El Universal ajoute que les livres de Kapuściński « sont devenus des lectures obligatoires pour les étudiants de journalisme dans le monde entier ». Le journal cubain Juventud Rebelde écrit que des générations entières de journalistes essaient de marcher sur ses traces « en se mêlant aux gens et en vivant les mêmes épreuves que les héros de l'histoire ». On rappelle que Gabriel García Márquez, réputé pour être avare en compliments, considérait Kapuściński comme « le meilleur reporter du XXe siècle[373] ». Le journaliste T. Kaufman, dans un long hommage publié dans le New York Times, évoque « l'écrivain aux allégories éblouissantes »[374]. Les médias européens réagissent également sur-le-champ : les périodiques les plus influents publient des dossiers commémoratifs. Un article de Libération

---

372 *Podróże z Ryszardem Kapuścińskim. Opowieści trzynastu tłumaczy* (Voyages avec Ryszard Kapuściński. Récits de treize traducteurs), réd. Bożena Dudko, Cracovie 2007 ; *Kapuściński : nie ogarniam świata*, Varsovie (Kapuściński. Je n'embrasse pas le monde entier), W. Bereś, K. Burnetko, Varsovie 2007 ; *26 bajek z Afryki ze zdjęciami Ryszarda Kapuścińskiego* (26 contes sur l'Afrique avec des photos de Ryszard Kapuściński), Varsovie 2007 ; *Busz po polsku* (Le bush à la polonaise), R. Kapuściński, Varsovie 2007 ; *Rwący nurt historii* (Le Tourbillon de l'histoire), R. Kapuściński, Cracovie 2007 ; *Afryka Kapuścińskiego* (L'Afrique de Kapuściński), E. Chylak-Wińska, Poznań 2007.

373 *Prasa latynoamerykańska o Kapuścińskim* (La presse latinoaméricaine au sujet de Kapuściński), http://wiadomosci.wp.pl/drukuj.htlm?kat=1342&wid=8700339 ; accès 28.09.2007.

374 http://www.kapuscinski.info/page/po_smierci/jezyk/2/kat/45/txt/113 ; accès 28.08.2008.

commence ainsi : « Le monde rétrécit sans joie, l'un de ceux qui a le plus contribué à l'élargir disparaît »[375]. Le journal italien Corriere della Sera rappelle un
événement notoire qui s'était produit à Bagdad en 2003, pendant l'intervention américaine en Irak. Des correspondants du monde entier s'étaient alors
regroupés au Palestine Hôtel pour couvrir la chute du régime de Saddam Hus-
sein. Dans son article, Andrea Nicastro raconte que de nombreux journalistes
se vantaient de se trouver si près de ces événements historiques : « Alors l'un
des plus jeunes a demandé : 'Qu'aurait fait Ryszard Kapuściński dans une telle
situation ?' Le groupe est resté silencieux. Les fanfarons ont la tête baissée. Une
jeune Polonaise, qui n'avait pas ouvert la bouche de toute la soirée et avait l'air
d'admirer ses collègues bravaches, a répondu : 'Il ne serait sûrement pas ici,
mais avec des Irakiens dans une maison ou un hôtel malfamé' ».[376]

> Des choses de ce monde seules deux vont rester,
> Deux seules: la poésie et la bonté… et rien d'autre…[377]

Il ne fait aucun doute que cette phrase célèbre de Norwid est la meilleure
métaphore de l'héritage littéraire de Kapuściński. En effet, ces deux catégories
nobles, poésie et bonté, sont les qualités le plus souvent citées de son écriture.
La première ne se réduit pas évidemment à son œuvre poétique, mais elle est
le propre de sa littérature en général, une littérature de haut niveau. Dans les
hommages posthumes, on évoque son amour sincère de la littérature et on
essaie de définir l'influence que l'auteur du *Négus* a pu avoir sur elle. Le cinéaste
Piotr Załuski avait été étonné de voir le livre de Mickiewicz, *Messire Thadée,* à
côté de son lit, juste avant sa mort. Il en fit la remarque à Kapuściński qui lui
répondit que c'était pour rester en contact avec la beauté de la langue, pour s'en
« rassasier »[378]. Inversement, la plupart des hommages posthumes évoquent les
services que Kapuściński a rendus à l'art, notamment le fait qu'il ait haussé le
reportage au niveau de la grande littérature, en le saturant de réflexions philosophiques, en se servant audacieusement de la langue poétique, en faisant appel

375 M. Winiarska, *Wizerunek Ryszarda Kapuścińkiego w prasie francuskiej po 23 sty-
    cznia 2007 roku* (L'image de Ryszard Kapuściński dans la presse française après le 23
    janvier 2007), dans : *Ryszard Kapuściński. Portret dziennikarza i myśliciela* (Ryszard
    Kapuściński. Portrait d'un journaliste et d'un penseur), réd. K. Wolny-Zmorzyński,
    W. Piątkowska-Stepaniak, B. Nierenberg, W. Furman, Opole 2008, pp. 157–162.
376 http ://wiadomosci.gazeta.pl/Wiadomosci/1, 80651,3871924.htlm ; accès 28.08.2007.
377 C. K. Norwid, *Do Bronisława Z.* (À Bronisław Z.), dans *Pisma wybrane* (Lettres
    choisies), t. 1, Varsovie 1980, p. 57.
378 *Wspominają Ryszarda Kapuścińskiego* [P. Załuski], Dziennik, 24 janvier 2007.

à des éléments de prose poétique, en optant pour un style qui alliait la concision, l'expressivité et la musicalité[379].

La bonté de Kapuściński est un autre thème majeur qui traverse l'ensemble
des textes commémoratifs. Tous ceux qui l'ont bien connu, mais aussi ceux qui
l'ont simplement rencontré, s'accordent à dire qu'il ne cherchait jamais à inti-
mider, au contraire il avait le don de mettre en valeur ses interlocuteurs, tout le
monde se sentait important en sa présence, intéressant, exceptionnel. Grâce à
sa bienveillance, son ouverture, son empathie, ces rencontres restaient à jamais
ancrées dans le souvenir, même si elles étaient aussi fugaces que celle qu'évoque
ici une internaute : « Il y a un an, j'ai croisé Ryszard Kapuscinski près de l'Université à Gdańsk. Je n'ai pas osé demander d'autographe à mon écrivain favori.
Il était très pressé... il a souri... »[380] Sa bonté naturelle était l'un des secrets de
son succès. Elle ne lui servait pas seulement dans ses missions de reporter, en lui
permettant d'approcher ses héros potentiels, mais elle caractérisait fondamentalement son écriture : « Je me souviens de sa bonté, écrit Jerzy Pilch. C'était vraiment un homme bon, son courage et son intelligence émanaient de sa bonté. (...)
En observant le monde et l'homme dans toute leur complexité, il semblait ne pas
voir le mauvais côté de l'homme, le côté sombre du monde. Ce franciscanisme
particulier conférait à son écriture une distance incroyablement puissante. (...)
Il se comportait comme si cela ne valait pas la peine de perdre son temps à réfu-
ter les idées fausses ou pernicieuses. Il croyait que mieux valait mettre le bien en
avant. C'était un homme bon »[381] Le linguiste Jan Miodek mettait sur le même
plan cette caractéristique du reporter et l'inventivité linguistique qui lui était
propre : « Le monde devenait plus beau en sa présence. (...) Il regardait le monde
'à la Kapuściński' – si je puis dire –, avec une grande marge de tolérance pour
les erreurs et les vices humains »[382]. Les deux traces principales qui sont restées
« des choses de ce monde » – la poésie et la bonté – sont indissociables chez lui.
« Ryszard Kapuściński, se souvient Eustachy Rylski, a confirmé l'opinion selon

---

379 La spécificité de l'écriture de Kapuściński a été décrite aves la plus grande finesse
     par Jerzy Jarzębski, dans un article intitulé *Życie w błysku* (La vie dans un éclair). Il
     pointe entre autres les particularités de son style « qui tend à saisir le monde dans
     un réseau de mots et d'images symboliques autour desquels se cristallise son récit, et
     qui forment un système de répétitions, de refrains musicaux », Książki w Tygodniku
     (supplément de Tygodnik Powszechny), 4 février 2007, n 6, pp. 2–4.
380 http://wiadomosci.wp.pl/drukuj.htlm?kat=1342&wid=8700339 ; accès 28.08.2007
381 J. Pilch, *Kapuściński, op. cit.*
382 *Wrocławskie ślady Ryszarda Kapuścińskiego* (Les traces de Ryszard Kapuściński à
     Wrocław), Gazeta Wyborcza 24 janvier 2007, http://www.kapuscinski.info/page/
     po_smierci/jezyk/1/kat/1/txt/21.

laquelle le talent ne suffit pas pour faire de la grande littérature ; l'intelligence est indispensable si elle est comprise comme une catégorie intellectuelle mais aussi morale. C'était un sage – le degré suprême du mystère littéraire. Nous avons perdu un écrivain, mais nous avons aussi perdu un homme bon qui comprenait le monde. Je ne sais pas ce qu'il faut regretter le plus »[383].

Malheureusement, au lendemain du décès de Ryszard Kapuściński, les nécrologies publiées n'oscillent pas toutes aussi harmonieusement entre la poésie et le bien. Les comptes rendus funèbres font de plus en plus état de rumeurs liées au processus de « lustration » (processus de vérification du passé politique de personnalités publiques). Déjà avant la mort de l'écrivain, des bruits, des insinuations, des annonces circulaient au sujet d'une grande affaire, puis – quatre jours à peine après sa disparition ! – les premières tentatives de discréditer sa mémoire[384] font leur apparition. Comme l'a écrit par la suite Jerzy Pilch dans son article *Szaleństwo wokół Kapuścińskiego* (Folie autour de Kapuściński), ces propos concernaient de moins en moins Kapuściński lui-même et se transformaient en un débat général sur le sens de la lustration. L'affaire sortit en effet

---

383 *Wspomnienia o Ryszardzie Kapuścińskim* (Souvenirs sur Ryszard Kapuściński), Dziennik, 25 janvier 2007.

384 Le texte de Krzysztof Masłoń intitulé *Osobliwa skrytość Ryszarda Kapuścińskiego* (Les secrets particuliers de Ryszard Kapuściński), publié dans Rzeczpospolita, peut être qualifié, avec un brin d'inventivité terminologique, d' « épitaphe calomnieuse ». Les suppositions, pressentiments et doutes de l'auteur le mènent à une conclusion formulée à la manière d'un communiqué officiel : « Nikita Sergueïevitch Khrouchtchev a créé un continent noir avec un marteau et une faucille. La République populaire de Pologne était l'alliée de l'Union des Républiques socialistes soviétiques. Ryszard Kapuściński ne s'est pas rendu au Ghana, au Congo ou en Angola au milieu des années 1970 de sa propre initiative ». Cet adieu « particulier » avec l'auteur du Négus pourrait être ignoré, sinon qu'il anticipe des événements ultérieurs. Peu après, l'hebdomadaire Newsweek publie un texte ambigu et incohérent de Mariusz Cieślik qui commence par accuser Kapuściński d'avoir entretenu des contacts avec les services spéciaux pour finalement devenir leur allié. Ce feuilleton extravagant aurait pu n'avoir aucun écho si Dziennik n'avait publié dans ses colonnes la riposte vive de Jerzy Pilch. Ce fut ensuite au tour de Rzczeczpospolita de relayer le thème avec un article de Rafał A. Ziemkiewicz. Puis les médias, ceux qui étaient pour comme ceux qui été contre la lustration, se sont momentanément calmés. Voir K. Masłoń, *Osobliwa skrytość Ryszarda Kapuścińskiego*, Plus-Minus (supplément de Rzeczpospolita), 27–28 janvier 2007, n 4, pp.7–8 ; M. Cieślik, *Trafiony teczką* (Épinglé par un dossier), Newsweek 2007, p. 4 ; R. A. Ziemkiewicz, *Kto zabił Ryszarda Kapuścińskiego?*, Rzeczpospolita, 16 mars 2007 ; voir également G. Kopacz, *Sam się ne obroni* (Il ne se défendra pas tout seul), Press, 2007, n 5.

au moment où le débat sur la chasse aux sorcières était en pleine hystérie. Les discussions sur les archives de l'Institut de Mémoire nationale étaient alors dominées par des positions extrêmes, avec ses partisans zélés et ses détracteurs acharnés. Dans cette atmosphère malsaine – d'un côté, des salves d'accusations mesquines et de l'autre, des opinions remettant en question le contenu des archives – l'insinuation que toute personne publique pouvait avoir, dans son passé, un épisode honteux où elle avait collaboré avec les services, devint une arme précieuse pour les deux camps. Dans cette chasse aux grands noms, celui de Kapuściński constituait un trophée de guerre inappréciable. Mais parmi ceux qui prirent alors la parole dans le debat, personne ne s'intéressa à son dossier qui, du reste, – comme le montra la suite des événements – ne contenait aucun élément comprettant.

Le contenu du dossier, comme nous l'avons écrit, a été révélé dans un numéro du mois de mai 2007 de Newsweek, sous une forme caractéristique pour l'époque. La publication, conçue pour être un bombe médiatique avec une force de frappe puissante, n'a fait parler d'elle que pendant quelques jours[385]. Toutefois – et c'est probablement le plus intéressant –, elle est directement à l'origine d'une enquête approfondie menée par Valerio Pellizzari, illustre correspondant de guerre et reporter italien de la même eau que Tiziano Terzani, Paolo Rumiza et Ettore Mo. Les résultats de l'enquête de Pellizari ont été publiés dans le journal de Turin, La Stampa, sous le titre de « L'espion qui n'espionnait pas », au début du mois de janvier 2008.

Le reporter italien vient en Pologne à trois reprises – la première fois en juin, et donc juste après la publication de l'article de Newsweek, puis en septembre, et enfin en novembre[386]. Il s'entretient, entre autres, avec Alicja Kapuścińska,

---

385 Le célèbre programme de Tomasz Lis *Co z tą Polską* (Où en est la Pologne ?) lui consacre une émission ; Rzeczpospolita publie un autre long article de Bronisław Wildstein qui raille « la peur et la prudence » de la rédaction de Newsweek ainsi qu'une polémique d'Ernest Skalski. Gazeta Wyborcza publie les déclarations d'une petite dizaine d'amis de Kapuściński qui rejettent catégoriquement les accusations de collaboration, incompatibles avec la grandeur et la noblesse du personnage. L'événement a également un écho dans le monde. En Grande-Bretagne, The Guardian en fait état dans l'un de ses numéros, les journaux italiens La Republica et Corriere della Sera également. Voir, entre autres, B. Wildstein, *W swiecie sprawy Kapuścińskiego* (À la lumière de l'affaire Kapuściński), Plus-Minus (supplément de Rzeczpospolita), 2–3 juin 2007, n 22, pp. 7, 9 ; E. Skalski, « *W świetle sprawy Kapuścińskiego* » *i… mojej* (« À la lumière de l'affaire Kapuścinski » et… à ma lumière), Plus-Minus (supplément de Rzeczpospolita), 9 juin 2007 n 23, p. 9.

386 Les informations sur les coulisses de l'enquête journalistique nous ont été fournies par Valerio Pellizzari en personne, avec qui nous avons discuté le 21 mai 2008. Nous

Andrzej Arseniuk, le prêtre Adam Boniecki, Andrzej Friszke, Andrew Nagorski, Jerzy Nowak, Wiktor Osiatyński, Andrzej Paczkowski, Ernest Skalski, Teresa Torańska, le rédacteur en chef de Newsweek Michał Kobosko, Aleksander Kaczorowski et Igor Ryciak. En novembre, Valerio Pellizzari prend personnellement connaissance du dossier du reporter à l'Institut de Mémoire nationale. Mais l'article qu'il rédige à ce sujet ne fournit pas une analyse approfondie de son contenu, décrivant plutôt l'atmosphère étouffante et suspicieuse de l'époque. Il commence par une information sur l'homme qui, dès le 26 janvier 2007 – insiste Pellizzari –, soixante heures après la mort de l'écrivain et cinq jours avant son enterrement, fut le premier à consulter le dossier numéro 11630/I. Il s'agit de Piotre Gontarczyk, à l'époque vice-directeur du Bureau de Partage et d'Archivage des Documents de l'Institut de la Mémoire nationale. Puis le reporter brosse le protrait d'Igor Ryciak, selon lui, un trentenaire arrogant qui considère qu'il est tombé sur « le scoop de sa vie » et qui est bien décidé à en tirer toutes les conséquences. Dans une conversation privée avec le journaliste italien, Ryciak insiste sur le fait que le journalisme doit être authentique (« je dois parler de faits à mes clients, je dois leur dire la vérité. Je ne peux pas balayer la vérité sous le divan »), mais Pellizzari ne semble pas convaincu par ses propos, considérant que « la vérité sort vaincue, sinon déshonorée, de toute ce montage ». Le texte du journaliste italien est écrit dans une langue directe : pour lui, Piotr Gontarczyk est un « inquisiteur inflexible », « un chasseur de dossiers », « un homme qui sème des histoires partiales et suspicieuses dans différents milieux de Varsovie, qui extrait un poison des dossiers, tout en restant lui-même à l'ombre ». Le siège de l'Institut de la Mémoire nationale est une « forteresse surréaliste », les révélations issues des dossiers sont « des falsifications d'une vérité prédéterminée », le temps de la lustration est réglé par l'« horloge de l'absurde ».

Le rôle de l'article de La Stampa est significatif à deux égards. D'abord le renfort apporté par le journaliste italien montre à quel point l'affaire de la lustration de l'un des écrivains les plus célèbres de Pologne a eu un retentissement dans le monde entier. Par ailleurs, le regard de Pellizzari est extérieur et montre que la lumière sur toute l'affaire doit être moins orientée sur le dossier que sur l'atmosphère de l'époque. Il a suffi que « quelque chose » ait été trouvé pour que les accusateurs et les insinuateurs se lancent dans une surenchère de déclarations

---

tirons également certaines informations de l'article *La spia che non spiò* (L'espion qui n'espionnait pas), paru le 13 janvier 2008 dans les colonnes du journal de Turin, La Stampa. Toutes les citations – *ibidem*.

par crainte d'être dépassés, puis qu'un article se donnant les apparences d'un récit objectif soit publié pour que se déclenche une avalanche de commentaires, d'interventions accusant ou défendant l'écrivain, de déclarations de principe ou de justifications bienveillantes. En fait, construite sur des rumeurs et des apparences, cette affaire n'était qu'un géant aux pieds d'argile ; elle a fait beaucoup de bruit pour s'effondrer, après, comme un château de cartes…

*

III

« L'affaire du dossier » a certes nui à l'image de l'écrivain, mais elle a une fois de plus mis en lumière l'immense renommée de Kapuściński dans le monde. Des milliers de souvenirs posthumes (surtout ceux qu'on peut lire dans les registres de condoléances) ont continué d'affluer longtemps de divers coins de la planète par l'intermédiaire de tous les canaux d'informations accessibles, montrant clairement le culte dont Kapuściński fait l'objet depuis deux bonnes décennies. Une anecdote remontant à une vingtaine d'années et racontée par Bill Buford, journaliste américain et rédacteur en chef de la revue Granta, illustre bien la vénération vouée au reporter polonais. Bill Buford raconte l'histoire d'une soirée consacrée à Kapuściński : « La rencontre était prévue pour 17 heures. Nous avions beau être arrivés une demi-heure à l'avance, il n'y avait déjà plus moyen d'entrer dans la salle. Le hall était tellement bondé que personne, y compris ceux qui étaient coincés dans l'embrasure de la porte, ne pouvait sortir. Avant que le reporter n'atteigne le podium, il se retrouva comprimé, écrasé et bousculé si violemment qu'il en perdit tous ses boutons, sa chemise fut déchirée et ses lunettes emportées. Vers 17 h 30 débuta la lecture. (…) Elle se termina vers deux heures du matin, tant les questions étaient nombreuses »[387].

Mais l'étonnement du journaliste américain atteignit son apogée lorsqu'il apprit que dans une station d'essence de Varsovie, le reporter avait toujours une place de parking gratuite qui lui était personnellement réservée, et que l'ouvrier qui tenait la station lavait l'automobile de l'écrivain de sa propre initiative. À titre grâcieux également ! Évidemment cet homme avait lu tous les livres de son idole. Quant à son frère, mécanicien de métier, il téléphonait tous les trois mois à Kapuściński pour lui demander des nouvelles de son embrayage, du niveau d'huile de sa boîte de vitesse, de son moteur, et il venait personnellement

---

387 B. Buford, *Theatre : Kapuściński*, Vogue, avril 1987, p. 10. *Ibidem* pour les informations suivantes.

contrôler l'état de sa voiture. Gratuitement, cela va de soi ! Cette adoration simple et humaine, qui semblait tellement invraisemblable au journaliste américain, s'élargit avec le temps à des cercles bien plus larges. Ainsi, Paweł Smoleński nous a raconté comment il utilisait infailliblement la baguette magique de « Mr Kapucicky » pour accéder au gotha des journalistes : quand il rencontrait des collègues des plus grandes agences internationales – la crème des médias au sommet de la hiérarchie – il disait, sans avoir l'air d'y toucher, que le journal pour lequel il travaillait avait publié des extraits d'*Imperium*, d'*Ébène* et de *Mes voyages avec Hérodote* : « Mon Dieu, comme c'était agréable de voir leur stupéfaction, de se délecter de leur jalousie, de rayonner comme la Lune reflétant la lumière du Soleil ». « You know Mr Kapucicky ? « me demandaient-ils avec incrédulité. « Sure, he is a friend of mine »[388]. Cette phrase insignifiante lui ouvrait aussitôt les portes de la Ligue des journalistes !

Kapuściński doit aussi sa célébrité mondiale aux innombrables marques de reconnaissance qu'il reçut des personnalités les plus illustres. Ainsi, à la fin du siècle dernier, le roi de Suède, Carl XVI Gustaf, l'invita à un séminaire consacré à l'avenir de la planète, où étaient présents des grands de ce monde : des directeurs de la Banque mondiale, des responsables de l'ONU, des hommes d'affaires influents discutèrent non seulement de problèmes cruciaux de notre planète, mais entreprirent des actions immédiates. Kapuściński parlait de cette rencontre avec espoir : « J'ai vu l'un d'entre eux, après une brève discussion, prendre des dispositions afin de dégager 50 millions de dollars pour la lutte contre la malaria. Jamais une telle somme n'avait été affectée à la lutte contre ce fléau. Nous assistons vraiment à l'émergence d'une nouvelle prise de conscience, de nouvelles grandes entreprises et d'un nouveau monde[389]». La qualité de l'écriture de Kapuściński a par ailleurs souvent été soulignée aussi par des stars du reportage et de la littérature mondiale. Gabriel García Márquez l'appelait « Maître ». Les meilleurs reporters italiens – Tiziano Terzani, Ettore Mo, Valerio Pellizzari, Paolo Rumiz – le considéraient comme un modèle insurpassé, et la jeune reporter norvégienne Åsne Seierstad, connue entre autres pour son roman traduit dans une trentaine de langues, *Le libraire de Kaboul*, a maintes fois souligné que Kapuściński a toujours représenté pour elle l'idéal du reporter[390].

---

388 P. Smoleński, *Był Rysiek* (Rysiek n'est plus), Gazeta Wyborcza, 24 janvier 2007, p. 3.

389 J. Żakowski, *Świat rozpędzony* (Le monde bousculé), Gazeta Wyborcza, 24 décembre 1999.

390 Ces informations nous ont été fournies par les traducteurs de Kapuściński, Silvano De Fanti (Italie) et Ole Michael Selberg (Norvège).

La fascination extraordinaire qu'exerce l'œuvre Kapuściński sur des personnalités connues est proportionnelle à celle qu'il exerce sur des lecteurs lambda. Les rencontres d'auteur organisées dans le monde entier, les conférences, les promotions de ses livres attiraient toujours des centaines de personnes. Dans un article intitulé *Kapumania, kapumafia…*, Arthur Domosławski décrit de manière brillante le culte de Kapuściński. À propos de la réception des livres de l'écrivain en Amérique latine, il ajoute que la popularité du reporter dépasse largement la péninsule ibérique : « Je ne me souviens plus comment je suis tombé un jour sur un dossier de presse au lendemain de la visite de Kapuściński au Mexique en 2001. Incroyable ! Il contenait une bonne quarantaine d'articles, d'essais, d'interviews, de notes, de réflexions, d'impressions… À gauche, à droite, en haut, en bas. On avait l'impression que ce n'était pas un reporter ou un écrivain qui venait de passer par là, mais un mélange de sommité intellectuelle, de gourou et de popstar. Les propos de Kapuściński étaient écoutés avec piété, les plus grands plumes et les plus grands esprits évoquaient le Maître : Enrique Krauze, Carlos Monsiváis, Gabriel Zaid ainsique Carlos Fuentes. Quant à Octavio Pas, c'est tout juste s'il ne se leva pas de sa tombe pour se joindre au chœur des louanges. Même le sous-commandant Marcos entra dans la capitale mexicaine à la tête d'une foule d'Indiens, comme s'il voulait que Kapuściński le décrive, car lui seul pouvait comprendre de quoi il s'agissait. (…) Kapuściński, du moins dans le monde hispanique (mais à mon avis, bien au-delà, en Italie, en Scandinavie), n'est pas seulement considéré comme le plus grand écrivain parmi les reporters et le plus grand reporter parmi les écrivains. Il y est porté aux nues et écouté comme quelqu'un qui rend tout de suite le monde intelligible, démêle les énigmes, élargit les perspectives, donne la clé de la sagesse. Des foules viennent à ses rencontres, ses livres sont vendus à des milliers d'exemplaires, les Présidents l'invitent à dîner, les rois le convient à des réceptions, les princes lui décernent des prix… »[391].

Par ailleurs, le renom des maisons d'édition qui publient les livres de Kapuściński témoigne aussi du culte « institutionnel » dont le reporter est l'objet. Il est en général publié par les maisons les plus prestigieuses et les plus connues dans le monde. C'est le cas, par exemple, d'Anagrama, qui a un statut indépendant et vend ses livres tant en Espagne qu'en Amérique latine. Agata Orzeszek, traductrice de littérature polonaise en espagnol, souligne que « le seul fait d'avoir ses livres publiés dans une maison comme Anagrama est une immense distinction pour l'auteur, et si, par-dessus le marché, les livres connaissent plusieurs éditions comme c'est le cas pour *Ébène,* c'est le summum de la gloire »[392].

---

391 A. Domosławski, *Kapumania… op. cit.*
392 Correspondance avec Agata Orzeszek en possession des auteurs du présent ouvrage.

Les dizaines d'exemples de la popularité de Kapuściński – qu'il s'agisse de souvenirs disséminés dans la presse ou de souvenirs privés et inédits – montrent clairement que le reporter était un personnage-culte. Par ailleurs, il était une source d'inspiration incroyable comme c'est généralement le cas pour un auteur culte. Il inspirait ses lecteurs par sa personnalité, son œuvre et sa vie tout simplement. Ce qui impressionne, c'est non seulement l'ampleur internationale, mais la constance de ce rayonnement. Jeune, Kapuściński était un modèle pour de nombreux reporters de sa génération : « Pour ma génération de journalistes et de reporters, il était non seulement un modèle et un maître inégalé, mais un ami sincère et un conseiller cordial »[393]. Wojciech Jagielski, célèbre reporter de la génération suivante, dit laconiquement : « Je suis devenu reporter parce qu'il y a eu Kapuściński »[394]. De même, Tomasz Sekielski, journaliste politique connu à la chaîne de télévision TVN, considère que son âme de reporter s'est vraiment éveillée en lui après la lecture du *Shah*[395]. Ce serait toutefois une erreur de penser que l'influence de Kapuściński se limite à fournir un modèle de bon journalisme. Il inspire bien plus profondément ses lecteurs en éveillant en eux le désir d'être soi-même, de révéler son propre « moi ». Ainsi, Gosia Karpiuk, jeune finaliste de dix-huit ans du célèbre programme télévisé *Idol*, raconte le choc qu'elle ressentit à la lecture d'*Autoportrait d'un reporter* ; ce livre lui fit prendre conscience qu'elle ne voulait plus consentir aux compromis du show-business, qu'elle voulait vivre à sa guise, à son propre compte, qu'elle voulait connaître le monde. Elle changea alors complètement de vie, abandonna la scène, travailla dans un bar, étudia la linguistique appliquée, économisa pour s'acheter un appareil photographique professionnel et pour voyager[396]. Les forums Internet abondent d'exemples similaires, où des admirateurs de Kapuściński veulent suivre l'exemple de leur maître.

La formidable page Internet www.kapusinski.info est une illustration unique du culte voué à l'écrivain. À la différence de la vitrine officielle et autorisée par le reporter qui se trouve sur le portail de Gazeta Wyborcza (www.gazeta.pl/kapuscinski), il s'agit d'une version non-officielle. Les auteurs du site sont deux ingénieurs, Maciej Skórczewski et Robert Nowacki, ainsi qu'un étudiant en sociologie, Krzysztof Pacholak. Le site est non seulement une source inestimable de connaissance sur Kapuściński, un lieu d'échange d'informations sur des événements importants, des nouveautés, des prix, mais aussi un espace où

---

393 Rzeczpospolita, 25 janvier 2007, n 21, p.11.
394 W. Jagielski, *Umawialiśmy się na później* (Nous nous sommes fixés rendez-vous à plus tard), Gazeta Wyborcza, 24 janvier 2007, p. 3.
395 R. Praszyński, *Dzielny szeryf* (Un cherif efficace), Gala 2007, n 22/23, p. 55.
396 A. Sztyler, *Pożegnać ten zgiełk* (Adieux aux paillettes), Twój Styl 2007, n 5, p. 84.

l'on peut rencontrer d'autres « kapumaniaques » voulant partager leur fascination de lecture à différents niveaux d'interprétation. La page – qui fait partie des trois adresses les plus consultées par l'intermédiaire du moteur de recherche google.pl – est considérée comme l'une des sources les plus complètes sur Ryszard Kapuściński, et elle est visitée chaque mois par vingt-mille internautes[397].

Pourtant l'histoire de ce site commence de manière tout à fait modeste : Maciej Skórczewski, adolescent à l'époque, doit rédiger un devoir sur son écrivain favori. Il choisit Kapuściński. En préparant son travail, il a des difficultés à trouver des informations pour son sujet. Il surfe sur Internet sans obtenir beaucoup de résultats … En septembre 2000, il crée sa page propre consacrée au maître. Pour commencer, il y place son devoir, progressivement il ajoute d'autres textes, notamment une biographie sommaire du reporter, la liste des prix qui lui ont été décernés, certaines interviews et publications. Dans les six mois qui suivent, il note que sa page est consultée par près de deux cents internautes, puis le bilan augmente légèrement. Skórczewski se demande si cela vaut la peine de poursuivre son entreprise, lorsque, de manière inattendue, il est contacté par Robert Nowacki qui lui propose l'accès aux archives qu'il a personnellement accumulées depuis le milieu des années 1990. Tous deux décident de travailler ensemble. Maciej, depuis Gdańsk, Robert depuis Bydgoszcz. Ils mettent au point les détails de leur collaboration par téléphone et par mail (ils ne se rencontrent que quelques années plus tard, en 2004, à l'occasion de la remise du doctorat *Honoris causa* de l'Université de Gdańsk à Ryszard Kapuściński).

Dès le début de leur collaboration, le site connaît un essor fulgurant. En 2002, il est doté d'un forum de discussion, de dossiers didactiques pour enseignants, et surtout, il est enrichi de dossiers biographiques, notamment des textes de jeunesse de l'auteur, des interviews, diverses publications, des récits relatifs à son parcours de reporter, la liste des traductions mondiales de ses oeuvres, etc. Bientôt le nombre des visites mensuelles du site se chiffre à quelques milliers. Ce succès incite ses créateurs à élargir leur champ d'action; ils ne veulent pas que leur travail se réduise à un archivage de textes, ils cherchent des défis plus ambitieux. C'est ainsi qu'en janvier 2003, ils décident de se lancer dans une entreprise permettant aux lecteurs polonais d'avoir accès à un livre inconnu en Pologne; *Il cinico non è adatto a questo mestiere. Conversazioni sul buon gioralismo* (Ce n'est pas une profession pour les cyniques. Conversations sur le bon journalisme). Cet ouvrage – un recueil de trois interviews menées à la fin de l'année 1999 par la journaliste Maria Nadotti – est déjà édité en Italie

---

397 Les informations sur le site Internet nous ont été données par Maciej Skórczewski et Robert Nowacki.

et en Espagne. Les Éditions Czytelnik n'étant pas intéréssées par sa publication, les auteurs du site décident de prendre l'affaire en main. Ils lancent un appel: « Nous cherchons un éditeur qui souhaiterait traduire et publier ce livre en Pologne ». Ils déclarent par ailleurs qu'ils aideront à trouver des moyens pour payer les droits d'auteur. Leur action, certes, ne donne pas les résultats attendus, mais les auteurs de la page ne baissent pas les bras pour autant…

Le but premier de leur site – la collecte de matériaux liés à la figure du maître – se limite initialement à rechercher des oeuvres bibliographiques, à suivre attentivement les médias, à surfer sur Internet. Mais avec le temps, ces sources ne sont plus suffisantes: « Je voulais savoir où il allait à l'école, pour quel professeur il avait rédigé son mémoire, quel fut son premier prix. Je voulais découvrir toutes les journées de sa vie. Je tenais à sauver de l'oubli les mots, les phrases que Ryszard Kapuściński avait prononcés »[398], nous confie Nowacki. Il décide donc d'entreprendre des recherches à la source. En mai 2003, il se rend dans la ville natale de l'écrivain, à titre d'« envoyé spécial » du site. Il y passe une quinzaine de jours pendant lesquels il tente de retrouver toutes les traces de la présence de son maître et des bribes de vestiges de la ville de Pińsk d'avant-guerre, de rencontrer d'anciens amis, élèves, voisins. Il fait ses recherches comme l'auteur lui-même s'y était pris quelques années auparavant ; il commence par discuter avec les gens à la sortie de la messe dominicale. Dans son périple, il visite tous les lieux importants, liés à l'enfance de l'auteur. Son récit, posté sur la page du site, est une compilation ingénieuse du séjour de Nowacki à Pińsk (il fait vérifier ses informations par Kapuściński, à l'occasion d'un entretien avec lui), assortie de lectures précieuses sur la ville, de photographies et de réflexions du reporter, extraites d'interviews ou de textes de souvenirs. Ce reportage sur Pińsk est fondamental, car c'est à ce jour la meilleure tentative de reconstitution de la première période biographique de l'auteur.

Au bout de sept ans de fonctionnement dans l'espace virtuel, la page du lycéen est devenue une véritable référence. D'après les évaluations du webmaster, le site est visité par un demi-million d'internautes, des maîtrises d'étudiants qui y sont placées sont imprimées des milliers de fois par mois (ce qui veut dire que leur tirage s'élève à des milliers d'exemplaires). Il existe un réel besoin, car ce hobby désintéressé a abouti à plusieurs versions étrangères, en anglais, en espagnol et en italien. Mais ce n'est facile. Pour le moment, Skorczewski et Nowacki affirment que leur page sera toujours accessible !

---

398 A. Krzyżaniak-Gumowska, *Chiałem wiedzieć wszystko o panu Ryszardzie,* Gazeta Stołeczna (supplément de Gazeta Wyborcza), 1 février 2007, p. 2

Il est difficile de circonscrire l'ère d'influence « non-institutionnelle » de l'auteur sur ses lecteurs. Il est, en revanche, plus facile de montrer les domaines dans lesquels Kapuściński assumait son rôle de pédagogue et de maître. Il avait, en effet, ses disciples. Dès les années 1970, il donnait des cours dans un atelier de journalisme, organisé par l'université de Varsovie. Puis il enseigna dans de nombreuses universités étrangères, parmi lesquelles : Harvard University, Columbia Université (New York), British Columbia University (Vancouver), des établissements supérieurs à Bonn, Irkoutsk, Canberra, Le Cap, Londres, Madrid, Caracas, Philadelphie… Pendant la dernière période de sa vie, il enseignait l'art du reportage dans des ateliers de l'École colombienne du nouveau Reportage, qu'il avait mis sur pied avec Gabriel García Márquez dans différentes villes d'Amérique latine (en 2001, à Mexico, en 2002, à Buenos Aires, en 2004, à Caracas). Son influence ne s'exerçait pas seulement dans un cadre « institutionnel », comme enseignant académique, mais il était aussi le maître de jeunes journalistes professionnels. De nombreux reporters ont fait leur stage d'apprentissage chez lui : Wojciech Jagielski, Wojciech Tochman, Artur Domosławski, Mariusz Szczygieł, Jacek Hugo-Bader, Pawel Smoleński, Olga Stanisławska, Maria Wiernikowska, pour ne citer que les plus connus. Il les entraînait souvent dans les arcanes de la profession, faisait la promotion de leurs livres en écrivant d'innombrables préfaces, postfaces et recommandations. Mais comme tous s'accordent à le dire, Kapuściński n'était pas un enseignant « typique » qui mène un cours, montre comment rédiger un texte. L'une de ses étudiantes, Ewa Juńczuk-Ziomecka, se souvient que lorsqu'elle et ses collègues lui donnaient des textes à vérifier, ils étaient déçus, car il les leur rendait sans la moindre rature, avec un commentaire de quelques mots : « C'est bien, écris, écris ! »[399]. Il s'exprimait peu sur l'écriture elle-même, mais beaucoup sur l'éthique. « Le plus important, c'est que tu préserves la capacité de t'émouvoir, que le monde continue de t'étonner, de te bouleverser. Le plus important, c'est de ne pas se faire contaminer par la terrible maladie de l'indifférence ». « Sois bonne, disait-il, exigeante envers toi-même ». Tous se rappellent aussi la leçon suivante qu'évoque Wojciech Tochman, un des reporters les plus talentueux de la jeune génération : « Il nous disait aussi : avant d'écrire sur un sujet quelconque, essaie de lire tout ce qui a été écrit à ce propos jusque-là »[400]. Et un autre de ses disciples, tout aussi talentueux, Wojciech Jagielski, renchérit : « Le

---

399 E. Juńczyk-Ziomecka, [Souvenir], Gazeta Wyborcza, 1 février 2007, p. 2. *Ibidem* pour les citations suivantes.

400 *Reporterzy Gazety Wyborczej wspominają mistrza,* (Les reporters de Gazeta Wyborcza se souviennent de leur maître), http://serwisy.gazeta.pl/kraj/1,34397,3871413.htlm.

devoir d'apprendre sans relâche, de se perfectionner, de s'interroger sans cesse et le refus de s'arrêter sur une définition univoque et définitive a été pour moi la leçon la plus importante que j'ai retirée de mes rencontres avec Kapuściński »[401]. Il était donc pour eux plutôt un maître qu'une vedette imposant sa vision des choses, les écrasant pas sa personnalité, un maître qui les inspirait avec discrétion, qui leur permettait de trouver en eux « leur Kapuściński », autrement dit leur propre talent.

Juste après la mort du grand reporter, Teresa Torańska proclama la mort de « l'école polonaise de reportage »[402]. Une déclaration prématurée. L'auteur du *Négus* est sans nul doute son représentant le plus remarquable, mais il n'était pas le seul heureusement. Il avait eu pour maîtres et modèles d'éminents écrivains-reporters tels que Melchior Wańkowicz et Ksawery Pruszyński. Le décès de Kapuściński clôture, certes, une étape importante dans l'histoire de « l'école polonaise » …, mais par bonheur, la page n'est pas tournée définitivement. Tochman vient à juste titre contredire ce point de vue : « Il est vrai que nous ne sommes pas nombreux (…). Mais nous existons. (…) Nous nous sentons les héritiers de Kapuściński »[403]. Et il a raison ! Le reportage polonais, surtout celui qui est pratiqué par la jeune génération, est différent de celui de l'auteur d'*Ébène*. Mais leur évolution est le fruit de l'œuvre de Kapuściński, cela va de soi. Kapuściński a inspiré ses disciples les plus doués en les guidant vers des recherches sur le Tiers-monde, il a fixé les règles du nouveau reportage, il l'a doté d'outils anthropologiques. Dans l'œuvre des meilleurs journalistes polonais d'aujourd'hui, cette influence s'est traduite, pour chacun, par une spécialisation dans une des régions du monde où Kapuściński a longuement travaillé, conséquence directe de leur fascination pour leur maître. Ainsi Artur Domosławski est-il devenu l'héritier naturel de la passion latino-américaine de son maître ; ses livres, en particulier *Gorączka latynoamerykanska* (La fièvre latino-américaine), sont une synthèse de la problématique du continent sud-américain, une analyse de ses cultures et de ses modèles littéraires. Un autre grand thème de Kapuściński, l'Afrique, est devenu le lieu d'innombrables expéditions d'Olga Stanisławska. L'islam et le terrorisme sont devenus le terrain d'investigation de Beata Pawlak qui a tragiquement péri dans un attentat à Bali

---

401 W. Jagielski, *Umawialiśmy się na później, op. cit.*

402 T. Torańska, *Nie mogę wierzyć w to, co się stało* (Je ne peux pas croire à ce qui est arrivé), *To koniec szkoły reportażu*, (C'est la fin de l'école de reportage) http://serwisy.gazeta.pl/kapuscinski/1,23090,3871133.htlm; accès 28.08.2008.

403 W. Tochman, *Twórcze pisanie niefikcyjne* (La non-fiction créative), Książki Tygodniku, 4 février 2007, n 5, p. 8.

en 2002. Jacek Hugo-Bader a trouvé son terrain de prédilection dans les pays de l'ex URSS ; Wojciech Jagielski en Transcaucasie, en Afghanistan et en Afrique. Kapuściński incite ses disciples à ne pas s'arrêter à la surface des cultures qu'ils décrivent, à les connaître en profondeur, à plonger dans leurs racines, à tenter de s'y intégrer. Ce qui explique que leur œuvre soit spécialisée tant sur le plan géographique que culturel, et que leurs procédés littéraires soient diversifiés : métaphores sensuelles, symbolique riche, tentatives de synthèse, mais aussi dilemmes relatifs à la participation à l'histoire – une problématique assimilée grâce aux livres du « journaliste du siècle ». Jusqu'où peut-on pénétrer l'univers des tragédies humaines ? Comment les appréhender ? Comment les raconter tout en restant intègre ? Les textes issus de l'école de Kapuściński semblent marqués par la signature du maître et sont une trace importante de sa présence constante sur la carte littéraire du monde qui ne cesse de s'écrire.

*

Depuis plusieurs années, l'œuvre de Kapuściński est présente dans la réflexion universitaire. Ses livres – comme on peut le constater – sont non seulement un riche matériau de recherche pour les experts en littérature et en histoire de la culture, mais aussi pour les sociologues, les anthropologues, les historiens, les théologiens, les africanistes. L'auteur du *Négus,* qui inspire involontairement des foules de chercheurs, laisse ainsi une autre empreinte sur la carte intellectuelle du monde. De plus en plus nombreux à interpréter son œuvre, les spécialistes la soumettent à des analyses relevant de domaines scientifiques divers en s'interrogent sur les traces de cet ADN créatif unique. La communauté scientifique internationale a décidé de distinguer sept fois l'œuvre de Kapuściński en lui décernant la distinction la plus élevée, le doctorat *honoris causa.* En 1997, c'est l'Université de Silésie qui lui décerne le titre de docteur ; quatre ans après c'est l'université de Wrocław qui le distingue; l'année suivante, en 2001, l'Université de Sofia; en 2004, l'Université de Gdańsk et l'université Jagellonne ; en 2005, l'Université de Barcelone se joint au club des « kapumaniaques institutionnels[404]» pour reprendre l'expression humoristique d'Artur Domosławski ; et en mai 2006, Kapuściński reçoit le doctorat *honoris causa* de l'Université italienne d'Udine.

Ces distinctions et marques d'estime à l'égard de l'auteur traduisent incontestablement sa popularité dans le monde. Pendant les dernières années de sa vie, le nombre de prix prestigieux augmente à une cadence vertigineuse. Kapuściński reçoit plusieurs dizaines de grands trophées internationaux : le prix Goethe, le prix Prince des Asturies, le prix Viareggio, le prix Napoli pour

---

404 A. Domosławski, *Kapumania... op. cit.*

ne citer que ceux qu'il estimait particulièrement. En février 2007 se produit un événement extraordinaire ; la ville de Poznań remet pour la première fois le prix Kapuściński[405]. Deux mois avant sa mort, alors qu'il visite la ville, le reporter déclare qu'il souhaiterait créer un prix « pour des hommes œuvrant pour le bien dans le monde ». Après sa mort, il est décidé que ce prix porterait le nom de l'écrivain. Wanda Błeńska, docteur en médecine, âgée alors de plus de quatre-vingt-dix ans, reçoit la première statuette représentant un ange aux ailes déployées, pour avoir soigné les lépreux pendant plus de quarante ans en Afrique comme missionnaire laïque. La lauréate et l'écrivain s'étaient rencontrés vingt ans plus tôt en Ouganda. En mai 2007, Ryszard Kapuściński est gratifié d'un dernier prix, mais cette fois à titre posthume : à Bergamo, au nord de l'Italie, il reçoit le prix Takunda appelé « prix de la solidarité victorieuse ». Cette distinction porte le nom d'un enfant du Zimbabwe qui, grâce au programme de lutte contre le SIDA, est né en pleine santé, alors que sa mère était contaminée. Cette récompense posthume montre clairement l'engouement que l'œuvre de Kapuściński continue de susciter ainsi que la présence constante de ses messages dans le monde.

Depuis près de trente ans, les reportages de Kapuściński sont bel et bien présents dans l'espace littéraire mondial. Plus d'une cinquantaine de traducteurs traduisent son œuvre tout en assumant un rôle fondamental dans leur promotion à l'étranger. Ce sont ses alliés les plus sincères, ses lecteurs les plus pertinents, ses détecteurs d'erreurs et correcteurs les plus vigilants, ses agents littéraires les plus dévoués. C'est bien grâce à eux que l'écrivain polonais peut s'exprimer dans toutes les langues du monde, qu'il a la possibilité unique de rencontrer l'Autre et que – *last but not least* –, le phénomène de « kapumanie » peut franchir les frontières des langues et des cultures. Les livres de Kapuściński sont à ce jour traduits dans trente-deux langues étrangères : l'albanais, l'allemand, l'amharique, l'anglais, le biélorusse, le bulgare, le catalan, le danois, l'espagnol, l'esperanto, le finnois, le français, le grec, l'hébreu, le hongrois, l'italien, le japonais, le néerlandais, le norvégien, l'ourdou, le persan, le portugais, le roumain, le russe, le serbo-croate, le slovaque, le slovène, le suédois, le tchèque, le turc, l'ukrainien et le vietnamien. L'ère d'influence de son œuvre ne cesse de s'élargir ; ses livres, les uns après les autres, circulent activement dans un nombre croissant de pays, conquérant un lectorat de plus en plus large.

---

405 Les informations sur le prix Kapuscinski peuvent être consultées à l'adresse : http://www.money.pl/archiwum/wiadomosci_agencyjne/iar/artykul/dr;wanda;blenska;nagroda;im;ryszarda:kapuscinskiego,65,0,224321.htlm; accès 23.06.2008.

Czesław Apiecionek, représentant et propriétaire de l'agence Puenta, chargée de la promotion de l'œuvre de Kapuściński dans le monde et veillant aux intérêts de Ryszard Kapuściński en Pologne, en Europe centrale, en Europe de l'Est et en Asie (à l'exception du Japon), donne une idée de l'ampleur de ces traductions. D'après lui, en 2008, il a signé des contrats avec huit pays : Taïwan (*Ébène*, *Mes voyages avec Hérodote*), Corée du Sud (*Imperium Mes voyages avec Hérodote*), Lituanie (*Le Négus*, *Le Shah*, *La guerre du foot*, *Mes voyages avec Hérodote*), Roumanie (*Mes voyages avec Hérodote*), Slovénie (*Mes voyages avec Hérodote*), Bulgarie (*Mes voyages avec Hérodote*), Russie (*Le Shah* et *Le Négus* en un seul volume, *Mes voyages avec Hérodote*), Biélorussie (*Poèmes*, *Imperium*). Un contrat est en cours de négociation pour la traduction en chinois de *Mes Voyages avec Hérodote*. Si le livre paraît prochainement en Chine dans une traduction de Wu Lan (Pékin), le grand rêve de l'auteur d'*Imperium* sera réalisé[406].

En ce qui concerne d'autres entreprises éditoriales, il convient d'évoquer la série italienne « I Meridiani Mondadori », qui, à l'instar de la prestigieuse « Pléiade » en France, publie les classiques de la littérature mondiale. Les œuvres choisies de Kapuściński vont ainsi paraître dans un volume de près de deux mille pages. Tous les textes ont été revus et corrigés d'après les dernières éditions polonaises, par Vera Verdiani, la traductrice italienne de Kapuściński. L'appareil éditorial du livre qui rassemble six ouvrages (*Le Négus*, *Le Shah*, *Imperium*, *Ébène*, *Mes voyages avec Hérodote*, *Poèmes choisis*, *Lapidarium I-IV* et *La guerre du foot*) a été préparé par Silvana De Fanti et comporte des notes pour tous les textes, une description de la genèse de certains ouvrages et une importante biographie de l'auteur (*Cronologia*). Kapuściński est le seul écrivain polonais dont les œuvres soient publiées dans cette collection exceptionnelle. Par ailleurs, le culte de Kapuściński se trouve une fois de plus confirmé à l'échelle internationale par l'édition polonaise des œuvres choisies de l'écrivain, établie par Bożena Dudko et Mariusz Szczygieł (Agora). Cette édition rassemble seize tomes (dont quatre livres audio), agrémentés de préfaces et de postfaces. Les noms de leurs auteurs – John Updike, Salman Rushdie, Claudio Magris… – montrent le prestige dont jouit l'œuvre du journalise polonais dans le monde. La publication de cette série a été un événement important sur le

---

406 Les informations relatives au travail de l'agence littéraire Puenta nous ont été fournies par Czesław Apiecionek. Voir également : http://agencja.puenta.com. L'agence Liepman AG de Zurich dispose également d'informations sur les traductions de l'œuvre de Ryszard Kapuściński.

marché éditorial. Czesław Apiecionek évalue à plus de six cent mille le nombre d'exemplaires de la collection vendus, en quelques mois à peine.

La mort de Kapuściński a suscité une immense émotion. Dans presque tous les hommages funèbres domine un sentiment de perte associé à l'évocation de souvenirs. Les lecteurs mentionnent leur éblouissement pour les livres de l'écrivain, leurs découvertes personnelles, leurs rencontres privées avec l'auteur – les plus importantes, les dernières – ou alors des bribes de souvenirs, les moments fugaces où l'écrivain leur a dédicacé un livre, les a regardés, a échangé avec eux quelques mots… Pour décrire l'ampleur et la dynamique de la popularité de Kapuściński, on pourrait utiliser la métaphore de la boule de neige. Que va-t-il advenir maintenant ? Dans quelle mesure cette fascination va-t-elle durer ? Nul ne le sait… Elle n'a pas encore subi l'épreuve du temps. Pour certains, elle s'effacera progressivement, pour d'autres elle sombrera sans laisser de traces, pour beaucoup elle restera. Kapuściński aura-t-il des épigones ? L'influence de ses livres restera-t-elle toujours aussi puissante ? Les lecteurs souhaiteront-ils toujours qu'ils continuent de changer leur destin ? Nous l'ignorons pour le moment…

*

IV

Cela vaut donc la peine d'observer cet héritage différemment, du point de vue de ce que nous savons aujourd'hui, de ce qui est stable, de ce qui a laissé une trace nette et indélébile. On estime généralement que l'exceptionnelle popularité de l'auteur d'*Ébène* remonte aux trente dernières années, autrement dit à la publication du *Négus*. Toutefois il est intéressant de voir aussi qui était Kapuściński alors qu'il était âgé de vingt et quelques années et qu'il débutait tout juste sa carrière. Comment était-il alors perçu par les amis de son âge ? Se distinguait-il d'eux ? Et si oui, en quoi ? Alina Brodzka-Wald, professeure et éminente spécialiste de littérature, se souvient des années 1950, lorsque tous deux fréquentaient les milieux de la jeunesse engagée : « Chacun de ses textes attirait l'attention. Ryś donnait l'impression d'être mûr avant l'âge, il était très concentré intérieurement. Il y avait en lui une force cachée, une détermination, mais sans agressivité, sans hargne. En fait il avait deux visages: extérieurement c'était un joyeux luron, intérieurement il était réfléchi et sérieux »[407].

---

407 Entretien mené avec Alina Brodzka-Wald le 31 janvier 2005.

Les échos du débat suscité par les débuts poétiques du jeune lycéen sont un témoignage édifiant sur sa personnalité. Ils durent être suffisamment retentissants pour être évoqués un demi-siècle plus tard par un intellectuel de renom tel que Leszek Kołakowski. Tentant de se remémorer ses premiers souvenirs de l'auteur du *Négus* ce dernier raconte: « Je ne me souviens pas quand j'ai rencontré personnellement Ryszard Kapuściński. Mais je connaissais son existence avant de le rencontrer. Comme adolescent, il écrivait des poèmes, comme tout le monde évidemment, et je me souviens que dans une revue littéraire – Nowa Kultura, je crois – il y eut un débat au sujet de la différence entre Kapuściński et Maïakowski. Je ne me rappelle plus en quoi consistaient ces dissemblances ou ces ressemblances. Je ne crois pas non plus que lui-même considérait ce débat comme une partie importante de sa biographie »[408]. Pour Jarosław Abramow-Newerly, qui avait le même âge que Kapuściński et qui devint par la suite un romancier et dramaturge célèbre, le débat dans la presse sur le poème d'un camarade de lycée fut un véritable « choc ». Un demi-siècle plus tard, il se souvenait : « Je suis tombé pour la première fois sur le nom de Kapuściński en 1950, il y a 55 ans. Cela a été pour moi un moment particulier. J'étais alité à la maison, j'avais la scarlatine, et l'article paru dans la revue Odrodzenie sous le titre de « Débat sur la poésie au lycée Staszic de Varsovie » a été une véritable bombe. (…) Le fait qu'un camarade de classe, de mon âge, soit placé plus haut – c'était souligné dans le débat – que Kazimierz Wierzyński, le poète favori de mon père, me bouleversa littéralement »[409].

Kapuściński abandonna toutefois la poésie durant une longue période pour s'engager de manière tout à fait consciente dans une autre forme d'écriture ; le journalisme. Et il se lança « pour de bon » ! Souvenons-nous qu'à l'âge de vingt-trois ans, il écrivait un texte courageux sur Nowa Huta et qu'à l'époque déjà, il était prêt à assumer les conséquences de son acte. Deux ans plus tard, il n'hésitait pas à défendre la cause de l'Octobre polonais en se solidarisant avec les journalistes de l'hebdomadaire Po prostu interdit par le pouvoir. Le journaliste Wojciech Adamiecki se souvient aussi qu'une partie de l'équipe de Sztandar Młodych attendait la réaction du reporter, âgé alors de vingt-cinq ans, qui séjournait à ce moment-là en Chine, car sa prise de position déterminerait leur décision : « Déjà à l'époque il servait de boussole »[410]. Son soutien au

---

408 *Opisać Ryszarda Kapuścińkiego* [L. Kołakowski], W. Kass, Topos 2006, n 1–2, p. 52.
409 *Ibidem* [J. Abramow-Neverly], pp. 55–56.
410 *Orientowali się na niego* (Il leur servait de boussole), réd. L. Ostałowska, Press 2007, n 2, p. 7.

mouvement d'Octobre lui coûta la perte de son poste et une interdiction de publication pendant un an.

Puis vint le temps d'écrire des livres. *Le bush à la polonaise*, sa première publication, laisse d'emblée une empreinte déterminante dans sa biographie créatrice. Małgorzata Szejnert, célèbre journaliste, évoque ses premières réactions à la lecture de ce livre et la fascination qu'il exerça sur elle pendant longtemps : « Il y a quinze ans, j'ai lu, dans Polityka, un reportage intitulé *La dune*. Je l'ai lu à plusieurs reprises, j'ai fini par le connaître par cœur. (...) Qu'y avait-il dans ce texte ? Ce qu'il y avait dans les autres (...) ? Tout le monde les lisait, tout le monde en parlait »[411]. Et Romuald Karaś de surenchérir : « Je me rappelle comment nous avons vécu la parution de son premier livre, *Le bush à la polonaise*. Ce fut un éblouissement et un envoûtement. Ces reportages se lisaient comme des contes sur la vie quotidienne. Tout le monde côtoyait les thèmes qu'il décrivait, mais là, soudain, ces histoires banales et concrètes se mettaient à chatoyer »[412]. Cinquante ans plus tard, la magie du *Busz à la polonaise* continue d'opérer avec la même force. En voyageant dans « son Europe », Andrzej Stasiuk avoue sa fascination pour cet ouvrage : « Il s'est trouvé que j'ai lu les livres de Kapuściński alors que j'étais en voyage. (...) J'avais avec moi *Le bush à la polonaise* alors que par un bel été, j'arpentais avec mon sac à dos la région de Siedmiogród. Grâce à cette lecture, j'avais dans la tête des images bizarres. La réalité se mêlait à la littérature, mais cette littérature était une description magistrale de la réalité, sauf qu'elle était un peu plus éloignée de celle où je me trouvais. D'une certaine manière, l'Albanie sera mon Afrique européenne, et la région de Siedmiogród ma province polonaise. Pas directement, bien sûr, mais par le biais d'associations étranges, irrationnelles »[413].

La force de ces reportages, qui s'apparentent clairement à des contes philosophiques, repose, certes, sur leur pérennité, mais aussi sur le rôle qu'ils ont joué dans la prise de conscience littéraire de leur auteur. Le fait que, dans la Pologne d'après-guerre, ils aient été le véritable déclencheur d'un débat sur la place du reportage dans la littérature, et surtout d'une plaidoirie audacieuse contre ceux que voulaient y voir exclusivement une œuvre anonyme, s'inscrira à jamais dans la légende biographique de Kapuściński. Cette double prise de

---

411 M. Szejnert, « *Busz* » *po latach* (« Le bush » des années après), Literatura 1976, n 3, p. 10.

412 R. Karaś, *Gwiazda Kapuścińskiego* (L'étoile de Kapuściński), Tygodnik Kulturalny 1975, n 37, p. 7.

413 *Opisać Ryszarda Kapuścińskiego*, [A. Stasiuk], *op. cit.*, p. 57.

conscience littéraire – l'intérêt partagé par ses lecteurs pour la poésie et le rôle primordial du reportage – montre la force et la perspicacité du jeune écrivain qui perçoit très tôt les possibilités de ce genre littéraire. Il traite le reportage comme un outil de connaissance et le traite d'emblée avec sérieux. Sans complexes à l'égard de la littérature.

Kapuściński savait qu'en imprimant cette orientation à son écriture, il aurait à payer le prix fort pour son intransigeance. Il considérait que son message – si apprécié qu'il fût par son milieu – mettrait du temps à atteindre la conscience du lecteur lambda. Des années après, il se plaignait encore dans une interview : « J'en ai beaucoup souffert. (…) J'avais même des gens qui me conseillaient d'écrire des textes plus sensationnels, avec des aventures, convaincus que cela me permettrait de mieux les vendre. Je refusais ces propositions, car (…) je croyais que viendrait le moment où les lecteurs me liraient, m'apprécieraient et reconnaîtraient ce type de littérature. Je savais que ce que j'écrivais était un genre nouveau qui ne s'apparentait ni au reportage classique ni au récit classique. Je savais qu'il s'agissait d'une écriture à laquelle le lecteur n'était pas habitué, qu'il n'accepterait pas tout de suite, car toute nouveauté est difficile à admettre. Je me rendais compte que je devais m'armer de patience »[414].

Il a donc attendu pendant des années… Puis le succès est arrivé avec *Le Christ à la carabine*, *D'une guerre l'autre*, *La guerre du foot*, et surtout *Le Négus*. Le rôle de ce dernier ouvrage est inestimable dans la biographie créatrice de Kapuściński, dans l'histoire de la littérature polonaise, dans la théorie des genres et la réflexion générale sur le thème du pouvoir. Le récit sur le « roi des rois » a donné à l'auteur la popularité et l'a propulsé au sommet de la littérature. Mais l'histoire de la chute du satrape éthiopien, considérée par les plus grandes autorités comme un chef-d'œuvre, a également enlevé tout son sens aux débats sur la valeur littéraire du reportage. *Le Négus* – aboutissement de la stratégie novatrice de l'auteur – est exceptionnel dans l'histoire de ce genre mésestimé jusque-là et appelé parfois « parent pauvre de la littérature ». Kapuściński, comme avant lui Truman Capote en décrivant la tragédie de la famille Clutter, a résolument donné ses lettres de noblesse au reportage.

Cette rupture dans l'histoire des genres est la trace la plus durable de son activité d'écrivain. Toutefois la forme artistique du livre n'est pas sa seule qualité. *Le Négus* est aussi reconnu dans le monde entier comme une volonté de mettre évidence les mécanismes du pouvoir, une voix précieuse dans le débat, vieux comme le monde, sur le thème du pouvoir. Si l'on considère l'héritage laissé

---

414 C. Czapliński, *Kariery w Ameryce* (Carrières en Amérique), Varsovie 1994, p. 114.

par Kapuściński comme un ensemble cohérent, il est difficile de ne pas avoir l'impression que les changements fondamentaux dans le domaine de la théorie du genre – conséquence du niveau élevé de son œuvre – sont l'une des traces que l'auteur d'*Ébène* a voulues nous léguer. Avec le recul du temps, on voit que le désir de faire évoluer le reportage n'était pas le but suprême de son œuvre, on peut même dire qu'il appelait cette évolution de ses vœux, mais qu'elle était un effet secondaire d'un processus beaucoup plus profond. Le succès du *Négus* et surtout l'ampleur de sa popularité ont fait que Kapuściński s'est retrouvé dans un nouveau rôle social. C'est peut-être à ce moment-là qu'il a pris conscience que la vocation d'un créateur, et surtout d'un écrivain, consistait à expliquer la réalité et à généraliser les valeurs qu'il considérait comme essentielles[415]. De ce besoin de rendre le monde plus compréhensible sont nés *Le Shah*, une analyse perspicace du système totalitaire, du phénomène de la révolution et de l'altérité culturelle, puis les *Notes du littoral,* considérées comme le meilleur reportage de l'Août polonais, mais aussi – comme l'a résumé Bronisław Geremek – l'un des « instruments de changement et de rupture dans le mode de pensée des dirigeants contemporains »[416].

*

V

Quelle trace Kapuściński laisse-t-il donc derrière lui ? À partir de quoi construit-il son message ? Comment le rend-il crédible ? Nous avons déjà dit que l'auteur du *Négus* était souvent une source d'inspiration, qu'il avait des épigones, voire des disciples ! Toutefois son écriture reste un phénomène tellement à part qu'il est impossible de l'égaler. Pourquoi ? Le monde littéraire de Kapuściński, comme celui d'autres auteurs qui construisent l'espace de leur œuvre sur leur propre expérience, demeure inimitable. Il s'agit effectivement d'une combinaison exceptionnelle de leçons infligées par l'Histoire, et en même temps de sa réponse

---

415 Au début des années 1990, il disait à propos de cette vocation : « Aujourd'hui, à l'époque des grands changements que nous vivons dans le monde (…), l'opinion de l'écrivain est devenu un besoin immense. Comme les gens sont désorientés, (…) ils souhaiteraient qu'on leur explique le monde. (…) Comme ils ont perdu confiance dans les sources officielles, ils cherchent des repères auprès de gens dans lesquels ils croient », *ibidem*, p. 111.

416 *Polska straciła wielkiego reportera* (La Pologne a perdu un grand reporter), [B. Geremek], TVP http://www.kapuscinski.info/page/po_smierci/jezyk/1/kat/28/txt/77; accès 28.08.2007.

personnelle à ces enseignements. La première leçon, celle qu'il vécut sans doute avec le plus de force, est la rupture brutale avec son enfance ; plongé dans les horreurs de la guerre, l'enfant de sept ans tenta d'intégrer cette expérience nouvelle, d'assimiler ce cauchemar par une bravoure puérile, une soif d'aventures, une naïveté enfantine. Mais ces blessures infligées au seuil de l'existence par l'humiliation, la peur, l'exil, se laissent-elles facilement soigner ? Comment construire son identité lorsque ses fondements sont, dès le départ, ébranlées ? Comment entrer dans une vie marquée par la solitude, l'humiliation et la peur des persécutions ? Enfin, comment tisser des liens durables avec les autres, comment se lier d'amitié avec le monde quand on se sent constamment menacé ?[417]

L'expérience tragique de cette première leçon de vie s'est transformée, dans sa biographie, en une recherche instinctive de situations de conflit, de confrontations entre deux camps nettement opposés, en Pologne d'abord, puis à l'étranger. Dès l'âge de vingt ans, il cherche l'odeur de la poudre, se rend là où le monde est en effervescence, où se jouent les drames humains les plus poignants, où il retrouve le cauchemar de son enfance agrandi à une échelle inconcevable. Toutefois les guerres africaines ne sont pas pour lui une simple répétition des épreuves vécues. Le Continent noir lui donne une autre leçon de cruauté, celle de la couleur de la peau. Ce détail physique auquel il ne prêtait pas attention jusque-là l'exclut d'emblée du bon camp, du camp du « Bien ». En effet, en tant que Blanc, il est assimilé à un colonisateur, un individu qui pendant des siècles a opprimé et humilié. Cette souillure dont il n'est pas responsable, cette tâche qui stigmatise tout Blanc débarquant sur le Continent noir, l'accompagne constamment lors de ses pérégrinations africaines. Certes, le reporter tente au début de lutter contre ce diktat de la couleur, injuste et étranger pour lui, il essaie de toutes ses forces d'assimiler l'altérité à laquelle il est confronté, il cherche d'emblée des expériences communes avec les Africains : « (…) mon pays était une colonie, explique-t-il au chef d'un village au Ghana. (…) Cette période-là portait le nom de fascisme. C'est le pire des colonialismes » (B2, 63) ; il vilipende la politique des empires voraces : « J'ai toujours considéré les colons comme des canailles irrécupérables. Je suis avec vous et je veux vous le prouver en agissant » (GF, 52) ; il donne des preuves de sa solidarité sans faille : « À l'âge de seize ans, j'ai adhéré à une organisation de jeunesse. Les drapeaux de mon organisation arboraient des slogans pour la fraternité des races et la lutte contre le colonialisme » (GF, 52). Pour finir, il dépose les armes, il comprend que cette tâche est indélébile, qu'il doit assumer la responsabilité des ignominies

---

417 Le concept de « trace » compris comme « blessure », « tache » et « défi » est emprunté à Barbara Skarga. B. Skarga, *Ślad i obecność* (Trace et présence), Varsovie 2004.

accomplies par les Blancs, qu'il faut vivre avec un profond sentiment de culpabilité à l'égard de ce continent outragé.

Ces deux leçons laissent dans l'identité de Kapuściński deux traces profondes et durables : d'un côté des cicatrices héritées de l'enfance, de l'autre la tache de la culpabilité. Quelle leçon tire-t-il de ces expériences ? Les traces de la guerre, de la peur, de l'exil auraient pu être destructrices pour lui sur le plan émotionnel. Il ne cède toutefois pas au poids de la grande Histoire, mais réussit à positiver les expériences négatives et douloureuses qu'elle lui a infligées. Le souvenir de la misère de Pińsk, de sa terreur de la guerre, mais aussi du multiculturalisme des Confins attise sa curiosité à l'égard du Tiers monde, qui, dans les années 1960, est un creuset imprévisible en pleine effervescence[418]. Il utilise alors le savoir qu'il a tiré de sa première leçon d'histoire ; l'expérience commune de la peur, de l'humiliation et de la pauvreté deviennent un code qui lui permet de communiquer efficacement avec ceux qui sont devenus le but de ses voyages, avec ces hommes exclus d'un monde meilleur. Un homme chassé de sa maison natale, condamné par l'Histoire à une existence incertaine, se bat consciemment « contre le familier »[419] – pour reprendre l'expression de Tadeusz Sławek –, contre le confort qui abrutit, contre le piège de la routine.

Quelle leçon tire-t-il de la deuxième expérience, celle qu'il a vécue à l'école africaine ? Il assume la responsabilité des fautes des Blancs, accepte cette tache dont il n'est pas coupable, il paie, de sa vie et de son écriture, la dette contractée par la communauté des privilégiées à l'égard du Tiers-monde. Il positive la leçon africaine comme il l'a fait pour sa première leçon : il transforme les traces douloureuses marquées en lui au fer rouge par l'Histoire ; de ses faiblesses il fait des atouts, les « cicatrices » et les « taches » deviennent des « défis ». Dans la typologie de la trace proposée par Barbara Skarga, le « défi » est justement un type particulier de signe. C'est une sorte de piste qu'on a envie de suivre, un indice mystérieux prometteur, c'est aussi un appel qui incite au voyage, à un but supérieur. Il peut avoir – mais ce n'est pas obligatoire – un fondement religieux, moral ou pragmatique. Ce qui le caractérise, c'est qu'il exige toujours de grimper plus haut. C'est une trace – à la différence de la cicatrice et de la tâche – qu'on ne

---

418 Adam Krzemiński écrivait dans Polityka : « Ryszard répétait souvent que ce sont justement la ville provinciale de Pińsk, la misère des Confins, l'interaction et la confrontation concomitantes des cultures ainsi que la fuite d'un cataclysme à l'autre qui ont éveillé en lui une curiosité insatiable pour le Tiers-monde ». A. Krzemiński, *Herodot naszych czasów* (L'Hérodote de notre temps), Polityka 2007, n 5, p.31.

419 T. Sławek, *Żaglowiec, czyli przeciw swojskości. Wybór esejów.* (Un voilier, ou contre le familier. Choix d'essais), Katowice 2006.

veut pour rien au monde effacer, qu'on veut préserver, voire exposer au maximum. Les « défis » nous mènent vers ce que nous souhaitons le plus, vers ce qui est le sens le plus important de notre vie. « Ils sont pour nous un cadeau, une bénédiction, une vision d'accomplissement »[420].

Ce « défi » est donc la piste à suivre, si l'on souhaite dévoiler le sens global de l'écriture de Kapuściński. Quel est ce but supérieur qui lui demande constamment de se dépasser, qui représente pour lui la promesse d'une existence accomplie ? Il entend cet appel dès qu'il a vingt ans quand il entreprend ses premiers voyages en Inde et en Chine. Jerzy M. Nowak, qui a été son ami pendant plus d'un demi-siècle, se souvient que Kapuściński lui parlait du choc qu'il avait éprouvé en voyant des millions de gens vivre dans une misère extrême et supporter leur sort tragique avec humilité et naturel. Avec le temps, cette conscience de la coexistence de la pauvreté et de la richesse est devenue son obsession. Nowak se souvient : « Lorsqu'en 1962, je crois, nous nous sommes retrouvés tous les deux à Dar es-Salam (...), nous nous promenions sur le bord de l'océan Indien, il me parlait de la nécessité de se sacrifier afin de faire quelque chose pour ces foules de gens et chacun d'entre eux séparément (...). Il affirmait que ni le premier monde, c'est-à-dire l'Occident, ni le deuxième monde, c'est-à-dire le bloc socialiste de l'époque, ne feraient rien de bien. (...) Ces hommes ne pouvaient être secourus que par ceux qui étaient prêts à leur sacrifier leur santé, voire leur vie »[421]. Lorsque Nowak parle d'« immolation », il veut dire: partager le sort tragique des nécessiteux, faire preuve d'humilité, d'endurance et de renoncement afin de pouvoir ensuite en rendre compte honnêtement, atteindre les consciences de ceux à qui le sort a réservé une vie meilleure. Cet idéal a ensuite entraîné Kapuściński en Amérique latine, où il s'est laissé envoûter par la révolution qui secouait le continent et par le sort de ses héros. Là-bas, il était également habité par le même rêve de voir les deux mondes se rencontrer : celui de la pauvreté et celui de la richesse, de la guerre et de la paix, de l'éclat et du mépris. Cette rencontre est devenue la principale piste qu'il a suivie pendant près d'un demi-siècle, elle a été le symbole primordial de toutes ses missions de reporter.

Avec le temps, son immense renommée internationale devient pour lui l'occasion de divulguer cette idée. « La plus grande difficulté, mais en même temps la plus grande réussite, c'est de transformer sa carrière en processus normal de

---

420 B. Skarga, *Ślad i obecność, op. cit.*, p. 105.
421 J. M. Nowak, *Samospalenie* (L'immolation), Książki w Tygodniku (supplément de Tygodnik Powszechny), 4 février 2007, n 5, p. 1.

vie et de création, dit-il au début des années 1990. Cela veut dire que ma carrière ne me sert pas en tant que telle, mais elle m'aide à lancer et à vulgariser les valeurs, les idées et les pensées que je souhaiterais communiquer à leurs destinataires. Elle est précieuse au sens où elle me permet de partager certaines valeurs avec le monde »[422]. Dès lors, il profite de toutes les occasions pour intercéder en faveur de ceux à qui l'Histoire ne donne pas la parole. Lors de centaines d'interviews à la télévision, à la radio, dans la presse, lors de dizaines de lectures, de conférences, de publications, dans ses derniers livres, il ne cesse de revenir à des thèmes puisés dans la philosophie de la rencontre, il exhorte à tisser des liens d'amitié avec l'Autre, il invite à vivre ensemble dans la bienveillance, il répète que l'homme est bon, qu'il faut seulement commencer par le connaître pour trouver la bonté en lui. Et il rend crédible cette foi apparemment naïve par l'expérience de sa riche vie.

Kapuściński se rend toutefois parfaitement compte de sa propre impuissance, il est conscient que ses arguments sur la justice sociale ne sont pas convaincants pour tout le monde. Il n'en appelle alors plus aux valeurs humaines, mais au bon sens : il évoque les dangers liés à la gigantesque disproportion dans la répartition mondiale des richesses, la conscience croissante des humiliés qui peuvent d'un jour à l'autre revendiquer ce qui leur revient. Pour étayer son argumentation, il cite des statistiques sans appel : « Nous sommes en ce moment six millions, et chaque année notre nombre s'accroît d'un million. Notre communauté mondiale vit comme si elle était partagée en deux civilisations : l'une est celle du développement et du bien-être – elle compte près de 500 millions d'hommes –, l'autre celle de la survie. L'inégalité dans laquelle vit l'humanité aujourd'hui, toute notre famille humaine, constitue le problème que nous aurons à résoudre au XXIe siècle, pour la bonne raison que ces contradictions vont susciter des troubles et des conflits, elles représentent une grave menace pour la paix dans le monde. À l'heure actuelle, les soixante-treize conflits armés existant dans le monde ont tous lieu dans ce qu'on appelle le Tiers-monde, dans le monde des pauvres. La pauvreté est source d'angoisse, de violence, de frustration, de révolte. C'est pourquoi le bon sens de ceux qui pensent au monde et ont une influence sur le partage des richesses, mais aussi le simple instinct de conservation mobiliseront et dirigeront ces hommes afin que les richesses dont dispose l'humanité soient plus justement partagées. Nous n'avons qu'une seule planète et nous devons vivre, nous connaître, être tolérants les uns envers les autres, nous comprendre de façon à pouvoir survivre, car cette entente et cette

---

422 C. Czapliński, *Kariery w Ameryce, op. cit.* p. 113.

tolérance mutuelles sont seules garantes de notre survie. J'ai écrit à ce sujet et je veux continuer de le faire… »[423].

Cette déclaration – qui pourrait être le *memento* de Ryszard Kapuściński – est un bref extrait d'une émission préparée par la télévision polonaise dans le cadre du cycle *Mój ślad* (Ma trace). Le projet consistait à recueillir des déclarations de Polonais illustres (entre autres Jean-Paul II, Jan Nowak-Jeziorański), faisant le bilan de leurs actions à la charnière du XXe et du XXIe siècles. Kapuściński avait présenté son idée d'échange entre les cultures et de coexistence pacifique à des têtes couronnées, à des dirigeants d'État et à des économistes. Mais il ne s'agissait pas des destinataires les plus importants de son message. Il voulait surtout que sa voix parvienne à l'opinion publique, afin de l'inciter à la réflexion et à l'action. C'est en elle qu'il voyait une force assez puissante pour exercer une influence sur la politique des États[424]. Dans ce combat inégal pour attirer son attention, il utilisait l'arme la plus ancienne : le mot.

« L'écriture peut-elle changer quelque chose ? Oui. J'y crois profondément. Sans cette foi, je serais incapable d'écrire, je ne pourrais pas écrire »[425], déclarait-il deux ans avant sa mort, lors du premier festival international « World Voices » organisé à New York. Ce désir de rendre le monde meilleur en sensibilisant la conscience des privilégiés, vivant dans la paix, l'aisance et parfois l'abondance, a été clairement et largement exprimé, en 1997, lorsque le doctorat *honoris causa* de l'Université de Silésie lui a été décerné. Il était alors déjà lauréat d'innombrables prix prestigieux, surtout journalistiques et littéraires, mais cette fois, on l'honorait d'une distinction que la communauté universitaire décerne très rarement. La réception de ce titre honorifique fut l'occasion idéale d'exposer et de clamer sa conception de la connaissance du monde par la voie de l'amitié. Dans son discours, il évoqua les autres habitants de la planète qui forment avec nous une « famille humaine » unique [426]. Le problème non résolu de la pauvreté massive restait pour lui la honte suprême et un cauchemar pour la majorité de nos « frères et sœurs ». À l'occasion de la remise de ce doctorat, il répondit aussi à une question à laquelle il avait évité de répondre pendant de longues années : « 'Pourquoi j'écris ?' : Il faudrait créer entre les

---

423 *Mój ślad* (Ma trace) [R. Kapuściński], Producteur délégué RGB pour le Canal 1 de TVP, 1999.

424 L'interview mené par G. Miecugow pour TVN24 (2005) est consultable sur la page Internet : www.kapuscinki.info.

425 R. Kapuściński, *Siła słowa* (La force du mot), Gazeta Wyborcza, 24 janvier 2007, p. 2.

426 R. Kapuściński, *Jak widzę świat ?* (Comment je vois le monde ?), Gazeta Uniwersytecka (supplément spécial) 2007, n 5, pp. 6–10.

cultures des relations, non pas de dépendance et de soumission, mais d'entente et de partenariat. C'est la seule chance pour que l'harmonie et la bienveillance prennent le dessus sur toutes les hostilités et les conflits déchirant notre famille humaine. À mon échelle, petite, microscopique, je souhaiterais contribuer à cette œuvre ; c'est la raison pour laquelle j'écris »[427]. La problématique de la solidarité entre les hommes, présente chez Kapuściński dès le début de son activité d'écrivain, évolue dès lors vers une forme un peu différente. De plus en plus souvent, la terminologie d'« expert » est remplacée par des formulations quasi évangéliques : il évoque son prochain, son frère pauvre, la « famille humaine ».

Parmi les traces innombrables et diverses que Kapuściński imprima dans la conscience du monde, la dernière – « le défi » – occupait une place particulière. Pourquoi tenait-il tant à rester dans les mémoires comme un « traducteur des cultures », et pas seulement comme le journaliste du siècle ou comme un écrivain éminent ? Pourquoi suscitait-il tant d'émotion, pourquoi avait-il tant d'épigones et même de « disciples » ? Kapuściński appartenait sans nul doute à cette catégorie d'écrivains pour lesquels la beauté de l'écriture n'est pas ce qui prime. L'éminent philosophe tchèque, Jan Patočka, parle d'hommes qui lui ressemblent : « les hommes spirituels »[428], expliquant qu'en apparence ils ne se distinguent en rien des intellectuels, des écrivains, des créateurs ; eux aussi pratiquent une sorte d'artisanat, eux aussi écrivent, créent, enseignent. Toutefois ils sont les seuls qu'on ait envie de suivre. Pourquoi ? Parce que l'homme spirituel est un homme en route, un homme qui s'expose aux dangers de la vie en perpétuelle évolution. De surcroît, c'est un homme qui remet constamment en question la sécurité illusoire et l'apparente évidence du monde environnant. C'est un homme qui résiste aux difficultés, voire qui vit grâce à elles. L'histoire mondiale compte de nombreux héros de ce genre. Socrate et Platon, les maîtres du questionnement, étaient d'« authentiques hommes spirituels, qui cherchaient et luttaient avec un acharnement extrême afin que les illusions ne nous trompent pas et que nous ne nous cachions pas derrière un monde illusoire dans lequel nous serions apparemment solidement ancrés : ce sont des hommes qui sont

---

427 R. Kapuściński, *Dlaczego piszę ?* (Pourquoi j'écris ?), Gazeta Uniwersytecka (supplément spécial) 2007, n 5, p. 13.

428 Jan Patočka, *Duchovní člověk a intelektuál* (L'homme spirituel et l'intellectuel), conférence prononcée le 11 avril 1975, dans le cadre d'un séminaire sur le thème de « L'origine et la fin de l'Europe : « Le terme 'homme spirituel' peut être mal pris, car il fait penser au spiritisme ou à d'autres choses qui froissent nos sensibilités contemporaines. Je n'ai rien trouvé de mieux néanmoins pour désigner ce que j'ai en vue ».

dans une quête perpétuelle et radicale »[429]. Les hommes spirituels n'ont pas peur des défis, ils ne se laissent pas tromper par les illusions, ils ne craignent pas l'échec. Dernière question : dans quel but font-ils cela ? Le philosophe tchèque, qui périt en 1977 des suites d'un interrogatoire musclé infligé par la police, répond ainsi à cette question : « … le monde cruel dans lequel nous avons vécu et dans lequel nous vivons, ce monde cruel avec ses deux guerres et ses révolutions terrifiantes, avec tout ce que nous voyons autour de nous, n'est concevable que comme un monde où des hommes non seulement ont subi ces effroyables catastrophes mais s'y sont exposés et se sont parfois jetés dans la gueule du moloch volontairement, avec jubilation même, en ayant conscience que la vie et le monde directement accessibles ne sont pas tout, qu'on peut les sacrifier et percevoir un éclat de lumière au cœur des ténèbres »[430].

---

429 *Ibidem.*
430 *Ibidem.*

Listes alphabétiques des revues, journaux, médias cités dans l'ouvrage

(le numéro qui suit l'abréviation indique la page où l'on trouve la revue... pour la première fois)

1) Akcent (Accent) 236
2) Apokryf (supplément de Tygodnik Powszechny) (Apocryphe) 78
3) Dalej (Plus loin) 83
4) Dialog (Dialogue) 53
5) Dziennik (Journal de bord), 242
6) Dziennik Polski (Journal de bord polonais) 246
7) Dziś i jutro (Aujourd'hui et demain) 24
8) Ekspres Reporterów (L'express des reporters) 76
9) Fakty (Faits) 185
10) Forum (Forum) 114
11) Gala 293
12) Gazeta Lubuska (Gazette de Lubusz) 237
13) Gazeta Poznańska (Gazette de Poznan) 237
14) Gazeta Stołeczna (Gazette de la capitale) (supplément de Gazeta Wyborcza) 296
15) Gazeta Uniwersytetska (Gazette universitaire) 309
16) Gazeta Wyborcza (Gazette électorale) 202
17) Głos Ludu (La Voix du Peuple) 26
18) Ideologia i Polityka (Idéologie et Politique) 112
19) Ilustrowany Kurier Polski (Le Courrier illustré de Pologne) 5
20) ITD (ETC) 31
21) Język Polski (265)
22) Kierunki (Directions) 54
23) Komsomolskaïa Pravda (La Pravda des Komsomols) 25
24) Kongres Kultury Polskiej 257
25) Konteksty (Contextes) 22
26) Kontynenty (Continents) 98
27) Kontrasty (Contrastes) 68
28) Kronika Filmowa (Chronique du film) 192
29) Kulisy (Coulisses) 105
30) Kultura (Culture) 26
31) Kuźnica (La Forge) 27
32) Książki w Tygodniku (supplément de Tygodnik Powszechny) 231

33) Literatura (Littérature) 171
34) Literatura i Sztuka (Littérature et Art) 275
35) Literatura na Świecie (La Littérature dans le Monde), 208
36) Miesięcznik Literacki (Mensuel littéraire) 136
37) New York Times 286
38) Nowa Kultura (Nouvelle Culture) 28
39) Nowe Książki (Nouveaux Livres) 105
40) Odgłosy (Échos) 222
41) Odra (Odra) 236
42) Odrodzenie (Renaissance) 23
43) Pamiętnik Literacki (Journal Littéraire) 162
44) Panorama (Panorama) 72
45) Perspektywy (Perspectives) 112
46) Plus-Minus (Supplément de Rzeczpospolita) 257
47) Polityka (Politique) 26
48) Polskie Radio (Radio Polonaise) 199
49) Po prostu (Tout Simplement) 31
50) Prasa Polska (Presse Polonaise) 54
51) Press (Presse) 75
52) Przekrój (Profil) 8
53) Radar (Radar) 154
54) Radio i Telewizja (Radio et Télévision) 210
55) Razem (Ensemble) 35
56) Res Humana 236
57) Res Publica Nowa (Res Publica Nouvelle) 210
58) Rocznik Literacki (L'Annuaire Littéraire) 53
59) Ruch Muzyczny (Mouvement Musical) 170
60) Rzeczpospolita (République) 171
61) Salon Literacki (Salon Littéraire) 273
62) Sposób Myślenia (Mode de Pensée) 53
63) Słowo Powszechne (Mot Universel) 18 ?
64) Sprawy Międzynarodowe (Affaires Internationales) 92
65) Szpilki (Piques) 54
66) Sztandar Ludu (L'Étendard du Peuple) 198
67) Sztandar Młodych (L'Étendard des Jeunes) 25
68) Topos (249)
69) Trybuna ludu (La Tribune du Peuple) 81
70) TVP (Télévision Polonaise) 304
71) Twój Styl (Ton Style) 294

72) Twórczość (Création) 28
73) Tygodnik Kulturalny (L'Hebdomadaire Culturel) 106
74) Tygodnik Powszechny (L'Hebdomadaire Universel) 72
75) Viva (Viva) 107
76) Wiadomosci Dnia (Nouvelles du Jour) 236
77) Wiadomosci Kulturalne (Nouvelles Culturelles) 236
78) Wprost (Sans Détours) 236
79) Współczesność (Temps Modernes) 32
80) Zdanie (Opinion) 187
81) Zhongguo 44
82) Żołnierz Wolności (Le Soldat de la Liberté) 201
83) Życie Literackie (La Vie Littéraire) 54
84) Życie Warszawy (La Vie de Varsovie) 96

Chronologie

1932 : le 4 mars naissance de Ryszard Kapuściński à Pińsk en URSS (aujourd'hui Biélorussie) ;

1939 : Pińsk est envahi par l'Armée rouge, le père de Kapuściński est fait prisonnier par les Soviétiques puis s'évade ;

1940 : la mère de Kapuściński et ses deux enfants, Ryszard et Barbara, fuient Pińsk et gagnent la région de Varsovie où ils retrouvent le père engagé dans la résistance (AK) ;

1941-1945 : la famille survit dans la région de Varsovie ;

1948 : adhésion à l'Union de la Jeunesse Polonaise (ZMP) ;

1949 : publication d'un poème dans la revue Dzis i jutro ;

1950 : après avoir passé son baccalauréat, Kapuściński travaille au journal Sztandar Młodych puis il interrompt son travail pour s'inscrire au département d'Histoire de l'université de Varsovie ;

1952 : mariage avec Alicja Mielczarek. Adhésion au Parti ouvrier unifié polonais (POUP) ;

1953 : naissance de leur fille Zofia ;

1955 : après avoir terminé ses études, Kapuściński revient au journal Sztandar Młodych dans lequel il publie le texte « C'est aussi la vérité sur Nowa Huta » ;

1956 : couverture du Congrès Mondial de la Fédération de la Jeunesse à Kiev. Premier grand voyage en Inde et retour par l'Afghanistan ;

1957 : couverture du Festival de la Jeunesse et des Étudiants à Moscou. Séjour de six mois en Chine, visite de Tokyo et Hong-Kong. Retour en Pologne par le Transsibérien ;

1958 : démission de Sztandar Młodych en signe de protestation contre la dissolution du comité de rédaction. Kapuściński travaille désormais pour l'Agence de Presse Polonaise (PAP) et l'hebdomadaire Polityka ;

1959-1962 : publication de nombreux reportages sur la Pologne dans Polityka puis publication de son premier livre *Le bush à la polonaise. Histoires fortuites*. Séjour au Ghana, au Dahomey, au Niger ;

1960 : couverture de la guerre civile au Congo ;

1961 : Kapuściński accuse Bohdan Drozdowski de plagiat à la suite de la publication d'une pièce de théâtre *Kondukt* (Le convoi funéraire) ;

1962 : séjour au Rwanda, en Ouganda. Kapuściński est atteint du paludisme cérébral et de la tuberculose ;

1963 : participation à la Conférence de Solidarité des Peuples d'Afrique et d'Asie au Tanganyika et à la première conférence des États africains en Éthiopie. Parution de *Czarne gwiazdy* (Étoiles noires). Séjour au Kenya ;

1964 ; couverture de la proclamation de l'indépendance de la République populaire de Zanzibar, du conflit entre l'Éthiopie et la Somalie à propos de la province de l'Ogaden, et des événements après la révolution au Soudan ;

1965–1966 : séjours dans différents pays d'Afrique : Nigeria, Ghana, Sénégal (où se tient le premier Festival mondial des Arts nègres), Mauritanie, Algérie, Ghana, Guinée, Congo, Dahomey, Nigeria, République centrafricaine, Gnana, Ouganda, Togo, Haute-Volta, Nigeria. Hospitalisation au Nigéria. Retour Pologne ;

1967 : rédacteur à la PAP au département des affaires étrangères. Voyage en URSS puis au Chili ;

1968 : séjour au Pérou. Traduction du journal de Che Guevara. Séjour en Bolivie, au Brésil, au Mexique. Publication de *Kirgiz schodzi z konia* (Le Kirghize descend de son cheval) ;

1969 : Correspondant permanent de la PAP au Mexique jusqu'en 1972. Visite de tous les pays d'Amérique du Sud et d'Amérique centrale. Publication de *Gdyby cała Afryka…* (Si l'Afrique tout entière). Couverture du conflit entre le Salvador et le Honduras, des événements au Pérou, en Bolivie, au Venezuela. Publication de la traduction du *Journal de Bolivie* de Che Guevara.

1970 : couverture de l'enlèvement de Karl von Spreti au Guatemala. Séjour au Pérou, en Bolivie, au Chili. Publication de *Dlaczego zginął Karl von Spreti ?* (Pourquoi est mort Karl von Spreti ?) ;

1971 : séjour au Chili et couverture de la visite de Fidel Castro ;

1972 : séjour au Guatemala, au Honduras, à Costa-Risa, au Panama, en Colombie, au Venezuela, en Uruguay et au Brésil. Démission de son poste à plein temps à la PAP. Enseignement au département de Journalisme à l'université de Varsovie ;

1973 : rédacteur adjoint de la revue Kontinenty. Participation au Congrès de Journalistes en Inde. Démission de la revue Kontinenty ;

1974 : collaboration avec l'hebdomadaire Kultura jusqu'à la dissolution de la revue en 1981 lors de l'instauration de l'état de guerre. Voyage au Proche-Orient. Participation à la conférence sur le désarmement à Vienne. Cours à l'université de Bangalore en Inde. Séjour en Colombie ;

1975 : voyage à Chypre et en Éthiopie. Publication du *Christ à la carabine*. Inauguration de sa première exposition photographique. Séjour en Angola ;

1976 : voyage en Afrique : Éthiopie, Érythrée, Somalie, Ogaden, Nigeria, Ouganda, Mozambique, Zimbabwe, Kenya et Tanzanie. Publication *D'une guerre l'autre* ;

1977 : séjour en Éthiopie ;

1978 : publication de *La guerre du foot*. Voyage en Tchécoslovaquie et en Autriche. Mise en scène du *Négus* dans un théâtre de Łódź. Publication du *Négus* ;

1979 : Départ au Mexique comme correspondant permanent de la PAP. Cours de journalisme à Caracas, au Venezuela et au Mexique. Deux séjours en Iran. Premier retour à Pińsk depuis la guerre ;

1980 : couverture des grèves des chantiers navals de Gdańsk. Publication *Notes du littoral* dans la revue Kultura. Participation à l'organisation des structures de Solidarność ;

1982 : démission du Parti (PZPR). Publication du *Shah*. Cours de journalisme à Genève et en Suisse ;

1983 : cours à l'université de Columbia. Publication de *Zaproszenie do Gruzji* (Invitation en Géorgie) ;

1984 : séjours en France et en RFA ;

1986 : séjour à Oxford. Publication de *Notes* (un recueil de poésie). Exposition de photographies en Hongrie ;

1987 : voyage en Hollande, aux Etats-Unis, au Canada, en Angleterre. Adaptation du *Négus* au Royal Court Theatre à Londres. Réalisation du film documentaire *Ryszard Kapuściński* par Talczewski ;

1988 : film documentaire *Your Man Who Is There* par Adam Low (BBC) ;

1989–1992 : séjour en ex-URSS ;

1990 : publication de *Lapidarium* ;

1993 : voyages en Afrique du Sud, Afrique de l'Est. Publication d'*Imperium* ;

1995 : publication de *Lapidarium II* ;

1997 : publication de *Lapidarium III* ;

1998 : film documentaire *Poszukiwany Ryszard Kapuściński* (Recherche Ryszard Kapuściński) de Filip Bajon. Voyage en Suède. Publication d'*Ébène* ;

1999 : invitation du roi de Suède pour un débat sur l'état du monde ;

2000 : publication de *Lapidarium IV* et du premier album photographique *Z Afryki*. Film documentaire *Druga Arka Noego* (Une deuxième arche de Noé) de Piotr Załuski ;

2001 : séjour au Mexique et ateliers avec Gabriel Garcia Márquez à l'École du Nouveau Journalisme ;

2002 : voyage aux Etats-Unis, en Amérique centrale et en Amérique du Sud (Mexique, Argentine, Brésil), en Grèce. Publication de *Lapidarium V* ;

2003 : publication d'*Autoportrait d'un reporter*. Film documentaire *A poet on the Frontline. The Reportage of Ryszard Kapuściński* ;

2004 : publication de *Mes voyages avec Hérodote* ;

2006 : publication de *Cet autre* et de *Prawa natury* (Les droits de la nature, poésie) ;

2007 : 23 janvier mort à Varsovie. Publication de *Lapidarium VI*, de *Rwący nurt histori. Zapiski o XX i XXI wieku* (Le tourbillon de l'histoire. Notes sur les XXe et XXIe siècles) ;

2008 : publication de *Dałem głosu ubogim* (J'ai donné la parole aux pauvres). Publication des œuvres choisies par Gazeta Wyborcza en 12 tomes et 5 audiolivres ;

2009 : publication de *O książkach, ludziach i sztuce* (Sur les livres, les hommes et l'art).

Bibliographie

Bibliographie en français

1984 : *Le Négus*, Flammarion, traduit par Évelyne Pieiller (à partir de l'anglais) ;

1986 : *Le Shah*, Flammarion, traduit par Dennis Collins (à partir de l'anglais) ;

1988 : *D'une guerre l'autre*, Flammarion, traduit par Dennis Collins (à partir de l'anglais, tous les ouvrages suivants sont traduits du polonais) ;

1994 : *Imperium*, Plon (10/18 1999), traduit par Véronique Patte ;

2000 : *Ébène. Aventures africaines*, Plon (Pocket 2002), traduit par Véronique Patte, Meilleur livre de l'année de la revue Lire (2000), Prix Tropiques (2001) ;

2003 : *La guerre du foot*, Plon (Pocket 2004), traduit par Véronique Patte ;

2006 : *Mes voyages avec Hérodote*, Plon (Pocket 2008), traduit par Véronique Patte ;

2008 : *Autoportrait d'un reporter*, Plon (Flammarion, « Étonnants classiques » 2010), traduit par Véronique Patte ;

2009 : *Cet autre*, Plon, traduit par Véronique Patte ;

2010 : *Le Négus*, Flammarion (édition poche Champs Histoire 2011), traduit par Véronique Patte ;

2010 : *Le Shah*, Flammarion (édition poche Champs Histoire 2011), traduit par Véronique Patte ;

2010 : *Le Christ à la carabine*, Plon, traduit par Véronique Patte ;

2011 : *D'une guerre l'autre. Angola 1975*, Flammarion, traduit par Véronique Patte ;

2014 : *Œuvres (Le bush à la polonaise*, La guerre du foot, Le Négus, Le Shah, D'une guerre l'autre, Imperium, Ébène, Mes voyages avec Hérodote)*, Flammarion, traduit par Véronique Patte ;

2016 : *Le bush à la polonaise**, (dans *La mer dans une goutte d'eau*), Noir sur Blanc, traduit par Véronique Patte ;

2016 : *C'est aussi la vérité sur Nowa Huta* (dans *La mer dans une goutte d'eau*), Noir sur Blanc, traduit par Véronique Patte.

*Sur les 21 reportages que compte *Le Busz à la polonaise* 16 ont été traduits (« Le macchabée », dans *La vie est un reportage*, Noir sur Blanc 2005 ; « Le départ de la cinquième colonne », « Réclame pour la pâte dentifrice », « La Dune », « Le grand lancer », « Danka », « Le bush à la polonaise », *Œuvres*, Flammarion 2014 ; « Loin », « Le radeau du salut », « Rez-de-chaussée », « Sans adresse », « Le toquard », « Aucun ne partira », « Le ravissement d'Elżbieta »,

« L'immeuble », « Les arbres contre nous », dans *La mer dans une goutte d'eau*, Noir sur Blanc 2016. Traduction de Véronique Patte.

Bibliographie en polonais

(bibliographie complète de Ryszard Kapuściński, publications posthumes comprises. Les titres en caractères gras n'ont pas été traduits en français)

1962 : *Busz po polsku* [Le bush à la polonaise], Czytelnik, Varsovie ;

1963 : ***Czarne gwiazdy*** [Étoiles noires], Czytelnik, Varsovie ;

1968 : ***Kirgiz schodzi z konia*** [Le Kirghize descend de son cheval], Czytelnik, Varsovie ;

1969 : ***Gdyby cała Afryka*** [Si l'Afrique tout entière…], Czytelnik, Varsovie ;

1969 : ***Dziennik z Boliwii*** [Journal de Bolivie], Książka i Wiedza, Varsovie (traduction du journal de Che Guevara) ;

1970 : ***Dlaczego zginął Karl von Spreti*** [Pourquoi est mort Karl von Spreti], Książka i Wiedza, Varsovie ;

1975 : *Chrystus z karabinem na ramieniu* [Le Christ à la carabine], Czytelnik, Varsovie ;

1976 : *Jeszcze dzień życia* [D'une guerre l'autre], Czytelnik, Varsovie ;

1978 : *Wojna futbolowa* [La guerre du foot], Czytelnik, Varsovie ;

1978 : *Cesarz* [Le Négus], Czytelnik, Varsovie ;

1982 : *Szachinszach* [Le Shah], Czytelnik, Varsovie ;

1983 : ***Zaproszenie do Gruzji*** [Invitation en Géorgie], MAW, Varsovie ;

1986 : ***Notes (wiersze)*** [Carnet (poèmes)], Czytelnik, Varsovie ;

1988 : *Wrzenie świata* [L'effervescence du monde], (***Kirgiz schodzi z konia***, *Chrystus z karabinem, Jeszcze dzień życia, Wojna futbolowa, Cesarz, Szachinszah, Busz po polsku,* ***Notes***) [Le Kirghize descend de son cheval, D'une guerre l'autre, La guerre du foot, Le Négus, Le Shah, Le bush à la polonaise, Carnet], Czytelnik, Varsovie ;

1990 : ***Lapidarium***, Czytelnik, Varsovie ;

1993 : *Imperium*, Czytelnik, Varsovie ;

1995 : ***Lapidarium II***, Czytelnik, Varsovie ;

1997 : ***Lapidarium III***, Czytelnik, Varsovie ;

1998 : *Heban* [Ébène], Czytelnik, Varsovie ;

2000 : ***Z Afryki*** [Depuis l'Afrique], Buddi, Bielsko-Biala (album photographique) ;

2000 : ***Lapidarium IV***, Czytelnik, Varsovie ;

2001 : ***Lapidarium V***, Czytelnik, Varsovie ;

2003 : *Autoportret reportera* [Autoportrait d'un reporter], Znak, Cracovie ;

2004 : *Podróże z Herodotem* [Mes voyages avec Hérodote], Czytelnik, Varsovie ;

2006 : ***Prawa natury*** [Les droits de la nature], Wydawnictwo Literackie, Cracovie (poésie) ;

2006 : *Ten Inny* [Cet autre], Znak, Cracovie :

2007 : ***Lapidarium VI***, Czytelnik, Varsovie ;

2007 : ***26 bajek z Afryki*** [26 contes d'Afrique], Agora/Green Gallery ;

2007 : ***Rwący nurt historii. Zapiski o XX i XXI wieku*** (Le Tourbillon de l'histoire. Notes sur les XXe et XXIe siècles), Znak, Cracovie ;

2008 : ***Dałem głos ubogim. Rozmowy z młodzieżą*** [J'ai donné la parole aux pauvres. Entretiens avec des jeunes], Znak, Cracovie ;

2008 : *Dzieła wybrane – Cesarz, Heban, Busz po polsku, Wojna futbolowa, Szachinszah,* ***Lapidaria I-III, Lapidaria IV-VI,*** *Jeszcze dzień życia, Autorportret reportera,* ***Wiersze zebrane,*** *Imperium, Podróże z Herodotem + 5 audiobooki : Cesarz, Wojna futbolowa, Szachinszah, Imperium, Busz po polsku* [Le Négus, Ébène, Le bush à la polonaise, La guerre du foot, Le Shah, Lapidaria I-III, Lapidaria IV-VI, D'une guerre l'autre, Autoportrait d'un reporter, Poèmes choisis, Imperium, Mes voyages avec Hérodote + 5 audiolivres : Le Négus, La guerre du foot, Le Shah, Imperium, Le bush à la polonaise], Agora, Varsovie ;

2009 : ***O książkach, ludziach i sztuce*** [Des livres, des hommes et de l'art], Czytelnik, Varsovie ;

2013 : ***To nie jest zawód dla cyników*** [Ce n'est pas une profession pour les cyniques], PWN, Varsovie ;

Postface de Beata Nowacka et Zymunt Ziątek

Ryszard Kapuściński. Biographie d'un écrivain et *Kapuściński non-fiction*

Depuis la publication du livre d'Artur Domosławski, *Kapuściński non-fiction,* (début mars 2010), nous sommes constamment interrogés sur la nécessité ou non d'apporter des modifications à notre *Biographie d'un écrivain* (publiée en octobre 2008, soit un an et demi avant l'ouvrage de Domosławski) dans le cas où notre livre serait réédité. En effet, certains lecteurs de *Kapuściński non-fiction*, surtout ceux qui ignorent la tempête médiatique mondiale que ce livre a suscitée, estiment qu'on ne peut désormais plus écrire sur Kapuściński comme avant. À cette question, nous répondons que c'est exact, mais seulement dans la mesure où il faudrait désormais prendre en compte la grille de lecture proposée par Domosławski et les accusations qui en découlent. Des accusations, en effet, qui ne peuvent pas être passées sous silence, des accusations à l'encontre d'un écrivain-reporter passionnément engagé dans les affaires de ce monde, des accusations graves qui compromettent sa crédibilité d'observateur, de commentateur et d'homme.

Quelle lecture nous propose Domosławski ? Une lecture qui se distingue foncièrement de la nôtre. Pour notre part, conformément au titre, nous envisageons la biographie de Kapuściński au sens large, nous vérifions et décrivons pour la première fois de nombreux faits de sa vie, nous nous intéressons avant tout à sa biographie créatrice : la manière dont ses expériences personnelles, professionnelles et journalistiques se sont accumulées et entremêlées pour se transformer en matériau littéraire, la manière aussi dont ses projets créatifs sont nés et se sont ou non réalisés. Persuadés, en effet, que l'écriture a été le but principal de sa vie, nous nous sommes aussi avant tout concentrés sur ce qui est lié à son écriture et ce qui aide à la comprendre. Pour Domosławski, c'est différent : Domosławski ne s'intéresse pas à l'écriture de Kapuściński ni à Kapuściński en tant qu'écrivain, il s'emploie avant tout à démythifier l'écrivain, à le dépouiller de son caractère sacral, il s'intéresse avant tout à sa légende qui – au summum du succès et de la popularité de Kapuściński – a occulté sa vie et son œuvre aux yeux de certains médias et lecteurs peu indépendants.

Certes, l'idée de démythifier – de manière objective – la vie et l'œuvre de Kapuściński n'a rien de négatif en soi. Nous aussi, dans le livre que nous avons commencé à écrire du vivant de l'écrivain et que nous avons terminé juste après sa mort (dans une situation donc extrêmement défavorable à quelque bilan que ce soit), nous mettons en garde contre les dangers d'un culte irréfléchi de l'écrivain, de l'ignorance de son évolution créatrice, de la tendance à exalter le moindre de ses écrits sous prétexte qu'ils sont de la plume d'un maître et d'une autorité incontestés. « Pendant les dernières années de sa vie, l'image de Kapuściński a eu dangereusement tendance à se figer, et il a pu être perçu comme un écrivain 'formaté' et uniforme. Cela s'explique probablement par la masse de textes circonstanciels publiés à l'occasion des innombrables prix et doctorats *honoris causa* qui lui ont été décernés » (*Ryszard Kapuściński. Biographie d'un écrivain*, RKB, p. 5). Nous nous efforçons de proposer une lecture délestée du mythe, de considérer ce mythe comme un problème lié à l'image sociale de l'écrivain, de répondre, du moins partiellement (dans le dernier chapitre de notre livre intitulé : « Survivra celui qui aura créé son monde » …) à la question des causes et des mécanismes qui ont contribué à la formation du culte de Kapuściński. Nous faisons remarquer, entre autres, que des commentaires – souvent vagues, dithyrambiques et flatteurs pour l'orgueil national – sur la popularité de l'écrivain dans le monde entier ont joué ici un rôle immense. Du reste, l'un des auteurs de ces commentaires ainsi que le créateur du néologisme « kapumaniaques » – terme dont les adorateurs inconditionnels du Maître vont désormais s'affubler – n'est personne d'autre que Domosławski : « Kapuściński, du moins dans le monde hispanique (mais à mon avis, bien au-delà, en Italie, en Scandinavie), n'est pas seulement considéré comme le plus grand écrivain parmi les reporters et le plus grand reporter parmi les écrivains. Il y est porté aux nues et écouté comme quelqu'un qui rend d'emblée le monde intelligible, démêle les énigmes, élargit les perspectives, donne la clé de la sagesse. Des foules viennent à ses rencontres, ses livres sont vendus à des milliers d'exemplaires, les présidents l'invitent à dîner, les rois le convient à des réceptions, les princes lui décernent des prix… », écrit Domosławski dans un journal à grand tirage (*Kapumania, kapumafia*, Gazeta Wyborcza 2005, 17.06) à l'occasion (justement !) de la remise du doctorat *honoris causa* à Kapuściński par l'université de Barcelone.

Répétons-le : le problème de la légende de Ryszard Kapuściński ne nous est pas étranger, mais nous l'avons isolé de la problématique de son œuvre et nous sommes efforcés de le décrire comme un phénomène social important dans le contexte de la réception de ses livres. De même, il ne nous viendrait pas à l'esprit, aujourd'hui, de rendre l'écrivain responsable de la naissance de cette légende, ni de faire de sa démystification le but principal de notre livre. Domosławski, comme le montre ne serait-ce que la citation ci-dessus, s'intéresse plus à l'image sacralisée de l'auteur du *Négus* qu'à son écriture, et c'est peut-être la raison pour laquelle il s'est fixé cet objectif tout en puisant la plupart de ses arguments accusateurs dans les écrits de l'écrivain. Une telle démarche aboutit à une violation évidente de l'intégrité et de la compréhension globale de l'œuvre de Kapuściński. En extrayant des informations, généralement secondaires, suspectées de déformer l'image de la réalité ou de donner une image fausse de l'auteur, il insinue que ces informations dévoilent le caractère fictif ou mensonger de l'œuvre entière et l'imposture du « plus grand écrivain parmi les reporters et du plus grand reporter parmi les écrivains ». Domosławski tient, par ailleurs, à ce que les sources de ses accusations soient diversifiées, distanciées (comme l'étaient, naguère, les sources de ses louanges) et indépendantes de lui, car cela lui permet de donner à son argumentation un caractère objectif et efficace et de se donner le rôle de « chasseur de vérité » infatigable.

Examinons, à partir de quelques exemples, la manière dont il s'y prend. Pour l'accusateur, il est important que les sources de ses informations soient cautionnées par la science. C'est ainsi que dans le cas du *Négus*, Domosławski se réfère volontiers à de grands spécialistes de la culture éthiopienne. Leur opinion lui est nécessaire pour compromettre la crédibilité de Kapuściński. Mais le problème réside dans son choix de ses sources et dans l'interprétation qu'il en fait. Il lui arrive de citer, sans esprit critique, des opinions de spécialistes qui ont détecté des inexactitudes plus ou moins importantes dans les livres de l'auteur d'*Ébène* et de terminer son travail là où il devrait le commencer. Leurs opinions lui servent rarement de point de départ à des analyses personnelles (qui pourraient consister à confronter différentes sources), il n'essaie pas de polémiquer avec les spécialistes, il lit Kapuściński de manière plate et binaire (vérité-mensonge) en renonçant, sans état d'âme, à la lecture pluridimensionnelle que nécessite l'œuvre de Kapuściński.

Pour Domosławski, la principale, pour ne pas dire l'unique, référence est Harold G. Marcus – spécialiste de l'Éthiopie, décédé en 2003, professeur (Michigan, Addis Abeba), auteur du premier tome de la biographie du Négus (H. G. Marcus, *Haile Sellassie I. The formative years 1892–1936*, Berkeley-Los Angeles-Londres 1987). Domosławski cite Marcus à deux reprises et à chaque fois parle de lui comme du meilleur/du plus grand « spécialiste de Hailé Sélassié » (KVV, 383, 389)[431]. Ce jugement sur le niveau exceptionnel du chercheur n'est toutefois pas étayé ; l'auteur ne livre pas les critères de son choix pour le moins arbitraire. En ce qui nous concerne, nous nous sommes référés aux africanistes polonais les plus renommés (qui ont, par ailleurs, travaillé avec Kapuściński

---

431 Artur Domosławski, *Kapuściński : la vérité par le mensonge* (premier titre de la biographie), *Kapuscinski, le vrai et le plus que vrai*, (nouveau titre),(KVV), traduit en français par L. Dyèvre, Paris 2010. NdT, toutes les autres notes sont des auteurs du texte).

pendant des années) : les professeurs Jan Milewski et Joanna Mantel-Niećko, Andrzej Bartnicki, auteurs de la monumentale *Histoire de l'Éthiopie*. Parmi les spécialistes étrangers, nous nous sommes évidemment reportés au travail d'Angelo Del Boca, historien italien du colonialisme et auteur d'une biographe de Hailié Sélassié, qui, elle, ne se termine pas – comme c'est le cas pour celle de Marcus – en 1936, mais décrit le règne tout entier du souverain éthiopien et se termine au milieu des années 1990. Nous ignorons aussi pourquoi Domosławski ne prend pas en considération la biographie très personnelle de John Spencer, conseiller de Hailié Sélassié pendant de longues années et ami d'hommes politiques importants (notamment le premier ministre Aklilu Habte-Wold, son frère Mekonnen et le ministe de la plume Wolde-Giorgis), décrits, d'ailleurs, tous les trois dans *Le Négus* ? On peut se poser la même question pour d'autres biographies du roi des rois, celle de Leonard Mosley ou celle de Hans Wilhelm Lockot par exemple. En tout cas, Domosławski ne les cite à aucun moment, limitant son choix – comme il l'affirme sans se justifier « au meilleur/au plus grand spécialiste de Hailé Sélassié ». Il ne se sert même pas de l'*opus magnum* de Marcus – premier volume d'une biographie inachevée du souverain – mais d'un texte polémique, de quelques pages à peine, sur le *Négus* envoyé en 1989 à l'Institut des Langues et Cultures de l'Afrique de l'Université de Varsovie[432].

Regardons maintenant de plus près que ne le fait Domosławski, les critiques de Marcus. Le chercheur approuve la manière dont Kapuściński présente les différents contextes de la révolution de 1974, considère comme crédible le portrait de ses instigateurs et loue le reporter pour la pertinence de ces descriptions relatives à certains traits psychologiques du souverain, qui trahissent une stupéfiante passivité face au cataclysme imminent. Néanmoins, il lui reproche quelques erreurs. En ce qui concerne le prétendu analphabétisme du souverain, il remet en question, à juste titre, l'opinion de l'un de ses serviteurs selon lequel « son unique précepteur (...) fut un jésuite français, Mgr Jérôme, par la suite évêque de la province du Harar et ami du poète Arthur Rimbaud »[433]. Marcus s'inscrit en faux contre cette allégation et cite, parmi les nombreux maîtres du Négus, un autre capucin, le père Samuel, qui devait familiariser le futur empereur avec les canons de la littérature philosophique. Kapuściński ne corrige pas

---

432 H.G. Marcus, *Uprzedzenia i ignorancja w recenzowaniu książek o Afryce : dziwny przypadek « Cesarza » Ryszarda Kapuścińskiego* (Préjugés et ignorance dans le recensement des livres sur l'Afrique : le cas étonnant du « Négus » de Ryszard Kapuściński), Afryka (Bulletin de l'Association africaniste polonaise) 1996, n 4, pp. 69–76. Les citations qui suivent : *ibidem*

433 Ryszard Kapuściński, *Œuvres* (O), *Le Négus* (N), p. 278.

la déclaration erronée du serviteur selon lequel le prêtre était l'u n i q u e précepteur du souverain, mais il ne se trompe pas en le comptant dans l'équipe de ses éducateurs. Cette rumeur, qui circulait dans le palais sur l'enfance du Négus (nimbée de mystère, comme on le sait), contient une graine de vérité : Mgr Jérôme est sans nul doute le capucin Monsignore Jarosseau (vieil ami de Ras Mekonnen, le père de Hailé Sélassié) qui est mentionné dans *Le Négus* et qui, à la fin du XIXe siècle, fut l'évêque du Harar et l'ami de Rimbaud. L'opinion selon laquelle il exerça une influence décisive sur le développement intellectuel et spirituel du futur roi des rois est confirmée par les biographes les plus importants du Négus (Marcus, Spencer et Del Boca)[434]. Donc, si Kapuściński a commis une erreur (en employant maladroitement le mot « unique ») relative à une affaire d'importance secondaire en fin de compte, puisque l'influence du prêtre mentionné dans le livre sur l'éducation du souverain – à la lumière d'autres sources – correspond à la vérité, y a-t-il là vraiment de quoi fouetter un chat ?

L'argument suivant cité par Marcus et repris avec frénésie par Domosławski a un tout autre caractère. Essayant de pointer « l'ignorance et la crédulité » du reporter qui répète à la suite de ses informateurs que l'insurrection paysanne dans la province du Gojam a été fomentée par « notre peuple (...), de nature docile, résigné, pieux, étranger à la rébellion » (O, N, 354), Marcus conclut non sans une certaine satisfaction : « Comme monsieur Kapuściński n'a pas manifesté le désir de vérifier ne serait-ce qu'*a minima* cette affaire, il ne pouvait pas savoir qu'à cette époque le gouvernement avait étourdiment instauré un nouvel impôt foncier, que les paysans fiers et rebelles de la province de Gojam interprétèrent comme une menace pour leur traditionnel droit à la terre ». Reprochant

---

434 Le fait que les deux noms ne concordent pas est peut-être dû à un problème de transcription en chaîne : Kapuściński, qui est polonais, a sûrement transcrit à sa manière le nom français qu'il a entendu de la bouche d'un Éthiopien s'exprimant en anglais. Les concordances biographiques permettent toutefois d'assimiler les deux personnes avec une grande dose de probabilité. Selon Spencer, Monseigneur Jarosseau était le précepteur du futur empereur. De même, le biographe italien, Angelo Del Boca souligne l'influence marquante de ce maître sur l'éducation du futur roi des rois. Les informations sur la figure d'André Jarosseau proviennent du livre d'A. Del Boca, *Il Negus. Vita e morte dell'ultimo re dei re*. Economica Laterza, Bari 2007, pp. 23–34, 46, 57, 61, 131, 186. Dans sa biographie, Marcus consacre aussi une grande place à la figure de ce prêtre ami de la famille royale : H.G. Marcus, *Hailé Sélassié I. The formative years 1892–1936*, Berkeley – Los Angeles – London 1987, pp. 2, 3–4, 6, 7, 15, 18, 19, 36 ; J. H. Spencer, *Ethiopia at Bay. A Personnal Account of the Haile Sellassie Years, Algonac* : Reference Publications, Inc. 1984, pp. 84–85 ; Voir également : G. Bernoville, *Monseigneur Jarosseau et la Mission des Gallas*, Paris, Albin Michel, 1950.

à Kapuściński son manque de sérieux et énonçant *ex catedra* ses connaissances scientifiques, le spécialiste de l'Afrique ne semble guère prendre en considération que l'ambition de l'auteur du *Négus* ne consiste nullement à s'immiscer, avec son livre, dans le groupe des spécialistes de l'Éthiopie, mais à décrire un pouvoir exercé par des dignitaires incapables, aveugles et sourds aux revendications de leurs sujets. Vu sous cet angle, le message de l'informateur qui affirme avec conviction que les paysans « fiers et rebelles » sont en fait pareils à des agneaux doux et dociles est infiniment précieuse. Il rappelle la célèbre réponse de Marie-Antoinette à qui l'on faisait part que le peuple n'avait plus rien à manger : « Qu'ils mangent de la brioche ! », et apporte une touche de plus au portrait universel d'un souverain qui vit non seulement « au-dessus » mais « au-delà » du monde. Cette prétendue ignorance est donc une intention de l'auteur, qui va trouver un prolongement logique quelques pages plus loin, dans l'une des épigraphes du chapitre suivant. Cité par Kapuściński, Tocqueville écrit en effet : « Il est curieux de voir dans quelle sécurité étrange vivaient tous ceux qui occupaient les étages supérieurs et moyens de l'édifice social au moment même où la Révolution commençait, et de les entendre discourant ingénieusement entre eux sur les vertus du peuple, sur sa douceur, son dévouement, ses innocents plaisirs, quand déjà 93 est sous leurs pieds : spectacle ridicule et terrible ! » (O, N, 365).

Autre référence de Domosławski : l'anthropologue John Ryle, auteur d'un célèbre article sur les « contes baroques » de Kapuściński[435]. À l'instar de Marcus, le spécialiste remet en question, à juste titre d'ailleurs, le point de vue sur le prétendu analphabétisme du Négus. Cela vaut la peine de revenir à cet argument, car dans sa polémique, Ryle n'insiste pas sur les mêmes points que Marcus. Se référant aux journaux de Hans Wilhelm Lockot qui, sous le règne de Hailié Sélassié, occupait un poste de responsabilité à la Bibliothèque nationale d'Addis Abeba[436], il soutient que le souverain passait beaucoup de temps dans sa bibliothèque à lire des livres en langues amharique et française et à annoter des manuscrits. Soit dit en passant, dans *Le Négus* apparaît également une information de l'Agence France Presse concernant la prédilection du souverain pour la lecture : « Le Négus se maintient en bonne santé, il lit beaucoup, toujours sans lunettes, en dépit de son âge… » (O, N, 413). Kapuściński commet-il donc une erreur en évoquant le prétendu analphabétisme du souverain alors que le

---

435 J. Ryle, *Tales of mythical Africa*, The Times Literary Supplement, 27-07-2001, pp. 3–4.
436 Hans W. Lockot est l'auteur d'une biographie du Négus : *The Mission. The life, reign and character of Hailie Sellassie I*, Hurst & Company, London 1989.

Négus[437] lui-même mais ses biographes également (Marcus, Del Boca[438]) nous donnent des informations sur l'érudition du souverain ?

Avant toutefois de reprocher au reporter son erreur comme le fait Ryle, rappelons que cette information n'est pas un jugement catégorique de Kapuściński mais le propos d'un des serviteurs du Négus : « Y. M. : (…) Je voudrais ici éclaircir un point : Sa Vénérable Majesté n'avait pas l'habitude de lire. Pour Sa Majesté, le mot écrit ou imprimé n'existait pas, tout devait être référé de vive voix. Sa Majesté n'avait guère fait d'études, son unique précepteur – quand il était enfant – fut un jésuite français, Mgr Jérôme, par la suite évêque de la province du Harar et ami du poète Arthur Rimbaud. L'homme d'Église n'eut guère le temps d'inculquer à l'Empereur l'habitude de lire (…). Mais il me semble toutefois que le manque de temps et de savoir n'expliquent pas tout. La coutume du rapport oral présentait l'avantage qu'au besoin, l'Empereur pouvait interpréter à sa guise les propos de tel ou tel notable. Quant à ce dernier, il ne pouvait pas se défendre puisqu'il ne disposait d'aucune preuve écrite. (…) » (O, N, 278). Même si cette information est une invention ou un ragot, elle constitue un message important sur l'atmosphère qui régnait à la cour. Peut-être était-ce un moyen pour les courtisans de critiquer dont l'empereur exerçait le pouvoir en ne laissant aucune trace écrite de ses décisions autocratiques ? Peut-être le roi des rois préférait-il ne rien signer en appuyant son pouvoir sur des recommandations orales, car le caractère volatile de ses messages garantissait le succès de ses décisions et lui donnait le sentiment d'une infaillibilité absolue. Le prétendu analphabétisme doit par conséquent être lu à un double niveau : au sens littéral et dans une perspective sémantique plus large.

Malgré ses qualités, le texte de Ryle contient toutefois quelques erreurs fondamentales. Ainsi, voulant prouver le manque de sérieux du reporter, l'anthropologue écrit : « Kapuściński décrit l'un de ses informateurs qui lui apporte un volume de l'autobiographie de Hailié Sélassié traduite en anglais par le chercheur Edward Ullendorff. Mais cet événement a lieu en 1974, alors que la traduction d'Ullendorff n'a paru que deux ans plus tard, en 1976. Par conséquent cela n'a pas pu se passer comme l'écrit le reporter ». Pourtant si ! Cela a tout à fait pu se dérouler ainsi : l'affirmation de Ryle selon laquelle Kapuściński n'a eu l'occasion de s'entretenir avec des courtisans qu'en 1974 est erronée, car à cette époque le reporter se trouvait dans d'autres parties du monde (en Asie,

---

437 *The Autobiography of Emperor Haile Selassie I. << My life and Ethiopia's Progress >>*, traduit par E. Ullendorff, Londres : Oxford Uiversity Press, pp. 18, 42.

438 Del Boca, *Il Negus…*, pp.22–24, 46

en Europe, en Amérique latine[439]). En revanche, il a pu s'entretenir avec eux
plus tard, entre 1975 et 1977 (des correspondances envoyées par le reporter à
l'Agence de Presse polonaise sont là pour attester son séjour en Éthiopie à cette
période). Il a donc parfaitement pu mener la conversation où il est question de
la version anglaise de l'autobiographie (parue en 1976) pendant cette période[440].

Domosławski rapporte dans son livre des critiques émanant de spécialistes,
mais il formule aussi les siennes. Elles concernent, entre autres, l'opportunisme
de l'écrivain et sa soumission à la propagande de la Pologne populaire. Pour
étayer sa thèse, il présente l'argumentation suivante : en 1963, alors que les relations de la Pologne populaire avec l'Éthiopie sont bonnes, le reporter présente
Sélassié comme un homme d'État exceptionnel, doté d'un immense charisme.
Mais dès les années 1970, alors que l'empire est balayé par le régime prosoviétique de Mengistu, le reporter dépeint Sélassié « sous les traits d'un satrape,
d'un ignorant, d'un analphabète presque » (KVV, 283). Domosławski interprète
ce changement dans la description du souverain comme une preuve de l'opportunisme de Kapuściński dont l'écriture est toujours au diapason de la ligne du
Parti. La volte-face du reporter mérite toutefois d'être considérée d'un autre
point de vue : la désillusion causée par la personne du souverain a en effet un
caractère beaucoup plus général et dépasse largement le cadre d'un quelconque

---

439 *Kalendarium*, dans B. Nowacka, Z. Ziątek, *Ryszard Kapuściński. Biografia pisarza*,
Kraków 2008, p. 378.
440 Dans une interview publiée dans Rzeczpospolita (J. Mieszko-Wiórkiewicz, « *Cesarz* »
nie jest o moim dziadku. Rozmowa z księciem Ermiasem Sahle-Sellasje (« Le Négus »
ne parle pas de mon grand-père. Entretien avec le prince Ermias Sahle Sellasie),
Rzeczpospolita [supplément de Plus Minus], 3–5 avril 2010, pp. 12–13), le petit-fils
du souverain, le prince Ermias Sahle Sellasie refait la même erreur que Ryle. Mais
il le fait avec une telle désinvolture qu'à cette erreur il ajoute la sienne propre et
une couche d'absurdité supplémentaire. Dans la version du prince, ce n'est plus un
courtisan qui lit la version anglaise de l'autobiographie du Négus, mais le souverain
en personne qui s'empare du texte qui en fait ne paraîtra qu'après sa mort ! Hélas,
cette erreur grossière commise par le petit-fils de l'empereur n'a été corrigée par
aucun journaliste. Pourtant, dans la version de Kapuściński, cette scène se passe de
la manière suivante : un courtisan (P.H.T.) montre au reporter la version anglaise
de l'autobiographie du souverain en lui disant : « Mon cher ami, jetez un œil à
l'autobiographie que l'empereur dicta au crépuscule de son existence. Vous serez
convaincu de l'efficacité déployée par Sa Vaillante Majesté pour lutter contre la
barbarie et l'obscurantisme régnant dans le pays (*il s'en va dans la pièce voisine dont
il rapporte un gros volume édité à Londres par Ullendorff et intitulé « My life and
Ethiopia's progress », « Ma vie et les progrès de l'Ethiopie ». (O, N, 315)*

alignement sur la politique prosoviétique. En effet, l'un des spécialistes les plus illustres de l'Éthiopie évoque ces deux opinions diamétralement opposées apparues dans les années 1960 et 1970 : « Hailé Sélassié I a acquis, pendant la période de décolonisation de l'Afrique, un prestige immense et s'est mis à symboliser le droit des peuples du Continent noir à disposer de leur destin. Ce n'est pas étonnant que les événements de 1974 aient constitué un véritable choc pour l'opinion publique. Le monde apprenait avec stupéfaction et abomination que l'Éthiopie connaissait la famine, le sous-développement, la misère, si bien que l'empereur, auréolé de la réputation du plus grand homme d'État d'Afrique, apparaissait soudain comme l'un des souverains du XXe siècle les moins progressistes pour ce qui était des affaires intérieures de son pays »[441]. John H. Spencer, auteur d'un récit sur l'Éthiopie mentionné plus haut, évoque lui aussi les deux opinions contradictoires sur l'empereur (New York Times 1960 et 1974)[442]. Au bout du compte, on peut inversement se demander si Jonathan Dimbleby, journaliste de la BBC (qui apparaît dans les pages du *Négus*), auteur du célèbre film *The Hidden Hunger* (La famine cachée) et représentant de cette « presse étrangère qui, après avoir loué Notre Monarque pendant des années (…) se mettait soudain, sans rime ni raison, à le condamner » (O, N, 368), était lui aussi un opportuniste à la solde de la propagande soviétique ? Si la déception causée par la conduite du souverain a été un phénomène relativement général, le jugement de Domosławski sur la subordination des opinions de Kapuściński à la conjoncture politique n'est-il pas pour le moins hâtif ?

Les remises en question les plus graves de la crédibilité du *Négus* ne proviennent pas seulement de la lecture soupçonneuse et défiante de Domosławski. Ainsi, à propos d'un texte sur l'Ouganda, le biographe reprend une accusation formulée par le journaliste britannique William Pike, selon laquelle Kapuściński voudrait faire croire à son lecteur que la fameuse perche du Nil (un énorme poisson imprudemment introduit dans le lac Victoria dans les années 1960) « était engraissée par les cadavres des victimes d'Idi Amin ». Cette invention serait confirmée par un épisode d'*Ébène* (chapitre *Amin*) décrivant un groupe d'habitants affamés de Kampala, médusés devant l'énormité du poisson tout juste pêché. « Le lac n'avait jamais hébergé des espèces aussi gigantesques. Or tout le monde savait que les sbires d'Amin jetaient dans les eaux du lac les corps de leurs victimes et que les crocodiles et les poissons carnivores

---

441 J. Mantel-Niećko, Introduction, dans : S. Pankhurst, *Z kraju królowej Saby* (Du pays de la reine de Saba), traduit par W. Hensel, Varsovie, PIW, 1977, p. 11.
442 J. H. Spencer, *Ethiopia at Bay…*, p. 345–347.

s'en nourrissaient ». (O, *Ébène* (É), 1048). Tout le monde savait ! Kapuściński essaie ici de montrer l'état d'esprit de gens qui, malgré leur faim extrême, sont incapables de surmonter leur dégoût et leur terreur face à ce cannibalisme indirect, une terreur injustifiée peut-être mais réelle. Tel est le sens de cette scène baignant dans une atmosphère de meurtre, un sens tellement évident que Domosławski préfère extraire cette citation de son contexte, puisqu'un peu plus loin on peut lire quelques phrases qui viennent confirmer cette interprétation : « Ayant aperçu l'attroupement et le poisson sur la table, les soldats se sont arrêtés. (…) … ils ont fait marche arrière jusqu'à la table, ont sauté à terre et ouvert le hayon. Nous qui nous tenions tout près du camion, nous avons vu sur le plancher de la plate-forme le cadavre d'un homme. Nous les avons vu traîner le poisson jusqu'à la plate-forme et lancer sur la table un corps sans chaussures. (…) Nous avons entendu leur rire grossier, fou » (O, E, 1049).

Voulant confirmer ou dénoncer l'inadéquation des descriptions de Kapuściński avec la réalité, Domosławski est contraint de falsifier le texte de l'écrivain : il le lit au mépris des intentions de l'auteur, choisit des informations arrachées à leur contexte, manipule les citations. Par ailleurs, lorsqu'il cherche à prouver que Kapuściński embellit ou dramatise sa propre biographie, il a une manière tout à fait étonnante d'utiliser les sources susceptibles de révéler la vérité. Voici quelques exemples : l'événement qui, d'après le biographe, montre avec le plus de force la façon dont Kapuściński crée son propre mythe biographique remonte à l'automne 1939, alors que l'auteur était enfant : son père, officier de réserve de l'Armée polonaise, revient en pleine nuit à la maison, habillé en civil ; il vient de s'évader des territoires occupés par l'armée soviétique et arrive en zone d'occupation allemande. « D'après ce que dit maman, je comprends qu'il a été fait prisonnier par les Soviétiques et qu'il a été envoyé à l'Est. Il raconte comment il s'est enfui alors que la colonne de prisonniers dont il faisait partie traversait une forêt, et comment, dans un petit village, il a échangé son uniforme d'officier contre une chemise et des sabots » (0, I, 595–596), pouvons-nous lire dans *Imperium*. Dans une interview Kapuściński dit encore : « En septembre 1939, mon père, qui avait alors le grade de sous-lieutenant, se battait dans l'Armée 'Polesie'. Après l'invasion soviétique, il a été fait prisonnier. Il m'a raconté que les soldats capturés étaient rangés en colonnes interminables qui étaient dirigées vers Smolensk. Elles traversaient des forêts, en rangées de quatre, sous l'escorte du NKVD. Les quatre soldats de sa rangée se sont entendus pour s'évader. C'était un bon plan, car les gardiens n'étaient pas assez nombreux pour poursuivre tous les fugitifs ».

Chaque fois que Kapuściński raconte cet épisode, il souligne, sous n'importe quelle forme que ce soit, qu'il détient cette information de son père, il donne la source de son information. Il sait que c'est indispensable pour être crédible. En effet, il ne sait pas quelle version de l'événement le père a donné à d'autres membres de la famille. Dans un pays sous le joug de l'URSS, les répressions de l'armée soviétique (par exemple le fait d'être fait prisonnier) étaient soumises à la loi du silence.

Ce souvenir prudent et entouré de précautions rhétoriques est relativisé par Kapuściński qui avoue ne pas être sûr de certains souvenirs d'enfance, sa sœur et lui se rappelant en effet de nombreux événements de manière très différente. Se laissant sans doute guider par cet indice (et apparemment encouragé par le jugement d'un camarade d'école de l'écrivain qui estimait que « Rysiek aimait fabuler » (KVV, 15)), Domosławski a obtenu de la sœur de Kapuściński, vivant au Canada depuis les années 1950, une version tout à fait différente : leur père serait apparu en habit civil non pas parce qu'il s'était évadé de la colonne de prisonniers mais parce que les opérations militaires avaient tout bonnement cessé. Cette version serait confirmée et complétée par une lettre d'un oncle de l'écrivain – à l'époque forestier à proximité de la ligne de démarcation entre la zone d'occupation russe et la zone d'occupation allemande – qui aurait assisté à la scène où le père échange son uniforme contre un habit civil par peur d'être arrêté par l'armée allemande.

Ces indices sont suffisants pour accuser Kapuściński « d'ajouter un élément martyrologique à l'histoire de son père » (son père qui, soit dit en passant, s'est battu dans la clandestinité et a dû se cacher pendant toute la guerre), de se protéger derrière la mémoire – sacro-sainte pour les Polonais – des officiers-prisonniers en URSS, autrement dit derrière la mémoire de Katyń (et ainsi d'anticiper toute critique relative à sa longue appartenance au parti communiste) et enfin de s'autoriser une interprétation psychanalytique sur la relation de l'écrivain avec son père. Il faut avoir des preuves d'acier pour avancer de telles affirmations. Domosławski toutefois se contente d'un soupçon émis par un camarade d'école, d'une conversation avec la sœur de l'écrivain (qui avait six ans en 1939), étayée par aucune citation, et enfin d'une lettre mystérieuse, adressée à on ne sait par qui et rédigée on ne sait quand, dont le contenu ne prouve absolument rien. De plus, à supposer qu'on accepte la version selon laquelle le père se serait réfugié chez lui à la fin des combats pour fuir aussitôt l'occupation allemande, on s'enlise dans un nœud de contradictions. Les combats se sont achevés au milieu du mois de septembre 1939, la première grande déportation en URSS a eu lieu le 10 février 1940 ; qu'est devenu le père pendant ces quatre mois et plus ?

Penchons-nous maintenant sur les preuves que Domosławski propose pour corroborer une autre grave accusation : Kapuściński aurait consciemment créé sa propre légende de reporter casse-cou et intrépide en amplifiant les dangers qu'il a rencontrés lors de ses nombreux voyages. Pour justifier sa thèse, Domosławski choisit le récit d'une première expédition périlleuse au Congo pendant la guerre civile en 1961 (narrée dans *La guerre du foot*) où il est confronté à la mort et échappe à une exécution. Il choisit, à coup sûr, ce récit, car il connaît l'existence d'une version qui vient contredire celle de l'écrivain : il s'agit du récit de l'un des deux collègues tchèques de Kapuściński qui ont participé à l'expédition congolaise (le deuxième a été interrogé sur leur aventure commune mais a refusé de répondre en déclarant que Kapuściński l'avait mieux raconté que lui, argument suffisant pour que le « chasseur de vérité » trouve cela suspect). Le premier camarade, Jarda Bouček est décédé, mais il a laissé un journal qu'il a rédigé à chaud, ainsi que des lettres et des correspondances de presse sur lesquelles son fils s'appuie pour confronter les écrits de son père, en l'occurrence le récit de la fameuse expédition au Congo, avec la description correspondante de Kapuściński, et pour prouver la dramatisation de l'événement par ce dernier. À défaut d'autres preuves, Domosławski considère ce décalage entre les deux récits suffisant pour justifier toutes les prétendues exagérations de l'écrivain. Mais cette comparaison repose sur une erreur fondamentale. Bouček junior compare un texte écrit à chaud avec un extrait du livre de Kapuściński écrit seize ans après, alors qu'il aurait dû le comparer à un récit du reporter, publié en 1961 dans la revue Kultura (*Droga do Konga*/La route pour le Congo), écrit également à chaud et dans le même ton (neutre, factuel) que celle de son compagnon tchèque. Bouček junior pouvait ne pas connaître l'existence de ce texte, mais Domosławski, lui, ne le pouvait pas, du fait de ses propres lectures sinon du commentaire que nous lui consacrons dans notre biographie, où nous analysons la différence de regard sur la même expérience, narrée des années après, et tentons de l'expliquer.

La confrontation des notes Jarda Bouček au texte écrit par Kapuściński seize ans après dans *La guerre du foot* est particulièrement malvenue, car ce dernier texte est un extrait d'un plus grand ensemble intitulé *Plan d'un livre jamais écrit,* qui s'insère dans un choix de reportages, explique les circonstances de leur genèse, explicite le sens de certains d'entre eux, annonce les suivants. Ce texte en italiques n'est pas journalistique, son rôle est de former un livre cohérent à partir de reportages écrits précédemment, en exposant leur sens global, la conception du reportage de l'écrivain dans la seconde moitié des années 1970 (et non celle du début des années 1960). Or à cette époque, Kapuściński concevait le reportage comme la mission d'un témoin et d'un acteur, de quelqu'un qui essaie de dépasser les limites d'un observateur professionnel, en s'exposant aux dangers et au destin incertain de ses héros, et en se mettant, ne serait-ce qu'un moment, dans leur situation ; selon sa vision de l'époque, c'était la seule condition pour s'arroger le droit moral d'écrire à leur sujet. Par conséquent, si Kapuściński se met en scène dans les histoires qu'il a précédemment décrites, ce n'est nullement pour se présenter comme un reporter casse-cou et intrépide.

Il conviendrait aussi de demander à Domosławski (lui qui se plaît tant à dévoiler la vérité en confrontant des textes) pourquoi il n'exploite par l'indice fourni par Kapuściński dans les premières phrases de l'extrait en question (« C'était le début de la fin. Par la suite Le Monde et d'autres journaux dans le monde ont raconté nos aventures à Usumbura » (*La guerre du foot*, p. 62). En tout cas, il n'a pas cru bon de vérifier de quoi il retournait.

Le fait d'utiliser contre l'écrivain des informations que ce dernier livre sur lui-même dans ses livres – afin de montrer que Kapuściński invente ou embellit la réalité – traduit une déloyauté, car l'écrivain était parfaitement conscient du caractère créatif de ses écrits à son sujet et il ne s'en cachait nullement devant ses lecteurs. C'est tellement évident que dans la préface de notre livre nous précisons que « la biographie professionnelle et non-professionnelle de l'écrivain – celle qui remonte à l'enfance par exemple – est devenue, pour lui aussi, le matériau de son œuvre, et Kapuściński lui-même est devenu, de manière de plus en plus nette à ses propres yeux aussi, le personnage central, parfois le héros principal de ses textes » (B. Nowacka, Z. Ziątek, *Ryszard Kapuściński. Biographie d'un écrivain*, RKB p. 4). « Le savoir issu de l'expérience de l'écrivain (et dans le cas de Kapuściński, il s'agit à présent d'un savoir fondamental), même partiellement vérifié à la lumière d'autres sources et opinions, garde son empreinte littéraire et ne perd pas son caractère d'autoréflexion ou d'autocréation » (RKB, p. 5), concluons-nous.

Autre accusation de la même eau : Kapuściński, de manière consciente, en ne disant pas les choses jusqu'au bout, en refusant de nier catégoriquement certains faits etc., aurait laissé se développer la légende selon laquelle il connaissait ou même était lié d'amitié avec Lumumba et Che Guevara. Nul besoin de répondre à ces accusations puisqu'en Pologne, elles ont été tournées en dérision par les internautes et certains polémistes dans la presse. Ceux-ci ont, entre autres, fait remarquer que Domosławski s'appuyait uniquement sur ses propres impressions ou celles de Jon Lee Andreson qui remontaient à plus d'une quinzaine d'années et lui avaient été communiquées lors d'une conversation téléphonique (ce qu'il reconnaît lui-même en la citant dans ses sources d'informations). N'aurait-il pas été plus simple d'aller vérifier, dans les librairies de Varsovie, les traductions anglaises disponibles des livres de Kapuściński (ce que n'ont pas manqué de faire les internautes polonais) plutôt que d'appuyer ses conclusions sur les impressions que quelqu'un avait tirées de la lecture (remontant à plusieurs années) d'une quatrième de couverture et transmises par voie téléphonique sans vérification aucune ? De plus, si le biographe avait eu accès à la fameuse citation, il se serait peut-être rendu compte que l'information sur l'amitié avec Che Guevara n'apparaît que de manière sporadique (deux ou trois fois à peine) et que son contenu peut être interprété tout à fait différemment, autrement dit Kapuściński que « avait de la sympathie pour… » et non pas « était lié d'amitié avec… ». Enfin, on peut se demander si c'est à l'écrivain de porter la responsabilité de textes rédigés par des gens qui n'ont pas lu ses livres, car dans ceux qu'il consacré à Lumumba et Che Guevara, il est question de leur mort.

Nous allons peut-être nous limiter à ces quelques exemples montrant comment Domosławski formule ses accusations en manipulant les textes de Kapuściński ou en manquant de les comprendre (ce sont d'ailleurs les exemples qui ont eu le plus grand retentissement en Pologne et dans la presse mondiale). Il serait plus facile de confondre ces « preuves » en s'arrêtant sur le fait que Domosławski ne comprend pas (ou feint de ne pas comprendre) l'écriture de Kapuściński ainsi que les règles du reportage littéraire en général. Domosławski semble croire que dans le reportage on peut séparer la « vérité » de la « fiction », que son champ d'action se réduit à une opposition entre la « réalité » et la « littérature ». Certes, cette opposition est évoquée dans les débats et les polémiques sur la forme et les critères de crédibilité du reportage, mais celui-ci est tout de même le résultat d'une alliance constante entre le journalisme et la littérature, d'une assimilation par le journalisme d'expériences littéraires, d'une symbiose et non d'une lutte. Si l'on devait lire les reportages classiques en appliquant la méthode de Domosławski, des reporters tels que Ksawery Pruszyński ou Melchior Wańkowicz (considérés comme les pères fondateurs du reportage littéraire en Pologne), ou Egon Erwin Kisch et Ernest Hemingway (qui, comme l'atteste leur correspondance, ont été maintes fois contraints de défendre la dimension littéraire de leurs reportages contre les gardiens de l'orthodoxie journalistique) auraient, eux aussi, été accusés d'« inventer », de « tricher », de « mentir ». On peut même dire que le genre du reportage littéraire s'est vraiment développé lorsque sa valeur littéraire a été contestée, et le fait qu'un écrivain soit confronté à ce débat montre qu'il appartient à l'élite du genre.

Les raisons pour lesquelles Domosławski ne comprend pas les règles du reportage littéraire sont secondaires, mais son incompréhension est peut-être liée au fait que lui-même ne pratique pas ce genre, qu'il ignore ce que cela signifie de formuler un message par la seule puissance d'une image, sans commentaire didactique. Tous les livres de Domosławski sont des ouvrages journalistiques, y compris le plus connu, *Gorączka latynoamerykańska* (La fièvre latino-américaine), qui contient certains éléments de reportage, mais n'évite toutefois pas l'écueil des thèses didactiques, des commentaires généralisateurs et des messages explicitement politiques. Parfois il s'agit d'un journalisme ouvertement tendancieux, caractéristique d'un engagement à gauche et proche de l'altermondialisme. Ce n'est donc pas étonnant qu'il s'en tienne à un critère de crédibilité étroit et strictement journalistique, qui, au contact de la richesse littéraire de la prose de Kapuściński, aboutit à un réductionnisme navrant, à des simplifications inadmissibles et aux accusations extravagantes mentionnées ci-dessus.

La remise en question de la crédibilité de Kapuściński et de son œuvre n'est toutefois pas le seul et le plus grand dommage causé par la grille de lecture proposée par Domosławski. Son approche « accusatrice » fait aussi que sa biographie cesse d'être un livre sur l'écrivain. Le problème n'est pas que Domosławski n'interprète pas l'œuvre de Kapuściński. Il analyse, certes, ses premiers reportages ainsi que la brochure journalistique *Dlaczego zginął Karl von Spreti ?* (Pourquoi est mort Karl von Spreti ?) publiée en 1970. Il lui consacre d'ailleurs une place si importante qu'elle apparaît presque comme l'*opus magnum* de Kapuściński (est-ce parce que Domosławski en a rédigé la préface ?). En revanche, il commente les chefs-d'œuvre de l'écrivain de manière insipide, ne mentionne pratiquement pas ses autres ouvrages, ce qui est compréhensible, car s'il devait y chercher des mensonges ou des interprétions psychanalytiques, il aurait du mal à s'intéresser à leurs qualités spécifiques. Pourtant ces œuvres, comme celles de tout écrivain authentique, contiennent l'histoire de la vie de Kapuściński, notamment l'histoire de son évolution, des changements de sa vision du monde, sans la prise en compte desquels il est facile de commettre erreur sur erreur. Il est difficile de comprendre, par exemple, pourquoi Domosławski ne remarque pas que la condamnation définitive du système totalitaire se trouve dans *Le Négus* (1978) et que l'abandon définitif du mythe de la révolution se trouve dans *Le Shah*, écrit presqu'à la même époque. En revanche Domosławski insinue qu'avant l'instauration de l'état de guerre (décembre 1981), lorsqu'il a rendu sa carte du parti, Kapuściński était un communiste fervent ou un opportuniste. Il est difficile aussi de comprendre pourquoi Domosławski interprète le changement évident de Kapuściński après 1989 (considéré par l'écrivain comme la véritable fin du XXIe siècle) non pas sur la base de ses trois derniers livres majeurs (*Imperium, Ébène, Mes voyages avec Hérodote*), dans lesquels l'auteur tente de mettre à jour les racines « non historiques » de sa propre identité – mais sur la base de quelques commentaires journalistiques au sujet de la politique internationale qui lui font dire que l'écrivain s'est égaré, a renié ses idéaux de gauche en ralliant l'idéologie libérale. Il appuie aussi cette allégation sur des informations et des ragots mondains selon lesquels Kapuściński aurait désavoué ses anciennes connaissances de l'ancien système, se serait lié d'amitié avec des personnalités plus en vue et se serait adapté de manière opportuniste au nouveau système.

En renonçant à prendre en considération l'écriture de Kapuściński, Domosławski banalise le héros de son livre, il le dissocie de sa légende mais aussi de la dimension spirituelle et idéologique de sa vie. Il le prive de son identité créatrice qui ne se manifeste pas seulement dans l'écriture du reportage. Domosławski ne nous dit pas quand et pourquoi l'écrivain est revenu à la poésie, quand il a décidé d'exister publiquement en tant que photographe et quels albums photographiques il a publiés, quelles institutions du monde universitaire et culturel l'appréciaient comme consultant. Dans un numéro de la revue bimensuelle Topos de 2006 consacré à Kapuściński, un réalisateur, un metteur en scène, un philosophe, un peintre, des écrivains évoquent leur amitié avec lui : Leszek Kołakowski, Andrzej Wajda, Andrzej Strumiłło, Jerzy Markuszewski, Krzysztof Karasek, Andrzej Braun, Jarosław Abramow-Newerly... Aucune de ces personnalités n'apparaît dans la biographie de Domosławski. En revanche son livre pullule de dizaines de noms de militants et membres du parti au pouvoir, des sous-fifres les plus insignifiants aux dignitaires les plus éminents, qui sont « le soutien de sa carrière » et « se reçoivent les uns les autres, traînent ensemble dans les cafés, font la fête, discutent, boivent. Kapuściński sait de première main tout ce qui se trame au Comité central, quelle est la coterie, la tendance, l'état d'esprit qui domine, et qui à tel ou tel moment est tenu à l'œil » (KVV, 306). En lisant Domosławski, on a vraiment l'impression que Kapuściński passe son temps à chercher des appuis politiques et que c'est à eux seuls qu'il doit son succès. Pourtant, si Kapuściński cherche un soutien, c'est bien celui de ses lecteurs. L'extraordinaire popularité qu'il a acquis en répondant à leur demande (entre autres lors d'innombrables rencontres) et en étanchant leur soif de connaissances sur un monde difficilement accessible, il la doit à sa force et à son indépendance d'esprit par rapport au pouvoir. S'il se souciait de quelqu'un, c'est bien de ses lecteurs ! Mais le livre de Domosławski ne nous apprend pas, par exemple, que dans chaque revue qui publiait ses séries de reportages, à commencer par Sztandar Młodych en 1956, ses lecteurs lui décernaient un prix (le plus souvent, celui du meilleur journaliste de l'année), ni qu'à partir de la publication du *Christ à la carabine*, ses livres étaient difficiles, voire impossibles à trouver.

Parfois, le biographe se rend compte qu'il pousse le bouchon un peu trop loin dans ses accusations visant à prouver que Kapuściński ne doit pas son talent qu'à lui seul, alors – pour se dédouaner et sans apporter la moindre preuve – il rectifie le tir : « Je note quelques remarques sur mon brouillon. Surtout ne pas oublier : Kapuściński doit son succès à ses dons et au travail très dur qu'il fournit, à ses superbes reportages et à ses livres. Un engagement authentique dans le Parti. Ses amitiés et ses relations en haut lieu lui facilitent beaucoup la vie, elles lui sont utiles, très utiles. (…) Prendre garde cependant à ne pas donner l'impression qu'il doit sa gloire à Frelek et aux autres camarades du Parti » (KVV, 215). Hélas, c'est pourtant « l'impression que cela donne » puisqu'il passe sous silence « ses dons », « le travail dur » et « les superbes reportages » de l'écrivain, sans parler de tout ce qui est relatif à sa vie laborieuse et créative.

Lorsque nous lisons la biographie d'un grand commandant, d'un grand acteur ou d'un grand compositeur, nous n'avons pas forcément besoin de la description des troupes levées par le commandant et des batailles auxquelles il a participé, de l'analyse des rôles que l'acteur a joués, d'informations détaillées sur les œuvres que le musicien a composées. Nous devons, en revanche, avoir le sentiment de bien connaître celui qui a été capable de créer de telles œuvres. Domosławski, en se contentant d'affirmations sans preuves sur la « grandeur » de Kapuściński, n'essaie même pas de se demander sur quoi repose cette grandeur et comment elle se manifeste. Nous avons déjà dit qu'il s'agissait pour Domosławski d'une grandeur issue d'une légende que lui-même a contribué à créer, qu'il a ensuite décidé de vérifier, pour finir par la déboulonner. L'approche de Domosławski s'apparente en fait aux pratiques de la presse à scandale et à un type de biographies populaires à l'affût du sensationnel et des indiscrétions dont elles se repaissent comme d'un produit prêt à l'emploi, bon seulement à être manipulé et vendu. La presse à sensation n'aurait pas hésité à exploiter trois points que l'on retrouve chez Domosławski : le problème de la collaboration de l'écrivain avec les services secrets de la Pologne populaire, ses relations dramatiquement complexes avec sa fille et sa vie érotique et sentimentale extraconjugale. Le but de Domosławski est-il d'augmenter le tirage de son livre ou d'atteindre à une vérité douloureuse fondamentale pour comprendre le personnage de sa biographie ? C'est sans doute dans la manière de transmettre le contenu de ces révélations que se trouve la réponse à cette question : ce contenu est-il présenté comme une véritable circonstance de la vie qui a eu un impact sur l'écriture de Kapuścińsk dans un lieu donné et à un moment donné, ou plutôt de façon à ce que le lecteur le dévore avec avidité ? La manière dont Domosławski transmet son message ne laisse aucun doute : quelle que soit la durée de ces épisodes et quel que soit leur contexte, tout est préparé et servi sur un plateau dans les différents chapitres du livre : ici, vous avez la relations de l'écrivain avec sa fille (*Les fuites de Zojka*) ; là, sa vie érotique et sentimentale (*De l'amour et autres démons*) ; et là, ses péripéties avec les services secrets (*Le dossier*).

Le caractère sensationnel du message est, pour Domosławski, plus précieux que la logique des faits et de son argumentation. C'est particulièrement visible dans l'épisode « d'espionnage ». Dans le cas de Kapuściński (nous abordons longuement ce thème dans notre biographie), on ne peut pas parler d'une collaboration permanente, de plusieurs années, mais plutôt de trois tentatives faites pour extorquer à l'écrivain des renseignements d'espionnage pendant ses séjours à l'étranger (Domosławski ne semble pas être au courant de la troisième tentative), situation dont Kapuściński s'est fort habilement tiré, soit en n'écrivant pas les « rapports » qu'on attendait de lui, soit en écrivant des expertises susceptibles d'être publiées dans la presse officielle.

L'approche de Domosławski est donc celle de la presse people, elle se veut sensationnelle. Il convient encore d'évoquer la conséquence la plus fâcheuse de cette démarche, de cette exhibition très particulière de sa relation amicale avec l'écrivain. Dès les premières pages de son livre, le biographe évoque son amitié de plus de dix ans avec Kapuściński, la centaine de visites et de discussions qu'ils ont eu ensemble, les impressions et les idées qu'ils ont échangées sur les thèmes les plus divers, leurs affinités professionnelles enfin, une relation reposant sur le schéma maître-disciple. Dans son livre, Domosławski veut donner l'impression de prolonger cette relation amicale, de ces séances où le disciple pose au maître les questions qu'il n'a pas eu le temps de lui poser de son vivant et où il tente d'atteindre la vérité sur son ami décédé. Évidemment, il veut donner l'impression que cette amitié lui confère des compétences spéciales et qu'il vit avec une douleur particulière la découverte de révélations gênantes dans la vie de son maître.

Nous ne mettons pas en doute cette amitié ; sans elle la veuve de l'écrivain n'aurait probablement pas autorisé l'auteur à accéder à ses archives qui sont fermées à d'autres, et elle ne l'aurait pas aidé à contacter de nombreux interlocuteurs en Pologne et à l'étranger. Mais, pour le lecteur, cette amitié ne représente rien, rien d'extraordinaire en tout cas. Le lecteur de Kapuściński connaît Domosławski comme auteur d'interviews qu'il a menées avec l'écrivain pendant les dernières années de sa vie, c'est tout. On peut sans difficulté citer une dizaine de collègues de son âge – parmi lesquels trois ou quatre sont traduits dans des langues étrangères – qui pourraient prétendre au titre de disciple et de continuateur de Kapuściński, et dont le lien avec le « maître », confirmé par leurs écrits, est réellement intéressant. Domosławski, comme nous l'avons dit, pratique un autre journalisme, imitant tout au plus quelques procédés narratifs de l'auteur du *Shah* sans cohérence aucune. Les contacts, facilités par la veuve de Kapuściński, avec des personnes proches de l'écrivain n'ont servi qu'à encombrer son livre de rumeurs issues de confidences impossibles à vérifier ; or nous savons bien que les révélations de Domosławski doivent être vérifiées. Son livre est truffé d'« anciens camarades » anonymes, de « bons amis » anonymes, de gens ayant transmis au biographe des messages oraux et téléphoniques (qui seront peut-être vérifiés si ces personnes comparaissent comme témoins au procès intenté par la veuve de l'écrivain pour atteinte à la vie privée). Tout le chapitre sur les aventures amoureuses de l'écrivain, lequel est présenté comme un véritable obsédé sexuel, ne comporte pas un seul nom. Et en parlant des relations difficiles de l'écrivain avec sa fille, Domosławski n'a même essayé de s'entretenir avec elle…

Si quelqu'un a encore des doutes sur le genre de biographie pratiqué par Domosławski, il peut les dissiper en observant la manière dont le livre a été introduit sur le marché. Certes, il serait exagéré de soupçonner l'auteur d'avoir provoqué l'atmosphère de scandale qui a accompagné cette campagne, mais on ne peut nier qu'il a exploité les circonstances de ce scandale sans aucun scrupule. Lorsque l'éditeur, qui avait signé le contrat avec Domosławski, a finalement renoncé à éditer sa biographie, et que la veuve de l'écrivain a tenté, par voie juridique, de faire interdire sa publication par un autre éditeur, ces informations sont aussitôt parvenues à la presse quotidienne et ont été relayées par tous les médias électroniques. Deux bons mois avant la parution du livre (planifiée le jour de l'anniversaire de la naissance de l'écrivain, au début du mois de mars), Domosławski a créé un blog sur Internet intitulé : « le monde n'est pas à vendre »[443], dans lequel étaient postées des informations au jour le jour sur l'évolution des événements. En même temps, il a créé un réseau social mobilisant l'opinion publique pour soutenir son livre confronté à « des obstacles éditoriaux inimaginables ». Le journal à grand tirage Gazeta Wyborcza (pour lequel travaille Domosławski), a publié (à l'occasion du troisième anniversaire, de la mort cette fois-ci, de Kapuściński, autrement dit le 23. 01. 2010) un grand article expliquant la nécessité de réfléchir sur l'héritage de l'écrivain, tandis que l'hebdomadaire d'opinion Polityka publiait une interview de Kapuściński exceptionnellement longue sur le même thème, mené par un journaliste connu, Daniel Passent pour ne pas le nommer, qui en son temps avait manifesté son antipathie à l'égard de l'œuvre de l'écrivain.

Toute cette campagne promotionnelle a exacerbé les attentes à l'égard du livre *Kapuściński non-fiction* dont on s'est mis à espérer qu'il fournirait Dieu sait quelles révélations sensationnelles mais aussi matière à débattre sur divers problèmes. Les déclarations, les interviews, les annonces postées sur les blogs donnaient à croire que cela permettrait de relancer la polémique sur divers sujets : faut-il tout dire d'un personnage de biographie en dépit de l'opposition de ses proches ? faut-il « vérifier » le passé de personnalités connues ? quelle est la limite à ne pas dépasser quand aborde la vie privée dans une biographie ? la

---

443 http://domoslawski.blox.pl/html [accès 15.12.2010]. Citations suivantes : *ibidem*.

fiction est-elle admissible dans un reportage ? Et de fait, ces sujets importants et bien d'autres encore ont engendré des débats passionnés autour du livre de Domosławski. Il est symptomatique que ces thèmes aient été débattus dans un premier temps par des journalistes qui avaient reçu le livre avant qu'il ne soit vendu en librairie, et donc avant qu'il ne soit lu par un large public.

Ce premier noyau de lecteurs s'est ensuite élargi et certaines voix, intéressées avant tout par l'image et l'œuvre de Kapuściński, ont pointé la faiblesse littéraire du livre de Domosławski, le caractère arbitraire et la légèreté des interprétations du biographe, l'aspect trompeur de certaines révélations qui avaient pour but de présenter des faits sous un jour sensationnel alors qu'ils étaient déjà connus. Cela a du reste été impitoyablement reproché à Domosławski par une journaliste dans un grand article critique publié dans les colonnes du prestigieux mensuel Press : « J'ai beau feuilleter tout ce qui avait déjà été écrit sur Kapuściński avant, je ne trouve rien de nouveau dans ce livre » (2010, n 4). La même critique a été formulée par Wojchiec Tochman, lors d'un des débats publics les plus houleux (publié par Gazeta Wyborcza, 27–28 mars). Évoquant les prétendues révélations de Domosławski, le collègue du biographe et l'un des reporters polonais les plus talentueux a posé la question : « J'ai l'impression que ce livre, bien qu'il contienne une masse de détails inédits, ne désamorce aucune bombe dans la biographie de Kapuściński, pour la bonne raison que toutes les bombes ont déjà été désamorcées, à commencer par l'affaire de la collaboration de Kapuściński avec les services secrets de la Pologne populaire. Cette affaire a été merveilleusement décrite dans le livre *Ryszard Kapuściński. Biographie d'un écrivain* de Beata Nowacka et Zygmunt Ziątek, deux biographes qui ont fait un magnifique travail ». « Pourquoi tout ce bruit ? », s'interrogeait ingénument alors Domosławski, feignant d'oublier que ce bruit n'était pas un bruit comme les autres. C'est ainsi qu'a fonctionné la promotion du livre.

Le mérite de ce livre aura au moins consisté à révéler un problème fondamental et inédit pour les Polonais. Il sera une leçon pour les biographies à venir : où se situe la frontière entre la « vérification » de personnalités et l'exploitation qui peut en être faite, entre la recherche de la vérité et le désir de faire sensation. Il semble que le livre de Domosławski, qui a reçu un accueil triomphal parce qu'il répondait au goût d'un public de masse, est dans une certaine mesure victime aussi de cette situation trouble. Certes, ce livre est né d'un désir de se confronter à la légende du Maître, de rapprocher cet ouvrage de la sensibilité des jeunes lecteurs, mais les critères de désacralisation sont ceux de la presse à sensation. Il est paradoxal que Kapuściński ait été la première grande victime de ce nouveau journalisme, lui qui s'est employé toute sa vie à mettre en garde contre ses dérives et à sauver l'honneur du reportage en le haussant au niveau de la littérature.

Abréviations utilisées dans le texte

- **É** : Ryszard Kapuściński, *Ébène, Œuvres*, Paris 2014 ;
- **I** : Ryszard Kapuściński *Œuvres, Imperium*, Paris 2014) ;
- **KVV** : Artur Domosławski, *Ryszard Kapuściński, le vrai et le plus que vrai*, traduit par Laurence Dyèvre, Paris 2010.
- **N** : Ryszard Kapuściński *Œuvres, Le Négus*, Paris 2014) ;
- **O** : Ryszard Kapuściński, *Œuvres*, Paris 2014) ;
- **RKB** : B. Nowacka, Z. Ziątek, *Ryszard Kapuściński. Biographie d'un écrivain*

Photographies

Source des photographies suivantes : Maciej Sadowski *Ryszard Kapuściński. Fotobiografia* VEDA, Warszawa 2013.

Photographie 1: Avec sa mère, Pińsk 1933

Photographie 2: Avec son père. Przemyśl, 16 août 1933

Photographie 3: Sieraków, juin 1942

Photographie 4: Ryszard Kapuściński, membre de l'Union de la Jeunesse Polonaise (ZMP) de Varsovie lit ses œuvres. Congrès des Jeunes Écrivains de Pologne, Varsovie, 1er avril 1951

Photographie 5: À la frontière du Congo. La deuxième personne à gauche est Jarda Boucek, correspondant du journal Rudé Právo, janvier 1961

Photographie 6: Carlotta. Elle a péri lors de l'assaut de Bolombo, Angola 1975
(fot. R. Kapuściński)

Photographie 7: Varsovie 1978

Photographie 8: Radio polonaise Trójka. Varsovie 1979

Photographie 9: Ethiopie, automne 1993

Photographie 10: Berliner Ensemble, soirée d'auteurs : M. Pollack, R. Kapuścinski,
H. Miller, Berlin, février 1994

Photographie 11: Tchad 1996 (fot. R. Kapuściński)

Photographie 12: Prix Prince des Asturies, la plus haute distinction dans le monde
ibéro-américain. Oviedo, Espagne, octobre 2003

Photographie 13: L'atelier. Varsovie, rue Prokuratorska

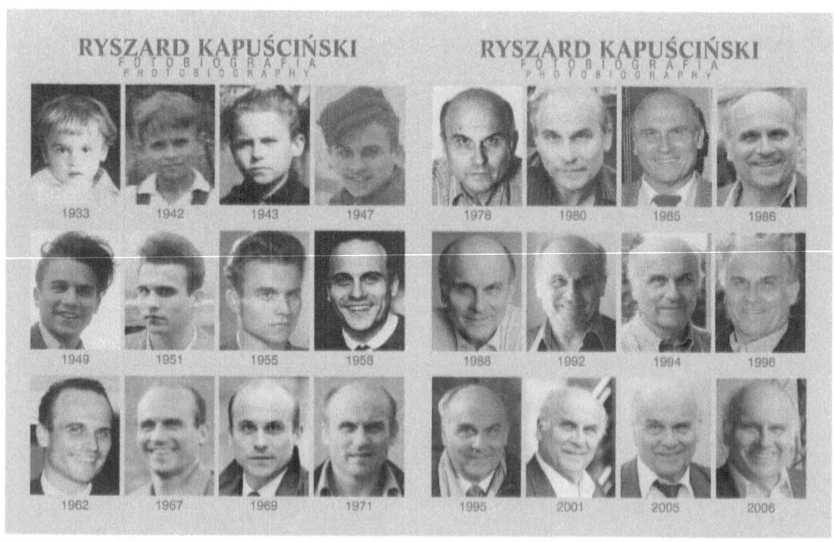

Photographie 14: Ryszard Kapuścinski. Biogaphie en photos

Index des noms

Vol. 20 Antoni Mączak: Unequal Friendship. The Patron-Client Relationship in Historical Perspective. Translated by Alex Shannon. 2017.

Vol. 21 Olga Szmidt / Katarzyna Trzeciak (eds.): Face in Trouble – From Physiognomics to Facebook. Copy-edited by Soren Gauger. 2017.

Vol. 22 Alina Cala: Jew. The Eternal Enemy? The History of Antisemitism in Poland. 2019.

Vol. 23 Agata Brajerska-Mazur / Edyta Chlebowska (eds.): Jew. On Cyprian Norwid. Studies and Essays. Vol. 1: Syntheses. 2019.

Vol. 24 Beata Nowacka / Zygmunt Ziątek: Ryszard Kapuściński. Biographie d'un écrivain. 2019.

Vol. 25 Stanisław Bylina: Religiousness in the Late Middle Ages. Christianity and Traditional Culture in Central and Eastern Europe in the Fourteenth and Fifteenth Centuries. 2019.

www.peterlang.com